UTB 2896

Eine Arbeitsgemeinschaft der Verlage

Böhlau Verlag · Köln · Weimar · Wien
Verlag Barbara Budrich · Opladen · Farmington Hills
facultas.wuv · Wien
Wilhelm Fink · München
A. Francke Verlag · Tübingen und Basel
Haupt Verlag · Bern · Stuttgart · Wien
Julius Klinkhardt Verlagsbuchhandlung · Bad Heilbrunn
Lucius & Lucius Verlagsgesellschaft · Stuttgart
Mohr Siebeck · Tübingen
C. F. Müller Verlag · Heidelberg
Orell Füssli Verlag · Zürich
Verlag Recht und Wirtschaft · Frankfurt am Main
Ernst Reinhardt Verlag · München · Basel
Ferdinand Schöningh · Paderborn · München · Wien · Zürich
Eugen Ulmer Verlag · Stuttgart
UVK Verlagsgesellschaft · Konstanz
Vandenhoeck & Ruprecht · Göttingen
vdf Hochschulverlag AG an der ETH Zürich

MICHAEL RUOFF

FOUCAULT-LEXIKON

Entwicklung – Kernbegriffe – Zusammenhänge

2., durchgesehene Auflage

WILHELM FINK VERLAG

Der Autor:
Michael Ruoff, Dr. phil. Dipl. Ing., geb. 1955, Lehrbeauftragter an der Ludwig-Maximilians-Universität München, Studium der Philosophie, Wissenschaftstheorie, Soziologie und Elektrotechnik in München, 2000 Promotion an der Technischen Universität Chemnitz. Forschungsgebiete: Technikphilosophie, Wissenschaftsgeschichte, neuere französische Philosophie. Buchpublikation: *Schnee von morgen. Das Neue in der Technik* 2002.

Bibliografische Information Der Deutschen Nationalbibliothek

Die Deutsche Nationalbibliothek verzeichnet diese Publikation in der Deutschen Nationalbibliografie; detaillierte bibliografische Daten sind im Internet über http://dnb.d-nb.de abrufbar.

2., durchgesehene Auflage 2009

Gedruckt auf umweltfreundlichem, chlorfrei gebleichtem Papier

(Jühenplatz 1, D-33098 Paderborn)
ISBN 978-3-7705-4387-8

Printed in Germany.
Herstellung: Ferdinand Schöningh, Paderborn
Einbandgestaltung: Atelier Reichert, Stuttgart

UTB-Bestellnummer: ISBN 987-3-8252-2896-5

„Glauben Sie, dass ich während all dieser Jahre so viel gearbeitet habe,
um dasselbe zu sagen und nicht verwandelt zu werden?“

Michel Foucault, Dits et Ecrits IV, S. 654

Inhaltsverzeichnis

Verwendete Abkürzungen

A:	Die Anormalen, Vorlesung
Arch:	Archäologie des Wissens
DeE:	Dits et Ecrits, 4 Bände:
DeE I:	Schriften 1954–1969
DeE II:	Schriften 1970–1975
DeE III:	Schriften 1976–1979
DeE IV:	Schriften 1980–1988
GK:	Die Geburt der Klinik
GG:	Geschichte der Gouvernementalität, 2 Bände, Vorlesungen:
GG I:	Sicherheit, Territorium, Bevölkerung
GG II:	Die Geburt der Biopolitik
H:	Die Heterotopien
HS:	Hermeneutik des Subjekts, Vorlesung
MP:	Die Macht der Psychiatrie, Vorlesung
OD:	Die Ordnung des Diskurses
OdD:	Die Ordnung der Dinge
PG:	Psychologie und Geisteskrankheit
SW:	Sexualität und Wahrheit, 3 Bände:
SW I:	Der Wille zum Wissen
SW II:	Der Gebrauch der Lüste
SW III:	Die Sorge um sich
ÜuS:	Überwachen und Strafen
VdG:	In Verteidigung der Gesellschaft, Vorlesung
WG:	Wahnsinn und Gesellschaft

Hinweise zum Gebrauch: Das Lexikon benutzt, von wenigen Ausnahmen abgesehen, ausschließlich Primärliteratur. Als Quelle dienen, neben den Hauptwerken und Vorlesungen, die Gespräche, Interviews und Vorträge, die unter dem Titel *Dits et Ecrits* erschienen sind. Die detaillierten Hinweise am Ende jedes Eintrags nehmen auf die Hauptwerke und die Vorlesungen Bezug. Darüber hinaus sei der Leser auch auf das ausführliche Sachregister der *Dits et Ecrits* hingewiesen.

Einführung

Foucault und kein Ende? Seit den späten sechziger Jahren wächst sein Ruhm mit einer geradezu erstaunlichen Beharrlichkeit. In einem Ranking der hundert meistzitierten Autoren erreichte er bereits in den achtziger Jahren den vierundzwanzigsten Platz.[1] Dieser ungewöhnliche Erfolg erklärt sich aus der fächerübergreifenden Relevanz, die das Gesamtwerk des französischen Vordenkers auszeichnet. Die Architektur hat seine Philosophie des Raumes zu der eigenständigen Forschungsrichtung der Heterotopologie erweitert. In den Literaturwissenschaften eroberte der Diskurs in einer denkbar spektakulären Karriere einen festen Platz. Die Historiker zeigen großes Interesse an dem Konzept der seriellen Geschichte. Die Soziologie vertieft sich in die Subjekttheorie, und die Philosophie hat den Denker seit langem in die Reihen ihrer Größen des zwanzigsten Jahrhunderts aufgenommen. In der politischen Theorie reüssiert er neben dem Thema der Macht durch seine frühe Auseinandersetzung mit dem Liberalismus. Dies überrascht umso mehr, als Foucault niemals wirklich ganz zu einer Disziplin gehört hat. Das Werk steht wie ein monolithischer Block in der Wissenschaftslandschaft und bietet trotzdem zahlreiche Verfahrensweisen zur Entdeckung versteckter Forschungsfelder an, die niemand mehr vernachlässigen kann. Das Lexikon zu den Kernbegriffen schließt hier eine Lücke, denn die besonderen Schwierigkeiten dieses unabhängigen Denkens fordern nicht nur Fachphilosophen heraus.

Das Werk Michel Foucaults hält für den Leser Hürden bereit, die sich nicht zuletzt aus den Umorientierungen eines Denkens erklären, dass sich im Schaffensprozess mehrfach selbst korrigiert. Die zugehörige Bewegung gleicht einer Schraubenlinie, die ihre besondere Raffinesse aus der Rekursion einer Kreisbewegung zieht, die sich niemals am gleichen Ort befindet. Sie integriert die Erfahrung bereits durchlaufener Forschungsansätze, während die Progression der Schraube in der Zeit eine veränderte Anwendung erzwingt. Die Begriffe im Gesamtwerk erfahren so eine Verschiebung in ihrer Gewichtung und Bedeutung, die sich erst durch Berücksichtigung der einzelnen Stadien erschließen lässt. Das vorliegende Lexikon will durch die konsequente Darstellung von Kernbegriffen die Auseinandersetzung erleichtern.

Spätestens seit der Herausgabe der Schriften und Aufsätze, die unter dem Titel *Dits et Ecrits* in Frankreich 1994 erschienen sind, bieten über viertausend Seiten nun die Möglichkeit subtilerer Korrekturen. Seit 2005 liegt auch die vollständige

---

[1] Alan Megill, „The reception of Foucault by Historians", in: *Journal of history of ideas*, 1987, 1/48, S.118.

Übersetzung in vierbändiger Fassung vor. Die gesammelten Aufsätze, Interviews, Vorworte und Zusammenfassungen lassen sich als effektive Arbeitsmittel nutzen, um die Entwicklung der Begriffe im Gesamtwerk zu erfassen und den Leser durch Zitate der verstreuten Definitionen des Autors mit informativen Textstellen und Hinweisen zu versorgen. Ergänzend kommen noch die Vorlesungen hinzu, die Michel Foucault am Collège de France gehalten hat, und deren übersetzter Umfang mittlerweile dreitausend Seiten umfasst.[2] Verglichen mit der Komplexität der berühmten Arbeiten zeigt sich Foucault in seinen Vorlesungen und den zahlreichen Interviews oft als ein Autor, der ohne Umschweife sehr präzise Definitionen seiner eigenen Begrifflichkeit zu geben vermag. Und nicht zuletzt verfügt er über eine erstaunliche Fähigkeit zur Selbstreflexion, die es ihm erlaubt, die eigene Arbeit im Hinblick auf den erreichten Stand immer wieder kritisch zu beleuchten.

Das Lexikon soll einen Überblick verschaffen, indem es die Entwicklung der Begriffe darstellt, und dabei die Vorlesungen, die Vorträge, die Gespräche und die Interviews als „zweites" Werk Foucaults berücksichtigt. In den *Dits et Ecrits* findet sich die Geschichte der Begriffe, oft in der zwingenden Klarheit einer Kurzfassung, noch einmal kommentiert.

Der Schwerpunkt des Lexikons orientiert sich an der Absicht, die Arbeit an und mit Foucault zu erleichtern: Es vermittelt in erster Linie Überblicke. Das Gesamtwerk gliedert sich in drei Hauptphasen, die mit den bekannten Begriffen des Diskurses, der Macht und der Ethik des Selbst übereinstimmen. Verbindlicher roter Faden zu den genannten Phasen ist ein relativ spät benanntes Thema: Die Geschichte der Subjektivität als Vorbedingung unserer modernen Daseinsweise sollte die große Klammer des Gesamtwerkes bilden.

---

2 Erschienen sind: Michel Foucault, *Die Macht der Psychiatrie* (Vorlesung 1973 / 1974), Frankfurt / Main 2005; *Die Anormalen* (Vorlesung 1974 / 1975), Frankfurt / Main 2003; *In Verteidigung der Gesellschaft* (Vorlesung 1975 / 1976) Frankfurt / Main 2001; *Geschichte der Gouvernementalität I. Sicherheit, Territorium, Bevölkerung* (Vorlesung 1976 / 1977), Frankfurt / Main 2004; *Geschichte der Gouvernementalität II. Die Geburt der Biopolitik* (Vorlesung 1977 / 1978), Frankfurt / Main 2004; *Die Hermeneutik des Subjekts* (Vorlesung 1981 / 1982), Frankfurt / Main 2004.

Einleitung

Mit der Entwicklung der Diskurstheorie, der Machttheorie und der Ethik des Selbst verbinden sich die drei großen Entwicklungsabschnitte des foucaultschen Werkes, die starke Thesen und provokante Ergebnisse beinhalten. Wie unbequem dieses Denken gelegentlich zu werden vermag, und welches Umdenken es seinen Lesern abverlangt, das kann beispielsweise die paradox anmutende Machttheorie ohne ausübendes Subjekt verdeutlichen. Trotz dieser Schwierigkeiten verbreitet sich die foucaultsche Begrifflichkeit und erfährt dabei gelegentlich massive Entstellungen. Zumindest der Diskurs gehört in den Kulturwissenschaften zu jenen Prügelknaben, die mehr Allgemeinplatz, denn präzise Bestimmung zu sein scheinen. Umberto Eco hat dafür die schöne Bezeichnung des „umbrella term" erfunden.[1]

Während Jürgen Habermas den Diskurs als kommunikative Rationalität erfasst, versteht Foucault darunter die Bildung von Wahrheiten in Denksystemen, die er am Beispiel der Humanwissenschaften des 17. und 18. Jahrhunderts untersucht. Von Wahrheiten ist dabei deshalb zu sprechen, weil sich das Selbstverständnis des menschlichen Seins über die Humanwissenschaften mehrfach verändert. Der Diskurs trägt in diesem Sinne also beständig zu einer Neubildung der Subjektivität in der Geschichte bei. Die Wahrheiten, die Denksysteme und die betroffenen Subjekte unterliegen einem ständigen Wandel, der umgekehrt auch den Diskurs selbst betrifft. Die Veränderung der Denksysteme in der Geschichte verweist dabei auf den Umstand, dass sich in sinnvoller Art und Weise nur von Diskursen sprechen lässt, die in bestimmten historischen Formationen den besagten Wahrheiten Ausdruck verleihen. Darüber hinaus entdeckt Foucault zahlreiche Allianzen des Diskurses. Er kann sich beispielsweise unter dem Einfluss der modernen Klinik, die ihre Patienten einer besonderen ärztlichen Wahrnehmung aussetzt, tiefgreifend verändern. Es gibt also soziale, gesellschaftliche und nicht zuletzt sogar räumlich-architektonische Bedingungen, die den Diskurs beeinflussen, und zu der Bildung eines Spezialwissens beitragen. Die Geschichte von Fachbereichen kann unter diesen Voraussetzungen oft in einem ganz neuen Licht erscheinen. Der komplizierte Weg vom Wahnsinn bis zur Geisteskrankheit entspricht beispielsweise weniger einem lückenlosen ärztlichen Erkenntnisprozess, sondern die Entwicklung zur modernen Psychiatrie findet unter Beteiligung sozialer Umbrüche und Randbedingungen statt, wie sie sich in der Klassik rund um die Französische Revolution ergeben haben.

---

1 Vgl. Helge Schalk, „Diskurs", in: *Archiv für Begriffsgeschichte*, Bonn, 49, 1997 / 98, S. 56–104.

In einer stark verallgemeinerten Form lässt sich der Diskurs demnach als Bestandteil historischer Formationen begreifen, in deren Rahmen sich die Bedingungen für das Entstehen von Wissen nachvollziehen lassen. Es gibt jedoch noch eine zweite Sichtweise auf den Diskurs, die sich im Zuge jener sprachphilosophischen Wende ergeben hat, die Richard Rortry 1967 mit dem Namen des *linguistic turn*[2] bedachte, und in Frankreich mit Ferdinand de Saussure[3] einen frühen Vertreter besitzt. Aus der sprachphilosophischen Perspektive transformiert der Diskurs das passiv dahinfließende Sprechen zu einer reflektierten Sprachbenutzung. Der Diskurs bildet innerhalb der Sprache die Vorbedingungen für eine Fachterminologie aus, wobei die Betonung in diesem Fall ganz auf den präformierenden Eigenschaften des Sagbaren liegt, denn es handelt sich keinesfalls um fertige Fachsprachen. Der Diskurs verbindet das Denken mit der Sprache, wobei er bereits den ersten Ansätzen zu fachsprachlichen Äußerungen vorausgeht. Von daher leitet sich auch das starke Interesse ab, das Foucault an Vorgängen zeigt, die für die Formation von Diskursen konstitutiv sind. Das Formationssystem für Diskurse liefert die Anhaltspunkte für das plötzliche Entstehen von Wissenssystemen, die anschließend in ausdifferenzierte Wissenschaftssprachen übergehen können. Komplexe Wissenschaften pflegen dann zwar ebenfalls Diskurse zu unterhalten, aber sie bilden nicht mehr den Hauptgegenstand der Untersuchungen, denn Foucault geht es in erster Linie um den Nachweis jener Bedingungen und Vorkommnisse, die zu unserer Situation der Moderne geführt haben. Dass sich solch ein Vorhaben nur durch eine immense historische Arbeit umsetzen lässt, versteht sich von selbst.

Der Begriff des Wissens bezeichnet eine unsystematische und oft skizzenhafte Vorform der Wissenschaft. Dies gilt besonders für die Humanwissenschaften, deren Entstehensbedingungen im klassischen Zeitalter Foucault besondere Aufmerksamkeit schenkt. Aus der Unbestimmtheit des Wissens lässt sich die besondere Schwierigkeit der Diskursanalyse ableiten: Sie muss oft auf einer Ebene des Wissens operieren, die sich auf Andeutungen beschränkt. Der Gegenstand der Diskursanalyse nimmt daher mitunter besonders flüchtige und schemenhafte Formen an. Er verliert sich in seinen historisch bedingten Äußerungsformen manchmal in einer Unkenntlichkeit, die sich auch daraus erklärt, dass hier etwas beginnt. Die ersten Anfänge eines Denkens äußern sich konsequenterweise nicht in einem fertigen Denksystem, sondern sie fordern den Historiker dazu heraus, noch die schwächsten Erschütterungen minutiös zu registrieren. Darin liegt letztlich die seismographische Kunst, die sich hinter der Forderung Foucaults verbirgt, dass man die Geschichte beschreibend erfassen muss. Die bloße Beschreibung soll die feinsten Veränderungen deutlich machen, die noch den originären Zeitgenossen im fraglichen Geschichtsabschnitt durch zu große Nähe mit ihrer eige-

[2] Richard Rortry, (Hrsg.), *The linguistic Turn. Recent Essays in Philosophical Method*, Chicago / London 1967.

[3] Ferdinand de Saussure, *Grundfragen der allgemeinen Sprachwissenschaft*, Berlin 1967. Erstausgabe Paris / Lausanne 1916.

nen Zeit entgangen sein können. Der synoptische Historiker Foucault versucht in methodischer Hinsicht ein noch feinmaschigeres Netz zu knüpfen, als es die akribischen Arbeiten der *Annales-Schule* in Frankreich schon vorgegeben hatten. Dabei stellt er die bisherige Geschichtsschreibung in Frage und prägt den Begriff der seriellen Geschichte.

Trotz der klar umrissenen Funktion des Diskurses im foucaultschen Werk haftet an diesem Begriff immer eine gewisse Unschärfe. Der Anspruch, Sprache und Denken durch den Diskurs zu verbinden, bietet schließlich nur die wenig reizvolle Alternative zwar zu sprechen, aber nicht zu denken. Es verwundert also kaum, wenn sich die gesamte Menschheit in einem Diskurs wiederfinden möchte. Die sehr weit gefasste Definition des Diskurses als verschärfte Spracheingrenzung mit der Funktion einer vorwissenschaftlichen Kommunikation, hat sicherlich zu der Verwendung als Modebegriff beigetragen. Was, so könnte ein berechtigter Einwand lauten, fällt unter diesen Voraussetzungen nicht unter einen Diskurs?

Für den Beitrag zur Theorie der Macht gelten derartige Einschränkungen nicht, denn die entsprechende Machtdefinition sprengt, wie so oft bei dem Querdenker Foucault, den Rahmen vertrauter Zugangsweisen. Es gibt für diese Macht keine ausübende Person und keine unmittelbar damit verbundene Institution. Die Macht erscheint vielmehr als ein Spiel von Kräften, die ein Gebiet in einer Gesellschaft besetzen und dort Systeme entstehen lassen. Sie wirkt demnach nicht hemmend, sondern die durch sie gekennzeichnete strategische Situation in einer Gesellschaft fördert sogar Differenzierungen innerhalb ökonomischer Prozesse, humanwissenschaftlicher Erkenntnisse und sexueller Beziehungen. All dies bedeutet nicht, dass Foucault die Möglichkeit von Herrschaft leugnet. Er unterscheidet lediglich zwischen erstarrten Machtfunktionen, die einzelne Subjekte für ihre Interessen zu nutzen verstehen, und den sich ständig weiterentwickelnden Machtverhältnissen, denen auch die vermeintlich Herrschenden unterliegen. Auskristallisierte Machtfunktionen können im Gegenzug auch institutionelle Formen annehmen, womit dann – im Unterschied zur eigentlichen Macht – ein klassisches Herrschaftsverhältnis vorliegt.

Ein besonderes Merkmal der neuen Machttheorie besteht in deren strategisch-produktiver Eigenschaft. Die Macht erlangt so den Status einer universellen Kraft, die innerhalb von Familien, Gruppen, und Institutionen einer Gesellschaft ihre wechselseitige Wirkung unter den Subjekten entfaltet. Ihre verblüffende Charakteristik erlaubt eine fast paradox anmutende Kombinatorik: Sie ist intentional verankert und doch keineswegs subjektiv bedingt. Obwohl diese Macht immer klaren Zielsetzungen verpflichtet bleibt, entspricht sie keiner Planung durch ein individuelles Subjekt. Sie durchsetzt vielmehr alle gesellschaftlichen Verhältnisse in einer Art und Weise, dass auch die einflussreichen Gruppierungen in den Staatsapparaten und die ökonomischen Entscheidungsträger ihrem Funktionsnetz unterliegen.

Die neue Machtkonzeption sieht zwei Hauptziele der Macht vor: den Körper und die Bevölkerung. Im Rahmen so genannter Körpertechnologien durchläuft das Subjekt in der Klassik eine Art von Dressur, die sich in den Kasernen, Schulen und Werkstätten am deutlichsten zeigt. Dabei erlernt das Subjekt eine hochdisziplinierte Verhaltensweise, die sich an normierten Vorgaben für den Körper orientiert. Die Bevölkerung erscheint in der produktiven Machtkonzeption als demographische Größe, wobei die Fortpflanzungsrate von besonderer Bedeutung ist. Die Versorgung mit Lebensmitteln hängt in den Agrargesellschaften der ausgehenden Klassik noch direkt von den zur Verfügung stehenden Arbeitskräften ab. Diese statistisch ökonomische Seite der Macht entdeckt Foucault dabei auf einem etwas ungewöhnlichen Weg, denn die ursprünglichen Untersuchungen der Bevölkerung konzentrieren sich auf die Sexualität. Die Macht erfasst die Sexualität der Bevölkerung nicht als *ars erotica*, sondern als Faktor politischer Steuerung, die den denkwürdigen Namen Bio-Macht erhalten hat. Zuletzt erweitert Foucault seine Theorie der Macht um die Regierungskunst, für die er den Namen der Gouvernementalität erfunden hat. Aus der Sicht der Machttheorie erweitert die Gouvernementalität den Horizont der statistisch verwertbaren Informationen über die Bevölkerung weit über die anfänglichen Anwendungen im Bereich der Sexualität hinaus.[4] Am Ende steht die Bio-Politik, in deren Rahmen die Bevölkerung zum eigentlichen Gegenstand eines liberalen Wirtschaftens aufrückt. Die Entwicklung der Wirtschaft in modernen Gesellschaften hängt demnach nicht allein von der innerbetrieblichen Rationalisierung ab, sondern findet in der Bevölkerung als Masse der Marktteilnehmer eine oft unterschätzte Ressource, die ihre deutlichen Spuren in der Wirtschaftsgeschichte hinterlassen hat. Foucault entwirft dazu eine geschichtliche Skizze des liberalen Denkens, dessen Wurzeln im deutschen Ordoliberalismus und im amerikanischen Neoliberalismus des 20. Jahrhunderts zu finden sind.

Kurz vor seinem Tod im Jahre 1984 veröffentlichte Foucault zwei Bücher über die antike Ethik, die sich in die Reihe von ursprünglich sechs geplanten Werken über die Geschichte der Sexualität einfügten: *Der Gebrauch der Lüste* und *Die Sorge um sich*. Diese Arbeiten tragen die unverwechselbaren Züge einer historischen Untersuchung, die mit den Gesprächen der *Dits et Ecrits* eine interessante Aktualisierung erfahren. Dabei stellt sich der Rekurs auf die Ethik als die Suche nach den Gegenstrategien zur Macht heraus. In den Selbsttechnologien der Antike unterliegt das Individuum nicht länger den Wirkungen der Macht, sondern es gewinnt gegenüber dieser Fremdbestimmung an Autonomie. Der Historiker der Macht, der Foucault bis zu diesem Zeitpunkt gewesen war, erweitert seine Geschichte der Subjektivität zuletzt um den Aspekt des Gegenverhaltens. Das Individuum praktiziert durch die Arbeit an sich selbst eine Form des Widerstandes. Die damit verbundene Lebenskunst erhält deshalb weder den Anstrich des revolutionären Pathos, noch handelt es sich um die Illusion einer hochbesorgten

---

4 Vgl. Thomas Lembke, *Eine Kritik der politischen Vernunft. Foucaults Analyse der modernen Gouvernementalität*, Hamburg 1997, S.126ff.

Selbststilisierung. Der Kern der foucaultschen Ethikkonzeption sieht ein sich durch Selbsttechniken konstituierendes Subjekt vor, das im Verlauf der zugehörigen Verfahren Reflexivitätsformen entwickelt. Wenn dieses Subjekt die Arbeit einer Sorge um sich als Kunst seiner eigenen Existenz begreift, so betont es damit seine eigene Freiheit. Foucaults Analysen verlaufen dabei häufig über die Sexualität, deren Funktion in einer Art theoretischem Scharnier besteht. Die Überbetonung der Sexualität für die Ethik des Selbst vermittelt jedoch nur einen falschen Eindruck. Es geht, wie es Wilhelm Schmidt ausgedrückt hat, vielmehr um die Suche „nach der Form des Menschen einer künftigen Zeit, dem Gesetz seiner Formation."[5] Das Projekt einer Geschichte der Subjektivität zu einer Formation eines zukünftigen Menschen zu erweitern, wäre dem Nietzscheaner Foucault vermutlich auf den konkret utopischen Leib geschrieben gewesen, wozu es aber aus gesundheitlichen Gründen nicht mehr kommen konnte.

[5] Wilhelm Schmidt, *Auf der Suche nach einer neuen Lebenskunst. Die Frage nach dem Grund und die Neubegründung der Ethik bei Foucault*, Frankfurt/Main 2000, S. 31.

Überblick zu den Hauptwerken

Der folgende Überblick zu den Hauptwerken kann allein aus Gründen der Beschränkung keine Vollständigkeit beanspruchen. Er soll lediglich die Werkphasen mit einer Skizze der wesentlichen Inhalte verbinden, und die Kernbegriffe in ihrem Kontext ansatzweise vorstellen. Die Auswahl der Begriffe des Lexikons erfolgte nach dem Grad ihrer Abweichung vom normalsprachlichen Gebrauch. Es gehört von jeher zu den Vorrechten des philosophischen Sprachgebrauchs eine eigenständige Terminologie durch die Arbeit am Begriff zu erzeugen. In einer Begriffshierarchie wäre den folgenden Einträgen des Lexikons der Vorrang einzuräumen: Archäologie, Genealogie, Diskurs, Dispositiv, Disziplinen, Körpertechnologien, Macht, Bio-Macht, Panoptismus, Pastoralmacht, Sexualität, serielle Geschichte, Ereignis, Wahnsinn und Wissen. Die Bedeutung der Begriffe leitet sich aus ihrer zentralen Stellung im Werk und aus ihrer teilweise gewandelten Funktion in der Geschichte des foucaultschen Denkens ab. Die Einträge des Lexikons versuchen dieser doppelten Herausforderung zu entsprechen. Alle Kernbegriffe sind jeweils durch einen Pfeil graphisch gekennzeichnet. Da Foucault seine Terminologie laufend entwickelt, kommt es, neben dem speziellen Verständnis, über weite Strecken auch zu einer Verwendung der Begriffe, die der gebräuchlichen Bedeutung entspricht.

Diskurs

Im Gesamtwerk prägen fünf zentrale Arbeiten die „diskursive“ Phase: *Wahnsinn und Gesellschaft, Die Geburt der Klinik, Die Ordnung der Dinge, Die Archäologie des Wissens* und *Die Ordnung des Diskurses.* Die ersten drei genannten Arbeiten setzen sich mit dem Wissen im Zeitraum der Klassik auseinander, der sich über das 17. und 18. Jahrhundert erstreckt. Im deutschen Sprachraum ist dies gleichbedeutend mit der Aufklärung. Diese Auswahl begründet sich aus der tieferen Absicht, die Vorbedingungen der Moderne auszuloten und eine Geschichte der Subjektivierung zu schreiben. Foucault bearbeitet das Thema in einem denkbar weiten Bogen. Er beginnt mit der Frage des → Wahnsinns, der in der Klassik als Gegensatz des vernünftigen → Subjekts zu dessen Selbstversicherung dient. Dies setzt *Die Geburt der Klinik* in einer Untersuchung fort, die der Konstitution jenes → Subjekts nachgeht, das sich mit dem ärztlichen Wissen formiert. *Die Ordnung der Dinge* thematisiert unterschiedliche Seinsweisen der Dinge in der Renaissance, Klassik und Neuzeit, wobei der entscheidende Nachweis darin besteht, dass durch die radikalen Änderungen in den betreffenden Epochen überhaupt erst die Möglichkeit für die Subjektivierungsform „Mensch“ entstehen konnte.

Wahnsinn und Gesellschaft

In *Wahnsinn und Gesellschaft* (1961) unternimmt Foucault nicht den Versuch eine Geschichte der Psychiatrie zu schreiben, wie es ihm oft unterstellt wurde. Es handelt sich vielmehr um die Geschichte einer vernünftigen Gesellschaft, die ihr Gegenteil – den → Wahnsinn – auszugrenzen sucht. Der → Wahnsinn erhält durch den Vorgang der Ausschließung eine eigenständige Geschichte, die in ihren sozialen Praktiken und Begriffen vom Irrenwesen bis zur Geisteskrankheit des 19. Jahrhunderts reicht.

Der → Wahnsinn zeigt sich in einem sozialen Vorgang, der so genannten Ausschließung, die im Mittelalter zunächst die Leprakranken und die Häretiker betrifft (vgl. DeE I, Nr. 5, „Der Wahnsinn existiert nur in einer Gesellschaft", S. 235). Der Irre ist demnach ein Phänomen, das sich durch die Ausschließung und an der Einrichtung von Institutionen in den Räumlichkeiten der früheren Leprosorien nachweisen lässt. Das Jahr 1656, in dem das *Hôpital général* in Paris gegründet wird, markiert für die Klassik einen deutlichen Einschnitt. Der ursprüngliche Zweck besteht in einer Unterbringungsmöglichkeit für die Armen und in der Verhinderung von Bettelei und Landstreicherei. Obwohl es sich nicht um eine medizinisch-soziale Einrichtung handelt, befinden sich auch die Wahnsinnigen an diesem Ort der Internierung (vgl. WG, S. 71f).

In den neuen Internierungshäusern entwickelt sich im 17. Jahrhundert eine merkwürdige Mischung aus Nächstenliebe und Repression; ein Phänomen, das sich zeitgleich in ganz Europa beobachten lässt. In Deutschland entstehen die Zuchthäuser, und in England lassen sich ab 1575 die *houses of correction* nachweisen.

Ab dem 17. Jahrhundert greift in ganz Europa die Praxis der Einsperrung, die eine Besserung ihres Klientels durch Arbeit vorsieht. Die Regeln der Arbeit und der Produktion bilden in diesem neuen Korrekturraum eine ethische Norm der bürgerlichen Verhaltensweise aus, die auch auf den → Wahnsinn zurückwirkt. Sie rückt ihn in einen Zusammenhang der gezielten Bestrafung, die letztlich auf Reue und Besserung durch Umerziehung in der Internierung abzielt.

Es gibt im klassischen Zeitalter auch die Erfahrung des → Wahnsinns als Krankheit, die sich aus überlieferten Restbeständen der arabischen Medizin des Mittelalters ableitet. Diese Sichtweise macht eine ärztliche Behandlung erforderlich, aber sie spielt bis zum Ende des 18. Jahrhunderts nur eine Nebenrolle. Es existiert also die gesellschaftliche Seite des → Wahnsinns in Form der Einsperrung und es gibt eine marginalisierte Erfahrung der Krankheit → Wahnsinn, die in der Klassik nebeneinander bestehen. Daraus resultieren zwei Formen der Hospitalisierung: Die eigentlichen Hospitäler, die den Wahnsinnigen als solchen aufnehmen, und eine spontane Form der sozialen Wahrnehmung des → Wahnsinns, die zur Praxis der Internierung führt. Die Medizin spielt während dieser Zeit lediglich eine untergeordnete Rolle, und sie findet erst auf der Basis der alten Irrenhäuser und der Praxis der Internierung zur modernen Form der Psychiatrie, in der der Wahnsinnige zum ersten Mal auch als menschliches Wesen in Erscheinung treten kann.

Die Praxis der Internierung im Zeitalter der französischen Klassik beruft sich auf den Gegensatz von Vernunft und Unvernunft. Der Wahnsinn gehört zur Unvernunft und rückt daher in die Nähe des Nicht-Seins, dem Komplement der Vernunft. Die Ausschließung als soziale Praxis bewirkt unter den genannten Umständen eine Unterdrückung des Nichts, der „leeren Negativität der Vernunft" (WG, S. 253). Die Internierung begräbt mit der Unvernunft also einen Wahnsinn, der bei dieser Behandlung zum Schweigen verdammt ist, und als Nichts keinen Gegenstand einer positiven Analyse bilden kann.

Gegen Ende des 18. Jahrhunderts beginnt sich jenes ärztliche Denken durchzusetzen, das den Irren als Geisteskranken betrachtet. Neben William Tuke in England (1796), befreit Jean Baptiste Pinel ab 1793 die Irren aus ihren Tollkoben und Kellergeschossen in den Narrenkolonien. Die Behandlungsmethoden der Kopfkühlung oder das Fixieren des Irren in Schleudermaschinen gehören allerdings auch im 19. Jahrhundert noch zu den geläufigen Therapiemaßnahmen, die nicht selten an die Bestrafung der Unvernunft erinnern. Pinel nähert sich mit seiner Nosographie des Wahnsinns der Geisteskrankheit nur an, aber er bewirkt letztlich – vor allem im Zusammenhang mit der durch Jean Etienne Esquirol initiierten Irrengesetzgebung – die Neuorganisation der Irrenhäuser zwischen 1805 und 1838 in Frankreich. Damit die wirkliche und alleinige Aufklärung über den → Wahnsinn als Krankheit zu verbinden, wäre trotzdem verfehlt. Es handelt sich vielmehr um äußere Faktoren, die letztlich eine Differenzierung unter dem Klientel der Internierung herbeiführen, und auf diese Weise den Irren als Kranken aus der Menge der Internierten hervortreten lassen.

Im Merkantilismus erfüllt der Arme keine Funktion, denn sein wirtschaftlicher Wert als Konsument existiert noch nicht. Er tritt nur als Müßiggänger oder als Bettler auf, der als solcher der Internierung zu überstellen ist. Die Physiokraten entdecken dagegen die Bevölkerung als Reichtum einer Gesellschaft, der sich aus dem Überschuss der Arbeitskräfte ableitet. Mensch und Erde bilden den ursprünglichen Reichtum, der bei einer zahlreicheren Bevölkerung durch billigere Arbeitskräfte besondere Zuwachsraten verzeichnet. Unter dieser veränderten ökonomischen Sicht auf die Armen stellt die Internierung eine wirtschaftliche Fehlentwicklung dar. Die Internierung behindert den freien Markt der Arbeitskräfte und untergräbt die Entfaltung des Reichtums. Der gesunde Arme lässt sich demnach als Arbeitskraft zur Mehrung des Reichtums seines Landes einsetzen. Analog setzt sich die Erkenntnis der Unwirtschaftlichkeit der Massenfürsorge auch im Bereich der Krankheit durch. Der eigentliche Bereich der wirtschaftlich und hygienisch vertretbaren Genesung ist die Familie und nicht das Hospital.

Es gibt faktisch nur zwei Gestalten, die bei dieser Differenzierung die Internierung nicht verlassen können: Der Wahnsinnige und der Kriminelle. Beide sind die letzten Objekte eines gesellschaftlichen Ausschlusses. Der moderne Begriff vom → Wahnsinn bildet sich also nicht durch wissenschaftliche Erkenntnisse und begründet sich nicht durch irgendeine Form der Philanthropie. Wenn der → Wahnsinn plötzlich nicht mehr in der Masse der Internierten verschwindet, dann verdankt er dies einer sozialen Entwicklung, die sich aus einer ökonomischen Komponente und einer neuen Sozialethik ableitet. Man kann die gesunden Armen zur Arbeit zwingen und man kann die Betreuung der Kranken den Familien aufbürden, aber der „gemeingefährliche" Irre lässt sich nicht in den Bereich des Privaten abschieben. Die Besonderheit des → Wahnsinns reklamiert einen öffentlichen Bereich für sich, dessen Form freilich noch völlig offen ist und zwischen Bestrafung und Betreuung schwanken kann.

Foucault legt in diesem Zusammenhang einen empfindlichen Punkt des wissenschaftlichen Mythos frei: Es gibt in dieser ganzen Entwicklung keinen einzigen Beleg für eine ärztliche Erkenntnis des → Wahnsinns, die den entscheidenden Anstoß zur Anerkennung des → Wahnsinns als Geisteskrankheit gegeben hätte. Trotz der großen Reformen, die Tuke und Pinel in den Irrenhäusern durchführen, bleibt die Entwicklung von einem Zusammentreffen unterschiedlicher Wissensformen in der Gesellschaft abhängig. Letztlich ist der Gegenstand des → Wahnsinns das laufende Ergebnis eines gesellschaftlichen Diskurses, in dem sich das → Subjekt Rechenschaft über sich selbst gibt. Die Internierung verliert über zahlreiche Zwischenschritte den Sinn der Einsperrung des Anderen der Vernunft. Die Differenz zwischen Vernunft und Wahnsinn bildet nicht mehr jenen Sicherheitsabstand aus, der die Krankheit als Irrsinn durch die Internierung begräbt. Gleichzeitig erfährt der soziale Raum der Fürsorge und des Mitgefühls durch veränderte ökonomische Sichtweisen eine tief greifende Umgestaltung. Alle diese Entwicklungsstränge kreuzen sich in der Geschichte, und formieren einen Punkt an dem der → Wahnsinn als behandelbare Krankheit auftreten kann.

Der Wahnsinnige tritt erstmals als Mensch auf und die Internierung übernimmt die Rolle einer ständigen Beobachtung, deren erstes Ziel in einer exakten Bemessung der zu gewährenden Freiheit innerhalb des Ausschlusses besteht. Dieses Unternehmen bedingt eine ständige Kontrolle, die den → Wahnsinn befragt und statt der Repression einer bestrafenden Kette die therapeutische Maßnahme in Erwägung zieht. Die laufende Beobachtung des → Wahnsinns unterläuft das absolute Schweigen der klassischen Internierung im Kerker so vollkommen, dass die Idee eines Tagebuchs des Asyls greifen kann. Der eingekerkerte → Wahnsinn war sprachlos, der beobachtete → Wahnsinn erhält seine Dokumentation, die der Verwaltung jederzeit einen umfassenden Überblick der individuellen Krankengeschichte liefern kann.

Jede Gesellschaft ermöglicht den → Wahnsinn als Gegenstand eines spezifischen, historisch bedingten → Wissens, das sich nicht notwendig wissenschaftlich entwickelt, sondern seine Quellen in Institutionen und sozialen Prozessen besitzt und erst durch das Zusammentreffen höchst heterogener Elemente in der Geschichte zu jenen diskursiven Zirkulationen führt, die nachhaltige Spuren hinterlassen. Es gibt demnach keinen roten Faden der Vernunft, der zur modernen Psychiatrie führt, sondern nur eine Kreuzung unterschiedlicher Entwicklungen in der Geschichte, an deren Ende der → Wahnsinn als Krankheit zu sprechen beginnt und das → Subjekt eine → Wahrheit über sich selbst erfährt, die nicht die letzte sein wird.

Die Geburt der Klinik

Die Geburt der Klinik (1963) setzt die Analysen aus *Wahnsinn und Gesellschaft* insofern fort, als hier die Bedingungen für das ärztliche → Wissen in der Klassik untersucht werden. Auch der Gegenstand dieses → Wissens konstituiert sich durch institutionelle, pädagogische und politische Vorgaben. Das → Subjekt des ärztlichen → Wissens ist also kein Ergebnis genial-logischer Schöpfungen der Medizin, sondern es erweist sich über weite Strecken als das Ergebnis einander begegnender → Diskurse in der Gesellschaft.

Die Geburt der Klinik ist ein Buch über einen sehr kurzen Abschnitt der Medizingeschichte, in dem unter dem Einfluss der Französischen Revolution eine tief greifende Restrukturierung des Verständnisses von Krankheit stattfindet. Am Anfang steht die in der Klassik geltende Auffassung von einer Krankheit, die ein eigenes Sein besitzt und demnach ihr eigenes Wesen entfaltet. Die wesenhafte Krankheit lässt sich nicht mit dem Schema eines kausalen Verursachungsverhältnisses erfassen, und sie besitzt aus diesem Grund auch nur die Eigenschaften der Zeichen. Es sind Zeichen, die sich dem Blick des Arztes offenbaren und die sich auf einem → Tableau, entsprechend den Krankheiten, anordnen lassen. Die zugehörigen Klassifikationen verleihen der Heilkunst dieser Zeit auch den Namen „Medizin der Arten".

Die entscheidenden Anstöße zu einer Veränderung des ärztlichen Blicks ergeben sich nun nicht aus medizininternen Entwicklungen heraus, sondern sie verdanken ihr Auftreten einer Reorganisation der Klinik, die ihrerseits durch die Vorgänge in und um die Französische Revolution eingeleitet wird. An erster Stelle steht eine neue Fürsorgepolitik, die gegen die bestehenden Spitäler berechtigte Kritik erhebt. Der Einwand stützt sich auf zwei Befunde: Erstens haben die Physiokraten die Armen jetzt als ungenutzte Arbeitskräfte entdeckt, die eine Nation letztlich in der Entwicklung ihres Reichtums hindern, was das Asyl zu einem wirtschaftlich kontraproduktiven Unternehmen stempelt. Zweitens gibt es hygienische Gründe, die für eine Reorganisation der Spitäler sprechen, denn die Vermischung von Armen und Kranken setzt die Infektionsgefahr herauf.

In der Diskussion über eine Reorganisation des Spitalbereiches werden in der Folgezeit (Jahre II und III in der neuen Zeitrechnung der Französischen Revolution) zahlreiche Vorschläge vorgebracht, wie die neue Klinik zu organisieren sei. Die Ansteckung soll in der Klinik die sorgfältige Trennung der Kranken verhindern. Gleichzeitig gibt es Pläne zur Institutionalisierung der medizinischen Ausbildung. Man stellt Überlegungen zur Privatisierung der Fürsorge an, da die Kranken in ihren Familien eine wesentlich bessere Pflege erhalten können als dies im Spital möglich wäre. In diesem Zusammenhang ist auch vom natürlichen Ort der Krankheit die Rede, der in den Familien bestehen soll.

Entscheidend für die Argumentation in *Die Geburt der Klinik* ist nun, dass die genannten sozialen Maßnahmen tatsächlich die Reorganisation der Spitäler bewirkt haben. Die Klinik verdankt ihre Existenz nicht medizinischen Einsichten, sondern sie entsteht letztlich auf der Grundlage sozialer und ökonomischer Veränderungen. Im medizinischen Denken eröffnet diese Klinik einen neuen Bereich, der das Verhältnis von Sagbarem und Sichtbarem betrifft. Der Untertitel *Der Geburt der Klinik* lautet daher auch auf *Die Archäologie des ärztlichen Blicks.*

Der veränderte ärztliche Blick der Klinik revidiert das Verständnis von Krankheit, indem er die direkte Beobachtung am Krankenbett zu einem Bestandteil des wissenschaftlichen → Diskurses erhebt. In der Medizin der Arten hatte sich zwischen die Beschreibung und die Krankheit ein → Tableau eingeschoben, auf dem die Zeichen und die Krankheit einander gegenüberstanden. Die Klinik eröffnet dagegen eine neue Perspektive für den Blick: Man spricht direkt über das, was man sieht. Die → Aussage bezieht sich auf das Sichtbare, während sich in der Medizin der Arten das Sichtbare nur auf das Aussagbare beziehen konnte.

Die Klinik ermöglicht eine Beobachtung der Krankheit, die den klinischen Blick als Wahrnehmungsakt stützt und durch die große Zahl der Patienten die Berücksichtigung von Häufigkeitsverteilungen gestattet. Die geschwätzigen → Diskurse verlieren ihren Einfluss, denn der neue Blick konzentriert sich auf das unmittelbar Sichtbare. Erst die Klinik bietet Beobachtungsbedingungen für den ärztlichen Blick, die die Krankheit in ihrem Reinzustand zur Erscheinung bringen können und ihre Variationen rekonstruierbar machen. Das Wesentliche lässt sich auf diesem Weg scheinbar erfassen.

Scheinbar nur deshalb, weil der klinisch bedingte Blick die Anatomie unberücksichtigt lässt, obwohl man sich ihrer ungehindert hätte bedienen können. In diesem Punkt korrigiert Foucault einen medizinhistorischen Irrtum. Schon Mitte des 18. Jahrhunderts gibt es für den interessierten Anatomen keine Engpässe bei der Beschaffung des sezierfähigen Materials. Giovanni Battista Morgagni muss nicht nachts auf die Friedhöfe schleichen, um Leichen zu erhalten. In der Wiener Klinik existiert seit 1754 ein Seziersaal und auch in Paris gibt es keinerlei Beschränkungen. Morgagnis *De sedibus et causis morborum per anatomen indagatis* erscheint 1761 und wirft die Frage auf, wie die Anatomie noch vierzig Jahre, bis zu Marie François-Xavier Bichat, keinen wesentlichen Einfluss auf den medizinischen → Diskurs nehmen konnte. Der klinische Blick übersieht die Anatomie, weil er einer ganz anderen Ausrichtung des → Wissens folgt. Foucault bescheinigt dem klinischen Denken und der Anatomie sogar unterschiedliche Gestalten des → Wissens. Der klinische Blick fasst in der Beschreibung des Sichtbaren zusammen, was die Fälle und die Krankengeschichten der Klinik zur Wahrnehmung werden lassen. Die Anatomie eines Bichat bereichert den organischen Befund um die Gewebepathologie. Der ehemalige Chirurg der Revolutionsarmee, der für gewöhnlich im Seziersaal schläft, führt über 600 Humansektionen durch. Er verlegt die Krankheit in die Gewebestruktur und schafft einen Isomorphismus der Gewebe. Morgagni führte die Krankheit noch auf die Vielfalt der Organe zurück und begründete damit das → Wissen auf Unterschieden. Der Vergleich zeigt nun, warum Bichats Analysen dem klinischen Denken mehr entsprechen: Das klinische Denken bemüht sich in der Geschichte seiner Fallstudien um die Einheitsbildung. Bichats Anatomie kommt diesem Anspruch durch das Gewebe als gemeinsamem Element zwischen den Organen entgegen. In der anatomischen Pathologie gelingt so letztlich eine mehrdimensionale Verbindung: Die Achse des Sehens hat mit den haptischen Fähigkeiten die Tiefe des Körpers mit seinen unsichtbaren Zeichen hinzugewonnen. Die Lesbarkeit der Zeichen besteht in veränderter Form weiter. Sie benutzt nun die Methode der großen Zahl, indem der Anatom im Gemeinsamen qua Induktion die Bestätigung einer These sucht. Mit dem Stethoskop erschließt sich für den Gehörsinn der Weg zu dem unsichtbaren Inneren des Körpers. Der ärztliche Blick hat sich fundamental gewandelt, denn seine Aufmerksamkeit gilt nun keinen sichtbaren Zeichen mehr, die auf einem → Tableau versammelbar wären, sondern er dient jetzt der Analyse des Unsichtbaren. Mit seinen neuen Mitteln dringt dieser Blick in das Unsichtbare vor, das auf diese Weise auch zum Sagbaren wird.

Bis zur modernen Medizin muss sich dieser Blick aber noch einmal wandeln, und diese → Transformation wurde nicht etwa durch die Verwendung technischer Mittel einer Apparatemedizin bewirkt. Nach Bichat hat die Medizin ein massives Problem erhalten: Es gibt Krankheiten wie das Fieber, die ohne organischen Befund verlaufen. Selbst der anatomische Zugriff auf das Unsichtbare der Organe kann hier keinen Befund liefern. Für eine Medizin der Sichtbarkeit ist dies ein ernstzunehmendes Problem, das sich erst mit dem Lokalismus des François Josef Victor Broussais auflöst. Die Lokalisierung gilt für Bichat als Konsequenz der Sichtbarkeit. Broussais dreht die Argumentation um: Die Krankheit ist lokaler Natur und daher wird sie erst sichtbar. Wichtig an einer Krankheit ist also nicht was sich dem visuellen Sinn offenbart, sondern der Ort ihres Entstehens. Darin ist eine kausale Verknüpfung zwischen Entstehungsort und Sichtbarkeit als Wirkung enthalten. Spätestens 1824 hat die Krankheit im *Catéchisme de la Médicine physiologique* von Broussais ihren Status als Wesen verloren. Dies bedeutet, dass die Krankheit nicht mehr akausal ihr eigenes Wesen entfaltet, wie es selbst Bichat noch angenommen hatte.

In *Die Geburt der Klinik* entwickelt Foucault in erster Linie die Verbindung von Sichtbarem und Sagbarem als Zeugnis der Entwicklung des ärztlichen → Wissens. In zweiter Instanz verbindet er mit diesem Thema eine fundamentale Kritik an den verdeckenden Eigenschaften einer Geschichtsschreibung, die es versäumt, den Positivismus auf die Ausgangsbedingungen seines eigenen Entstehens hin zu befragen. Eines der fundamentalen Ergebnisse lautet, dass die gesellschaftlichen Veränderungen die Sicht auf die Dinge in der Wissenschaft nicht nur beeinflussen können, sondern das ganze Gefüge zwischen dem Wahrgenommenen und der → Sprache sogar tief greifend zu verschieben in der Lage sind.

In *Wahnsinn und Gesellschaft* und *Die Geburt der Klinik* geht es um die Bedingungen für das Entstehen bestimmter humanwissenschaftlicher Erkenntnisse:

den → Wahnsinn als Geisteskrankheit und den modernen Krankheitsbegriff. In *Die Ordnung der Dinge* wird sich die Analyse der Formation einer Denkweise in epochalem Maßstab wiederholen, denn die Übergänge zwischen der Renaissance, der Klassik und der Moderne schaffen jeweils neue Bedingungen des → Wissens. Ein grundlegender Unterschied zu den beiden vorangehenden Werken besteht im Status des → Diskurses. *Wahnsinn und Gesellschaft* zwang Foucault noch zum Einbezug gesellschaftlicher Vorgänge um seinen Gegenstand überhaupt adäquat erfassen zu können, denn – wie bereits ausgeführt – verhängt die Internierung ein Schweigen über den Irren, das nur rudimentäre Aufzeichnungen zur Folge hat. Die Absicht einer diskursanalytischen Bearbeitung begrenzt sich, wie auch in *Die Geburt der Klinik*, durch die vorgefundene Quellenlage. Für *Die Ordnung der Dinge* bemerkt Foucault 1969 nun selbst, dass er ein „umgekehrtes Experiment" unternommen hat: „Ich habe die gesamte praktische und institutionelle Seite neutralisiert, ohne jedoch das Vorhaben aufzugeben, eines Tages darauf zurückzukommen [...]." (DeE I, Nr. 71, „Titel und Arbeiten", S. 1071). Diese nachträgliche Erklärung bestätigt den Beginn einer Werkphase, die den → Diskurs in besonderem Maße favorisieren wird. Dem kommt auch entgegen, dass *Die Ordnung der Dinge* am Ende der Renaissance auf eine Situation trifft, die der Diskursanalyse direkt zu entsprechen scheint. Die → Sprache und die Zeichen der Dinge sind durch eine unendliche Verweisungsstruktur (Signaturenlehre) verwoben, die in der Klassik eine fundamentale Veränderung erfährt. An die Stelle der → Ähnlichkeit der Zeichen auf der Oberfläche der Dinge tritt die → Repräsentation der → Sprache. Es gibt nun einen angestammten → Diskurs der repräsentierenden sprachlichen Zeichen.

Die Ordnung der Dinge

Die Ordnung der Dinge (1966) gilt als eine der schwierigsten Arbeiten Foucaults. Zu Beginn des 19. Jahrhunderts haben sich neue Wissenschaften wie die Biologie, die politischen Ökonomie, sowie etliche Humanwissenschaften ausgebildet. Die Vorbedingungen, die zu diesen nicht formalen Wissenschaften führen, bilden den Hauptgegenstand von *Die Ordnung der Dinge*. Der Zeitraum der Untersuchung konzentriert sich auf die → Episteme der Klassik von der Mitte des 17. bis zum Ende des 18. Jahrhunderts. Es geht in erster Linie um die Möglichkeit eines → Wissens, das auf der Grundlage der so genannten → Ähnlichkeit der Dinge entstanden ist: „ich wollte aufzeigen, wie Gesellschaften mit der Ähnlichkeit zwischen den Dingen umgehen und wie die Unterschiede zwischen den Dingen beherrscht, zu Netzen angeordnet und durch rationale Schemata erfasst werden können. Die *Histoire de la folie* ist die Geschichte des Unterschieds, *Les Mots et les Choses* die Geschichte der Ähnlichkeit, der Gleichheit, der Identität." (DeE I, Nr.34, „Michel Foucault, ‚Die Ordnung der Dinge'", S. 644)

Foucault schreibt keine Geschichte der Wissenschaften, sondern er stellt die Frage nach deren Entstehensbedingungen, wobei es zu Beginn des 19. Jahrhunderts zu derartig einschneidenden Veränderungen gekommen ist, dass hier die Scheidelinie zwischen zwei unterschiedlichen Denkordnungen oder Systemen des → Wissens liegen muss. Die archäologische Herangehensweise (→ Archäologie) kann zeigen, dass den fraglichen Denkordnungen verschiedene Seinsweisen der Dinge in den untersuchten Epochen entsprechen. Die Naturgeschichte der Klassik, wie sie sich bei Joseph Pitton de Tournefort, Carl von Linné und Georges Buffon findet, verbindet sich nicht mit dem, was später als Biologie bezeichnet wird oder als Evolutionstheorie bei Charles Darwin in Erscheinung tritt, sondern sie steht in einem engen Zusammenhang mit der → allgemeinen Grammatik eines Nicolas Beauzée oder der Analyse der Reichtümer, wie sie Anne Robert Turgot vorgenommen hat. In allen Ordnungen zeigt sich ein überraschender Befund: Weder Mathematik noch Geometrie bilden die Grundlage, sondern Zeichen und eine Taxinomie der Dinge. Die Grundlage des → Wissens der Klassik lässt sich nach Foucault also nicht mit dem lapidaren Hinweis auf die Mechanisierung der Aufklärung erfassen. Um das Regime der Zeichen in den unterschiedlichen Epochen als Grundlage des → Wissens zu untersuchen, unternimmt *Die Ordnung der Dinge* eine genauere Analyse, die die Unterschiede zwischen der Renaissance und der Klassik herausarbeitet.

Die → Episteme der Renaissance funktioniert mit Zeichen (Signaturen), die sich auf der Oberfläche der Dinge als Indizien unsichtbarer Beziehungen zeigen. Die ausschlaggebende Beziehung zwischen diesen Dingen ist die → Ähnlichkeit. Ein weiteres Merkmal besteht darin, dass sowohl die Zeichen der Natur wie auch die Zeichen der → Sprache ein lesbares Netz aufspannen. Natur und Text, oder Schrift und Welt können so zusammenfallen. Die Natur besteht auf der Seite der → Sprache aus einer unendlichen Verweisungsstruktur der Wortzeichen, die auf der Seite der Dinge eine ebenso unendliche Entsprechung der Zeichen auf der Basis der → Ähnlichkeit besitzt.

Im Übergang zur Klassik ändert sich das Verhältnis von Zeichen und Dingen. Tatsächlich antwortet die Klassik auf die Frage nach der Verbindung zwischen Zeichen und Bedeutung mit der → Repräsentation, womit der Zusammenhang von → Sprache und Welt eine Veränderung erfährt. Die unendliche Verweisungsstruktur der → Ähnlichkeit aus gesehenen Zeichen auf der Oberfläche der Dinge und den gelesenen Worten bricht zusammen. Das Schriftzeichen der Renaissance verliert in der Klassik seine Verankerung im Inneren der Dinge, und die → Sprache führt nicht mehr die Form einer Existenz, die sie direkt an die Dinge bindet. Die → Sprache der Klassik repräsentiert. Der zugehörige → Diskurs besteht in der → Repräsentation durch die sprachlichen Zeichen. Die → Sprache besteht aus einer linearen Anordnung von Zeichen, und in diesem Sinn führt sie eine sukzessive Ordnung ein. Sie verwandelt die Gleichzeitigkeit der Gedanken in die sprachliche Ordnung einer linearen Abfolge. Die → Sprache bildet demnach weder das Denken noch sich selbst in direkter Form ab, sondern sie pflegt einen ganz bestimmten → Diskurs, der in der Ordnung der jeweiligen → Sprache stattfindet. An dieser Stelle setzt die Untersuchung der → allgemeinen Grammatik ein, die die Beziehungen einer sukzessiv verfahrenden sprachlichen Ordnung zur Gleichzeitigkeit ihrer Repräsentationen klären will. Dem entspricht ein neuer → Raum des Denkens, der die lineare Sprachordnung mit dem Bezeichneten simultan verbinden kann: Das → Tableau ist der Ort einer gleichzeitigen Gegenüberstellung. Die → allgemeine Grammatik wäre demnach ein riesiges → Tableau, auf dem sich alle → Repräsentationen mit ihren adäquaten Zeichen in allen möglichen Sprachordnungen gegenüberstehen würden.

In der Klassik verflechten sich → Sprache und → Wissen so, dass der → Diskurs eine Ordnung des → Wissens errichtet, indem er den Dingen Namen gibt und deren Existenz durch und mit diesen Namen bekräftigt. In der Naturgeschichte kann diese Benennung im Rahmen der Klassifikation auch auf den visuellen Sinn zurückgreifen. Die Herbarien, die zoologischen Sammlungen und die botanischen Gärten versammeln die benannten Dinge in ihrer Funktion als → Tableau, wodurch sich der Namen mit dem Anblick verbindet.

Die Naturgeschichte bleibt sehr eng an die → Sprache gebunden, die eine fundamentale Wissensordnung zeigt: Die Erkenntnis der Wesen hängt letztlich von der Möglichkeit der Namensgebung ab. Im → Diskurs der Natur stehen die Dinge und Wörter nicht in irgendeiner willkürlichen Beziehung, sondern sie verbinden sich in einem systematischen Raster der Benennungen. In diesem Sinne schafft der → Diskurs Sichtbarkeit durch die Kraft der Worte.

Am Übergang vom 16. zum 17. Jahrhundert vollzieht sich eine Neubestimmung in der Funktion der Zeichen, die sich auch an der Rolle des Geldes oder auf dem Gebiet der Ökonomie nachweisen lässt. Das Geld besitzt im 16. Jahrhundert seinen Wert durch das Edelmetall, aus dem es besteht. Das Geld ist wegen seines Stoffes, des Goldes, kostbar. Genau diese Funktion verändert sich mit dem Merkantilismus des 17. Jahrhunderts. Das Gold gilt nun als wertvolles Zahlungsmittel, weil in ihm ein Zeichen eingeprägt ist. Der Wert des Geldes bestimmt sich demnach nicht mehr aus dem Metallwert, sondern es repräsentiert den Reichtum als Zeichen (vgl. OdD, S. 214f). Auf der Ebene des vorgelagerten und tragenden → Diskurses zeigt sich wieder die → Repräsentation als ausschlaggebendes Prinzip. Das Zeichen des Geldes repräsentiert den Reichtum und das Zeichen bemisst den Reichtum durch die Zahl.

Diese Verbindung zwischen einer Ontologie der Dinge (Naturdinge, Reichtümer) und der Zeichen verschwindet mit Beginn des 19. Jahrhunderts. Die Seinsweise der → Sprache besitzt keinen ontologisierenden Einfluss mehr, indem das Verb „sein" die alte Verbindlichkeit verliert. Die Beziehung zwischen der Sprache und den Dingen ist brüchig geworden, weil das „ist" kein selbstverständliches „sein" mehr auszudrücken vermag. In der Klassik ist die → Sprache noch Erkenntnis, indem sie für die → Repräsentationen der Dinge fundamentale Bedingungen herstellt. Zu den Dingen konnte man nur über die → Sprache gelangen. Im 19. Jahrhundert findet nun die große Trennung statt. Die → Sprache verliert ihre Funktion als → Diskurs, indem sie nicht mehr die zentrale Rolle im Bereich des → Wissens spielt. Die → Sprache ist selbst keine Erkenntnis mehr. Biologie,

Ökonomie, Naturgeschichte und → Sprache waren in der Klassik einer → allgemeinen Grammatik verpflichtet. Ein zentraler Befund in *Die Ordnung der Dinge* hält für die Moderne fest, dass der Abgrund zwischen → Diskurs und → Repräsentation zu einer Zersplitterung des Seins der → Sprache geführt hat. Unsere gegenwärtige Situation ist für Foucault in hohem Maß von dem Verschwinden des → Diskurses der Einheit gezeichnet und drückt gleichzeitig eine Sehnsucht aus:

„In einem einzigen großen Raum das große Spiel der Sprache wiederzufinden, könnte ebenso heißen, einen entscheidenden Sprung zu einer völlig neuen Form des Denkens zu machen, wie auch, einen im vorangegangenen Jahrhundert eingeführten Wissensmodus in sich selbst abzuschließen." (OdD, S. 371)

Im 19. Jahrhundert wird die → Sprache zu ihrem eigenen Objekt. Sie existiert nur mehr losgelöst von der → Repräsentation, interpretiert die Worte, und bezeichnet nur noch sich selbst. Sie verweist nicht mehr auf die Dinge außerhalb ihrer, sondern wird sich selbst zur Aufgabe. Der → Diskurs als Einheit der → allgemeinen Grammatik ist verschwunden. Die Antwort, die das 19. Jahrhundert auf den Verlust der Einheit erteilt, besteht in einer Alternative: Interpretation oder Formalisierung. Die Auflösung der → Episteme der Klassik hinterlässt eine empfindliche Lücke, denn die sprachlichen Zeichen geben nicht mehr die Ordnung der Dinge vor, sondern zwingen zur Konstitution des erkennenden Menschen. „Der Mensch steht genau dort, wo der Diskurs verstummte." (DeE I, Nr. 34, „Michel Foucault, ‚Die Ordnung der Dinge'", S. 649) Solange der klassische → Diskurs „gesprochen" hat, solange konnte gar nicht die Frage nach dem „ich" denke gestellt werden. Die Einheit dieses → Diskurses legte eine lückenlose Verweisungsstruktur über die Welt, die keinen erkennenden Menschen in ihrer Vollkommenheit benötigte. Der klassische → Diskurs sprach an der Stelle eines erkennenden → Subjekts. Sobald der erkennende Mensch an die Stelle der Einheit des → Diskurses tritt, kann er sich selbst in den Humanwissenschaften zum Objekt machen. Der Mensch stößt in der Folge auf die Endlichkeit seines eigenen → Wissens, denn als Erkennender gehört er nicht mehr unmittelbar zu der zu erkennenden Ordnung dazu (→ Analytik der Endlichkeit). Das Denken ist → Wissen, aber als modernes → Wissen zeigt es die Eigenschaft einer ständigen Veränderung seiner selbst und seiner Gegenstände. Der Mensch unterliegt in der Selbsterkenntnis einer laufenden Gestaltung, die jedem stabilen Sein widerspricht.

Die neue Seinsweise des Menschen führt seit dem 19. Jahrhundert zu den Humanwissenschaften. Sie operieren unter einer wissenschaftshistorischen Perspektive mit exakten Problemlagen, theoretischen Erfordernissen und Fragestellungen. Warum der Mensch aber überhaupt zum Objekt einer Wissenschaft werden konnte, bleibt bei dieser Erklärungsform unberücksichtigt, denn sie setzt den Menschen als Erkenntnisgegenstand immer schon voraus. Die → Archäologie bietet dazu die Erklärung einer neuen Seinsordnung der Dinge an, die die → Ähnlichkeit durch die → Repräsentation ablöst und zuletzt in eine moderne → Episteme einmündet. Diese → Episteme setzt sich aus der Mathematik, der Physik, den

Wissenschaften der Sprache, der Biologie, der Ökonomie und der philosophischen Reflexion zusammen. Alle genannten Fachrichtungen spannen den komplexen Raum der Humanwissenschaften auf, der allein durch die Anzahl der beteiligten Fachwissenschaften die unreflektierte Verwendung spezifischer Begriffe provoziert. Die Humanwissenschaften könnten unter den genannten Umständen die Lösung in einer starken Struktur suchen, wie sie sich vor allem in der Mathematik findet. Eine universale und exakte Struktur der Humanwissenschaften widerspricht nach Foucault jedoch den Bedingungen für das Entstehen dieser Wissenschaften, die den Gegenstand Mensch voraussetzen. Dieses Objekt konnte sich erst nach der Auflösung der diskursiven Ordnung der Einheit des Spätmittelalters und der Renaissance bilden. Der Mensch der Humanwissenschaften ist in diesem Sinne kein einheitsfähiges Objekt, sondern das Antiobjekt jeder *mathesis*. „In diesem Sinne wären das Erscheinen des Menschen und die Konstituierung der Humanwissenschaften (und sei es nur in der Form eines Plans) Korrelate einer Art ‚Demathematisierung'." (OdD, S. 419) Natürlich sind *mathesis* und moderne Mathematik strikt zu trennen, aber wenn die Aufhebung der Ansprüche der *mathesis* erst die großen Anwendungen der Mathematik gestattet haben, dann kann ein verspäteter Universalismus der Moderne zwar den Anspruch der *mathesis* theoretisch erneuern, aber er würde seine eigenen Voraussetzungen letztlich in der Dimension der Mathematik zu wiederholen versuchen. Die Mathematisierung der Humanwissenschaften – nicht die Anwendung der Mathematik in den Humanwissenschaften – wäre also letztlich die Wiederholung der Bedingung ihrer Möglichkeit und damit eine Art Rückfall in die Vorbedingung der Moderne. Und gleichzeitig würde eine derartige Restriktion den Spielraum, in den die Humanwissenschaften hineingestellt sind, auf eine Eindimensionalität reduzieren. Ihre Nachbarschaft zur Biologie, Ökonomie und Linguistik wäre aufgehoben. Und aufgehoben wäre damit auch das, was die Humanwissenschaften letztlich ermöglicht. Der eigentümliche Charakter der Humanwissenschaften besteht aus einer Vielzahl entliehener Modelle, die zum → Wissen des Menschen gehören, aber der Mensch kann deshalb noch keinen stabilen Gegenstand von Wissenschaft bilden. Weder das Wesen Mensch ist stabil, noch sind die Modelle seiner Selbstbestimmung, die angewandten Methoden, ahistorischer Natur. Der Ausdruck „Wesen" ist folglich seiner traditionellen Bestimmung nach überholt und unpassend. Deshalb spricht *Die Ordnung der Dinge* an ihrem berühmten Ende auch von einem Menschen, der wie ein Gesicht im Sand am Meeresufer verschwindet (OdD, S. 462).

Archäologie des Wissens

Mit der *Archäologie des Wissens* (1969) unternimmt Foucault den Versuch, eine Art methodenkritisches Destillat seiner bisherigen Arbeit zu verfassen. In drei Anläufen war das Thema des Aussagbaren und des → Wissens zuvor für den → Wahnsinn, die Klinik und die Dinge erarbeitet worden. In jedem Fall hatte sich die diskursive Seite als wichtige Vorbedingung des → Wissens der Klassik erwiesen. Die zentrale Frage einer *Archäologie des Wissens* muss sich demnach auf die Voraussetzungen konzentrieren, die die → Aussagen zu einem → Wissen machen, wobei hier → Wissen nicht zwangsläufig mit Wissenschaft gleichzusetzen ist. Das Grundproblem lautet: Lassen sich allgemeine Bedingungen angeben, die zu → Diskursen führen? Der Höhepunkt der rein diskursiven Phase ist zweifellos erreicht, indem sich die Fragestellung auf den Zusammenhang von → Sprache und Denken konzentriert und sich dabei innerhalb des → Diskurses zu bewegen versucht. Ausgeklammert bleibt bei diesem Ansatz jener Außenaspekt der sozialen Einflüsse, die in der Phase der machttheoretischen Arbeiten die entscheidende Erweiterung und Ergänzung des autonomen → Diskurses bilden werden.

Die → Archäologie untersucht einen weitgehend eigenständigen Diskurs, und die Analyse dreht sich in der Folge um die Angabe der → Regeln, denen dieser → Diskurs bei seiner eigenen Formation folgt. Es gibt die → Formation der Gegenstände, die → Formation der Äußerungsmodalitäten, die → Formation der Begriffe und die → Formation der Strategien. Alle Formationen definieren sich in ihren Funktionen durch den einen Grundgedanken: der → Diskurs ist selbst zu seiner produktiven Erweiterung in der Lage.

Dem Auftauchen neuer Gegenstände in → Diskursen versucht die → Formation der Gegenstände zu entsprechen. Jedes diskursive → Feld schafft darüber hinaus Bedingungen für die Gültigkeit von Begriffen, wie es auch das Auftauchen bestimmter Äußerungsmodalitäten (z.B. Beschreibung, Erzählung, Deduktion, statistische Schätzungen) festlegt. In speziellen → Diskursen der Humanwissenschaften lassen sich Themen und Theorien unterscheiden. Mit beiden verbindet sich die → Formation der Strategien, die sowohl das Auftreten, den Verlauf und den Beitrag zur Lösung von Problemen beinhaltet. Die produktive Seite eines → Diskurses verbindet sich mit der → Aussage. Sie besteht zumindest aus einer Folge von Zeichen, die zu etwas anderem eine Beziehung unterhält. Es handelt sich bei diesem „anderen“ nicht zwingend um den Referenten der → Aussage, denn sie besitzt einen eigenen → Korrelationsraum, der den Referenten beinhalten kann. Dieser → Korrelationsraum dient der Erzeugung des Referenten. Die erzeugende Eigenschaft der → Aussage weist darauf hin, dass Foucault nach Anhaltspunkten eines produktiven Zusammenhangs sucht, der sich von Fall zu Fall in → Wissen für → Diskurse verwandeln kann.

Eine nahe liegende Frage im Zusammenhang mit den Entstehensbedingungen von → Wissen dreht sich anschließend um die Rolle des Textproduzenten. Der → Autor eines Textes dient in der → Archäologie nur als Markierung eines Textes. Er ist nicht der alleinige Produzent dieses Textes, sondern nur ein Name, der mit diesem Text in Verbindung gebracht wird. Damit ändert sich die Rolle des → Subjekts, das zu einer Form des → Diskurses wird. Der → Diskurs hält Leerstellen für Subjektfunktionen bereit, und er bedient sich des → Autors in den „Formen der sprechenden Subjektivität“. (Arch, S. 177) Der Autor stellt aus dieser extremen Perspektive nur die Wirkung eines Aussagenfeldes dar.

Aber wann entsteht ein Aussagefeld, und unter welchen Umständen finden → Aussagen als → Ereignisse in diesem → Feld statt? Wann werden Dinge eingeführt, die in diesem → Feld zur Anwendung kommen? Die aufgeworfenen Fragen beantwortet Foucault unter Hinweis auf das Aussagensystem „Archiv", das sich aus → Ereignissen und Dingen zusammensetzt. Das → Archiv legt die Bedingungen, das Erscheinungsgebiet und die ermöglichenden Gesetzmäßigkeiten für → Aussagen fest. Aber das → Archiv endet nicht in einem wilden Durcheinander möglicher → Aussagen aller Zeiten. Die Bedingung der Möglichkeit des → Archivs gehorcht einer gewissen Aktualität, denn seine Funktion ist nicht die einer ewigen Konserve aller getätigten → Aussagen. Seine exakte Funktion besteht im Funktionieren der → Aussage(n) im Moment einer ausgedehnten Gegenwart. „Es [das Archiv, M.R.] ist *das allgemeine System der Formation und der Transformation der Aussagen.*" (Arch, S. 188)

Damit verbindet sich eine Schwierigkeit: Die → Aussagen können auf Grund des → Archivs zugleich entstehen und sich transformieren. Das heißt, der Modus ihrer Existenz bedingt auch ihre → Transformation. Für die Gegenwart folgt daraus, dass wir das → Archiv niemals beschreiben können, denn es gibt uns die → Aussagen und es legt zugleich fest, wie sie sich transformieren. Der Theoretiker kann erst bei Aussagesystemen mit der Beschreibung beginnen, die, historisch gesehen, nicht mehr unsere eigenen → Aussagen darstellen. Der historische Abstand ist zugleich die Bedingung der Beschreibungsmöglichkeit, denn die Differenz zu der → Transformation von → Aussagen führt eine unabhängige Dimension ein, die die resultierende Beschreibung von ihrem Inhalt entkoppelt. Die → Archäologie betreiben heißt dann, die → Diskurse als „spezifizierte Praktiken im Element des Archivs" zu beschreiben (Arch, S. 190). Foucault löst damit das alte Problem des Theoretikers auf, der das Ganze als Falsches bezeichnet hat, und daraufhin seinen eigenen Standpunkt darlegen soll. Als Archäologe kann er dies bewerkstelligen.

Der vierte Teil der *Archäologie des Wissens* widmet sich der Abgrenzung der → Archäologie von der Ideengeschichte, der *Die Geburt der Klinik* zwar Verworrenheit attestiert, aber noch weniger ablehnend in ihrem Bereich eine Methode sucht (GK, S. 206). Ein gravierender Unterschied besteht darin, dass die → Archäologie auf jegliche Kontinuitätsbildung verzichtet und im Gegenzug sogar die Einschnitte und Risse, die plötzlichen Neuverteilungen betont. Aus der Sicht der ideengeschichtlich orientierten Geschichtsschreibung geht die → Archäologie also zerstörend und kontraproduktiv vor. Deren besondere Methode setzt auf die Herausarbeitung von Unterschieden und verzichtet auf den Nachweis eindeutiger Ursprünge für die Entstehung von Neuem in der Geschichte. Beispielsweise gestaltet sich der Übergang von den Physiokraten zu Ricardo nach Foucaults Ansicht nicht so umstandslos, wie es die Ideengeschichte nahe legt. Wie wichtig die Betonung der Unterschiede letztlich sein kann, das demonstriert auch der fundamentale Wandel des medizinischen → Diskurses zwischen 1790 und 1815. Ohne eine genaue Beschreibung entgehen dem Historiker die feinen Unterschiede und Verschiebungen im ärztlichen Vokabular nur allzu leicht. Foucault nennt die spezielle Erscheinungsform der Unterschiede auch → Ereignisse, denen in der →

Archäologie Ebenen entsprechen. Es gibt die Ebenen der → Aussage, des Auftretens der Gegenstände, der Typen von → Aussagen, der Begriffe und der Strategien. Ein möglicher Vorgang besteht auch in der Substitution einer diskursiven Formation durch eine andere diskursive Formation.

Generell sucht die → Archäologie nach → Ereignissen mit dem Ziel der Analyse. Diese Analyse bezieht die → Ereignisse nicht auf ein fertiges und bereits vorliegendes Modell (Geniestreich, Bewusstwerdung, Ursprung), sondern sie beginnt mit einer höchst differenzierten Kenntnisnahme der Umgebung des betreffenden → Ereignisses. Hier werden die beschriebenen Ebenen des → Formationssystems umgesetzt. Für den Fall der klinischen Medizin aus *Die Geburt der Klinik* spielen beispielsweise die → politische Ökonomie, die Pläne in den Köpfen der politischen Entscheidungsträger, der Status und der Zustand der medizinischen Fakultäten und des Berufswesens der Ärzte, sowie die Vorstellungen zu einer neuen Form der Fürsorge eine Rolle: All diese Faktoren laufen als Fäden in der Geschichte ohne ein verknüpfendes → Subjekt zusammen.

Allgemein lässt sich auf archäologischer Ebene ein Grundaussage festhalten: Keine Wissenschaft ohne → Wissen und kein → Wissen ohne diskursive Praxis. Die Umkehrung gilt nicht in jedem Fall, denn es gibt → Wissen ohne Wissenschaft. Diskursive Praxis und → Wissen gehören dagegen zusammen, wobei der → Diskurs das → Wissen formiert (→ Formationssysteme), aber das → Wissen auf den → Diskurs zurückwirken kann, indem beispielsweise bestimmte Diskurstypen besondere Berücksichtigung finden.

Mit der *Archäologie des Wissens* hat Foucault eine Systematisierung seiner bisherigen Arbeiten aus der methodischen Perspektive durchgeführt. Diese Arbeit markiert zugleich das Ende jener Hochkonjunktur des → Diskurses, die sich zumindest für *Die Ordnung der Dinge* aus dem behandelten Gegenstand erklären lässt. Foucault vollzieht nun eine der berühmten Wendungen, die ihn als einen Philosophen ausweisen, der sich von seiner eigenen Arbeit distanzieren kann. *Die Ordnung des Diskurses* greift zwar erneut das Thema des → Diskurses auf, aber sie führt dies bereits im Tenor unübersehbarer kritischer Anmerkungen aus, in denen sich der Übergang zur Phase der → Macht abzeichnet.

Die Ordnung des Diskurses

Die Ordnung des Diskurses stellt eine der informativsten Schriften zum Thema → Diskurs dar und wurde anlässlich der Berufung Foucaults auf den Lehrstuhl für die Geschichte der Denksysteme des Collège de France 1970 als Antrittsvorlesung gehalten. Für das Gesamtwerk bedeutet die Inauguralvorlesung zugleich eine Wende, die von der → Archäologie zur → Genealogie führt. Die Arbeit analysiert in erster Linie die Kontrollverfahren für den → Diskurs. Dem entspricht die Ausgangshypothese, dass sich in jeder Gesellschaft der Versuch einer Kontrolle der Produktion des → Diskurses nachweisen lässt. Es geht darum, das „unberechenbar Ereignishafte" des → Diskurses „zu bannen". (OdD, S. 7) Zu den typischen

Maßnahmen der Diskurskontrolle zählen die → Ausschließungssysteme (Verbieten bestimmter Worte, Ausgrenzung der Unvernunft als Wahnsinn, Wille zur Wahrheit), die den → Diskurs von außen einzuschränken suchen. Die → Verknappungssysteme wirken dagegen auf der Innenseite (Kommentar, → Autor, Disziplinen – letztere hier in der Bedeutung von *Fachwissen* verwendet). Der Antrieb für die äußeren und inneren Kontrollverfahren des → Diskurses begründet sich durch die Neigung des Abendlandes zu Logik und Ordnung, was einer tief sitzenden Angst vor dem ungeregelten Rauschen des → Diskurses gleichkommt. Ein Vergleich mit dem Unternehmen der *Archäologie des Wissens*, das noch die Feststellung der Bestandteile eines autonomen → Diskurses zur Aufgabe erklärt hat, zeigt, dass es nun nicht mehr ausschließlich um die Seite der Produktivität des → Diskurses geht. *Die Ordnung des Diskurses* registriert auch Formen der Beschränkung dieser Produktivität, und verbindet dies mit der Ankündigung, dass die Aufhebung der diskursbegrenzenden Maßnahmen das Programm der nächsten Jahre definieren wird (OdD, S. 35). Der autonome → Diskurs hat seinen Reiz für Foucault also zu diesem Zeitpunkt noch nicht verloren, und er möchte diesem → Diskurs offenbar seinen Ereignischarakter versuchsweise in einer Art Operation der Freisetzung zurückerstatten. Diese Absicht macht *Die Ordnung des Diskurses* zu einem Balanceakt zwischen → Archäologie und → Genealogie. Der Text enthält allerdings weitere Hinweise, die eindeutige Anhaltspunkte für den bevorstehenden Übergang zur → Genealogie liefern.

An der entscheidenden Stelle referiert Foucault über zwei Richtungen der Analyse in der Zukunft. Die erste soll die → Verknappungssysteme und die → Ausschließungssysteme des → Diskurses genauer erfassen. Die zweite Richtung ist mit der → Genealogie gleichzusetzen: „Auf der anderen Seite die ‚Genealogie', [...]: es soll untersucht werden, wie sich durch diese Zwangssysteme hindurch (gegen sie oder mit ihrer Unterstützung) Diskursserien gebildet haben; [...]." (OdD, S. 41)

Dies bedeutet nichts anderes, als dass sich der Diskurs zukünftig nicht mehr selbstreferenziell bilden kann, denn die → Genealogie erfasst die „Entstehung der Diskurse: innerhalb oder außerhalb der Kontrollgrenzen, zumeist auf beiden Seiten der Schranken." (OdD, S. 45)

Eine kaum zu überschätzende Bemerkung setzt die Auseinandersetzung fort, die im letzten Abschnitt der *Archäologie des Wissens* mit deren Abgrenzung zur Ideengeschichte beginnt. Es handelt sich gemäß der Intention des Textes um einen „Vorschlag", der eine „geringfügige Verschiebung" der Geschichte der Ideen vornehmen möchte. Hinter der Harmlosigkeit dieser Formulierung steckt die Behauptung, ein neues Geschichtsverständnis vorgelegt zu haben, das Foucault hier auf die → Diskurse „als geregelte und diskrete Serien von Ereignissen" zurückführt. Es handelt sich nur um „eine winzige Verschiebung", aus der allerdings so eine „kleine (und widerwärtige) Maschinerie" hervorgeht, die „den *Zufall*, das *Diskontinuierliche* und die *Materialität* in die Wurzel des Denkens" verlagert (OdD, S. 41).

Diesen Kristallisationskeim seines neuen Geschichtsverständnisses wird Foucault nun laufend in verstreuten Bemerkungen weiter präzisieren. Als radikales Kennzeichen der → seriellen Geschichte gilt, dass die Absicht der Herstellung der Kontinuität in der Geschichte fast einer Fälschung gleichkommen soll. Die → serielle Geschichte muss zwei Grundbegriffe berücksichtigen: Veränderung und → Ereignis.

Wer die Geschichte unter dem Vorzeichen der → Archäologie betreibt, gelangt zum Diskurs, wer sie unter den Bedingungen der Genealogie zu analysieren versucht, der wird in letzter Konsequenz auf Machtkonfigurationen stoßen müssen, die den → Diskurs entthronen. Am Ende der *Ordnung des Diskurses* hat Foucault alle Vorbereitungen für einen theoretischen Schwenk getroffen, der ihn verstärkt soziale Praktiken berücksichtigen lässt, und damit die Bausteine seiner Machttheorie bereitstellt.

Macht

In seiner zweiten Entwicklungsphase erarbeitet sich Foucault den Titel eines höchst originellen Theoretikers der → Macht. Gegenüber der betont diskursiven Phase gelingt es vor allem durch die sorgfältige Berücksichtigung des → Dispositivs, die Diskurstheorie in entscheidenden Punkten nicht nur zu erweitern, sondern unter Einbezug der Geschichte entsprechend zu korrigieren. Der → Diskurs verliert seine exklusive Stellung und erhält ein ihn begrenzendes Außenverhältnis. Im Grunde hatte es dafür bereits Beispiele in *Die Geburt der Klinik* und in *Wahnsinn und Gesellschaft* gegeben, als die gesellschaftlich-soziale Seite den Anstoß zu der Veränderung der Asyle und Spitäler gab, und das diskursive → Wissen erst in zweiter Linie folgte. Unter dem Einfluss der → Genealogie beginnt nun der systematische Einbezug des Außenraumes des → Diskurses. Die ersten vorbereitenden Schritte waren in *Die Ordnung des Diskurses* vollzogen worden. Die Vorlesung über *Die Macht der Psychiatrie* von 1973 / 74 führt bereits grundlegende Elemente der Theorie der Macht an und beginnt das Programm der → Genealogie konsequent umzusetzen. Das setzt sich 1975 mit *Überwachen und Strafen* fort. Foucault erweist auf genealogischer Seite seine nie endende Referenz gegenüber Nietzsche. Der autonome → Diskurs gehört im Werk als exklusiver Gegenstand seit diesem Zeitpunkt der Vergangenheit an. In die gleiche Zeit fällt die 1974 / 75 gehaltene Vorlesung mit dem Titel *Die Anormalen*. Ihre thematische Nähe zu *Überwachen und Strafen* ist mehr als offensichtlich.

Die Macht der Psychiatrie

Die Frage der Macht drängt sich in den Jahren nach 1968 zunächst aus der Sicht der ausgeübten Herrschaft auf. In *Die Macht der Psychiatrie* geht es, nicht untypisch für damalige Fragestellungen, um die Befugnis der Ärzte zur Einweisung in die Psychiatrie. Die Antipsychiatrie hatte seit den 60er Jahren an Einfluss gewonnen, war aber trotz David Cooper, Ronald Lang und Franco Basaglia ständig von ihrer Suspendierung bedroht. Foucault greift in diese Debatte mit seiner Vorlesung der Jahre 1973 / 74 ein, indem er den Wahnsinn nicht mehr wie in *Wahnsinn und Gesellschaft* aus der Perspektive mittelalterlicher Leprosorien und des internierten Irrenwesens analysiert, sondern die Behandlungsmethoden der Psychiatrie im 19. Jahrhundert kritisch hinterfragt. Dies geschieht im Hinblick auf die antipsychiatrische Bewegung dieser Zeit in der erklärten Absicht, die Vorbedingungen der Anstalten des 20. Jahrhunderts zu klären.

Als Meilenstein der theoretischen Entwicklung dokumentiert die Vorlesung *Die Macht der Psychiatrie* ein erstes → Dispositiv der → Macht, in dem der → Diskurs zu einem Produkt der politisch verstandenen Institution, zu einem Wahrheitsdiskurs der Anstalt wird. Über weite Strecken tauchen hier bereits die körperzentrierten Analysen auf, die in *Überwachen und Strafen* zu der Thematisierung der → Disziplinen im Rahmen einer → Macht der milden Mittel führen werden. Das gesamte Instrumentarium der Raumaufteilung, der Ordnungen im → Raum und der Zeiteinteilungen zeichnet sich durch die psychiatrische Anstaltsordnung in aller Deutlichkeit ab. Selbst die → Macht ohne → Subjekt ist bereits ein Gegenstand der Überlegungen, „denn in der Anstalt ist die Macht, wie überall, niemals das, was jemand besitzt, sie ist auch niemals das, was von jemandem ausgeht. Die Macht gehört weder jemand noch übrigens einer Gruppe;" (PM, S. 17)

Wahnsinn und Gesellschaft endet zu Beginn des 19. Jahrhunderts, wenn Pinel (1793) und Tuke (1796) den Irren die Ketten abgenommen haben, der Kranke in Erscheinung treten kann und eine Behandlung in der Anstalt beginnt. Genau hier knüpft die Vorlesung *Die Macht der Psychiatrie* an, wobei die Schwerpunkte der Untersuchung auf die Schlüssigkeit der Verfahren abzielen, wie sie während des 19. Jahrhunderts zur Anwendung kommen. Foucault entfacht ein Feuerwerk soziologischer und wissenschaftstheoretischer Analysen rund um die Entwicklung des psychiatrischen Denkens und des Anstaltswesens, das sich bis zur großen Krise der Psychiatrie bei den Hysterikerinnen Charcots in der Salpêtrière erstreckt. Foucault sieht hier Parallelen zu der immer noch praktizierten Behandlung durch Elektroschock. (MP, S. 260)

Tatsächlich bieten die Anstalten auch nach Pinel und Tuke keinen Rahmen für eine psychiatrische Diagnose, sondern sie verwirklichen nur die → Macht, die es gestattet der Krankheit eine Wirklichkeit entgegenzusetzen. Die psychiatrische Anstalt ist also keine Klinik, die qua Diagnose eine Heilung ihrer Patienten beabsichtigt, sondern sie bildet ein komplexes Machtdispositiv aus, in dem auch das → Wissen des Psychiaters eine ganz bestimmte Rolle erfüllt. Letztlich dienen alle Heilverfahren nicht einer wirklichen Diagnose, sondern sie arbeiten auf der Ebene der Zuweisung des → Wahnsinns. Ein kurzer Blick auf die angewandten Heilverfahren kann deren völlige Nutzlosigkeit als Heilmittel demonstrieren. An erster Stelle steht die Notwendigkeit der Isolierung in der Anstalt. Ab 1840 beginnt die Verabreichung von Drogen, wie Opiaten, Äther, Chloroform, Laudanum, Opiumtinktur, Haschisch und Amylnitrat. Ein besonderes Augenmerk gilt immer der disziplinierenden Einhaltung der Anstaltsordnung. Die Anwendung von psychischen Zwangsmitteln ist üblich. Als psychophysische Mittel kommen die Zwangsjacke, die Dusche, die Kauterisierung (das Brennen von Kopfhaut oder Nacken mit einem glühenden Eisen) und der Drehstuhl zur Anwendung. Die Begründung dieser Mittel führt die gewollte Bestrafung und den therapeutischen Wert an. Seit 1820 gehören auch der Magnetismus und die Hypnose zu den anerkannten Mitteln.

Langfristig steht die Anstalt mit ihren Heilverfahren immer wieder vor der Frage, ob die Mittel die Phänomene nicht erzeugen. Dies verschärft sich noch um den Umstand, dass man in der führenden psychiatrischen Einrichtung, der Salpêtrière in Paris, auf einen Patiententyp stößt, der bereitwillig die geforderten Phänomene produziert. Die berühmten Hysterikerinnen Charcots unterminieren mit ihrem Verhalten den Befund der Krankheit im Fall der Hysterie. Die große Krise der Psychiatrie endet in der Feststellung, dass es eine Krankheit wie die Hysterie nicht gibt. Stattdessen ist der sexuelle Körper aufgetaucht, mit dem, wie Foucault unmissverständlich feststellt, die Medizin, „zu unserem größten Unglück" Gewalt über die → Sexualität erhält. (MP, S. 468) Es scheint fast, als hätte er seine späteren Arbeiten zur → Sexualität vorausgeahnt.

Die Anormalen

Die Vorlesung *Die Anormalen* von 1974/75 beschreibt die Folgen der humanwissenschaftlichen Normierung, als Geschichte der Monster, der Hermaphroditen, der siamesischen Zwillinge, der Undisziplinierten, der Straftäter und der Onanisten. Es geht demnach um Randgruppen, die vor dem Hintergrund gesellschaftlich geformter Normalitätsvorstellungen als anormal gelten. Die geschichtlich älteste Wurzel besitzt das Monster als Ausnahmeerscheinung der Natur. Sein gesellschaftliches Problem erwächst jedoch weniger aus seiner abweichenden Gestalt, sondern aus den Konfusionen, die derartige Personen im Rechtsgefüge provozieren. Gelten beispielsweise für den Hermaphroditen die gleichen Ehegesetze? Lässt sich das Recht auf die Ausnahmen der Natur anwenden, oder sind hier besondere Maßnahmen zu treffen? Das Gesetz kann diese Fragen nicht in eigener Regie beantworten, was auf lange Sicht die Einbindung der Medizin in das juristische Verfahren bedingt. Das medizinische Gutachten über die potentielle Gefahr eines Anormalen hat seine historische Quelle in den Schwierigkeiten, das Monster dem Gesetz zu unterwerfen.

Die Psychiatrie des 19. Jahrhunderts sollte eine ganze Reihe von Anomalien ausfindig machen: Agoraphobie, Klaustrophobie, Pyromanen, Kleptomanen, Exhibitionisten, Invertierte (Homosexuelle) und Masochisten (A, S. 408f). Ein Sonderfall des Anormalen findet sich im Unkorrigierbaren. Hier zeigt sich in der Vorlesung der Entwurf eines Kapitels von *Überwachen und Strafen*. Die Unkorrigierbaren sind die Antwort auf umfangreiche Disziplinierungstechniken des 17. und 18. Jahrhunderts, die in *Überwachen und Strafen* ausführlich dargestellt werden. Wieder stellt sich die Frage, wie mit jenen Personengruppen zu verfahren ist, die den Normen jener Techniken nicht entsprechen. Die Verschärfung der Norm bedeutet auch immer die Steigerung der Sensibilität gegenüber der Abweichung.

Das dritte Beispiel des Anormalen gehört zu einer Kampagne des 18. Jahrhunderts, soweit sie die kindliche → Sexualität betrifft. Ihre Vorgeschichte reicht, als → Pastoralmacht, bis zur Beichtpraxis der Klöster zurück, wobei eine diffizile Befragung des sündigen Fleisches das Bußgeständnis herbeiführen sollte. Zu Beginn des 18. Jahrhunderts setzt in England eine Kampagne gegen die Onanie und ihre angeblich verheerenden Folgen für die Gesundheit der Kinder ein. Es sind jedoch weniger die Folgen der harmlosen Onanie als die Folgen der Kampagne, die bedenklich stimmen können. Die missglückte Kontrolle der kindlichen → Sexualität soll ein Versagen der elterlichen Aufsicht darstellen, womit das Kind zu einem Beobachtungsobjekt der ernst genommenen elterlichen Pflicht aufrückt. Verantwortliche Eltern haben nach verdächtigen Flecken in der Bettwäsche zu fahnden, womit ein normierender Machttyp in die Kernfamilie eingedrungen ist. Ein Komplex aus → Macht und → Wissen sexualisiert die Kleinfamilie.

Foucault wird in zwei Folgearbeiten an die Überlegungen dieser Vorlesung anknüpfen. Die Frage der → Sexualität hat, wie schon in *Die Anormalen* angemerkt wird, wenig mit deren Unterdrückung zu tun. Es entwickelt sich vielmehr ein komplexes → Wissen um den Sex in den Humanwissenschaften, das entsprechende Präventionen, pädagogische Beobachtungen und hygienische Maßnahmen nach sich zieht. Das intensive Interesse am Sex beweist das Gegenteil einer marxistisch-freudianischen → Repressionshypothese, wie sie beispielsweise von Wilhelm Reich vertreten wurde. Demnach sollte der Sex vorwiegend unterdrückt worden sein. Foucault bestreitet dies nachdrücklich, und erläutert später seine Gegenargumente in *Der Wille zum Wissen* genauer. Der zweite Punkt, der eine spätere Ausarbeitung findet, betrifft die Geständnispraxis des sündigen Fleisches, die in *Überwachen und Strafen* als der eigenständige Machttyp der → Pastoralmacht in Erscheinung tritt.

Überwachen und Strafen

Überwachen und Strafen (1975) beginnt mit der klassischen Körperstrafe, der öffentlichen Folter bis zum Tode, im Ancien Régime. Das öffentliche Spektakel der grausamsten Quälereien dient der Wiederherstellung der Souveränität des Königs und es entfaltet seine Wirkungen durch den zusätzlichen Terror, der im Zuge geheimer Gerichtsverhandlungen entsteht, wenn das Urteil zur Folter unbegründet bleibt. Die Hinrichtung durch die große Marter entspricht dem Machttyp des Souveräns, der sich in einer absoluten Monarchie an der Spitze der Hierarchie befindet.

Die neue Politik des Körpers, die mit den Reformjuristen einsetzt, sieht zwar keinesfalls die Abschaffung der Folter vor, aber sie verlangt nach einer nachvollziehbaren Bestrafung, die qua Gesetzbuch mit dem Vergehen in einem Zusammenhang steht. Die Marter dient nicht mehr ausschließlich einer Inszenierung der

Qual, sondern sie muss die Funktion eines Zeichens der Tat erfüllen. Die alte Macht demonstriert die unumschränkte Verfügungsgewalt des Souveräns, die neue Macht will durch die öffentliche Hinrichtung auf die Seele der Zuschauer einwirken (ÜuS, S. 26). Statt der tobenden Rache des Souveräns erhält ein gefallener Mitbürger seine gerechte Strafe. In der katalogisierten Form der Gesetzbücher findet sich zu jeder Tat ein genau definiertes Strafmaß, das die Seele im voraus über die Folgen eines möglichen Vergehens unterrichtet.

Ab 1810 greift der Machttyp der milden Mittel, womit die Haftstrafe in den Vordergrund rückt. Statt der grundsätzlichen Zerstörung des Körpers setzt dieser Machttyp unter dem Einfluss der neuen Ökonomie auf die Dressur des Körpers. Die gelehrigen Körper unterliegen nichtöffentlichen Unterweisungen, die letztlich auf neue Verhaltensweisen und Gewohnheiten abzielen, aber keinesfalls mehr auf die Bestrafung eingeschränkt bleiben. Die Kaserne, die Schule, die Werkstatt und die Klinik sind typische Anwendungsfelder der → Disziplinen, die alle Körpertätigkeiten einer Kontrolle unterwerfen, gemäß einer Norm zu formen versuchen, und so den nützlichen Körper gestalten wollen. Um die Disziplinen herum entwickelt sich eine eigene Kontrollarchitektur mit dem → Disziplinarraum. Das Modell dieses → Disziplinarraumes sieht Foucault im benthamschen Panopticon gegeben, das einer Architektur entspricht, in der alle Räumlichkeiten eines Gebäudes von einem zentralen Punkt aus einsehbar sind (→ Panoptismus).

Die → Macht der milden Mittel zeigt sich in einer Vielzahl kleiner und kleinster Regelungen und Maßnahmen, die man als Mikrobestandteile dieses Machttyps beschreiben kann. Damit entsteht auch der Begriff der → Mikrophysik der Macht. Die → Macht löst sich in viele kleine Handlungen und Beziehungen auf, die vordergründig in keinerlei offensichtlichem Zusammenhang stehen. Derartige Mikrobestandteile können beispielsweise in Anweisungen für das Verhalten der Schüler im Kollegiat bestehen oder sie können den Umgang mit dem Werkzeug in einer Werkstatt im Detail festlegen. Diese harmlosen Beispiele zeigen aber gerade ein Charakteristikum des foucaultschen Machtbegriffs. Abgesehen vom Machttyp des Souveräns, der noch eine personale Verkörperung an der Spitze der Gesellschaft besitzt – was nur mehr mit Abstrichen für den Machttyp der neuen Körperpolitik gilt – hat der Machttyp der → Disziplinen, der für die modernen Gesellschaften maßgeblich ist, jeden Bezug auf eine personale Identität verloren. Mit der → Mikrophysik der → Macht setzt sich eine Vielzahl kleiner Normen und beinahe nebensächlich zu nennender Verhaltensformen in der Gesellschaft durch, ohne dass ein koordinierendes → Subjekt federführend wäre.

Den letzten Machttyp in *Überwachen und Strafen* stellt die → Pastoralmacht dar. Das Christentum führt die → Pastoralmacht unter dem Leitgedanken des guten Hirten ein, der jedes Schaf der Herde durch eine minutiöse Seelenleitung zu betreuen hat. Die Besonderheit dieses Machttyps zeigt sich in einer verfeinerten Praktik der → Macht, die bis in die individualisierten Formen der Existenz reicht (→ Individualisierung) und internalisierte Formen der Selbstkontrolle anzunehmen vermag. Die → Pastoralmacht spielt auch in der politischen Theorie des foucaultschen Werkes (→ Gouvernementalität) eine Rolle, denn sie kann als Individualisierungsmatrix innerhalb des → Staats wirken.

In Verteidigung der Gesellschaft

Die 1976 gehaltene Vorlesung *In Verteidigung der Gesellschaft* setzt nach *Die Anormalen* und *Überwachen und Strafen* einen theoretischen Anspruch um, der ebenfalls die Machtthematik betrifft. Faktisch handelt es sich um einen Ansatz, der bereits zur → Biomacht führt und in *Der Wille zum Wissen* Ausarbeitung finden wird. Im Gegensatz zur → Macht der → Disziplinen, die sich vorwiegend auf den Körper konzentriert, macht sich die → Biomacht das Leben der Gattung zum Ziel. Der Bogen der → Macht spannt sich damit von der Souveränitätsmacht und den → Körpertechnologien der → Disziplinen, der → Macht der milden Mittel (*Überwachen und Strafen*) bis zur → Macht über das Leben selbst. Machttheoretisch fügt *In Verteidigung der Gesellschaft* jedoch nicht nur einen weiteren Machttyp zu den bestehenden hinzu, sondern die Vorlesung entwickelt die methodischen Erfordernisse einer Machtanalyse, die mit dem veralteten Prinzip der Zwangsehe zwischen → Macht und Souveränität endgültig bricht. Foucault nennt den Zusammenhang von → Macht und Souveränität nun sogar eine „große Falle", in die der Machttheoretiker hineingeraten kann (VdG, S. 50).

Der Verzicht auf die souveränitätszentrierte Machtanalyse bedeutet im Gegenzug eine Absage an die pyramidenförmige Struktur des Gesellschaftskörpers. Die Machtanalyse muss sich vielmehr auf eine ganz andere Form der Auseinandersetzungen konzentrieren. Diese Form ist die Politik, die in Umkehrung der clausewitzschen Gleichung hier als Fortsetzung des Krieges gilt. Foucault gewinnt diese Vorstellung durch Rekurs auf einen politischen Schriftsteller, den Compte de Boulainvilliers, der unter Ludwig XIV. mit der Nachbearbeitung eines Berichtes zur Lage Frankreichs beauftragt war. Der tiefere Grund für diesen Bericht bestand nicht nur in einer Art Generalbilanz, sondern er sollte das → Wissen des Königs für den potenziellen Erben des Sonnenkönigs, den Herzog von Burgund, bereitstellen. Es geht um die Zusammenstellung des notwendigen → Wissens, das die Regierungsfähigkeit auszeichnet und die reibungslose Funktion der Administration gewährleistet.

Boulainvilliers wählt den Weg einer historischen Aufarbeitung, die neben den ökonomischen Daten der Verwaltung auch die Geschichte der Regierung Frankreichs mit einbezieht. Manche der Argumente und Ableitungen, die dabei zur Sprache kommen, sind aus heutiger Sicht zumindest stark in Zweifel zu ziehen, aber dieser Umstand kann nicht die Tatsache entschärfen, dass Boulainvilliers einen Analysetyp einführt, der eine Art permanenten Kriegszustand in der Gesellschaft zu Grunde legt. Die Bezeichnung Zustand ist hierbei besonders ernst zu nehmen, denn die Analyse stützt sich in diesem Zusammenhang auf Kräfteverhältnisse zwischen den Gruppen in einer Gesellschaft – und nicht auf Einzelindividuen wie bei Hobbes. Der historische Kern der Argumentation Boulainvilliers dreht sich dabei um die Invasion der Franken in Gallien und die allmählich Rückgewinnung der Macht durch die zuvor enteignete gallische Aristokratie. Die Reetablierung gelingt allein durch die Anbindung des entmachteten gallischen Adels an ein ganzes Wissensfeld, das aus Erziehung, Bildung, und der Wissenschaftssprache Latein besteht. Der Vorsprung durch die Aneignung einer historischen Rationalität bedeutet letztlich auch die Rückgewinnung der → Macht, denn das Umfeld des Königs bedarf verstärkt geschulter Verwaltungsfachleute.

In einem erweiterten Sinn indiziert diese Entwicklung jedoch einen sehr viel bedeutenderen Umstand: Hier beginnt die Organisation des historisch-politischen → Feldes, deren sich die französische Aristokratie zuerst bemächtigt hat. Später, nicht bei Boulainvilliers, treten das Bürgertum und das Proletariat in jeweils gewandelten Konstellationen in die gleichen Fußstapfen. Was ersetzt also Boulainvilliers? Er versetzt die Machtverhältnisse aus der Umschreibung des römischen Rechtes, das sich um die Souveränität zentriert, in eine Umgebung, die aus Kräfteverhältnissen zwischen gesellschaftlichen Gruppen besteht. Dabei entsteht eine Verbindung zwischen Politik und Geschichte. Die Kräfteverhältnisse verändern sich in der Geschichte und daher wird die Geschichte zukünftig in der Politik eine strategische Stellung einnehmen. „Die Geschichte ist zu einem Wissen um Kämpfe geworden und entfaltet sich und funktioniert in einem Kampfeld: Politischer Kampf und historisches Wissen sind von nun an nicht mehr voneinander zu trennen.“ (VdG, S. 204)

Eine besondere Bedeutung gewinnen in dieser Auseinandersetzung ab dem 19. Jahrhundert die Rassenpolitik und der Klassenkampf. Die Thematik des Rassenkampfes taucht bereits im 17. Jahrhundert auf und verbindet sich mit der Geschichte durch den Anspruch des Adels auf eine Tradition, während der dritte Stand zunächst nur als Rasse von Sklaven erscheint. Der dritte Stand hat jedoch sehr bald alle wesentlichen Kräfte des → Staates okkupiert und bildet letztlich ein Synonym zur Nation. Das Bürgertum sieht sich nun in eine ganz andere Art von Kampf verstrickt, der einer Gefahr gilt, die sich aus seiner eigenen Mitte heraus entwickelt. An dieser Stelle erhält die Vorlesung auch ihren Titel, indem Foucault einen neuen → Diskurs in der Geschichte auftauchen sieht: „Es wird nicht mehr heißen: ‚Wir müssen uns gegen die Gesellschaft verteidigen‘, sondern: ‚Wir müssen die Gesellschaft gegen alle biologischen Gefahren dieser anderen Rasse, dieser Unter-Rasse, dieser Gegen-Rasse verteidigen, die wir – wider Willen – immer wieder hervorbringen.‘“ (VdG, S. 81) (→ Kriegshypothese). Im 19. Jahrhundert bestimmt sich das Kampffeld als sozialer Konservatismus, der unter anderem auch eine Bedingung für die Entstehung der → Biopolitik und der → Biomacht darstellt.

Die Vorlesung *In Verteidigung der Gesellschaft* unternimmt einen schwierigen Nachweis, indem sie die Entstehung eines bestimmten historisch politischen → Feldes nachzeichnet und dessen Verflechtung mit unterschiedlichen Machttypen darzustellen sucht. Die Politik ist also die Fortsetzung eines Kampfes, der im 19. Jahrhundert mit der → Biomacht allerdings ein völlig verändertes Terrain betritt.

Das Ziel der → Macht ist nicht mehr der Einzelne und sein zu dressierender Körper, sondern die → Biomacht hat eine sich fortpflanzende Bevölkerung zum Gegenstand regulierender Eingriffe gemacht. Dabei erfüllen die → Disziplinen und die → Mikrophysik der Macht allerdings eine wichtige Vorbedingung durch die Norm. Eine Regulierung lässt sich nur auf der Grundlage einer feststehenden Norm durchführen, die sich statistisch als Durchschnitt präsentiert und die Durchsetzung ganz anderer Technologien erforderlich macht als sie mit den → Disziplinen verbunden sind. Das Thema der → Biomacht greift Foucault noch einmal ausführlicher aus der Perspektive der → Sexualität in *Der Wille zum Wissen* auf.

Sexualität und Wahrheit I: Der Wille zum Wissen

Das Thema der → Macht hatte Foucaults Energien für lange Zeit vollständig in Anspruch genommen. Das zeigt sich auch an der darauf folgenden Arbeit, die im Dezember 1976 unter dem Titel *Der Wille zum Wissen* erscheint. Es handelt sich um den ersten Band einer sechsbändigen Reihe, die sich mit dem Thema der → Sexualität auseinandersetzen sollte. Wie sehr die Überlegungen hier noch von der Machtthematik bestimmt sind, kann der Machttyp der → Biomacht belegen. Die → Biomacht unterscheidet sich von den bisherigen Machttypen in zwei Punkten. Ihr Thema ist die → Sexualität im Sinne der Fortpflanzung, und sie besitzt dementsprechend die Bevölkerung als Gegenstand. Überraschend ist die klare Absage, die Foucault der → Repressionshypothese erteilt. Demnach ist der Sex niemals durch die bürgerliche Gesellschaft unterdrückt worden, sondern Gegenstand einer lebhaften Auseinandersetzung gewesen, die bis zu den aufmerksamsten Formen des Aushorchens des → Subjektes über seinen Sex reicht. Die abendländische Kultur hat den Sex als etwas Verborgenes verstanden, das durch die Praxis des Geständnisses erst an den Tag zu bringen ist. Es geht um eine lange Tradition, die bereits mit der christlichen Askese in den Klöstern beginnt und anschließend in die Beichte und das Geständnis übergeht, wie es von der → Pastoralmacht gefordert wird. Die christliche Technologie des Fleisches endet im 18. Jahrhundert, denn dort zeichnet sich eine neue Technologie des Sexes ab. Der Pädagoge beobachtet die kindliche Sexualität, der Mediziner registriert die sexuelle Physiologie der Frauen und beginnt die Bevölkerungsentwicklung zu erfassen. Schließlich entsteht eine ganze Medizin der Perversionen und der Eugenik. Diese Geschichte der → Sexualität zeichnet sich also nicht durch eine Repression aus, sondern ihr Kennzeichen besteht vielmehr in einem unerhörten Erfindungsreichtum, der ständig neue Facetten des Sexes erzeugt.

Der Zusammenhang zwischen → Sexualität und → Macht erweitert die Theorie der → Macht nicht nur um einen weiteren Machttyp, sondern auch um einen generellen Aspekt der → Macht. Foucault spricht sogar von der Notwendigkeit der Loslösung von einem → juridisch-diskursiven Machttyp (→ Macht), dessen Kennzeichen in der Strategie des Verbots besteht (SW I, S. 102). Die → Biomacht verdeutlicht dagegen einen → strategischen Machttyp (→ Macht), der letztlich produktive Wirkungen zeitigt. Es gibt also nicht nur ein negatives Verhältnis zwischen → Macht und Sex, das sich in der Verweigerung und Untersagung äußert, sondern es gibt auch eine grundsätzliche Positivität der → Macht, die man aus der langen leidvollen Erfahrung mit negativen Mächten in der Geschichte fast schon zu übersehen geneigt war. Dabei entgeht jedoch nicht nur die Positivität der Aufmerksamkeit, sondern es zeigt sich der blinde Fleck eines Machtverständnisses, das nur die Seite des Verbotes durch die → Macht registriert. Diese negative → Macht verbindet sich in aller Regel mit dem Recht der Monarchie und dem Gesetz des Staatsapparates. Die → Biomacht arbeitet mit ihrem Gegenstand der Bevölkerung auf einer ganz anderen Ebene. Ihre strategische Seite verweist nicht auf Verbote, sondern auf einen produktiven Einfluss: Sie hat eine Zielsetzung, die sich nicht auf den Einzelnen konzentrieren kann, sondern mit dem Thema der → Sexualität, als Schnittpunkt zwischen Körper und Bevölkerung, letztlich alle begehrenden → Subjekte betrifft.

Geschichte der Gouvernementalität

Mit der *Geschichte der Gouvernementalität*, die Foucault 1978 / 79 als Vorlesungen unter dem Titel *Sicherheit, Territorium, Bevölkerung* und *Die Geburt der Biopolitik* am Collège de France hält, begegnet er einem Defizit seiner bisherigen Machttheorie, da das Thema von Politik und → Macht lediglich in der Vorlesung *In Verteidigung der Gesellschaft* angeschnitten wurde. Die → Gouvernementalität ist die Probe der Machttheorie auf das Exempel der ganzen Gesellschaft.

Die ersten drei Sitzungen der Vorlesung widmen sich den → Sicherheitsdispositiven, um anschließend die Geschichte der → Gouvernementalität zu thematisieren. Die geschichtliche Aufarbeitung stellt die Frage, welche Veränderungen der Regierungskunst bei dem Übergang von der Souveränität zu einer → Gouvernementalität stattgefunden haben, die in der Steuerung der Bevölkerung ihre zentrale Aufgabe sieht. Dahinter steckt letztlich die Absicht, eine machttheoretische Diagnose der Gegenwart zu liefern, die in das Projekt einer → Genealogie des modernen → Staates einmündet.

Foucault verortet das Problem der Regierung im 16. Jahrhundert, aber die Fragen, wie der Fürst seinen → Staat regieren soll und wie es zu der Bevölkerung als Gegenstand der → Biopolitik kommen kann, bedürfen zahlreicher Vermittlungsschritte. Bei Machiavelli konzentriert sich die Regierungskunst noch ganz auf die Sicherung des Zusammenhangs von Fürst und Territorium. Die neue Regierungskunst, die sich mit der anti-machiavellistischen Literatur im 16. Jahrhundert abzuzeichnen beginnt, entwickelt eine Hierarchie. Wer den → Staat regieren will, muss sich selbst regieren können, den Haushalt im Sinne der wirtschaftlichen Angelegenheiten wie ein Familienvater zu führen verstehen, damit überhaupt die Voraussetzung für die Durchführung von Politik besteht. Die Selbstbeherrschung und die Ökonomie, im Sinne des *oikos*, sind also unverzichtbare Bestandteile der Politik und ihrer Ausübung durch die Regierung. Das wesentliche Kennzeichen der neuen Regierungsform zeigt sich in einer veränderten Sichtweise der Menschen. Bei Machiavelli gibt es nur die, gemessen an den territorialen Ansprüchen des Souveräns, zweitrangigen Untertanen, während die anti-machiavellistische Literatur die Individuen als Quelle des Reichtums in den Vordergrund zu rücken beginnt. Regieren heißt also nicht nur, die Ansprüche auf ein Territorium durchzusetzen, sondern die wesentliche Tätigkeit der Politikausübung besteht darin, die Bevölkerung als Reichtum einzubeziehen. Die ersten Anstöße zu einer Rationalisierung der Regierungskunst bleiben freilich in mehr moralisch gemeinten Appellen stecken. Bis zum 18. Jahrhundert blockiert eine einseitige Orientierung auf die Souveränität hin noch die ökonomischen Ideen, die ihrerseits mit der überholten Sichtweise des antiken Hauswesens (*oikos*) belastet sind. Wenn es weiterführende Überlegungen des Merkantilismus gibt, so bleiben sie letztlich fruchtlos, da sie regelmäßig in der königlichen Administration scheitern. Erst die Steigerung der landwirtschaftlichen Produktion und die demographische Expansion des 18. Jahrhunderts schaffen hier Tatsachen, die eine wirkliche Veränderung erzwingen. Sobald die Statistik die Grenzen einer souveränitätszentrierten Verwaltung durchbricht, kann sie neue Phänomene feststellen, die sich nicht mehr auf das ökonomische Modell der Familie oder des Hauswesens beziehen, sondern erstmalig die demographische Information jener großen Zahl erfassen, die Bevölkerung heißt. Es geht um Sterberaten, Geburtenraten, den Zusammenhang von Arbeit und Produktion, die Wirkungen der großen Epidemien und bestimmte Verhaltensweisen in der Bevölkerung, die sich ökonomisch auswirken. „Kurz, der Übergang von einer Kunst des Regierens zu einer politischen Wissenschaft, der Übergang von einem Regime, das durch die Strukturen der Souveränität beherrscht ist, zu einem Regime, das durch die Techniken des Regierens beherrscht ist, tritt im 18. Jahrhundert im Kontext der Bevölkerung ein und folglich im Kontext der Geburt der politischen Ökonomie." (GG I, S. 159)

An diesem Punkt der Vorlesung nimmt Foucault nun eine Umbenennung vor. Anstelle des Titels *Sicherheit, Territorium, Bevölkerung* sieht er nun *Geschichte der Gouvernementalität* als zutreffendere Bezeichnung an. Dabei bezeichnet der Kunstausdruck → Gouvernementalität eine Komplexität von Taktiken, die als Form der Machtausübung die Bevölkerung als Ziel besitzt (vgl. GG I, S. 162). Der → Staat ist demnach keine stringente Konsequenz straffer Organisation, sondern ein Produkt der Gouvernementalisierung, was einem Konglomerat von bestimmten Techniken des Regierens entspricht. In dieser beiläufigen Feststellung steckt eine wichtige Schlussfolgerung: Der moderne → Staat besitzt weder eine totalitäre noch eine faschistische Grundstruktur. Die gesamte Geschichte des modernen → Staates erweist die totalisierenden Beschreibungen als schlichtweg falsch.

Foucault stellt die Frage nach der Berechtigung der Einführung des Begriffes der → Gouvernementalität selbst in der fünften Sitzung der Vorlesung und beantwortet sie unter Hinweis auf die genealogische Vorgehensweise. Der Begriff der → Gouvernementalität rechtfertigt sich also auch aus der Perspektive einer bestimmten Methode. Die Institution → Staat soll nicht von innen heraus analysiert werden, sondern es geht in erster Linie um die sozialen und ökonomischen Randbedingungen, durch die das moderne → Staatswesen entsteht. Die große Klammer für die sich in der Geschichte kreuzenden Entwicklungslinien bildet wiederum eine Machtkonstellation.

In den folgenden Sitzungen bietet die Vorlesung drei Ansatzpunkte für die besagte Machtkonstellation an, die sich aus der → Pastoralmacht und zwei Technologien zusammensetzt: der Polizei und der diplomatisch-militärischen Technik. Foucault verbindet mit der Polizei in voller Absicht den Begriff der Technologie, denn es handelt sich hierbei um eine Einrichtung, die sehr viel weitergehende Aufgaben als die moderne Polizei wahrzunehmen hat. In ihren Zuständigkeitsbereich fallen zahlreiche sozialtechnologische Kontrollaufgaben, die über die Einhaltung von hygienischen Vorschriften bis zur Überwachung der Handelswege reichen.

Die Analyse der → Pastoralmacht nimmt Foucault für die Machtkonstellation der → Gouvernementlität in einem erheblich erweiterten historischen Horizont vor. Der → Pastoralmacht entspricht im Orient und in der hebräischen Gesellschaft die Vorstellung eines mächtigen Hirten, der über eine Herde wacht. Das Christentum übernimmt dieses Hirtenmotiv bei der Seelenlenkung. Die politische → Gouvernementalität bahnt sich erst im 16. und 17. Jahrhundert an, als das kirchliche Hirtenamt eine tief greifende Krise erfährt. Mit der Entstehung der klassischen → Episteme zwischen 1580 und 1650 fügt sich die Natur in einen vernunftgebundenen Kontext ein, indem sie den Gesetzen gehorcht, wie sie Johannes Kepler oder Galileo Galilei aufstellen. Die entscheidende Veränderung liegt nun darin, dass Gott in die Natur nicht mehr auf pastorale Art und Weise eingreift, sondern er wirkt nur indirekt durch die Prinzipien, die sich als Naturgesetze bestimmen lassen. Für die weltliche Souveränität bedeutet dies den Verlust jeglichen Modells des Regierens. Weder Gott noch Natur bieten ein adäquates Vorbild, wenn Giovanni Botero am Ende des 16. Jahrhunderts schreibt: „Der Staat ist eine straffe Herrschaft über die Völker.“ (GGI, S. 345) Botero stellt die Frage der Regierung, indem er die Beziehung zwischen Souverän und Volk aus dem Kontext gottgewollter Selbstverständlichkeit löst. Und er beantwortet sie mit der Staatsräson als Rationalität, die den → Staat in seinen Funktionen und Verwaltungsaufgaben aufrechterhält.

Die Staatsräson gilt damals als etwas vollkommen Neues und Reales. Dahinter steckt die Überzeugung, dass es eine Regierungskunst geben muss, die sich von der Souveränität klassischen Zuschnitts – für die Machiavelli zuständig gewesen wäre – und dem Pastorat unterscheidet. Die Probleme der neuen *ratio* oder der gouvernementalen Vernunft bestehen zunächst in ihrer Vorbildlosigkeit. Zumindest muss diese Vernunft staatserhaltend wirken, und daraus erwächst sofort die nächste Aufgabe, denn jeder → Staat in Europa befindet sich mit den anderen → Staaten in Konkurrenz. Bei der Erfüllung ihrer staatserhaltenden Aufgabe kann die Staatsräson auf keine pastoralen Vorgaben oder jenseitige Heilsversprechen wie im Mittelalter zurückgreifen. Die konkurrierenden → Staaten in Europa existieren demnach nicht in einem zeitlich beschränkten Zwischenreich mit Erlösungsperspektive, sondern die Staatsräson findet sich mit einer Geschichte konfrontiert, die kein Ende durch ein jüngstes Gericht zu erwarten hat. Letztlich geht es also um eine zeitlich unbegrenzte Konkurrenz mit drei Merkmalen: Erstens wird der Reichtum nicht mehr in Abhängigkeit vom Souverän gedacht, sondern er gehört nun zum → Staat. Zweitens beschränkt sich der Reichtum nicht mehr auf die Dinge und Besitztümer, sondern nun gehören auch Handelsmöglichkeiten oder Handelsverträge dazu. Drittens gestalten sich die Heiratsbündnisse der Herrscherhäuser unter dem Aspekt der Konkurrenz weniger als strategisch familiäre Bindung, sondern sie geraten immer stärker unter den Druck von Interessen, die verstärkt den staatlichen Kräften zu entsprechen haben. Mit der Konkurrenz verbindet sich notwendigerweise die Vorstellung der gegenseitigen Abhängigkeit, die zu einer politischen Technik führt, die sich zu einer Diplomatie des Gleichgewichts der → Staaten entwickelt und gleichzeitig den Aufbau der Berufsarmeen begünstigt.

Das dritte Ensemble, das zur modernen Gouvernementalität führt, ist die Polizei des 17. und 18. Jahrhunderts. Die damalige Bedeutung des Wortes Polizei definiert sich als Summe jener Mittel, die der Stärkung der Staatskräfte dienen und die Ordnung des → Staates bewahren. Beim größten Theoretiker der Polizei, dem Deutschen Johann Heinrich Gottlob von Justi, findet man folgende Definition: „Sie ist die Gesamtheit von ‚Gesetzen und Regelungen, die das Innere der Macht dieses Staates verfolgen und deren Ziel es ist, seine Kräfte richtig zu gebrauchen.'" (GG I, S. 452)

Abgesehen von allgemeineren Funktionen hat die Polizei mit der Förderung der Kräfte des → Staates eine ganz besondere Aufgabe zu erfüllen. Sie muss die Tätigkeit der Menschen in einem → Staat überwachen. Nach Louis Turquet de Mayerne gliedert sich die Organisation der Polizei sogar teilweise gemäß dieser Aufgabe. Es gibt unterschiedliche Polizeidienststellen, die sich um die Ausbildung der Kinder kümmern oder die Berufswahl der Herangewachsenen registrieren. Es gibt eine Art Fürsorgestelle für die Sozialfälle und eine eigene Dienststelle für die Überwachung der Märkte und Händler. Eine besondere Dienststelle muss sich um die Immobilien kümmern und die Erbschaftsregister verwalten.

Der Polizei obliegt die Kontrolle der Bevölkerungsanzahl, die entscheidend für den Reichtum eines → Staates ist. Die demographische Kontrollfunktion schließt die Regulation der Einwohnerzahl ein, indem für die Grundbedürfnisse gesorgt sein muss. Das betrifft die Sicherstellung der Versorgung mit Lebensmitteln, Kleidung, Wohnung und Brennstoff. Die Gesundheit, die Gegenmaßnahmen bei Epidemien und die Kontrolle der Luft in den Städten gehören ebenfalls in den Zuständigkeitsbereich der Polizei.

Das letzte Aufgabengebiet stellt sich mit der Sicherung des Warenverkehrs und der damit verbundenen Kontrolle der Transportwege. Aus dieser so umfassenden Gestaltung der Aufgaben der Polizei lässt sich, unter Berücksichtigung der Aufgabe des innereuropäischen Gleichgewichts unter den → Staaten, faktisch der Forderungskatalog der → politischen Ökonomie in der Gestalt des Merkantilismus ablesen. Der polizeilich zu gewährleistende Handel und die zu vermehrende Bevölkerung, die wiederum zur Arbeit einzusetzen ist, stehen für die Strategie einer Staatsräson, die Politik und Polizei im Punkt des Handelswettbewerbs verbindet. Gleichzeitig beginnt mit dem Einzug der ökonomischen Vernunft ein neues Kapitel der Staaträson, das letztlich zur modernen → Gouvernementalität überleiten wird.

Das Kennzeichen dieser veränderten → Gouvernementalität besteht in einem → Staat, der es mit der bürgerlichen Gesellschaft zu tun hat, die sich unter den spezifischen Bedingungen des Tausches und der Warenproduktion formiert. Statt den Untertanen muss der → Staat dem wesentlich komplexeren Gegenstand einer ökonomisch erfassten Bevölkerung entsprechen, die in direkter Beziehung zu den Löhnen und Beschäftigungsmöglichkeiten steht, sowie eigene Gesetzmäßigkeiten der Migration besitzt und einer Sozialmedizin bedarf.

Es gibt also eine Reihe von dynamischen Objekten, die als militärisch-technisches Ensemble in einer Nation, als Polizei mit dem Gegenstand der Bevölkerung und als politische Ökonomie in der bürgerlichen Gesellschaft jeweils ein ganz neues Wissen im → Staat erforderlich machen. Der → Staat erscheint so als integratives Moment einer „Handlungs- und Denkweise" (GG I, S. 513), die sich als → Genealogie des modernen → Staates in einer Geschichte der → Gouvernementalität erfassen lässt.

Der zweite Teil der Vorlesung, der den etwas irreführenden Titel *Die Geburt der Biopolitik* trägt, beschäftigt sich mit der Entwicklung des Liberalismus im 18. und 20. Jahrhundert. Foucault sieht darin die allgemeinen Rahmenbedingungen der → Biopolitik, aber er kommt nicht mehr in vollem Umfang zur geplanten Ausarbeitung; realisiert wird nur eine Analyse unterschiedlicher Formen des Liberalismus. Im Wesentlichen geht es um die Vorgabe des deutschen Ordoliberalismus der Nachkriegszeit und dessen Auswirkungen in Frankreich sowie um die historisch bedingte Sonderform des amerikanischen Neoliberalismus.

Im 18. Jahrhundert entsteht ein neuer Typ von Rationalität, der die Regierungskunst nicht mehr von außen begrenzt, sondern als → politische Ökonomie im Inneren der gouvernementalen Vernunft zur Begrenzung dient. Noch im 17. Jahrhundert war das Recht von der Opposition zur Schmälerung der königlichen Macht eingesetzt worden. In der Mitte des 18. Jahrhunderts setzt sich mit der → politischen Ökonomie allmählich der Gedanke durch, dass die Staatsräson angesichts der Mechanismen des Marktes mit dosierten Eingriffen mehr erreicht als mit dirigistischen Maßnahmen. Die Einsicht in die Notwendigkeit einer moderat handelnden Staatsräson ergibt sich jedoch nicht aus einem Modell, das die → politische Ökonomie aufgrund ihrer Analysen in die gouvernementale Vernunft implantiert hätte. Die Regierungspraxis findet den Anschluss an die ökonomischen Gegebenheiten über den Ort des Marktes, der sich ebenfalls tiefgreifend verändert hatte. Der mittelalterliche Markt spiegelt noch den Anspruch einer Gerechtigkeit wider, die in erster Linie den Betrug vermeidet und den Käufer durch Reglementierungen schützt. Der neue Markt in der Mitte des 18. Jahrhunderts gehorcht nun natürlichen Mechanismen, die in der physiokratischen Theorie zu einem normalen oder wahren Preis führen. Überlässt man den Markt einer ungestörten Entwicklung, dann wird sich zwangsläufig ein wahrer Preis einstellen, der ein direktes Verhältnis von Produktionskosten und Wert für einen möglichen Käufer ausdrückt. Die Betonung der Physiokraten liegt hierbei noch ganz auf der ungestörten Entwicklung der Mechanismen, die das Marktgeschehen beherrschen, und die Devise des „*laisser faire*" wird etabliert.

Der neue Rationalitätstyp einer gouvernementalen Vernunft versteht, dieses „*laisser faire*" keinesfalls mehr als Passivität, die einer wie auch immer gearteten → Freiheit zuarbeiten würde. Der moderne Liberalismus bewegt sich in der Kostenschere aus tolerierbarer individueller → Freiheit und allgemeiner Nützlichkeit. Die zugehörige Maxime moderner → Gouvernementalität lautet dann darauf, dass sich der Anspruch auf → Freiheit nur im Zuge der Gewährleistung der Marktmechanismen aufrechterhalten lässt. Zu diesem Zweck kann und muss die gouvernementale Vernunft die Rahmenbedingungen des Marktes durch Eingriffe sichern.

In der Sondersituation der deutschen Nachkriegszeit trifft der Liberalismus nun auf eine brisante Konstellation, die sich aus der staatsvernichtenden Aktivität des Nationalsozialismus erklären lässt. Ab 1945 steht in Deutschland keine staatstragende Tradition mehr zur Verfügung, und jede legitimierende Grundlage scheint in weite Ferne gerückt zu sein. Aus der Sicht der damaligen ordoliberalen Elite um den bayerischen Wirtschaftsminister Ludwig Erhard muss eine Antwort auf die Frage nach der legitimierenden Kraft für den neu zu gründenden deutschen → Staat nicht nur im Hinblick auf die Erfordernisse des Nachkriegsdeutschlands gegeben werden, sondern sie muss auch die staatsvernichtende Praxis des Nationalsozialismus berücksichtigen. 1948 erklären die Ordoliberalen die Freiheit des Marktes zur Grundlage, womit der deutsche → Staat aus der Sicht Foucaults immer ein ökonomisch bedingter → Staat sein wird. Deshalb steht der → Staat aber nicht unter der exklusiven Aufsicht des Marktes. Im Umkreis der Berater von Ludwig Erhard, namentlich bei Walter Eucken, Franz Böhm und Alfred Müller-Armack, setzt sich die Überzeugung durch, dass der Liberalismus keinen natürlichen Mechanismen am Markt begegnet. Die Ordoliberalen halten den Markt keinesfalls für eine Naturgegebenheit, sondern sie betrachten ihn als Abstraktion, der man nur durch eine aktive Politik zu günstigen Entwicklungsbedingungen verhelfen kann. „Es wird kein Spiel des Marktes geben, das man unbeeinflusst lassen soll, und dann einen Bereich, in dem der Staat zu intervenieren beginnen wird, weil eben der Markt oder der reine Wettbewerb, der das Wesen des Marktes ist, nur dann in Erscheinung treten kann, wenn er hergestellt wird, und zwar von einer aktiven Gouvernementalität."(GG II, S. 174)

Die Forderung nach einer aktiven Politik entspricht einer permanenten Aufmerksamkeit gegenüber dem Marktgeschehen, zielt aber keinesfalls auf Dirigismus ab. Wie sehen unter diesen Bedingungen dann typische Handlungen einer gouvernementalen Vernunft aus? Die Maßnahmen werden die drei Grundtendenzen des Marktes zu beeinflussen suchen, die sich als Tendenz zur Kostensenkung, zur Senkung des Unternehmensgewinns und zur Gewinnerhöhung (betriebliche Rationalisierung, Preissenkung und Produktionsverbesserung) beschreiben lassen. Die typische Handlung bezieht sich schließlich auf die Rahmenfaktoren eines Produktionssektors. Die gleichnamige Rahmenpolitik wird beispielsweise bei der Überführung der Landwirtschaft in die Marktwirtschaft, entsprechend der Industrialisierung des Agrarsektors im Nachkriegsdeutschland, günstige Rahmenbedingungen schaffen, die die Bevölkerung, die Technik, die Lehre und die Ausbildung betreffen.

Neben den großen Rahmenbedingungen nehmen die ordoliberalen Theoretiker auch zur sozialen Frage Stellung. Die einzig vertretbare Form der Sozialpolitik übernimmt nach ihrer Ansicht für die Beteiligten nicht die Deckung von Risiken, sondern sorgt vielmehr dafür, dass jeder einen angemessenen wirtschaftlichen Spielraum für sich selbst vorfindet und in diesem Sinne die Risiken seiner Existenz selbst übernehmen kann. Im Idealfall kann dieser *homo oeconomicus* durch das Wirtschaftswachstum seine eigenen Risiken neutralisieren. Die Wirtschaftssubjekte im Szenario der ordoliberalen Sozialpolitik sollen durchgängig die Form des Unternehmens annehmen. Die Gesellschaft besteht in der Folge aus Basiseinheiten von Unternehmen, die als solche auf dem Markt in Wettbewerb treten. „Der Ordoliberalismus entwirft also eine Wettbewerbsmarktwirtschaft, die von einem sozialen Interventionismus begleitet wird, der eine Erneuerung von Institutionen im Umfeld von Neubewertung der Unternehmenseinheit als grundlegendem Wirtschaftsakteur impliziert.“ (GG II, S. 248) Der tatsächliche Mensch in dieser Wettbewerbswirtschaft ist nicht der Konsument oder der Anbieter seiner Arbeitskraft am Markt, sondern der Unternehmer seiner selbst.

Foucault verbindet nun, ausgehend von der skizzierten Wettbewerbsmarktwirtschaft der Ordoliberalen, mit der Basiseinheit des Unternehmens eine neue Form des Kapitalismus. Neben der marxschen Definition, die auf die immanente Widersprüchlichkeit zielt, und der Auffassung Max Webers, die von der protestantischen Arbeitsethik ausgeht, gibt es eine dritte Form. Der ökonomisch-institutionelle oder ökonomisch-juridische Kapitalismus leitet seine extreme Gestaltbarkeit aus der „Neuorganisation des institutionellen Rahmens in Abhängigkeit vom Prinzip des Rechtsstaates“ ab (GG II, S. 245). Das schließt zwei Formen der Regelung der Gesellschaft ein: Erstens unterliegt der Markt der spontanen Regelung durch die Mechanismen des Wettbewerbs. Zweitens gestaltet sich die gesamte Gesellschaft verstärkt nach dem Modell des Unternehmens. Die institutionellen Rahmenvorgaben schlichten die sozialen Konflikte einer Gesellschaft, bei der sich die Gesellschaftsmitglieder als Unternehmen begegnen, definieren aber gleichzeitig die jeweilige Form des Kapitalismus. Der Vorteil dieser Erklärung liegt auf der Hand, denn die Analyse muss sich in diesem Fall nicht mit ihrem eigenen Erklärungsdefizit auseinandersetzen, was bei Marx immer in der peinlichen Frage bestand, warum der widersprüchliche Kapitalismus noch existiert. Foucaults Antwort stellt einen extrem beweglichen Kapitalismus vor, der über die Gestaltung des institutionellen Rahmens eine ganze Palette von Möglichkeiten eröffnet und dabei nicht etwa auf den Horizont eines gestaltbaren Marktes abzielt, sondern die Komplexität der Gesellschaft unter der Vorgabe des Marktes als sozialen Spielraum einbezieht. Die avancierteste Form der → Gouvernementalität findet sich demnach in der Gestalt eines zeitgenössischen Liberalismus, der die Gesellschaft nach Marktvorgabe im Rahmen der Rechtsstaatlichkeit formt.

Ethik des Selbst

Philosophiegeschichtlich geht es in der Ethik des Selbst um ein Problem, das die französischen Nietzscheaner (Bataille, Deleuze, Foucault) zu der Fragestellung führt, ob es möglich ist, eine normentbundene Individualität nach der Schwächung der christlichen Moralität zu entwickeln. Deleuze verfährt hier theoretisch, während Foucault auf Praktiken abzielt, die dann in den → Technologien des Selbst beispielhafte Belege finden. Politisch begibt sich die Ethik auf eine Gradwanderung, die schon bei Nietzsche selbst die Spaltung zwischen Machiavelli und Montaigne beinhaltet. Im Vorwort zum *Anti-Ödipus* von Deleuze und Guattari charakterisiert Foucault diese Arbeit als Entwurf eines Lebensstils, dessen Hauptproblem in der Vermeidung faschistischer Alltäglichkeiten besteht. „Wie muss man es anstellen, nicht zu einem Faschisten zu werden, selbst wenn (vor allem wenn) man glaubt, ein Kämpfer für die Revolution zu sein?" (DeE III, Nr. 189, Vorwort (zur englischen Ausgabe: *Anti-Oedipus: Capitalism and Schizophrenia*, New York 1977, S.179) Diese extreme Formulierung erklärt sich aus der Bezugnahme auf den *Anti-Ödipus*, schließt aber auch ein Bewusstsein davon ein, dass alle Antworten in eine gefährliche Nähe zu einem rigorosen Herrschaftsdenken geraten können. Die → Ethik des Selbst reiht sich in die Versuche einer Antwort auf das Problem ein, wie sich eine nichtnormative Ethik formulieren lässt, die definitionsgemäß ihre Allgemeingültigkeit nicht über Zwang und Pflicht entwickelt.

Der dritte große Abschnitt des Gesamtwerkes verdient auch in Zukunft besondere Aufmerksamkeit, denn nach Foucaults eigener Ansicht findet die Geschichte der Subjektivität mit der Ethik eine wichtige Ergänzung. Er bemerkt dazu, „daß eine Geschichte der Subjektivität [...] nur geschrieben werden kann, wenn diese in den Rahmen jener Selbstkultur gestellt wird, die ihrerseits im Christentum – zunächst im frühen, dann im mittelalterlichen Christentum – und dann in der Renaissance und im 17. Jahrhundert einige Wandlungen und Veränderungen durchgemacht hat." (HS, S. 229)

Dabei erhält die → Ethik des Selbst eine exklusive Stellung, die sich unmittelbar durch den Vergleich mit den Phasen des → Diskurses und der → Macht ergibt. Das → Subjekt der ersten Phase erschien als Objekt so genannter Wahrheitsspiele, in denen es über sich selbst Aussagen unter Benutzung der aktuellen Wissenssysteme in der Geschichte macht. Das → Subjekt der zweiten Phase war zu einem

Brennpunkt der normierenden → Macht geworden. Die Subjektkonzeptionen des → Diskurses und der → Macht stellen ein erzeugtes und den Machtdispositiven ausgeliefertes → Subjekt vor. Dagegen sucht die → Ethik des Selbst nach einem Gegengewicht, indem nun die Autonomie des → Subjekts in den Vordergrund tritt.

Die Zuordnung der verwendeten Arbeiten zu den drei Phasen folgt der Chronologie ihrer Entstehung. Für die diskursiv geprägte Phase sind *Wahnsinn und Gesellschaft*, *Die Entstehung der Klinik* und *Die Ordnung der Dinge* maßgeblich. Die *Archäologie des Wissens* und *Die Ordnung des Diskurses* dürfen eine gewisse Zwischenstellung beanspruchen, denn sie fragen nach der methodischen Vorgehensweise, eröffnen die Frage nach der Geschichte und lassen dabei eine Systematisierung erkennen, die bereits den Grundstein für den machttheoretischen Ansatz legt. Das zentrale Werk der Machtanalyse stellt zweifellos *Überwachen und Strafen* dar. Am Ende der Phase der → Macht verliert die Chronologie der Werke ihre Übereinstimmung zwischen Herausgabe und Fertigstellung. Dieser Umstand beweist, welche Disziplin Foucault für den Neubeginn der → Ethik des Selbst aufzubringen hatte, beziehungsweise welche Energie für die Ablösung von dem Thema der → Macht erforderlich war. *Sexualität und Wahrheit I* oder *Der Wille zum Wissen* steht noch stark unter dem Einfluss des machttheoretischen Ansatzes, was sich am Typ der dort behandelten → Biomacht unschwer ablesen lässt. Es beginnt nun ein reichlich verwickelter Abschnitt in Foucaults Denken, was sich an der Abfolge der Veröffentlichungen zeigt. Bereits fertig gestellte Arbeiten werden erst sehr viel später in Buchform herausgegeben. Dafür gibt es sicher unterschiedlichste Gründe. Der vielleicht plausibelste folgt einer Darstellung Foucaults, der die Thematik der Geschichte der Subjektivität als verbindlichen roten Faden nennt. Der Zeitpunkt, an dem sich die neue Subjektkonzeption belegen lässt, ist auf den September 1980 zu datieren. 1981 wird dieser Text als Vortrag in New York gehalten, in dem die → Genealogie des Subjekts zur Sprache kommt, die auf ein höchst wandelbares → Subjekt in der Geschichte schließen lässt. Wandelbar war freilich bereits das → Subjekt der Diskursphase und gestaltbar war auch das → Subjekt der → Disziplinen. Entscheidend ist dagegen der unmissverständliche Hinweis auf die Form der Selbsttechniken: „Wenn man die Genealogie des Subjekts in der abendländischen Kultur untersuchen will, muss man nicht nur die Herrschaftstechniken, sondern auch die Selbsttechniken berücksichtigen." (DeE IV, Nr. 295, „Sexualität und Einsamkeit", S. 210)

Zu diesem Zeitpunkt ist also spätestens klar, dass → Diskurs und → Macht keine ausreichenden Erklärungsansätze für die Geschichte des → Subjekts liefern können. Der Theoretiker der → Macht muss sich daher selbst aus der gewohnten Perspektive der Machtanalyse herauslösen. Das bisherige → Subjekt stand ganz unter dem Einfluss von konstituierenden Wissenssystemen und Praktiken der → Macht. Das „neue" → Subjekt soll sich dagegen auch über wohldefinierte Praktiken selbst konstituieren, was sich an Bezeichnungen wie „Sorge um sich" oder → „Technologien des Selbst" direkt ablesen lässt.

Die Behandlung einer Subjektivität, die mit Technologien des Selbst umschrieben wird, sprengt die aus den vergangenen Arbeiten vertraute Thematik der → Sexualität. 1983 kommt es in einem Gespräch zu folgender Beurteilung, die als kritische Kurskorrektur gelten kann:

„Ich muss gestehen, dass ich mich weit mehr für die von den Selbsttechniken oder den Dingen aus diesem Bereich aufgeworfenen Probleme interessiere als für die der Sexualität ... Die Sexualität, das ist sterbenslangweilig!" (DeE IV, Nr. 326, Zur Genealogie der Ethik: Ein Überblick über die laufende Arbeit", S. 461)

Die Frage nach den → Technologien des Selbst hatte sich offenbar als umfassenderes Thema herausgestellt – besonders wenn sie mit der Absicht, eine Geschichte der Subjektivität zu schreiben, verbunden wurde. Es gibt also eine Phase zweier konkurrierender Projekte, die zwar deutliche Überschneidungen aufweisen, aber auch Entscheidungen über Prioritäten erforderlich machen. Entweder eine Geschichte der → Sexualität in mehreren Bänden zu schreiben – so das ursprünglichere Projekt, das mit *Der Wille zum Wissen* beginnt. Oder die Analyse der Selbsttechniken durchführen. Die getroffene Entscheidung lässt sich an dem Thema der Vorlesung von 1981 / 82 ablesen, die unter dem Titel *Hermeneutik des Subjekts* erschien. Die zweite Vorlesungshälfte von 1982 orientiert sich eindeutig an den Selbsttechniken, während die → Sexualität in den Hintergrund tritt. Dies erklärt auch ansatzweise die Unterbrechung, die in der geplanten Abfolge des Erscheinens der ursprünglich auf sechs Bände geplanten Geschichte der Sexualität eingetreten ist. Zwischen 1973 und 1976 hielt Foucault hierzu Vorlesungen, ohne die entsprechenden Bücher zu schreiben. Zu einer Fortsetzung kommt es erst kurz vor seinem Tod im Jahr 1984. Es erscheinen *Sexualität und Wahrheit II* und *III* mit den informativeren Untertiteln *Der Gebrauch der Lüste* und *Die Sorge um sich*.

Die Hermeneutik des Subjekts

Die Vorlesung *Hermeneutik des Subjekts* (1981 / 1982) markiert den Übergang vom Thema der Sexualität zu den Selbsttechniken (→ Techniken des Selbst). Gegenüber der gesamten Machttheorie, von *Überwachen und Strafen* bis zur *Geschichte der Gouvernementalität*, zeichnet sich hier die Bedeutung der → Ethik des Selbst ab, der Foucault – neben seiner Analyse der Gouvernementalität – den Rang eines letzten Widerstandspunktes gegen die politische Macht einräumt (vgl. HS, S. 313; DeE IV, Nr. 356, „Die Ethik der Sorge um sich als Praxis der Freiheit", S. 901).

Den Ausgangspunkt bildet die Frage nach dem Zusammenhang von → Wahrheit und → Subjekt, die sich in der Antike zunächst mit der Sorge um sich (*epimeleia heautou*) verbindet. Gemeint sind Handlungen, die sich auf das → Subjekt selbst richten und dabei Veränderungen herbeiführen. Die entsprechenden Techniken der Sorge um sich finden durch Meditation, Gewissensprüfung, bewusste Erinnerungen und systematische Herbeiführung von vorgestellten Situationen ihren Ausdruck. In jedem Fall ist das Sein des → Subjekts betroffen, das sich in den betreffenden Techniken als → Subjekt und Objekt verhält, indem sich das sorgende → Subjekt zu seinem eigenen Objekt erklärt. Der springende Punkt liegt dabei in der Veränderung des → Subjekts, die in dem Moment eintritt, in dem es sich die Wahrheit über sich selbst sagt. Die Veränderung im Sein des → Subjekts ist die unausweichliche Konsequenz des Aussprechens der → Wahrheit, die auch nur eine vorläufige sein kann. Die zweite große Subjektauslegung, die die antike Sorge um sich selbst vollständig verdrängt hat, beginnt mit der Aufforderung: Erkenne dich selbst (*gnothi seauton*). Sie erfährt bei Descartes eine kaum zu überschätzende Aufwertung. Der zugehörige Erkenntnisakt kommt scheinbar gerade ohne die Veränderung des → Subjekts aus, denn er setzt ein allgemeines → Subjekt voraus, das in seiner neutralen Erkenntnisfähigkeit das Objekt ohne Rückbezug auf sich erfassen kann.

Foucault verfolgt nun die Geschichte der Sorge um sich selbst, wobei er zunächst den Dialog *Alkibiades* von Platon zu Grunde legt. Der junge Alkibiades möchte eine bedeutende Rolle in der *polis* spielen. Sokrates spricht ihn auf dieses Vorhaben hin an und es entwickelt sich ein Dialog, in dem Alkibiades auf seine Defizite hingewiesen wird. Er soll sich erst einmal um sich selbst sorgen, er soll seine Seele pflegen und damit die Voraussetzungen für ein hohes politisches Amt schaffen. Die Sorge um sich stellt das Ende eines Erziehungsprogramms für eine Elite dar, das sich zwischen Jugend und Erwachsenenalter einfügt. Vergleicht man diese berufsgebundene Empfehlung für einen heranwachsenden Politiker mit der Bedeutung, die der Sorge um sich im 1. und 2. christlichen Jahrhundert zukommt, dann fällt ein massiver Wandel auf. Die Sorge um sich stellt sich in ihrer späteren Form als Lebenskunst (*téchne tû bíu*) dar, die für alle, und nicht nur für junge Aristokraten, von Bedeutung ist. Die Lebenskunst besitzt in dieser Kultur des Selbst für sämtliche Lebensabschnitte Bedeutung, und sie verbindet sich keinesfalls mit einer bestimmten beruflichen Qualifikation. Ihr allgemeines Ziel besteht in der *paraschеue*, die eine Stabilisierung des → Individuums gegen alle Wechselfälle des Lebens bewirken soll. Die Philosophie erhält bei dieser Funktion der Sorge um sich als *téchne tû bíu* die Aufgabe, eine Art Seelenambulanz bereitzustellen, wobei sie als Heilkunst eine Nähe zur Medizin gewinnt. Die Beziehung zwischen Berufsphilosoph und Klient verliert hier völlig den Bezug zum *eros*, der in Platons *Alkibiades* noch eine Rolle gespielt haben mag. Die professionalisierte Seite philosophisch vermittelter Lebenskunst zeigt jedoch nur die institutionalisierte Variante. Tatsächlich verwandelt sich die *téchne tû bíu* zu einer gesellschaftlichen Praxis, wobei das Selbstverhältnis in der Beziehung zu andern hergestellt wird. Dies konnte beispielsweise in der Form einer Gewissensprüfung geschehen, die einem engen Freund als Brief vorgelegt wurde.

Es gibt noch einen weiteren gravierenden Unterschied zwischen der platonischen Selbstsorge und der Lebenskunst. Platons Alkibiades soll sich um sich selbst sorgen, damit er eine Funktion in der *polis* erfüllen kann. Die Sorge um sich selbst dient hier letztlich der Allgemeinheit und steht in einem direkten Bezug zu den anderen. Die Lebenskunst verbindet sich dagegen mit einem Selbst, das sein eigener Zweck ist. Das Selbst muss hier sein Heil in seiner eigenen Selbstrettung suchen, für die das Abendland die Hinwendung (Konversion) zu sich selbst als eine der wichtigsten → Technologien des Selbst bereitgestellt hat.

Durch Vergleich von drei Technologien des Selbst entwickelt die *Hermeneutik des Subjekts* jene Unterschiede, an denen sich die Geschichte der Subjektivität im Abendland nachvollziehen lässt. Das platonische Erinnerungsmodell, die *epistrophe*, sieht einen Weltwechsel der aufsteigenden Seele vor, die mit einer Trennung vom Körper verbunden ist. Die Konversion der hellenistischen und römischen Selbstkultur bleibt dagegen ganz auf das Diesseits bezogen und bedingt auch keine Loslösung vom Leib. In der Konversion werden verschiedene Techniken der *askēsis* (→ Technologien des Selbst) entwickelt, deren gemeinsames Kennzeichen in einer veränderten Haltung zur Umgebung des → Subjekts besteht. Als dritte Technologie des Selbst bestimmt Foucault das Exegesemodell, die *metanoia*, die mit dem 3. und 4. christlichen Jahrhundert beginnt. Das → Subjekt erfährt in der Askese der meist monastisch geprägten Praxis wieder eine Veränderung, die aber im Unterschied zur hellenistischen Konversion im → Subjekt durch Selbstaufgabe zu leisten ist. Die *metanoia* schließt einen radikalen Wechsel der Seinsweise ein, der sich beispielsweise im Übergang vom Leben zum Tod ereignet. Die Besonderheit einer → Ethik des Selbst, die sich auf die hellenistische Konversion beruft, besteht also darin, dass sie dem → Subjekt im Rahmen seiner auszuübenden Selbsttechnologie keine Selbstaufgabe abverlangt und an die Stelle des Weltwechsels oder der Seinsform die Diesseitigkeit setzt. Die Veränderung, die mit der Konversion angestrebt wird, dient letztlich der → Freiheit des → Subjekts und vollzieht sich in den Beziehungen, die das → Subjekt mit seiner Umgebung unterhält.

Die Befreiung durch die Konversion der hellenistisch römischen Selbstkultur findet bei Epikur, Seneca und Marc Aurel einprägsame Beispiele. Epikurs Naturforschung dient einem ernüchternden Blick auf die Götterwelt und befreit den Menschen von alten Ängsten. In der Stoa verordnet Seneca, für die Umkehr zu sich selbst den Blick auf die umgebende Natur zu werfen. Das → Wissen von der äußeren Welt erlaubt dem → Subjekt eine Art Vogelperspektive einzunehmen, in der es sich selbst nur als belanglosen Punkt erlebt. Diese Relativierung des Selbst schützt vor Übertreibungen und erleichtert den zielgerichteten Blick auf eine Welt, die sich als rational und geordnet darstellt. Bei Marc Aurel findet sich die geistige → Übung, die einen Gegenstand aus einer Umgebung herauslöst, um ihn klarer erkennen zu können. Damit ist die ständige Selbstprüfung des Vorstellungsflusses gemeint, die zum Kern der Dinge vordringt. Das schließt, wie bei Seneca, einen Ortswechsel des → Subjekts ein, einen veränderten Beobachterstandpunkt, der die Dinge in ihrer Beziehung zur Welt und zum Menschen in einer neuen Sicht erscheinen lässt. Die Dinge fügen sich auf diesem Weg in ein neues Wertesystem ein, wobei ein zergliederndes Übungsverfahren den wahren Wert der Dinge offenbaren soll und dabei ernüchternd wirken kann. Beispielsweise lässt sich der Purpurstoff, ein begehrtes Material für luxuriöse Kleidungsstücke, als mit Muschelblut gefärbte Wolle charakterisieren.

Die Umkehr zu sich selbst kann nicht nur aus der Perspektive der Konversion des → Wissens beschrieben werden, denn es gibt auch eine Selbstpraxis, einen Handlungstyp, der als *askēsis* bekannt ist. Er kann sich aus mehreren Techniken zusammensetzen, definiert aber als gemeinsames Ziel die *paraskeue* (→ Technologien des Selbst). Seneca überliefert dazu das Beispiel des Kynikers Demetrius, der eine zentrale Eigenschaft der *askēsis* als *paraskeue* mit einem Ringkämpfer vergleicht. Der Ringkämpfer trainiert gezielt auf mögliche Auseinandersetzungen hin. Die Ausübung der *paraskeue* setzt ebenfalls ein Training voraus, das auf unvorhergesehene Schicksalsschläge vorbereitet. Der sportliche Ringer trainiert den Körper und der Lebensringer übt analog dazu mit der *paraskeue* Maximen ein, die aus wahren Sätzen bestehen und im Bedarfsfall Handlungen bewirken. Der Ausübende der *paraskeue* muss diese Schemata so stark verinnerlicht haben, dass sie unverzüglich umgesetzt werden können.

Die entsprechenden Techniken der *askēsis* bestehen in Lesen, Schreiben und Aussprechen. Lesen und Schreiben fallen unter die *meditatio*. Lesend werden wahre Sätze angeeignet, die durch das Schreiben eine vertiefte Einprägung mit dem Ziel der *paraskeue* erfahren. Die schriftliche Fixierung der *hypomnêmata* dient im Fall eines Briefwechsels einem erweiterten Zweck. Der Schreibende übernimmt die Funktion eines Seelenleiters für den Empfänger und übt gleichzeitig die Selbstkontrolle über sich aus. Hinter der Technik der Aussprache verbirgt sich ein Verhältnis von Lehrer und Schüler, das unter dem Begriff der *parrhesia* (→ Technologien des Selbst) eine ganz bestimmte Redeweise des Lehrers betrifft. Innerhalb der Vorgaben der *parrhesia* verpflichtet sich der Lehrer zur freimütigen Rede, die weder in Schmeichelei noch in die Technik des Überredens verfallen darf. Die *parrhesia* dient nicht wie die Rethorik den Interessen des Redners, sondern sie beabsichtigt, den Empfänger einer freimütigen Rede in die Lage zu versetzen, ein souveränes Verhältnis zu sich selbst herzustellen.

Sexualität und Wahrheit II: Der Gebrauch der Lüste

Mit *Der Gebrauch der Lüste* (1984) setzt Foucault seine auf sechs Bände geplante Geschichte der → Sexualität fort. Innerhalb dieser Schrift erhält die → Sexualität eine zentrale Stellung als theoretischer Begriff. Sie gewinnt zunächst im Zusammenhang einer Formierung der unterschiedlichen Wissensformen an Bedeutung, was sich im Rahmen der Diskurspraktiken in den Analysen rund um die Medizin und die Psychiatrie, teilweise auch überschneidend mit den Disziplinarpraktiken der Machtanalyse abzeichnet. In *Der Wille zum Wissen* dient sie als Scharnier eines neuen Machttyps, der als → Bio-Macht nun auch produktive Züge einer zunächst nur restringierend gedachten → Macht hervortreten lässt. In *Der Gebrauch der Lüste* gewinnt sie unter der veränderten Sichtweise einer → Ethik des Selbst an Gewicht. Die → Bio-Macht eröffnet faktisch den statistischen Ast der Machttheorie, der die Bevölkerung als große Zahl mit bestimmten Verhaltensweisen zu einem Gegenstand der Politik macht (→ Sicherheitsdispositive), während innerhalb der → Ethik des Selbst die → Sexualität unter dem Gesichtspunkt individueller Selbstsorge in Erscheinung tritt.

Das Feld der Lüste (*aphrodísia*) in der Antike unterscheidet sich deutlich von den Formen der → Sexualität, die sich im Christentum mit dem sündigen Fleisch und als Gegenstand der Bio-Macht insbesondere ab dem 19. Jahrhundert gebildet haben (vgl. SW II, S. 10f). Die antiken Lüste betreffen die drei Lebenskünste der Diätetik der Körper, der Ökonomie der Ehe und der Erotik der Knabenliebe. Alle Lebenskünste unterliegen dem Prinzip der Mäßigung oder der zuträglichen Mitte, wie sie für die antike Ethik als typisch gelten darf.

Die Diätetik betrifft die Sorgfaltspflicht bei dem Umgang mit dem eigenen Körper, der sich bei übermäßiger Beanspruchung und ohne Rücksicht auf die Jahreszeiten ständig von der Erschöpfung bedroht sieht. Das Ziel des diätetischen Körperbewusstseins besteht letztlich in der Arterhaltung.

In der Ökonomik zeichnet sich der patriarchale Charakter der Selbsttechniken deutlich ab. Der Mann soll sich in seiner Macht über das Hauswesen und die Gattin selbst beschränken. Das Ziel dieser Wahrung der Mitte besteht in der Aufrechterhaltung des Hauswesens als Grundlage der gesamten reproduktiven Basis.

Die Mäßigung der Erotik betrifft die Knabenliebe in ihrer körperlichen Form, die hier allerdings den völligen Verzicht verlangt. In der Herrschaft über sich selbst erweist der Mann dem Heranwachsenden insofern Respekt, als er ihn wie einen zukünftigen Freien behandelt (vgl. SW II, S. 316, → Sexualität, Sexualität und Ethik des Selbst).

Der Gebrauch der Lüste entwirft am Leitfaden der drei Lebenskünste, wie das antike Begehrenssubjekt eine Selbsthermeneutik formiert. Das Thema der → Sexualität war zum Zeitpunkt des Erscheinens des zweiten Bandes von *Sexualität und Wahrheit*, wie oben ausgeführt, für Foucault in gewisser Hinsicht überholt. Die verspätete Veröffentlichung dieser Arbeiten, was auch den dritten Band der *Geschichte der Sexualität* betrifft, leitet sich aus deren Bedeutung für die Geschichte der Subjektivität ab. Foucault kommentiert dies im Rückblick auf seine Arbeit in der wichtigen Einleitung von *Der Gebrauch der Lüste* mit Bezug auf das Projekt einer Geschichte der Subjektivität, die sich innerhalb der Wahrheitsspiele entfaltet und dabei sein gesamtes Werk betrifft: „Anhand welcher Wahrheitsspiele gibt sich der Mensch sein eigenes Sein zu denken, wenn er sich als Irren wahrnimmt, wenn er sich als Kranken betrachtet, wenn er sich als lebendes, sprechendes und arbeitendes Wesen reflektiert, wenn er sich als Kriminellen beurteilt und bestraft? Anhand welcher Wahrheitsspiele hat sich das Menschenwesen als Begehrensmensch erkannt und anerkannt?“ (SW II, S. 13)

Sexualität und Wahrheit III: Die Sorge um sich

Im dritten Band der *Geschichte der Sexualität* (1984), der den bezeichnenden Titel *Die Sorge um sich* trägt, setzt sich die Behandlung der Frage der antiken Formen der Selbsttechnologien rund um das Thema der → Sexualität mit den

Schwerpunkten der Traumdeutung, dem Körper, der Ehe und der Knabenliebe fort.

Die Traumdeutung behandelt Foucault am Beispiel des Traumbuches von Artemidor, das im 2. christlichen Jahrhundert geschrieben wurde. Die Traumdeutung zieht ihre Bedeutung aus den Vorzeichen des Traumgesichtes, die für die alltäglichen Unternehmungen und Sorgen rund um die Familie, die Geschäfte und die Gesundheit eine Rolle spielen können. Die Vorstellungen im Traum haben meist einen sexuellen Inhalt und werden qua Analogien einer Deutung für die Alltagswelt unterzogen. (→ Technologien des Selbst, Traumdeutung)

Die Diätetik des Körpers bezieht sich auf die Sorgfaltspflicht, wie sie Galen für den Zeugungsakt vorsieht. In der Ehe deutet sich eine veränderte Sichtweise gegenüber der Klassik an. Erstens ist die Treue nun zumindest ein Thema und der Eros, der zuvor ganz für die Knabenliebe reserviert blieb, rückt zu einem Bestandteil der ehelichen Bindung auf. Von dieser Wendung kann auch die Erotik der Knabenliebe nicht unberührt bleiben, denn sie verliert mit dem Alleinvertretungsanspruch des Eros die Exklusivität der wahren Liebe. Ihr droht der Abstieg in den Bereich der profaneren Lüste mit niedrigen Beweggründen. (→ Sexualität; Hellenismus und Kaiserzeit)

Insgesamt lässt die Moral des Hellenismus und der Kaiserzeit eine gewisse Problematisierung der Lüste (*aphrodísia*) erkennen, die in einer verstärkten Selbstkontrolle endet. „Kurz – und in allererster Annäherung –, diese Vermehrung der sexuellen Sittenstrenge in der Moralreflexion äußert sich nicht in Form eines enger angezogenen Codes, welcher die verbotenen Akte definierte, sondern in der Form einer Intensivierung des Selbstbezuges, durch den man sich als Subjekt seiner Handlungen konstituiert." (SW III, S. 57)

Foucault will diese Intensivierung des Selbstbezuges allerdings nicht mit der üblichen Erklärung der Individualisierung als Folge der Zerstörung der *polis* in der hellenistischen Zeit in Zusammenhang bringen. Seine Lösung oder Erklärung für die zweifellos eingetretenen Veränderungen gegenüber der Klassik der Antike bezieht sich auf die Entstehung einer Kultur seiner selbst. Die Lebenskunst dieser Kultur beinhaltet den Imperativ einer Sorge um sich selbst, die als das kostbarste Gut im Leben gilt. Plutarch überliefert dazu einen Aphorismus, der erklärt, warum die Heloten die Felder bestellen mussten. Die Spartaner wollten sich um sich selbst kümmern, was keineswegs mit einem bequemen oder passiven Leben gleichzusetzen ist, denn der Spartaner scheut bekanntlich keine Härte gegen sich selbst. Wollte man dies als Parabel auf die Gleichung von Herr und Knecht aus Hegels Phänomenologie lesen, so käme folgende Formel heraus: Der Herr regrediert nicht notwendigerweise durch die Arbeit des Knechtes. Der Verfall seiner Fähigkeiten beginnt erst mit der Vermeidung der kritischen Auseinandersetzung mit sich selbst. In einer Geschichte des → Subjekts stehen die Selbsttechnologien in Konkurrenz mit dem erkenntnistheoretischen → Subjekt. Die berühmte Inschrift des Tempels in Delphi, die zum Erkennen seiner selbst auffordert, verweist auf ein sokratisches → Subjekt, das in der Fortsetzung durch Descartes als erkennendes → Subjekt, das → Subjekt einer Sorge um sich selbst verdrängen wird (→ Ethik des Selbst, Gegensatz: Antikes und neuzeitliches Subjekt).

Die Exklusivität der → Ethik des Selbst indiziert in der Geschichte der Subjektivität demnach einen fundamentalen Wandel. Dabei lässt Foucault keinen Zweifel daran, dass eine vereinfachende Sichtweise, die das antike → Subjekt einer Sorge um sich selbst auf die Selbstschau einschränken würde, generell zu kurz greift. Die Sorge um sich selbst gehört zu einer ganzen Kultur des Selbst, die eine ethische Verpflichtung zu einer ständigen Arbeit an sich selbst beinhaltet, deren besondere Schwierigkeit in einer Art therapeutischem Kabinettstück gipfelt: Gegenüber sich selbst muss dieses antike Individuum eine kritische Haltung einnehmen und lebenslang durchhalten. Das Beispiel zeigt die lange Tradition und den Stellenwert, die eine → Kultur seiner Selbst in der Antike beanspruchen kann, und sie findet ihren Höhepunkt in den ersten beiden Jahrhunderten der Kaiserzeit.

Im Gesamtwerk Foucaults legt die Berücksichtigung eines sich um sich selbst kümmernden Individuums zuletzt die Unterscheidung zwischen → Subjekt und → Individuum nahe. Für das Lexikon war in diesem Fall eine begriffliche Regelung zu treffen. Demnach gehört das → autarke Individuum zu jener Lebenskunst die nach Foucault ein fester Bestandteil der antiken Kultur gewesen ist, und den Anlass zur Konzeption der → Ethik des Selbst geliefert hat. Für die Phase der Macht muss der Begriff des → Individuums dagegen für jene Formen der Subjektivität reserviert werden, in denen es als Folge der Subjekt-Funktion der → Disziplinen oder der → Macht erst entsteht (→ Subjekt; Subjekt versus Individuum).

Die Ethik des Selbst wäre aller Wahrscheinlichkeit nach einer der letzten fehlenden Bausteine gewesen, der Foucault in die Lage versetzt hätte, sein Projekt einer Geschichte der Subjektivität abzuschließen. Eine schwere Erkrankung hat dies verhindert. Den dritten Band der Geschichte der Sexualität erhält er auf der Intensivstation, wo er am 25. Juni 1984 stirbt.

Grundbegriffe

Ähnlichkeit

Die Ähnlichkeit stellt die maßgebliche Beziehung dar, die zwischen den Dingen der Naturgeschichte am Ende der Renaissance zu verschwinden beginnt. Sie knüpft zwischen den Naturdingen unsichtbare Beziehungen, die auf deren Oberfläche als Zeichen (Signaturen) erscheinen. Von daher leitet sich auch die Bezeichnung der Signaturenlehre (*signatura rerum*) ab. Die inneren Kräfte der Dinge manifestieren sich in äußeren Kennzeichen, wobei es eine gewisse Verwandtschaft zur antiken Physiognomik gibt. Herausragende Vertreter der Signaturenlehre sind Agrippa von Nettesheim, Theophrastus Paracelsus und Jakob Böhme. Johannes Kepler verteidigt diese Lehre noch im Rahmen der Pharmakologie der Kräuter. Generell war neben der Astrologie, die Medizin und die Pharmakologie das Hauptanwendungsgebiet der Signaturenlehre.[1] Foucault begreift die Ähnlichkeit der Signaturenlehre in *Die Ordnung der Dinge* als fundamentale Kategorie des → Wissens der Renaissance, die vier Formen aufweist: *convenientia*, *aemulatio*, *Analogie* und das Spiel der *Sympathien*.

Die *convenientia* drückt eine Ähnlichkeit von Dingen aus, die sich aus der unmittelbaren Nachbarschaft ergibt. Sie ist eine Bedingung der Welt, in der sich die Dinge befinden, und drückt eine räumliche Nähe aus, die das Merkmal in der Ähnlichkeit anwendet. In dem *Magis Naturalis, oder Haus- Kunst- und Wunderbuch* des Gambattista della Porta von 1680 findet sich dazu die Bemerkung, dass Gott alle lebendigen Dinge durch die Seele wie ein großes Seil verknüpft (OdD, S. 48).

Die *aemulatio* bricht mit der räumlichen Beschränkung der Nachbarschaft, indem die Dinge die Fähigkeit der Nachahmung erhalten, ohne auf bestimmte Entfernungen eingeschränkt zu sein. Wer die Vorlage für die Nachahmung bildet, bleibt oftmals unklar, denn die *aemulatio* ist eine über unbeschränkte Entfernungen wirkende Zwillingseigenschaft, die das Ding und dessen Bild durch vollständige Ähnlichkeit austauschbar macht. Das berühmte Verhältnis von Mikrokosmos und Makrokosmos bei Paracelsus von Hohenheim gehört zur *aemulatio*, was sich im *Liber Paramirum* konkret als Entsprechung zwischen den Gestirnen und den inneren Organen des Menschen äußert (OdD, S. 50).

Die *Analogie* vermischt die *convenientia* und die *aemulatio*, weshalb die Kombination der Kräfte zu einem ungeheueren Einfluss führt. Sie wirkt nicht nur auf

---

1 *Historisches Wörterbuch der Philosophie*, „Signaturenlehre", Bd. 9, S. 750f.

die Dinge, sondern auch auf deren Verhältnisse ein. Ein Beispiel liefert die *Analogie* des Menschen mit der Erde. Die sieben Gesichtsöffnungen entsprechen den sieben Planeten am Himmel. Andrea Cesalpino begreift die Pflanze qua Analogie als aufrechtes Tier. Die Pflanze hat ihre Wurzeln im Boden, wie die Tiere ihre Adern im Bauch haben. Bei beiden verläuft das Ernährungsprinzip von unten nach oben (OdD 51f).

In dem Spiel der *Sympathien* vermag diese vierte Form der Ähnlichkeit die größten Entfernungen ohne Zeitverlust zu überbrücken. Sie schafft Anziehung zwischen den Dingen, und bewirkt deren Mobilität. So folgen die Sonnenblumen beispielsweise dem Lauf der Sonne, indem die *Sympathie* die Verbindung herstellt. Ein vielzitiertes Beispiel für die *Sympathie* zeigt sich auf pharmakologischem Gebiet zwischen dem menschlichen Auge und einer Pflanze, die Augenkrankheiten heilen soll. Der Samen des Eisenhutes trägt die Signatur des menschlichen Auges, indem kleine schwarze Kügelchen von weißen Häutchen umgeben sind, was dem Bild eines menschlichen Auges mit Lidern ähnelt (vgl. DeE I, „Die Prosa der Welt", S. 636; OdD, S. 58).

Die Ähnlichkeit selbst ist unsichtbar. Sie tritt nur indirekt und durch Zeichen auf der Oberfläche der Dinge in Erscheinung. Das System der Zeichen (Signaturen) macht also sichtbar, oder übersetzt in Schriftzeichen, was an geheimen Beziehungen der Ähnlichkeit unterhalb der Oberfläche der Dinge geschieht. Die Natur der Signaturen besitzt eine eigene → Sprache, die sich in einer Hermeneutik der Zeichen zeigt. Auf der Seite der Schrift findet sich das Gesetz der Verbindung und Verkettung der Zeichen, die so genannte Semiologie. Das 16. Jahrhundert kombiniert die Hermeneutik der Zeichen mit der Semiologie zu einer sprechenden Natur. Ähnliche Dinge besitzen Zeichen auf ihrer Oberfläche, die aufeinander verweisen. Ähnliche Zeichen entsprechen wiederum einer Grammatik der → Sprache.

„Die Wahrheit all dieser Zeichen, ob sie nun die Natur durchqueren oder sich auf Pergament in den Bibliotheken aneinanderreihen, ist überall die gleiche. [...] Es gibt überall nur ein und dasselbe Spiel, das des Zeichens und des Ähnlichen, und deshalb können die Natur und das Verb sich unendlich kreuzen und für jemanden, der lesen kann, gewissermaßen einen großen und einzigen Text bilden." (OdD, S. 65f)

Es gibt keinen Unterschied zwischen Gesehenem und Gelesenem, denn die geheimen Kräfte der Worte schaffen auch die Verknüpfungen im → Raum der Dinge. Es obliegt demnach der → Sprache, einen tieferliegenden → Diskurs des Ursprünglichen herzustellen. Das Verfahren kann zu keinem Ende gelangen, denn das einzige Mittel der → Sprache besteht in einem Kommentar, der selbst wieder nur Ähnliches zur Sprache bringt. Auf der Seite der sichtbaren Zeichen, der Signaturen der Dinge, gibt es ebenfalls keinerlei Begrenzung, denn das Zeichen definiert sich gerade durch jene Eigenschaft der Ähnlichkeit, die auch die Beziehung zu allen anderen Zeichen sicherstellt; eine „unendlich unendliche" Verweisungsstruktur.

Die Analyse der Ähnlichkeit verfolgt in *Die Ordnung der Dinge* keinen Selbstzweck, sondern sie dient zu Kennzeichnung eines fundamentalen Wandels in der → Episteme. Zu Beginn der Klassik verdrängt die → Repräsentation die Ähnlichkeit. John Locke, Carl von Linné, Georges Buffon oder David Hume verwenden die Ähnlichkeit nicht mehr als Sammelbegriff geheimer Beziehungen. Hume konzentriert sich beispielsweise als Empirist in der Mitte des 18. Jahrhunderts nur auf jene Relation, die zur Verknüpfung zweier Vorstellungen notwendig ist. Es gilt die Regel, „*daß keine Beziehung irgend welcher Art ohne einen gewissen Grad der Ähnlichkeit bestehen kann*“[2] Die Ähnlichkeit wird damit zur Grundlage der Erklärung von Ursache und Wirkung, denn allein die „Vielheit ähnlicher Beispiele“ (a.a.O., S. 221) bewirkt im menschlichen Geist den Eindruck der notwendigen Verknüpfung. Humes Lösung des Induktionsproblems funktioniert also unter Rückgriff auf die Ähnlichkeit, die mit der wiederholten Wahrnehmung von Prozessen – wie dem Stoß von Billardkugeln – zu tun hat [3] (vgl. OdD, S. 209).

Der dritte große Ähnlichkeitsbegriff in *Die Ordnung der Dinge* führt zu Jean Baptiste Lamark. Der *Discours préliminaire de Flore française* entwirft auf der Basis der Organisation der Arten die „wirklichen Beziehungen der Ähnlichkeit“ in der Biologie (OdD, S. 284).

Es gibt drei essentielle Ähnlichkeitsbegriffe, die sich in *Die Ordnung der Dinge* unterscheiden lassen: Den der Renaissance, der sich auf die *signatura rerum* stützt, den der Naturgeschichte der Klassik und den, der die Naturgeschichte am Ende des 18. Jahrhunderts durch die Eröffnung der modernen Biologie beendet (vgl. auch: „Cuvier“ OdD, S. 322f, 324, 329).

(**WG**, S. 23, 56, 106, 140, 163f, 174, 177, 180, 191, 217, 241, 282, 286, 303, 319, 355, 380, 493; **GK**, S. 20, 22f, 36, 92, 114, 143, 162; **OdD**, S. 16, 19, 21–23, 27, 46–57, 59–68, 74–76, 78–85, 87f, 91f, 94, 97f, 101–107, 109, 111, 148–150, 152–154, 163f, 169, 175f, 182, 186f, 189f, 198f, 202f, 206, 208f, 218–221, 256f, 262f, 269f, 283f, 288, 292f, 295, 308, 324, 330–332, 336, 355, 362, 404; **Arch**, S. 34f, 65,203f, 230, 256; **OD**, S. 22; **MP**, S. 211; **A**, S. 163, 167, 395, 400; **ÜuS**, S. 110, 134, 304; **GG I**, S. 92, 343; **HS**, S. 130, 343, 370, 414, 510; **SW II**, S. 226, 255; **SW III**, S. 24, 188)

Allgemeine Grammatik

Die → Sprache erhält durch die allgemeine Grammatik im 17. Jahrhundert eine Form in der sich das Denken selbst analysieren kann. Dabei handelt es sich um die Konsequenzen einer Sprachpädagogik, die zunächst ganz andere Ziele verfolgt.

Antoine Arnauld und Claude Lancelot formulieren in der *Grammaire générale et raisonnée, contenant les fondements de l'art de parler d'une manière claire et*

---

2 David Hume, *Traktat über die menschliche Natur*, Hamburg 1978, Bd. I, S. 27.

3 David Hume, *Eine Untersuchung über den menschlichen Verstand*, VII, 2.

naturelle von 1660 Richtlinien für die Reform des Sprachunterrichts der Schulen von Port Royal. Die neue Pädagogik stützt sich auf die Überzeugung, dass sich eine Fremdsprache ausgehend von der Muttersprache des Schülers unterrichten lässt. Der Schüler soll die Regeln der Fremdsprache in seiner Muttersprache lernen. Aus dieser Auffassung ergeben sich wichtige Schlussfolgerungen. Die erste lautet auf eine klare Grundordnung der → Sprache, die immer Prinzipien besitzt. Es gibt einen sichtbaren Textkorpus, der sich aus den Wörtern, den Sätzen und dem Sprachgebrauch zusammensetzt und eine verdeckte Sprachebene der Prinzipien. Wenn die → Sprache auf Regeln und Prinzipien beruht, dann liegt die Vermutung nahe, dass es einen vernünftigen Sprachgebrauch gibt. Das Erlernen einer Fremdsprache kann unter den genannten Voraussetzungen auf den gemeinsamen Nenner der Regeln und des Vernunftgebrauchs in allen → Sprachen zurückgreifen, die durch die allgemeine Grammatik erfasst werden. Bis zu den Logikern von Port Royal hatte es eine derartige Sprachauffassung nicht gegeben. Die allgemeine Grammatik löst die → Sprache aus ihrer alten Beschränkung, die noch nach dem Ursprung der Worte und der Realität der Universalien fragt.

Das erweiterte Projekt der allgemeinen Grammatik erschöpft sich nicht in der vergleichenden Grammatik für den Fremdsprachenunterricht: „Die allgemeine Grammatik [...] ist keine Grammatik, die ein buntes linguistisches Material analysiert und vergleicht; es ist eine Grammatik, die Abstand nimmt zu ein oder zwei gegebenen Sprachen und die in der so errichteten Distanz besondere Verwendungsweisen auf allgemeingültige Prinzipien zurückführt. Aber welche Instanz garantiert diesen Übergang und wie kann man sicher sein, dass man ausgehend von einem singulären Fall wirklich eine allgemeine Form erreicht hat?" (DeE I, Nr. 60, „Einleitung", S. 938) Die Antwort auf die zuletzt gestellte Frage lautet: Je rationaler eine Analyse ist, desto allgemeiner muss sie sein und umgekehrt. Die Rationalität ist also eine Garantie der Allgemeinheit. Die absolute Rationalität einer Grammatik würde demnach einer Grammatik entsprechen, die auf alle Sprache zutrifft. Sie wäre eine Metaordnung der Gleichzeitigkeit, da sie die Linearität der Sprache – die Abfolge der Worte – in die Simultanität des Denkens verwandeln könnte:

„An dieser Stelle liegt das neue erkenntnistheoretische Gebiet, das die Klassik die ‚allgemeine Grammatik' genannt hat. [...] *Die allgemeine Grammatik ist die Untersuchung der sprachlichen Ordnung in ihrer Beziehung zur Gleichzeitigkeit, die sie ihrer Aufgabe nach repräsentieren soll.* Sie hat also nicht das Denken und nicht die Sprache zum eigentlichen Objekt, sondern den als Folge von sprachlichen Zeichen verstandenen *Diskurs*." (OdD S. 120)

Die allgemeine Grammatik soll die Kraft der → Sprache zu einer universalen Repräsentation erweitern, die einen Totalentwurf der Welt durch Wörter beinhaltet. Die → Sprache und das Denken treffen im vollständigen → Diskurs zusammen, woraus sich die zahlreichen Projekte unterschiedlichster Enzyklopädien der Klassik ableiten lassen.

Die repräsentative Funktion erweitert die Ansprüche an die allgemeine Grammatik über die Vollständigkeit hinaus. Die spezifische Aufgabe besteht darin, zu zeigen, wie die Wörter des Repräsentationssystems → Sprache etwas bezeichnen und die Wörter dieses Systems in ihrem Verhältnis untereinander zu analysieren. Nach der Grammatik von 1662 erweitern Antoine Arnault und Pierre Nicole in *La Logique ou l'Art de penser* ihre Theorie entsprechend der veränderten Anforderungen. Die Logik formuliert eine Theorie der Zeichen, die in der *Grammaire générale* noch nicht vorkam. „‚Sprechen heißt, seine Gedanken mit Hilfe von Zeichen auszudrücken, die die Menschen zu diesem Zweck erfunden haben.'" (DeE I, Nr. 60, „Einleitung", S. 944) Noch vor Ferdinand de Saussure gilt demnach das Wort als ein Zeichen, das erst erfunden werden muss. Dies setzt eine ursprünglichere Repräsentation zwischen Objekt und Denken voraus, als zwischen Zeichen und Objekt besteht. Die gesuchte Repräsentation besteht in der Idee, auf die sich die → Sprache mit ihren Wort-Zeichen stützen kann. Diese zweite Repräsentation durch das Zeichen bleibt nicht folgenlos, denn die Wort-Zeichen importieren in den Ideenraum die Ordnung der → Sprache. Die Prinzipien der → Sprache legen nun fest, wie die Wort-Zeichen in Bezug auf ihre Objekte funktionieren, wobei es eine herausragende Eigenart der *Logik von Port-Royal* zu beachten gilt. Es geht nicht um die vertraute Syntax der → Sprache, denn wenn von der Funktion der Wort-Zeichen die Rede ist, handelt es sich um drei mögliche Beziehungen: die direkten Beziehungen zwischen den Dingen, die Auffassung, die man über diese Beziehungen der Dinge entwickelt, oder um die Art und Weise, in der die Wort-Zeichen die Beziehungen bezeichnen.

Die allgemeine Grammatik darf zunächst als grundlegende Neuerung im grammatikalischen → Wissen gelten, obwohl diese Einstufung ihre epistemologische Wirkung nicht annähernd beschreibt. In *Die Ordnung der Dinge* bestimmt sich die Bedeutung der allgemeinen Grammatik aus der Abfolge historischer Formationen des → Wissens. Die maßgebliche Beziehung der Renaissance besteht in der → Ähnlichkeit, die den Dingen einen Namen zuweist. Wenn anschließend zwischen der → Sprache und den Dingen die → Repräsentation zur ausschlaggebenden Beziehung wird, dann reflektiert sich das Denken in der Sprachordnung selbst. Das Denken entwickelt unter Benutzung der → Sprache erkenntnistheoretische Züge, während die ontologische Funktion der → Ähnlichkeit ihre Bedeutung verliert (vgl. OdD, S. 164).

(**OdD**, S. 11, 25, 91, 109, 112, 118, 120f, 130f, 136, 140, 158f, 192, 211, 213, 227, 253f, 259, 261, 265, 269, 272, 288–290, 292, 300, 309, 335, 348, 351, 355, 358f, 361f, 369, 373, 405f, 438; **Arch**, S. 53, 89f, 93, 95, 98f, 104, 205, 225, 227–229, 237, 239, 244, 255f, 261; **GG I**, S. 87, 119, 341)

Analytik der Endlichkeit

Die Analytik der Endlichkeit bezeichnet einen Zustand, der durch eine umwälzende Veränderung innerhalb der → Episteme eintritt. Zwischen dem klassischen Zeitalter und der Moderne endet die Verbindung zwischen → Repräsentation und

Sein, die sich fast ausschließlich in der → Sprache äußert. Zunächst dominiert die → Sprache das gesamte Spektrum der → Repräsentation, und der Mensch spielt für die grundlegende Beziehung zwischen → Repräsentation und repräsentierten Dingen keine Rolle. Die erkennende Tätigkeit des Menschen kommt deshalb im klassischen Zeitalter nicht vor. Letztlich legen also die → Sprache und eine feststehende göttliche Ordnung fest, was in der → Repräsentation erscheint.

„Vor dem Ende des 18. Jahrhunderts existierte der *Mensch* nicht. Er existierte ebensowenig, wie die Kraft des Lebens, die Fruchtbarkeit der Arbeit oder die historische Mächtigkeit der Sprache." (OdD, S. 373)

Entscheidend für die Analytik der Endlichkeit ist nun der Übergang zur Moderne. Die Klassik besitzt eine Ordnung, die durch Gott gegeben ist und deshalb keiner Beschränkung unterliegt. Mit dem Tode Gottes (DeE I, Nr. 8, „Das Nein des Vaters", S. 280) beginnt die → Repräsentation eine Angelegenheit des erkennenden Menschen zu werden, der damit einen Sonderstatus erhält. Er gehört als Erkennender nicht mehr in die natürliche Ordnung, die als geschaffene Ordnung in einer prinzipiell unendlichen → Repräsentation aufgeht. Als Erkennender bringt der Mensch Bedingungen der Möglichkeit der Erkenntnis ein. Deshalb wählt Foucault die Bezeichnung der Analytik, denn sie drückt seit Kant aus, dass es um die Prinzipien jener Bedingungen geht, die ein erkennendes → Subjekt benutzt, um überhaupt einen Gegenstand denken zu können. Es sind genau diese Bedingungen eines erkennenden → Subjekts, die ständig auf ihre eigene Endlichkeit verweisen.

Die Endlichkeit besitzt eine Funktion, die als laufende Selbstbestätigung der eigenen Beschränkung bezeichnet werden könnte. Insofern der Mensch als Erkennender aus der natürlichen Ordnung herausgefallen ist, kann er auch zum Objekt dieser Erkenntnis werden. Der eben aufgetauchte Mensch untersucht sich selbst und findet in dem über sich selbst angehäuften → Wissen eine laufende Bestätigung seiner eigenen Endlichkeit. Da es sich um die Bedingungen seiner eigenen Erkenntnis handelt, kommt damit notwendigerweise eine Endlichkeit der Inhalte des → Wissens zum Ausdruck.

(**OdD**, S. 377, 380f, 383f, 407f, 421, 424, 434, 446f, 457; **DeE I**, Nr.39, „Ist der Mensch tot?", S. 697ff; Nr.55, „Foucault antwortet Sartre", S. 847f)

Ästhetik der Existenz

Die Ästhetik der Existenz ist ein Lebensstil, wie sie ihn die Antike im Zusammenhang mit der Frage nach angemessenen Verhaltensweisen entwickelt hat. Das → Subjekt erhält dabei Richtlinien im Rahmen der → Technologien des Selbst, mit denen es sich selbst bei Alltagsproblemen und in sexuellen Fragen Lösungen aufzeigen kann. Bei genauerer Betrachtung verbietet es sich in diesem Zusammenhang von der → Sexualität zu sprechen, denn diese Bezeichnung ist mit dem modernen Verständnis vorbelastet. Es geht in der Antike um einen Gebrauch der Lüste oder der *aphrodísia* im Kontext einer Lebenskunst, die ihre charakteristischen Züge auch im Unterschied zur christlichen → Moral zeigt. Für die Lebenskunst gilt die vernünftige Mäßigung aus freien Stücken als Kern der Ästhetik der Existenz, während die christliche → Moral das Begehren mit einem geständnispflichtigen → Subjekt der Beichte verbindet.

Unter Ästhetik der Existenz „ist eine Lebensweise zu verstehen, deren moralischer Wert nicht auf ihrer Übereinstimmung mit einem Verhaltenscode und auch nicht auf einer Reinigungsarbeit [wie in der christlichen Geständnispraxis, M.R.] beruht, sondern auf gewissen Formen oder vielmehr auf gewissen allgemeinen formellen Prinzipien im Gebrauch der Lüste, auf ihrer Aufteilung, Begrenzung und Hierarchisierung.“ (SW II, S. 118)

Der Gebrauch der Lüste unter Beteiligung der Vernunft führt nun trotz der erwähnten Hierarchisierung, Aufteilung und Begrenzung nicht zu einem lückenlosen Katalog mit Verhaltensvorschriften. Die → Regeln, die im Rahmen einer philosophisch motivierten Askese oder der Medizin vorgegeben werden, dienen in erster Linie der Empfehlung von → Übungen, deren Zusammenstellung aus freiem Willen erfolgt. Das Ziel besteht in einer Lebenskunst (*téchne tû bíu*), bei der die freie Wahl des → Subjekts eine Voraussetzung für das Gelingen bildet. (HS, S. 515)

Die weit gehende → Freiheit und die keineswegs bindenden → Regeln, die besser als Empfehlungen verstanden werden sollten, stellen eine Besonderheit der Ästhetik der Existenz dar, die sich darin deutlich von der christlichen → Moral unterscheidet. So erweist sich diese *téchne* letztlich als eine Kunst freiwilliger Selbstkontrolle, deren Ziel in der Maximierung der persönlichen → Freiheit besteht. Die → Moral gewinnt dadurch die Funktion einer beispielhaften Selbstformung, die dem individuellen Leben einen positiven Ausdruck verleiht (DeE IV, Nr.357, „Eine Ästhetik der Existenz“, S. 904).

(**SW II**, S. 18, 20, 118, 122, 135, 318; **SW III**, S. 240)

Archäologie

Die Bezeichnung „Archäologie“ verwendet Foucault an Stelle von „Geschichtsschreibung“, um seine Fragestellung und seine Vorgehensweise von letzterer abzugrenzen: „Ich habe dieses Wort [Archäologie, M.R.] zunächst auf eine etwas blinde Weise gebraucht, um eine Form der Analyse zu bezeichnen, die nicht ganz Geschichtsschreibung (in dem Sinne, in dem man beispielsweise die Geschichte der Erfindungen oder der Ideen erzählt) und auch keine Epistemologie wäre, das heißt eine interne Analyse der Struktur einer Wissenschaft. [...] schließlich kann dieses Wort ‚Archäologie‘, etwas ungenau übersetzt, was ich mir nachzusehen bitte, bedeuten: Beschreibung des *Archivs.*“ (DeE I, Nr. 66, „Michel Foucault erklärt sein jüngstes Buch“, S. 981)

Die Kerndefinition von Archäologie nennt als Untersuchungsgebiet ein → Wissen, das letztlich zu neuen Theorien, Meinungen oder Praktiken führen kann.

Dabei handelt es sich nicht um ausdifferenzierte Wissenschaften, sondern maximal um Vorformen derselben. (Arch, S. 278) Konkret bedeutet das beispielsweise zu fragen, wie und wann der → Wahnsinn zu einem Erkenntnisobjekt werden konnte. Tatsächlich verbindet sich mit der Bezeichnung Archäologie die Methodik, die bei einem bestimmten → Wissen nach den Bedingungen seines Auftretens und Entstehens fragt. Den entsprechenden Rahmen für die Bedingungen definiert Foucault 1966 als „Forschungsfeld", das „Kenntnisse, philosophische Ideen und Alltagsansichten einer Gesellschaft, aber auch ihre Institutionen, die Geschäfts- und Polizeipraktiken oder die Sitten und Gebräuche" berücksichtigt (DeE I, Nr. 34, „Michel Foucault, ‚Die Ordnung der Dinge'", S. 645). Das Forschungsfeld Archäologie konzentriert sich demnach auf ein nichtwissenschaftliches → Wissen und vermeidet die Vorentscheidung zwischen Theorie und Praxis. Die Durchführung der Archäologie in *Die Ordnung der Dinge* kann zu dem Fehlschluss verleiten, dass ihre Forschungsaufgabe in der Untersuchung der Verwissenschaftlichung von Wissen bestehe. Tatsächlich hält Foucault viele Archäologien für möglich, die sich keinesfalls auf die Verwissenschaftlichung beschränken (Arch, S. 278).

Archäologie zu betreiben, heißt eine Beschreibung des → Archivs aufzustellen. Dies bedeutet, die „Gesamtheit von Regeln" anzugeben, „die in einer bestimmten Epoche und für eine bestimmte Gesellschaft die Grenzen und Formen der *Sagbarkeit* definieren: worüber können wir sprechen?" (DeE I, Nr. 58, „Antwort auf eine Frage", S. 869f)

Der Archäologe hat sich bei der Beschreibung des → Archivs an einem Katalog von Maßnahmen zu orientieren, der den Titel des Gedächtnisses einer historischen Formation tragen könnte. Foucault führt die folgenden Punkte an, die im Forschungsfeld des Sagbaren besondere Aufmerksamkeit verdienen:

„– die Grenzen und Formen der *Aufbewahrung* definieren: welche Äußerungen sind dazu bestimmt, ohne Spuren zu vergehen? Welche sind im Gegensatz hierzu dazu bestimmt, in das Gedächtnis der Menschen einzugehen (durch rituelles Rezitieren, durch Pädagogik und Unterricht, durch Vergnügungen und Feste, durch Werbung)? [...]

– die Grenzen und Formen des *Gedächtnisses* so definieren, wie es in den unterschiedlichen diskursiven Formationen in Erscheinung tritt: welche Äußerungen erkennt jede von ihnen als gültig, als diskussionswürdig oder als definitiv ungültig an? [...]

– die Grenzen und Formen der *Reaktivierung* definieren: welche aus früheren Epochen oder fremden Kulturen stammenden Diskurse behält man bei, welche wertet man auf, welche importiert man, welche versucht man wiederherzustellen? [...]

– die Grenzen und Formen der *Aneignung* definieren: welche Individuen, welche Gruppen, welche Klassen besitzen Zugang zu diesem Diskurstypus? Wie ist das Verhältnis des Diskurses zu dem, der ihn ‚hält', und dem, der ihn empfängt, institutionalisiert? Wie definiert sich das Verhältnis des Diskurses zu seinem Autor, wodurch zeichnet es sich aus? [...]." (a.a.O., S. 869f)

Die Archäologie ist eine Methode, die ihre Gegenstände ohne Rücksicht auf deren Wahrheitsgehalt untersucht, denn ausschlaggebend ist allein der Umstand, dass es sich um diskursives → Wissen handelt. Bei der Untersuchung eines → Diskurses versucht sich der Archäologe in dessen eigenen → Regeln einer dynamischen Baumstruktur zu bewegen. (Arch, S. 210)

Die Bewegung in oder gemäß den → Regeln eines → Diskurses verlangt vom Archäologen einige Sorgfalt. Die Bezeichnung „Regel" bezieht sich ausdrücklich auf das Auftauchen von → Aussagen in historischen Formationen. Die → Aussage wird faktisch wie ein Grabungsfund freigelegt, wobei jede vage Übereinstimmung mit dem spektakulären Eintreten einer Entdeckung abzulehnen ist. Der Grabungsfund hat den Status eines banalen Fundstücks. Die geforderte Bewegung innerhalb von → Regeln kann hier sehr leicht den täuschenden Eindruck erwecken, dass man es mit einem feststehenden Satz von anzuwendenden → Regeln zu tun hat. Foucault geht es vielmehr um eine Vermeidungsstrategie. Die Archäologie forscht nach den Entstehensbedingungen der Erkenntnisobjekte ohne Ideengeschichte zu betreiben. Foucault legt auf die entsprechende Abgrenzung so großen Wert, dass er dieses Thema verschiedentlich zum Gegenstand seiner Schriften macht. Es besitzt derartiges Gewicht, dass der vierte Teil der *Archäologie des Wissens* fast ausschließlich der Erörterung der grundlegenden Differenzen zur Ideengeschichte gewidmet wird. (Arch, S. 193ff; vgl. auch: OdD, S. 41f). Die Abgrenzung zur Ideengeschichte spielt eine bedeutende Rolle weil sie für das Geschichtsprojekt Foucaults eine notwendige Voraussetzung bildet (→ serielle Geschichte).

Die Archäologie tritt mit dem Anspruch auf, die übliche Vorgehensweise der klassischen Geschichtsschreibung zu ersetzten. Ihr tieferer Sinn besteht in einem Ansatz, der unterhalb der Ideen das Auftauchen von Erkenntnisobjekten zu registrieren erlaubt. (DeE IV, Nr. 330, Strukturalismus und Poststrukturalismus, S. 537) Keine Suche nach einem verborgenen Ursprung. Keine Wertung als Dokument. Keine Operationen oder vorgefasste Einheiten, die eine Kontinuität der Geschichte herbeizwingen. Insbesondere keine Verlängerung einer Tradition, die auf das Werk eines → Autors, auf den Zusammenhang einer Epoche oder auf die Entwicklung einer Wissenschaft im Sinne einer Einheitsstiftung zurückgreift.

Stattdessen erfordert die Archäologie die *„reine Beschreibung diskursiver Ereignisse"* (Arch, S. 41), die auf die Zuweisung von Sinn und Bedeutung verzichtet. Worauf beruft sich aber das Interesse für das Auftauchen einer → Aussage in einer diskursiven Formation und die gleichzeitige Vermeidung der Konstruktion von Sinn und Bedeutung? Die Vermeidungsstrategie folgt der Überzeugung des Archäologen, dass es keine konstanten Objekte in den Humanwissenschaften gibt. Der Archäologe steht sozusagen vor einem paradox anmutenden Problem. Er muss die Einheit eines → Diskurses durch den Wandel erfassen, den er durch die Beschreibung diskursiver → Ereignisse analysieren kann. Deshalb spricht Foucault beispielsweise von verstreuten → Aussagen, aus denen sich erst Einheiten bilden lassen, denn die Streuung ist eine Form des Wandels, die mehrere

Objekte in einem Bereich zulässt. Die Berücksichtigung der Streuung vermeidet eine vorschnelle Präzisierung, die durch zu enge Bedingungen die Objekte verfälschen oder die zugehörigen → Aussagen unkenntlich machen kann.

Die Archäologie schließt als Beschreibung des → Archivs die nichtdiskursiven Bereiche ausdrücklich ein. Die nichtdiskursiven Bereiche, „Institutionen, politische Ereignisse, ökonomische Praktiken und Prozesse“ (Arch, S. 231) können trotz der Dominanz des Sagbaren also ihren Einfluss gelten machen. In der *Archäologie des Wissens* behält der → Diskurs in der skizzierten Form seine verbindliche Vorrangstellung gegenüber den nichtdiskursiven Bereichen. Später wird sich dieses Verhältnis zwischen → Diskurs und nichtdiskursiven Bereichen ändern (→ Dispositiv), was schon in der *Archäologie des Wissens* in Form einer kleinen Revision angedeutet wird:

„Dieses spezifische Gebiet [der Archäologie] ist noch nicht Gegenstand irgendeiner Analyse gewesen [...], sondern es handelt sich um ein Gebiet, bei dem nichts im vorhinein – wenigstens bei dem noch rudimentären Punkt der Suche, an dem ich mich befinde – garantiert, dass es stabil und autonom bleiben wird. Letztlich wäre es möglich, dass die Archäologie nichts anderes macht, als die Rolle eines Instrumentes zu spielen [...].“(Arch, S. 296)

Die Archäologie wäre demnach nicht nur ein Instrument mit einem beschränkten Anwendungsbereich, sondern sie hätte auch eine begrenzte Aktualität: Die Geschichtsgebundenheit jedes → Diskurses ist ein Resultat, das auch auf die Archäologie zurückfällt. Und es stellt gleichzeitig in Aussicht, dass das entwickelte Instrumentarium auf einer anderen Ebene und unter veränderten Bedingungen erneut als Werkzeugkasten zum Einsatz kommen könnte. Bereits in der *Archäologie des Wissens* findet sich die Spekulation darüber, dass die Archäologie nicht zwingend im Hinblick auf die Verwissenschaftlichung des → Wissens zu betreiben wäre. Diese Fragestellung drängt sich durch den untersuchten Zeitraum der Klassik förmlich auf, da das → Wissen dort einer Epistemologisierung unterliegt. Die spätere Verschiebung der Fragestellung der → Genealogie erscheint hier bereits als theoretische Möglichkeit: „Wenn sie [Archäologie, M.R.] sich darüber hinaus mit dem Wissen in seinem Verhältnis zu den epistemologischen Figuren und Wissenschaften befasst, kann sie ebenso gut das Wissen in einer anderen Richtung befragen und es in einem anderen Bündel von Beziehungen beschreiben.“ (Arch, S. 278) Tatsächlich vollzieht Foucault in den siebziger Jahren die angedeutete Wende. Die Fragestellung der Archäologie wird durch die → Genealogie und das Thema der → Macht entscheidend erweitert.

(**WG**, S. 8, 99, 250; **PG**, S. 39; **OdD**, S. 12, 14, 25f, 83, 171, 252, 260f, 269f, 287f, 302, 304, 309f, 310, 320, 438, 462; **Arch**, S. 15, 29, 190, 193f, 198f, 206, 208, 210, 212, 217f, 225–229, 231, 233, 235f, 238, 239–244, 246, 248, 251, 253f, 256, 260, 262, 266, 274f, 278f, 290, 293–296; **MP**, S. 29, 344f; **SW I**, S. 156; **VdG**, S. 26; **GG I**, S. 61; **SW II**, S. 21)

Archiv

Das foucaultsche Archiv erfasst die Voraussetzungen für die Existenz von → Aussagen in einer Kultur. Es geht um die regelhaften Bedingungen unter denen → Aussagen entstehen, existieren und aus dem kulturellen Kontext entschwinden. Dabei sind zwei eigentümliche Sichtweisen zu berücksichtigen. Foucault ontologisiert existierende → Aussagen zu Dingen. Entstehende → Aussagen begreift er dagegen als → Ereignisse. Die systematische Gesamtheit aus Bedingungen, → Ereignissen und Dingen definiert er als Archiv (DeE I, Nr. 59, „Über die Archäologie der Wissenschaften: Antwort auf den *Cercle d'épistémologie*", S. 902; Arch, S. 186f).

Unter Archiv versteht Foucault also nicht die aufbewahrten Texte, nicht die Dokumente, die zuletzt einer Tradition den Stoff liefern. Das Archiv formiert für die Bedingungen von → Aussagen einen historischen Rahmen, der zu erklären hilft, warum bestimmte → Aussagen in aller Klarheit ausgesprochen wurden, andere dagegen niemals explizit ausformuliert wurden (DeE I, Nr. 68, „Die Geburt einer Welt", S. 1000).

Das Archiv präformiert etwas an den Aussagen, indem es die Möglichkeit dieser → Aussagen fördert oder verhindert. Warum bedarf es aber dieses Begriffs? Man könnte vermuten, dass es sich hier um eine logische Kategorie handelt, um Gesetze des Denkens. Dagegen verwahrt sich Foucault ausdrücklich. Das Archiv ist ein → System nicht für gesagte Dinge, sondern für die Bedingungen, dass derartige Dinge gesagt werden können, eine Art Katalysator des Sagbaren. Dem kommt nicht nur der Status einer notwendigen Vorbereitung des Sagbaren zu, sondern umgekehrt auch eine Filterung, eine Art Ausschluss des unmöglich Sagbaren, das eine selbstläufige Vermehrung der gesagten Dinge unterbindet. Es geht um Aussagbarkeit und nicht darum, wer, wann und wo etwas gesagt hat. Die → Archäologie sucht immer nur nach dem Entstehen der → Aussage selbst, was sich auch als allgemeine Bedingung der → Archäologie begreifen lässt. Das Archiv verschärft sozusagen die Bedingungen der Aussagbarkeit von Dingen, indem es besondere Bereiche aus dem gewaltigen Gemurmel *eines* → Diskurses hervorhebt. Das Archiv ist keine Tradition. Das Archiv ist keine Universalbibliothek (Bibliothek aller möglichen Bücher, wenn man alle Buchstabenkombinationen, Wörter, Sätze usw. bildet.) Das Archiv ist keine laufende Uminterpretationsmöglichkeit von neuen Wörtern, deren momentane Bedeutung dem Vergessen anheim fällt.

Das Archiv „ist *das allgemeine System der Formation und der Transformation der Aussagen.*" (Arch, S. 188)

Das Allgemeine ist in dieser Form nicht einholbar, denn dieses Archiv lässt sich niemals erschöpfend beschreiben. Weder für eine Kultur, eine Gesellschaft oder für eine Zivilisation noch für eine Epoche. Wir können auch unser eigenes Archiv nicht beschreiben, denn wir sind in den → Regeln dieses Archivs gefangen. Für eine Beschreibung müssten wir mehr sagen können als was auf Grund der →

Regeln dieses Archivs möglich ist. Das unmöglich Aussprechbare dieses Archivs führt über dessen Grenzen hinaus und entspricht einem paradoxen Selbstbezug, der letztlich alle regelhaften Möglichkeiten unserer eigenen → Aussagen innerhalb dieser → Regeln erfassen müsste. So wie sich eine → Sprache nicht selbst darstellen kann, mithin also eine Metasprache notwendig wäre, bleibt auch die Option für die Beschreibung des aktuellen Archivs eingeschränkt, denn wir sprechen immer nur im Rahmen dieses Archivs. Die Beschreibung der → Regeln des gegenwärtigen Archivs führt zur Forderung der Einnahme eines metahistorischen Standpunktes (Arch, S. 189).

Der Beschreibungsversuch der Totalität des aktuellen „Archivs" endet durch die Angewiesenheit auf die gegenwärtig geltenden → Regeln unweigerlich in einem vagen Selbstbezug. Erst ein geschichtlich bedingter Zeitversatz garantiert jenen Abstand, der zu einer Stellungnahme befähigt indem er einen beschränkten metahistorischen Standpunkt schafft. Das gleiche Problem stellt sich mit der bekannten Frage, in welcher Zeit wir jetzt leben.

(**WG**, S. 15, **OdD**, S. 172f; **H**, S. 18; **Arch**, S. 183, 187–190, 193, 294, 296; **ÜuS**, S. 243; **SW I**, S. 82; **VdG**, S. 199, 207)

Artikulation (→ Formation der Begriffe)

Attribution

Die → allgemeine Grammatik untersucht die → Sprache in der Klassik auf ihre Möglichkeit einer universalen Ordnung. Ihr erkenntnistheoretischer Beitrag besteht darin, die → Sprache als Repräsentation des Denkens zu erfassen. Damit ergibt sich einerseits das Problem der Linearität der Sprache (→ allgemeine Grammatik; Gleichzeitigkeit), wie auch die Frage nach den repräsentierenden Eigenschaften der Elemente der → Sprache. Dazu gehört eine Analyse der Verknüpfungen der Worte (Theorie des Satzes und des Verbs; OdD, S. 131ff), eine Analyse der Worttypen (Theorie der Gliederung, OdD, S. 136ff), eine Analyse der Art und Weise des Bezeichnens durch die Wörter (Attribution, OdD, S.145ff) sowie eine Analyse des Ursprungs und der Fähigkeit der Reorganisation der Worte (Theorie der → Derivation, OdD, S. 152ff).

Wenn die → Sprache etwas repräsentiert, dann schreibt sie in ihrer Existenz einem Bezeichneten etwas zu. Damit sie diese Funktion der Attribution erfüllen kann, muss die → Sprache selbst sein. Das Verb „sein" stützt somit alle Attributionen, denn seine Funktion bestätigt für die → allgemeine Grammatik nicht nur die Existenzweise der → Sprache, sondern es bildet einen affirmativen Rahmen für die unendlich vielen Attributionen, die sich in einer → Sprache bilden lassen. Die Attribution entspricht der Bildung der Begriffe in einem Satz durch Verknüpfungen, wie die Verbalkopula, das Verbalnomen oder die Verbalverknüpfung. Die ursprünglichere Verbindung zwischen dem Wort und dem Ding ist die Bezeichnung (vgl. OdD, S. 145) (→ Designation, Formation der Begriffe). Die Attribution erweist sich demgegenüber als der allgemeinere Fall einer sprachlichen Funktion, in der die ursprünglich „reine" Bezeichnung aufgehoben ist und die Dinge auf der Ebene des Satzes verbunden werden (→ Formation der Begriffe, → Derivation).

(**OdD**, S. 137, 145, 158, 159, 209, 240, 251, 255–259, 265f, 360; **Arch**, S. 75, 89–91, 236, 229)

Aussage

Bei der Definition der Aussage besteht die Schwierigkeit darin, dass sich keine strukturellen Einheitskriterien angeben lassen. Dies bedeutet im konkreten Fall, dass sich eine Aussage weder durch die grammatikalischen Merkmale eindeutig beschreiben lässt, noch die Definition des Satzes wirkliche Abhilfe schafft. Es lassen sich Aussagen finden, die keine Sätze sind: der genealogische Baum, das Rechnungsbuch, die Tabelle in der Handelsbilanz (vgl. Arch, S. 120).

Daher zieht sich Foucault konsequenterweise auf eine Art Minimaldefinition zurück. Eine Aussage liegt demnach vor, wenn „irgendeine Folge von Zeichen, von Figuren, von Graphismen oder Spuren" eine Ordnung erkennnen lässt. (Arch, S. 123)

Die Minimalbedingung der Ordnung führt zu folgender Überlegung: Eine rein zufällige Anordnung von Zeichen könnte demnach keine Aussage darstellen. Umgekehrt hätte jede Aussage eine rudimentäre Syntax aufzuweisen. Für diesen Fall führt Foucault ein Gegenbeispiel an. Es gibt eine Reihe von Zahlen, die sich durch keine Wahrscheinlichkeit in ihrem sukzessiven Auftreten erfassen lassen. Diese Reihe von Zahlen nennt man zufällig (Arch, S.125). Sie ist eine Aussage, bei der man außerordentlichen Wert darauf gelegt hat, dass sich keinerlei Funktion oder Bildungsgesetz für diese Reihe angeben lässt, denn jede „Syntax" widerspricht der behaupteten und gesuchten Eigenschaft „Zufälligkeit". Es ist also eine Aussage auf der Ebene der Existenz mit der Schwierigkeit, dass hier nach erklärter Eigenschaft keine Ordnung in der Abfolge der Zeichen auffindbar sein wird. Ein einziges Gegenbeispiel genügt bekanntlich zur Widerlegung des Allsatzes: Für eine Aussage kann eine Ordnung der Zeichen keine hinreichende Bedingung darstellen. Eine Aussage wird auf einer anderen Ebene existieren müssen als die → Sprache, denn für eine → Sprache stellt die Syntax eine Ordnung der Zeichen auf.

Die abstrakte Definition der Aussage geht demnach von einer existierenden Menge von Zeichen aus, bei der in jedem Einzelfall über den eventuell enthaltenen Sinn zu entscheiden ist. Beispielsweise würde eine Folge von Einsen lediglich die Vermutung einer Sequenz des Binärcodes nahe legen, ohne dass damit irgendein Sinn verbunden werden könnte. Eine Folge aus Einsen und Nullen würde bereits den Minimalbedingungen eines speziellen Codes genügen. Der Wechsel von Null und Eins deutet zumindest die Möglichkeit einer Bedeutung an. Der eventuelle Sinn einer derartigen Folge kann allerdings erst bei Kenntnis des codierten Inhalts erschlossen werden. Das Urteil über das Vorliegen einer Aussage schließt also die Kenntnis über die Bedeutung der Zeichenfolge ein, ohne die sich keinerlei Angabe über die Sinnhaftigkeit treffen lässt (Arch, S. 126).

Die Forderung der Sinnhaftigkeit fällt – worauf mit Nachdruck hinzuweisen bleibt – nicht mit einer Ordnungsanforderung zusammen. Die Ordnung der Zeichen dient lediglich einer Unterscheidbarkeit, die letztlich eine unverzichtbare Vorbedingung für die eineindeutige Zuweisung zwischen Zeichenfolgen und deren Referenten darstellt. Die völlige Abwesenheit einer Ordnung beweist jedoch nicht die Sinnlosigkeit einer Aussage, wie das Beispiel einer Zufallsreihe beweist. Das Kriterium für das Vorliegen einer Aussage stellt offenbar den Bezug der Aussage auf einen Referenten über die bloße Begleiterscheinung einer Ordnung der Zeichen. Foucault nennt diesen entscheidenden Zusammenhang auch Aussagefunktion (Arch, S.128ff).

Auf dem erreichten Stand erscheint die Definition der Aussage wenig überzeugend. Die Suspendierung der Zeichenordnung erfolgt unter Hinweis auf ein einziges Gegenbeispiel (Zufallsreihe) und das zentrale Kriterium stützt sich lediglich auf die Forderung eines semantischen Gehaltes. Die sinnhafte Aussage muss sich auf einen Referenten beziehen, der bei Abwesenheit jeglicher Ordnung dem Spezialfall „Zufall" entspricht. Unter den genannten Voraussetzungen würde sich die Aussage auf eine Abbildung reduzieren, deren Bedeutung bei fehlender Ordnung der Zeichen in der Codierung von „Zufall" besteht. Dagegen lassen sich zwei Einwände formulieren: Erstens kann eine bestehende Zeichenordnung auch Unsinn codieren, was die Bedingung der Sinnhaftigkeit auf ein fragwürdiges Kriterium reduziert. Zweitens erschöpft sich eine Aussage nicht in einem passiven Abbildungsverhältnis, sondern schließt ganz bewusst die Möglichkeit der Produktion eines Referenten ein.

Die produktive Aussage erfasst Foucault durch Einführung des → Korrelationsraumes (→ Raum), der auch für die Unterscheidung von Sinn und Unsinn eine Bedeutung besitzt. Als Kriterium für Sinn oder Unsinn bildet der → Korrelationsraum einen Kontext der Aussage. Wer beispielsweise im 20. Jahrhundert von einem Universalgelehrten spricht, der alle naturwissenschaftlichen Fakten und Lehrsätze kennt, kann keinen real existierenden Referenten nennen. Im Rahmen der literarischen Sparte der Science Fiction kann eine derartige Superintelligenz dagegen einen fiktiven Referenten besitzen. Im Jahre 400 vor Christus könnte Aristoteles noch einen realen Universalgelehrten verkörpert haben. Ein Satz, wie der folgende, kann seinen Sinn oder Unsinn wiederum in unterschiedlichen Kontexten erweisen: Die zwei Weißwürste zankten den ganzen Tag um einen Paragraphen der Versicherungspolice. Wenn ein Patient Freuds diesen Satz als Teil einer Aussage im Zusammenhang eines Traumes äußert, liegt eventuell eine verschlüsselte Darstellung des Unbewußten vor. Gesprächige Würste können auch in einem Kinderbuch oder als Bestandteile eines Witzes vorkommen. In Metzgereien lenkt ihr vermehrtes Auftreten dagegen die Aufmerksamkeit auf den Gesundheitszustand primär beteiligter Personen (Arch, S. 131).

Bis zu diesem Punkt bewegt sich die Analyse noch im Rahmen des Kontextes einer Aussage, den Foucault durch die Umkehrung des Kausalverhältnisses von Korrelat und Aussage zuletzt sprengt und damit auch die Einführung eines → Korrelationsraumes rechtfertigt. Eine produktive Aussage kann in eigener Regie ein Areal schaffen, in dem erst jene Objekte in Erscheinung treten, die die Referenten dieser Aussage darstellen. Die Aussage sprengt die herkömmliche Beziehung zu einem Referenten dadurch, dass sie ihren eigenen Referenten in einem oder durch einen → Korrelationsraum schaffen kann. Deshalb ist die Aussage auch mehr als ein Satz, der einen Sinn durch einen Referenten erhält. Das → Referential erfasst den produktiven Bereich der Aussagen:

„Sie [die Aussage, M.R.] ist vielmehr mit einem ‚Referential' verbunden, das nicht aus ‚Dingen', ‚Fakten', ‚Realitäten' oder ‚Wesen' konstituiert wird, sondern von Möglichkeitsgesetzen, von Existenzregeln für die Gegenstände die darin genannt, bezeichnet oder beschrieben werden, für die Relationen, die darin bekräftigt oder verneint werden. Das Referential der Aussage bildet den Ort, die Bedingung, das Feld des Auftauchens, die Differenzierungsinstanz der Individuen oder der Gegenstände, der Zustände der Dinge und der Relationen, die durch die Aussage selbst ins Spiel gebracht werden [...]." (Arch, S. 133)

Die produktive Seite der Aussage verweist auf deren Fähigkeit Neues zu formulieren. Dieses Neue hängt auch vom Kontext ab, denn „daß die Erde rund ist oder die Arten sich entwickeln, bildet vor und nach Kopernikus, vor und nach Darwin nicht dieselbe Aussage." (Arch, S. 150) Eine Aussage kommt also niemals allein, sondern muss immer in einem größeren Zusammenhang gesehen werden, der aus den gelösten oder aufgeworfenen Problemen und den Anwendungsbedingungen besteht. Die gleiche Aussage kann also in unterschiedlichen historischen Formationen bei völlig identischer Satzstruktur ihre Information erheblich variieren. Eine Aussage lässt sich demnach nicht in jedem Fall auf einen bestimmten historischen Zeitpunkt datieren, sondern sie steht immer im Zusammenhang mit anderen Aussagen und gewinnt ihre Bedeutungen durch die Koexistenz, die eine historische Analyse erforderlich machen.

Eine weitere Besonderheit der Aussage betrifft ihr → Subjekt. Zunächst sind Formulierung und Aussage zu unterscheiden. Es gibt ein → Subjekt, das formuliert und ausspricht. Foucault unterscheidet auf dem Stand der *Archäologie des Wissens* zwischen → Individuum und → Subjekt. Obwohl das → Subjekt die Aussage tätigt, wäre das zugehörige → Individuum nicht der Sprecher der Aussage. Dieses → Individuum ist nicht das → Individuum der Aussage.

Wenn das → Subjekt der Aussage und das → Individuum ihrer Formulierung nicht zwingend zusammenfallen, dann gerät das Konzept des → Autors in Schwierigkeiten. Der → Autor produziert die Aussage und er benutzt die entsprechenden Schriftzeichen, soll aber nicht das → Individuum der Aussage sein. Mit anderen

Worten: Der Sender der Zeichen ist nicht das → Individuum der Aussage, sondern der → Autor befindet sich als → Individuum nur in einer bereits festgelegten Position, die ihn zum → Subjekt der Aussage macht:

„Eine Formulierung als Aussage zu beschreiben besteht nicht darin, die Beziehungen zwischen dem Autor und dem, was er gesagt hat (oder hat sagen wollen oder, ohne es zu wollen, gesagt hat) zu analysieren; sondern darin, zu bestimmen, welche Position jedes Individuum einnehmen kann und muss, um ihr Subjekt zu sein." (Arch, S. 139)

Die *Archäologie des Wissens* legt das Verhältnis zwischen → Individuum und → Subjekt für die Diskursphase eindeutig fest. Mit der Vorlesung *Die Macht der Psychiatrie* ändert sich das Verhältnis von → Subjekt und → Individuum. Das → Individuum wird als Produkt der Subjekt-Funktion der → Macht gelten.

(**WG**, S. 116, 120, 254; **GK**, S. 15, 121, 124, 127, 175; **OdD**, S. 117, 141f, 416; **Arch**, gesamter Text, besonders: 116–182; **OD**, S. 12, 21f, 29f, 35; **MP**, S. 192, 341, 497; **A**, 26f, 39, 58, 171, 223f, 234, 287, 319, 387; **ÜuS**, S. 124; **SW I**, S. 17, 27, 72, 79; **VdG**, S. 16, 26, 28, 33, 141, 196, 219, 220; **GG II**, S. 49, 60, 96; **HS**, S. 28, 53, 149, 338, 396, 426, 428, 498)

Aussageabstand

Bei der Bildung einer Einheit von → Aussagen benutzt Foucault die Formationsregel, die gelegentlich auch einfach → Regel genannt wird. Die untersuchten → Aussagen können trotz aller Regelhaftigkeit beispielsweise in der klinischen Medizin so stark differieren, dass sich keine Gesamtheit mehr bilden lässt. Die Aussageformen differieren so stark, dass sich die Einheit des → Diskurses nicht mehr bilden lässt. Es gibt im klinischen → Diskurs durch Instrumente ermöglichte Beobachtungen, statistische Berechnungen, Laborprotokolle, demographische Fakten, institutionell bedingte Vorschriften und politische Entscheidungen. Alle diese Aussagentypen gehorchen nicht den gleichen formalen → Regeln und die Bedingungen ihrer Gültigkeit differieren ebenfalls. Ein Laborprotokoll wird einem ganz anderen Wahrheitsverständnis unterworfen sein als eine politische Entscheidung. Der Aussageabstand drückt diese Heterogenität der → Aussagen aus. Die Abhilfe besteht in der Einführung einer → Regel der Streuung, die die → Aussagen in ihren Abständen berücksichtigt. Eine → Regel der Streuung stellt nicht die maximale Übereinstimmung zu dem Kriterium der Einheit von → Aussagen her. Sie bildet den kleinsten gemeinsamen Nenner, der nicht in einer Art gemeinsamer Schnittmenge besteht, sondern die festgestellte Streuung verschiedener → Aussagen als Verteilung von → Aussagen berücksichtigt (vgl. DeE I, Nr. 59, „Über die Archäologie der Wissenschaften: Antwort auf den *Cercle d'épistémologie*", S. 910).

Ausschließungssysteme

Ausschließungssysteme dienen der Kontrolle des → Diskurses von außen. Es geht um den Versuch, das Ereignishafte am → Diskurs, seine unberechenbare Seite, auszuklammern. Foucault nennt drei Arten von Ausschließungssystemen: Verbot, Grenzziehung, sowie Gegensatz von Wahrem und Falschem.

Das Verbot grenzt das Sagbare ein, indem es Situationen des angemessenen Sprechens festlegt. Seine Funktion der Ausschließung kann in der Ethnologie bis zur Ebene des Tabus reichen, das ein absolutes Sprechverbot über bestimmte Bereiche oder Gegenstände ausdrückt. Dazu gehören die Umkehrung, das Ritual und der Status des befugten Sprechens unter bestimmten Bedingungen. Das Tabu stellt das absolute Verbot dar, das Ritual kanonisiert die sozial definierte Lockerung, der Status vertritt das Recht, etwas zu sagen. Diese Verbotsformen können sich überschneiden und zu höchst komplexen Rastern führen, an denen die Ethnologen ihre Analysen durchführen müssen.

Die Grenzziehung stellt ein Ausschließungssystem dar, das Foucault vor allem am Beispiel des → Wahnsinns ausführlich untersucht hat. Die soziale Form der Ausschließung hat sich seit dem Mittelalter bei den Armen, den Häretikern, den Leprakranken und den Wahnsinnigen durchgesetzt, wobei die entsprechenden Institutionen (Krankenhaus, Arbeitshaus, Zuchthaus) alle von den Leprosorien abstammen (vgl. DeE I, Nr. 5, „Der Wahnsinn existiert nur in einer Gesellschaft", S. 235f). Auf der Ebene der → Aussage handelt es sich um eine Ausschließung der Worte des Wahnsinnigen, die den vernünftigen Diskurs gegen das sinnlose Gestammel verteidigt. Die Grenzziehung zum → Wahnsinn hat dabei gelegentliche Schwachstellen gezeigt. Er fungiert dann als das Andere der Vernunft, als listiger Vertreter einer getarnten Vernunft oder einer verkleideten Wahrheit in der Gestalt des Narren. Wo es eine Grenze gibt, da sind auch die Grenzgänger zu finden, die Bewohner jenseits des Zaunes und die Illegalen der Vernunft.

Das dritte Ausschließungssystem ist härter als das Verbot und wirkungsvoller als die Grenzziehung. Der Dualismus von wahr und falsch duldet keine moderaten Ausnahmen, denn es ist ein wechselseitiges Prinzip der Ausschließung. Für Foucault liegt der Beginn des wahren → Diskurses bei Platon, der den Relativismus der Sophisten aufhebt. Im Abendland mündet die Grenzziehung zwischen wahr und falsch in einen Willen zur → Wahrheit ein, in dem auch das Begehren und die → Macht wirken. Der → Diskurs der → Wahrheit führt in der Wissenschaft eine Form der Eigenbestätigung ein. Was wahr ist und als solches ausgewiesen werden kann, das lässt sich durch einen Beweis bekräftigen. Es kommt zu einer Methodik der Herstellung von Ausschließungssystemen des Typs → Wahrheit. Materiell wird es durch das naturwissenschaftliche Experiment gestützt, auf der Seite der Vernunft wirken logische Systeme. Ihre Überzeugungskraft und ihre Evidenz in der historischen Formation der Moderne reicht zur Marginalisierung der sozial begründeten Ausschließungssysteme (Verbot, Grenzziehung). Ausschließungssysteme haben ein Pendant in den → Verknappungssystemen.

→ Verknappungssysteme dienen der Kontrolle des → Diskurses von innen (vgl. OD, S. 7f).

(**WG**, S. 68ff; **OD**, S. 13, 15, 42, 45, 48; **ÜuS**, S.295ff; **VdG**, S.48f)

Autor

Die Person des Autors stimmt üblicherweise mit dem Schöpfer eines Textes überein. Die provokante Sichtweise Foucaults schränkt die Rolle des Autors als Textproduzent stark ein und bestreitet die Funktion des Schöpfers. Die traditionelle Rolle des Autors verliert durch die Funktion der Verknappung (→ Verknappungssysteme) an Glaubwürdigkeit, denn sie marginalisiert den Textproduzenten im äußersten Fall auf einen Index des Textes, auf einen Schreiber der Zeichen. Der Schreiber bringt die → Sprache zu Papier, aber er ist nicht ihr Sprecher.

Wenn die → Sprache spricht, wird die literaturtheoretische Diskussion über das Verhältnis von Autor und → Sprache als Zeuge in der Gestalt von Robbe-Grillet, Malcolm Lowry, Luis Borges und Maurice Blanchot aufgerufen. In deren Texten entdeckt Foucault jenen aktiven Part der Sprache, der „das ungewusste Wissen der Literatur zum Ausdruck“ bringt. (DeE I, Nr.40, „Ist der Mensch tot?“, S. 702) Der foucaultsche Autor spricht also nicht, wie in der Besprechung von Richards *L'Univers imaginaire de Mallarmé* (Paris 1962) hervorgehoben wird (DeE I, Nr.28, „J.-P. Richards *Mallarmé*“, S. 565). Wer spricht also? Die Antwort findet Foucault in einem von Richards vorgeschlagenen literaturtheoretischen Modell, bei dem es darum geht, „die Stimme eines Subjekts wiederzufinden, das gleichsam in seinem Sprechen abwesend ist“ und in dem das Werk den „Bezug auf das Sein der Sprache“ sichtbar macht (a.a.O., S. 569/571).

Das Verhältnis von Autor und Werk besteht in der Abwesenheit und dem Tod des Autors. Trotzdem weist jedes Verlagsverzeichnis die Namen von Autoren auf. Welche Funktion kommt den Namen von Autoren also zu, wenn der Autor nicht mehr als der eigentliche Produzent des mit ihm namentlich verbundenen Textes gilt? Es lassen sich unter den genannten Voraussetzungen folgende Funktionen des Autors angeben:

Die Verbindung von Name und Text markiert eine Rede durch die Bedeutung. Der fragliche Text hebt sich durch die Zuweisung des Autorennamen aus der Menge aller Reden heraus. Der Autor hat die Funktion, einen wichtigen Text innerhalb einer Kultur benennbar zu machen. Sobald ein Text einen Autorennamen vorweisen kann, kommt ihm eine besondere Behandlung in der Kultur zu. Der Text wird in Bibliotheken gespeichert und in besonderer Art und Weise in Umlauf gebracht, er wird gelesen, rezipiert und interpretiert. Eine weitere Autorenfunktion zeigt sich mit dem Eigentum am Text, die sich erst als rechtliche Form etablieren musste. Die Voraussetzung dafür ist die Verwandlung des Textes in ein Produkt des Marktes, was keiner historischen Konstante entspricht.

Im Mittelalter bewegt sich der Text beispielsweise in einem Bereich der erhöhten Risiken: Der Autor ist eine Person, die auf Grund eines Textes in Häresieverdacht geraten konnte und sich wie Meister Eckhart in Avignon verteidigen musste. Das Eigentum am Text bedeutet in diesem Fall also eine Art Verantwortung, die sich eventuell als Bestrafung auswirken kann. Das fehlende Verwertungsrecht konnte im Mittelalter dazu führen, dass bestimmte literarische Texte ohne Autor-Funktion auskamen. Bei wissenschaftlichen Texten war es dagegen umgekehrt: Ein Autor wie Aristoteles garantierte die Wahrheit des Textes. Die Autor-Funktion wandelte sich also je nach Anspruch (Wahrheitswert) und Genre der Texte. Ab dem 17. Jahrhundert müssen auch literarische Texte einen Autorennamen aufweisen. Sobald die Texte eine literaturwissenschaftliche Bearbeitung erfahren, zeigt sich eine weitere Funktion des Autors. Der Autor dient als Ort der Projektion für eine bestimmte Art der Textbehandlung, indem er das psychologische Äquivalent für ein tieferes Streben, eine Kraft oder ein dem Text abzulesendes Projekt darstellt. Der Autor ist demnach ein Konstrukt, das die Literaturwissenschaft aus ihrem Umgang mit Texten bildet.

Wenn ein Text eine Autor-Funktion besitzt, dann ist damit keinesfalls ein ganz bestimmtes → Subjekt verbunden, sondern dessen Plural. Foucault führt die mathematische Abhandlung als exemplarisches Beispiel an, in der das fragliche → Subjekt in unterschiedlichsten Bezügen auftritt. Es gibt ein → Subjekt, das die mathematische Abhandlung einordnet und dazu in einer Einleitung spricht. Es gibt ein → Subjekt, das den Beweis durchführt, ein gerade aktuelles Symbolsystem der Mathematik benutzt und den Beweis auf der Grundlage der Mathematik seiner Zeit erstellt. Dies sind die Bedingungen für die Anerkennung eines Beweises, die auch die Voraussetzungen für den Nachvollzug stellen. Ein drittes → Subjekt kündigt sich mit dem Resümee und in der Schlussfolgerung an, die einen Ausblick auf die zukünftige Arbeit innerhalb der Disziplin entwirft (vgl. DeE I, Nr. 69, „Was ist ein Autor?", S. 1020f).

Mit der völlig veränderten Funktion des Autors muss auch das → Individuum einer gründlichen Revision unterzogen werden. Das → Individuum steht nicht mehr für den Ursprung eines → Diskurses, sondern es tritt als → Subjekt in eine Form des → Diskurses ein. Es gibt im → Diskurs Leerstellen, die Subjektfunktionen sind. Darunter finden sich die Funktionen des Autors als Spezialfälle der Subjektfunktionen. Die provozierende Frage lautet dann erneut: Wer spricht? Es spricht das → Subjekt, das aber nicht sein → Individuum ist, denn es tritt nur als Sprecher des → Diskurses und nicht als → Individuum in der Funktion des Sprechers auf.

(**WG**, S. 15, 59, 63, 185, 200, 215, 222, 237, 256, 263, 290, 303, 319; **GK**, S. 144, 171, 190; **OdD**, S. 25, 45, 142, 169, 216, **Arch**, S. 12, 35, 37f, 41, 44, 46, 53, 59, 64, 118, 121, 134–136, 139, 149f, 155, 167, 169, 178, 183, 193, 195, 199, 214, 231, 293f; **OD**, S. 19f, 25, 44–46; **A**, S. 51, 331; **ÜuS**, S. 96; **SW I**, S. 32; **VdG**, S. 142, 144, 166; **GG I**, S. 520; **GG II**, S. 209, 272; **HS**, S. 53, 132, 155, 194, 433f, 437, 487; **SW II**, S. 28, 53, 85, 122, 141–144, 147, 153, 164, 171, 223f, 227f, 262f, 268, 271; **SW III**, S. 15, 55, 84, 144, 188, 195, 205, 226f, 233, 271, 289, 291)

Bio-Macht

Die Bio-Macht besitzt typische Machteigenschaften, aber sie bezieht sich auf besondere Objekte: Die → Sexualität und die Bevölkerung. Während die Machttypen aus *Überwachen und Strafen* (→ Macht; neue Politik des Körpers; Disziplinarmacht) auf die Körper im Rahmen von → Körpertechnologien Einfluss nehmen, greift die Bio-Macht durch die Statistik in entindividualisierender Weise auf die Masse der Bevölkerung als große Zahl zurück und findet im Leben selbst ihr Ziel. Die → Bio-Politik versucht durch flankierende Maßnahmen eine Steuerung der demographischen Parameter sicherzustellen. Ihr unmittelbares Interesse besteht in der allgemeinen Gesundheit, die sich langfristig als Gesundheitspolitik etabliert.

Mit dem Begriff der Bio-Macht verbindet Foucault in *Der Wille zum Wissen* eine höchst provokante Behauptung. Die → Sexualität sei in ihrer abendländischen → Geschichte keiner Unterdrückung ausgesetzt, sondern vielmehr einer höchst wachen und differenzierten Aufmerksamkeit sicher gewesen. Die → Repressionshypothese des Sexes – wie sie etwa Wilhelm Reich vertreten hat – sei Reduktion und unzulässige Vereinfachung. Foucault leugnet die Verbote und Zensuren um die → Sexualität nicht, aber sie liefern nach seiner Ansicht keinen hinreichenden Grund, um von einer Unterdrückung zu sprechen. Die Formen der Bio-Macht verfolgen andere Ziele und Absichten als eine simple Unterdrückung des Sexes. Die → Repressionshypothese des Sexes gehorcht demnach einer öffentlichen Rede über den Sex, die mehr verdeckt als aufdeckt. Man kann etwas verstecken, indem man es lautstark proklamiert, und das ist auch die Hypothese mit der Foucault in *Der Wille zum Wissen* seine Untersuchung aufnimmt:

„Alles in allem geht es darum, den Fall einer Gesellschaft zu prüfen, die seit mehr als einem Jahrhundert lautstark ihre Heuchelei geißelt, redselig von ihrem Schweigen spricht und leidenschaftlich und detailliert beschreibt, was sie nicht sagt, die genau die Mächte denunziert, die sie ausübt, und sich von den Gesetzen zu befreien verspricht, denen sie ihr Funktionieren verdankt." (SW I, S. 18)

Seit dem Ende des 16. Jahrhunderts gibt es eine immer deutlichere Auseinandersetzung mit der → Sexualität, die im 19. Jahrhundert zu einer Wissenschaft vom Sex geführt hat und dabei keinesfalls Belegstellen für dessen Unterdrückung in der bürgerlichen Gesellschaft geliefert hat. Was ab dem 17. Jahrhundert stattfindet, das ist nachgerade eine ständige Intensivierung der → Diskurse um die → Sexualität.

Tatsächlich verändert sich der Umgang mit der → Sexualität, was sich zunächst am Umfang der → Diskurse über den Sex messen lässt. Das praktische Vorfeld einer Auseinandersetzung mit dem Sex findet sich in der christlichen Beichtpraxis, die dem sündigen Fleisch eine Hilfestellung für das Seelenheil liefern soll. Die Pastorale fordert hier den detaillierten Bericht mit einer Genauigkeit, die noch die Stellung beim Sexualakt beschrieben haben will (→ Pastoralmacht). Diese wollüstigen Details verschwinden aus dem → Diskurs über die → Sexualität, der

Anstand überwiegt, die Rede über die → Sexualität wird auf bestimmte und angemessene Situationen eingeschränkt. Die Beichtspiegel nehmen keinen direkten Bezug mehr auf die Sexualpraktiken in der Ehe, und trotzdem nimmt der Umfang der → Diskurse über den Sex zu. Man spricht diskreter über den Sex, verzichtet auf seinen Namen, aber man spricht auch öfter über ihn.

Eine wesentliche Voraussetzung für einen veränderten Umgang mit dem Sex besteht in der Entdeckung der Bevölkerung. Mit dem Ausgangspunkt des Merkantilismus, der die statistischen Verfahren in die Demographie einführt, erhält das Volk eine Geburtenrate, eine Sterblichkeit, eine Lebensdauer, eine Fruchtbarkeit, einen Gesundheitszustand, eine Krankheitshäufigkeit, einen Ernährungszustand und einen Wohnraumbedarf (vgl. SW I, S. 37f). Die Ökonomie gewinnt ein Interesse durch die statistische Analyse der Fortpflanzung und markiert den Beginn der → Bio-Politik. Trotzdem darf die Ökonomie bei Foucault nicht als Grundlage einer veränderten Sexualpolitik gesehen werden. Es geht vielmehr um die öffentliche Hygiene und die Reinheit der Rasse, die sich letztlich in einer umfassenden Gesundheitspolitik rund um den Sex etabliert.

Der → Staat hat mit der Statistik eine Verantwortung übernommen, die das sexuelle Verhalten der Mitbürger in größerem Umfang kontrollieren muss, als es die moralisch-religiösen Einwendungen um das immer sündige Fleisch vermocht haben. Der Sex wandelt sich zur Planungsgröße, die ein ganzes → Wissen und seine ständige Beobachtung erforderlich macht. Der Sex rückt zum Gegenstand von Analysen → Diskursen, Geboten und → Disziplinen auf. Die Anstaltsleiter, Ärzte, Erzieher, Eltern und Pädagogen gruppieren sich um das Thema des Sexes in der Gestalt des Zöglings, der möglichst in ein Netzwerk behutsamer Einflussnahme der indirekten Art einzugliedern ist. Der emsige Pädagoge, der eifrige Seelsorger, die besorgten Eltern bilden die neugierigen Figuren im Spiel einer lebensbezogenen Macht, die im Sinne des produktiven Umgangs mit vorhandenen Kräften die Sorge um das Leben selbst entfaltet und durch Wohlfahrtsprogramme zu sichern sucht.

Die Bio-Macht trägt also eine Art Lebensverantwortung, die eine ökonomische Grundlage besitzt, aber keinesfalls darauf reduziert werden sollte. Das beweisen schon die unterschiedlichen Wissenschaften, die sich in eigenen → Diskursen um das Thema des Sexes bemühen. Biologie, Medizin, Psychiatrie, Psychologie, Morallehre und Pädagogik liefern jeweils Beiträge zur Anhörung, Aufzeichnung und Klassifizierung des sexuellen Verhaltens der Bevölkerung. Die Faszination, die vom Gegenstand des Sexes auf die Wissenschaften ausgeübt wird, kompensiert die diskreteren Auskünfte und Berichte über den Sex nicht nur, sondern sie zerren ihn mit der ganzen Neugier des Willens zum → Wissen verstärkt an das Licht. Es kann kaum verwundern, wenn der Gegenstand Sex unter diesen Bedingungen zuerst einmal nach seinen Erscheinungsformen klassifiziert wird. Das ist die Stunde der Perversitäten und der Abirrungen. Und es ist die Stunde einer geradezu ungehemmten Erwartungshaltung, die aus der → Macht der bohrenden Frage eine Lust zu ziehen vermag. Der akribische Pädagoge, der lauernde Psychiater treffen auf eine Lust der Täuschung, die der ausgeübten → Macht Widerstand leistet und ihre Anstrengungen vervielfacht. Die → Macht wird auf diesem Weg zu einem Stimulans und führt zu einer unbegrenzten Neueinteilung der → Sexualität. Die Untersuchung unter diesem Machttyp entartet selbst zu einer Art fortgesetzten Zellteilung, weil sich im Rahmen dieses Vorgehens eine perverse Schaukelpartie zwischen Lust und → Macht ergibt. Auf der einen Seite Medizin und Psychiatrie, auf der anderen Prostitution und Pornographie. Am Drehpunkt sitzt die Lust mit dem Janusgesicht der Frage und der täuschenden Antwort. Es kann sich also in diesem Sinne um eine höchst produktive Maschine perverser Entdeckungen handeln, die, einmal in Betrieb genommen, in geradezu inflationärer Weise kleine Machtzentren um den Sex installieren.

Foucault nennt als Beispiel für einen der Beobachtungsapparate des Sexes die Anstalt unter der Leitung von Jean Marie Charcot (DeE II, Nr. 143, „Die psychiatrische Macht", S.834–836). Bei der sogenannten Salpêtrière handelte sich um das ehemalige Pulvermagazin in Paris, das als Areal von beträchtlicher Ausdehnung auch den Namen „Stadt der Irren" trug.[4] Bei Charcot zeigt sich der Reizcharakter der ärztlichen Frage und die gespielte Antwort auf einem Niveau, das nur unter der Vorgabe einer geschlossenen Anstalt und der dort möglichen Konzentration der → Macht in den intensivierten sozialen Beziehungen entstehen kann. Die Beziehung zwischen Arzt und Patientin als Substrat der → Macht steigert sich hier bis zum Theater, bei der die ärztliche Anweisung einer Regie der Krankheit entspricht. Die Patientinnen reagieren je nach Talent und produzieren beispielsweise in einem großen hysterischen Anfall die erwartete Szene (SW I, S. 72; vgl. auch → Wahnsinn). Die Humanwissenschaften bezeugen nicht die → Wahrheit, sondern sie bringen ihr Objekt selbst hervor.

Die latente Sexualisierung durch die → Diskurse über den Sex ist nicht nur auf die Psychiatrie eingeschränkt, sondern erfasst auch andere Teile der Gesellschaft. Die Sexualisierung der Familie bedeutet überhaupt erst die Generierung des Problems Sex als Erziehungsaufgabe. Die Erziehung selbst bewirkt wiederum bei den Kindern die Kenntnisnahme des Verhältnisses zum eigenen Körper als Geschlecht. Beides führt zu einem Aufschaukelungsprozess des Sexes: „Man sexualisierte den kindlichen Körper, man sexualisierte das Verhältnis des Körpers der Kinder zu den Eltern, man sexualisierte den familiären Raum." (DeE III, Nr.192, „Gespräch mit Michel Foucault", S. 199)

Das Abendland besitzt laut Foucault eine *scientia sexualis* und keine *ars erotica*. Die Wissenschaft vom Sex folgt dem allgemeinen Verfahren des Geständnisses, das mit der Bußpraxis eine Tradition vorweisen kann, aber mit der Pädagogik des 18. und der Medizin des 19. Jahrhunderts erhebliche → Transformationen erfährt. Das Geständnis beschränkt sich nicht mehr auf die Beziehung zwischen Geistlichem und Sünder, sondern erweitert sich auf die Beziehungen zwischen Kindern und Eltern, Schülern und Pädagogen, Kranken und Psychiatern. Die

[4] Vgl. Georges Didi-Huberman, *Erfindung der Hysterie*, München 1997, S. 22f.

Formen des Geständnisses variieren zwischen Verhör, Konsultation und autobiographischem Bericht, die durch die *scientia sexualis* einer klassischen Archivierung unterzogen werden. Das Sammeln der „Geständnisse" ist die Vorbedingung jeder weiteren Klassifizierung (vgl. SW I, S. 83). Mit der Archivierung der Geständnisse verfügt die „Geständniswissenschaft" über das Material, in dem sich die Wahrheit über die → Sexualität verborgen hat. Verborgen unter zweierlei Aspekten. Erstens rechnet die Wissenschaft mit dem Widerstand des → Subjekts. Zweitens kann das → Subjekt keine korrekte Auskunft geben, weil es sich über die wahren Beweggründe keineswegs im Klaren ist. Die Wissenschaft systematisiert daher die Geständnisse, um sie gegebenenfalls problematisieren und einem rationalen Verfahren unterwerfen zu können. Nach dieser Analyse teilt die Wissenschaft dem → Subjekt die → Wahrheit über es selbst mit, hält ihm den rationalen Spiegel vor.

Die Spiegelung der → Wahrheit über sich selbst stellt die raffinierteste Auswirkung der Geständniswissenschaft dar. Das → Subjekt hat seinen Widerstand in der Geständnispraxis selbst erfahren. Eine Technologie wird solange praktiziert, bis das → Subjekt die produzierte Haltung als natürliche Haltung akzeptiert. Die → Wahrheit des Geständnisses ist keine bedingungslose → Wahrheit, sondern nur die zwingende Folge einer verborgenen → Sexualität. Was die Auswirkung einer → Macht darstellt, wird so zu einem integralen Bestandteil dessen, was das → Subjekt von sich selbst verlangen muss, wenn es sich selbst gegenüber kompromisslos ehrlich sein will. Die → Wahrheit des → Subjekts ist die → Wahrheit der → Macht, die über die Geständnispraxis im → Subjekt so verankert wird, dass es deren Forderungen auf sich selbst anwenden kann.

Unter den genannten Voraussetzungen lassen sich die Bio-Macht und die → Macht zunächst von ihrem Ziel oder Gegenstand her deutlich unterscheiden. Die → Macht der → Disziplinen verfolgt eine Technologie des Körpers, die Bio-Macht stellt eine regulatorische Technologie des Lebens dar. „Wir haben also zwei Serien: die Serie Körper – Organismus – Disziplin – Institutionen; und die Serie Bevölkerung – biologische Prozesse – Regulierungsmechanismen – Staat." (VdG, S. 295)

Die Bio-Macht zentriert sich als ein Machttyp um einen für viele Strategien besetzbaren Angelpunkt, die → Sexualität. Im 19. Jahrhundert entstehen um die → Sexualität so die Hysterie, die Masturbation, die Familienplanung und die Perversionen (vgl. SW I, S. 127). Das Entscheidende an diesen Strategien besteht aber nicht nur darin Kontrolle auszuüben, sondern es geht auch um eine ungeplante Produktion der → Sexualität. Mit der Bio-Macht geht Foucault endgültig zur kreativ-produktive Seite der → Macht (→ strategische Macht) über. Auf dem Stand der → Körpertechnologien von *Überwachen und Strafen* geschieht dies noch unter dem Vorzeichen der verneinende Seite der → juridisch-diskursive Macht, deren wesentliches Kennzeichen in ausgesprochenen Verboten besteht.

(**SW I**, S. 167f, 171; **VdG**, S. 282, 286, 291, 299–311; **GG I**, S. 13, 42;)

Bio-Politik

In der Vorlesung des Jahres 1978 / 79 (GG II) führt Foucault den Begriff der Bio-Politik ein, den er in der Zusammenfassung des Jahrbuches des Collège de France folgendermaßen skizziert: „Hierunter verstand ich die Weise, in der man seit dem 18. Jahrhundert versuchte, die Probleme zu rationalisieren, die der Regierungspraxis durch die Phänomene gestellt wurden, die eine Gesamtheit von als Population konstituierten Lebewesen charakterisieren: Gesundheit, Hygiene, Geburtenziffer, Lebensdauer, Rassen..." (DeE III, Nr. 274, „Die Geburt der Biopolitik", S. 1020)

Mit der Bio-Politik tritt das Leben als biologischer Faktor in die Geschichte ein und fordert verstärkt politische und ökonomische Lösungen. Die Gesetze und Mechanismen des Lebens rücken zu einem zentralen Bestandteil des Macht-Wissens auf (SW I, S. 170). Die Bio-Politik stellt die Ergänzung der → Disziplin im Rahmen politischer Technologien dar, bei der nicht mehr der Einzelne, sondern die gesamte Bevölkerung als Ziel gilt. Foucault definiert die Bevölkerung dabei als eine von „biologischen Prozessen und Gesetzen" bestimmte Menschenmenge, die „eine Geburtenrate, eine Alterskurve, eine Alterspyramide, eine Sterblichkeitsrate und einen Gesundheitszustand" aufweist (DeE IV, Nr. 297, „Die Maschen der Macht", S. 235).

Die Bio-Politik lässt sich von der → Bio-Macht nicht trennen, womit der Gegenstand in der Bevölkerung und die Methode in statistischen Verfahren bestehen. Im Mittelpunkt steht das Verhältnis von den Todesfällen, den Geburtenraten und der Fruchtbarkeit der Bevölkerung, das sich im Laufe des 18. Jahrhunderts als Demographie immer schärfer abzeichnet. Die Todesfälle rücken beispielsweise unter einem neuen Aspekt in den Fokus der Aufmerksamkeit. War die Mortalität bisher vor allem unter dem Eindruck von Epidemien berücksichtigt worden, so behandelt man nun die Sterberaten unter dem Gesichtspunkt der Endemie (dauerndes Auftreten einer Infektionskrankheit – im Unterschied zu den Schüben und Wellen der Epidemien). Es entsteht die Vorstellung einer allgemeinen Volksgesundheit.

Die → Disziplin richtet sich auf den individuellen Körper, während sich die Bio-Politik auf die Bevölkerung konzentriert. Die → Biopolitik ist Ausdruck eines „zweiten Zugriff[s] der Macht, nicht individualisierend diesmal, sondern massenkonstituierend, wenn sie so wollen, der sich nicht an den Körper-Menschen, sondern an den Gattungsmenschen richtet." (VdG, S. 286)

Die Bio-Politik gewinnt durch vorgegebene Normen immer eine höchst risikobehaftete Seite, die beispielsweise in einer „reinen" Rasse oder einer überlegenen Rasse die Rechtfertigung des Massenmordes entdecken kann. Foucault spricht sich klar gegen die Auffassung von der menschlichen Rasse aus, wie sie die Bio-Politik des 20. Jahrhunderts mit ihren katastrophalen Folgen hervorgebracht hat. Die Menschheit muss vielmehr als Gen-Pool begriffen werden, wobei die Rassen immer eine zeitlich instabile Übergangserscheinung darstellen. Das Plädoyer für

Rassenreinheit erweist sich somit als Fiktion. Die besten Chancen bietet eine ständige Durchmischung des Gen-Pools der Menschheit (DeE III, Nr.179, „Bio-Geschichte und Bio-Politik“, S. 127f). Eine Bio-Politik der Vielfalt, die dem biologischen Sachverstand folgt, könnte demnach niemals das Reinheitsargument einer Rasse ernsthaft vortragen.

In der Vorlesung *Geschichte der Gouvernementalität* untersucht Foucault schließlich den genealogischen Zusammenhang, in dem die Bio-Politik steht. Sie entwickelt sich mit dem Gebilde des modernen → Staates, der aus einem bunten Ensemble von Regierungskünsten zusammengesetzt ist, die sich ab dem 17. Jahrhundert nachweisen lassen. In einem gewaltigen Bogen verbindet die Vorlesung die Krise der christlich geprägten → Pastoralmacht, das militärisch-technische Ensemble des europäischen Gleichgewichts zwischen den → Staaten und der Einrichtung der Polizei zu den Bedingungen des modernen → Staates. Die der Bio-Politik entsprechendste Form ist der daraus entstandene moderne Liberalismus (→ Gouvernementalität).

(**SW I**, S. 166, 170; **VdG**, S. 286–290; **GG I**, S. 42, 180, 525; **GG II**, S. 41–43, 116, 260, 435)

Bruch

Der Ausdruck „Bruch“, gelegentlich auch als „epistemologischer Riss“ bezeichnet, wird in der französischen Wissenschaftsphilosophie gewöhnlich mit Gaston Bachelard in Verbindung gebracht. Er begründete eine Wissenschaftstheorie, der zufolge die Wissenschaft nicht beobachtet, sondern konstruiert. Darin zeigt sich der Unterschied zwischen natürlicher und wissenschaftlicher Erfahrung. Die Entwicklung der Wissenschaft erfolgt nicht kontinuierlich, sondern sie weist Brüche auf, die sich deutlich an den Veränderungen der Fachterminologien von Wissenschaftssprachen zeigen. Nach Bachelard setzt die Wissenschaftssprache alltagssprachliche Ausdrücke häufig in unausgesprochene Anführungszeichen. Wenn Niels Bohr beispielsweise die „Gesetze des Atomkerns unter dem Namen des ‚Wassertropfens‘ zu verdichten“ sucht, dann handelt es sich um eine neosprachliche Anleihe, bei der sich die Diskontinuitäten der Wissenschaft nur allzu leicht übersehen lassen. Bohrs Atomkern ist kein Wassertropfen. Bachelard stellt die Diagnose, dass sich die Wissenschaftler in neuen Erfahrungsbereichen bewegen, die im „Zeichen eines Bruches“ und einer „Diskontinuität des Sinnes“ stehen.[5] Für Foucault lässt sich eine Unterscheidung zwischen der → Diskontinuität und dem Bruch treffen (vgl. DeE I, Nr. 59 „Über die Archäologie der Wissenschaften. Antwort auf den *Cercle d'épistémologie*“, S. 887).[6]

---

5 Vgl. Gaston Bachelard, „Die Fallen der Sprache“, in: Gaston Bachelard, *Epistemologie*, Frankfurt / Main 1974, S. 208f.

6 Anmerkung: Die Ausdrücke Bruch und Diskontinuität werden nicht immer eindeutig gebraucht. Bachelard verwendet den Ausdruck *coupure*, der sich als Einschnitt und als Unter-

Die → Diskontinuität erfasst zwei Fälle: Es entsteht ein völlig neues Wissensgebiet oder ein sprunghaft verändertes Wissensgebiet kann von seinem Nachfolger integriert werden. Der Bruch erweist sich demgegenüber als radikaler, denn hier verschwindet der Vorgänger aus dem wissenschaftlichen Denken. In beiden Fällen können sich kurzfristig neue Objekte bilden, die anschließend zu neuen Wissenschaften überleiten oder zu tief greifenden Umorientierungen in bestehenden Wissenschaftsdisziplinen Anlass geben. Welcher Typ hierbei vorliegt, entscheidet sich dadurch, ob der Vorgänger mit dem neuen Wissensgebiet kommensurabel ist oder nicht. Bei Inkommensurabilität handelt es sich um einen Bruch.

Bachelard und Canguilhem sind für Foucault exemplarische Vertreter einer Wissenschaftstheorie des Bruches – gelegentlich auch Schwelle genannt (vgl. Arch, S. 270f) – die etwa ein Vierteljahrhundert später durch Thomas Kuhns Buch über die wissenschaftlichen Revolutionen erweitert wird.[7] Foucault hat Kuhn im Winter 63 / 64 nach Abschluss der Arbeiten zu *Die Ordnung der Dinge* gelesen (vgl. DeE II, Nr. 100, „Foucault antwortet", S. 293). Die besondere Verwendung der Vokabel Bruch steht im Werk Foucaults damit in einer wissenschaftstheoretischen Tradition. Beispiele für Brüche sind: Die Differenzen zwischen der aristotelischen und der galileischen Physik und die einschneidenden Veränderungen wie sie sich mit der Geburt der Chemie im 18. Jahrhundert eingestellt haben (vgl. DeE I, Nr. 66, „Michel Foucault erklärt sein neuestes Buch", S. 983; vgl. auch: OdD, S. 392).

Unterscheidet man Bruch und → Diskontinuität, dann arbeitet Foucault in *Die Geburt der Klinik* und in *Die Ordnung der Dinge* mit dem Bruch. In der → Geschichte des Wissens gibt es Brüche, durch die Objekte entstehen oder Theorien über Objekte eine fundamentale Änderung erfahren, so dass die nachfolgenden Theorien ihren Vorgänger nicht mehr enthalten oder integrieren können. Thomas Kuhn hat einen ähnlichen Sachverhalt durch die Bezeichnung der Inkommensurabilität umschrieben. Im Allgemeinen will Foucault den Typ des Bruches auf Beobachtungstatsachen eingeschränkt wissen. Auf humanwissenschaftlichem Gebiet stößt er auf den Bruch nur in *Die Geburt der Klinik* und in *Die Ordnung der Dinge*. Er belegt dies durch die außerordentlichen Veränderungen in der medizinischen Literatur zwischen 1750 und 1820, die nicht etwa nur Theorien, sondern auch die Objekte betreffen. Geht man hinter die Zeit von 1750 zurück, dann kann der Fall eintreten, dass selbst berühmte Mediziner von Krankheiten berichten, die sich unserer Kenntnis entziehen; man kennt das Objekt nicht. Der Bruch charakterisiert also ein so stark verändertes Verhältnis zu den Dingen, dass der ärztliche

brechung verstehen lässt. Die *discontinuité* kann als Unterbrechung und Unstetigkeit aufgefasst werden. Der vorliegende Text orientiert sich an der Übersetzung von Wolf Lepenies, der für *coupure*, was wortwörtlich übersetzt eigentlich Einschnitt bedeutet, den Ausdruck Bruch reserviert (vgl. Wolf Lepenies, „Vergangenheit und Zukunft der Wissenschaftsgeschichte – Das Werk Gaston Bachelards", in: Gaston Bachelard, *Die Bildung des wissenschaftlichen Geistes*, Frankfurt / Main 1984, S. 17).

7 Thomas S. Kuhn, *Die Struktur wissenschaftlicher Revolutionen*, Frankfurt / Main 1967.

Blick aus jener Zeit nicht rekonstruiert werden kann (vgl. DeE III, Nr. 216, „Macht und Wissen“, S. 527).

Es wäre nun völlig falsch, aus dem Bruch ein universales Prinzip machen zu wollen, wie umgekehrt der Versuch der geschichtlichen Glättung durch die Herstellung von Kontinuität sich nur negativ auswirken kann. Der Bruch sollte für den Bereich der Wissenschaftsgeschichte reserviert bleiben, denn nur dort stößt man laut Foucault auf hinreichend einschneidende Veränderungen, die diese Vokabel angemessen erscheinen lassen. Er nennt beispielsweise den Bruch mit dem Raumkonzept der Klassik, in dem die Lebewesen ihren festen Platz in einer vorgegebenen Ordnung fanden. Cuvier verbindet dagegen das Leben mit seiner eigenen Geschichte und versetzt es in jenen Raum, der die zugehörigen Existenzbedingungen (Biotop) aufweist. Das Leben trifft seitdem auf Bedingungen, die seine Geschichte sind. Die Bezeichnung Bruch darf als angemessen gelten, da hier die Naturgeschichte endet und die Geschichte der Natur beginnt (vgl. OdD, S. 337).

In anderen Gebieten darf nicht vorschnell von einem Bruch gesprochen werden, denn dort erlaubt eine plötzliche Veränderung häufiger die Objekttransformation oder führt zu einem Nachfolger in der Theorienbildung, der sich zumindest mit dem Vorgänger vereinbaren lässt. Den entsprechenden Sachverhalt beschreibt die → Diskontinuität. Die → Diskontinuität steht für die Unmöglichkeit der Herstellung von Kontinuität in der Geschichte, aber sie erfasst eine stetigere Entwicklung, die nicht das Phänomen inkommensurabler Objekte aufweist. Der Bruch und die → Diskontinuität sind Spezialfälle des → Ereignisses.

(**WG**, S. 8, 22, 34, 175, 186, 223, 229f, 232, 244, 262, 271, 323, 336, 379, 385, 403, 407, 459, 466, 495; **PG**, S. 15, 38, 47; **GK**, S. 19, 140, 146, 175, 179; **OdD**, S. 28, 82, 121, 151, 155, 294, 304, 307, 337, 357f, 371, 392; **H**, S. 16; **Arch**, S. 9f, 13, 16, 25, 33, 43, 51, 61, 96, 103, 190, 201f, 236, 244, 248–252, 268, 275, 279, 290; **MP**, S. 141f, 147, 150–152, 213, 225, 409; **A**, S. 77, 88, 126, 167, 423, 425; **ÜuS**, S. 75; **SW I**, S.20, 48, 117, 143f, 171, 179; **VdG**, S. 86, 89, 94, 134, 142, 169, 187, 194; **GG I**, S. 96, 118, 150, 331, 340, 378, 494, 500; **GG II**, S. 112, 132f; **HS**, S. 29, 47, 49, 266f, 271, 347; **SW II**, S. 43, 129, 143, 187; **SW III**, S. 51, 66, 92, 303)

Derivation (Ableitung)

In *Die Ordnung der Dinge* untersucht Foucault die → Sprache als epistemologisches Mittel der Klassik. Nachdem die *signatura rerum* der Renaissance ihre Verbindlichkeit als Raster der → Sprache verloren hatte – die Ontologie der Dinge also keine Vorgabe für die → Sprache mehr bilden konnte – gewinnt innerhalb der Klassik die spracheigene Ordnung verstärkt an Bedeutung. Foucault entdeckt im Rahmen der → allgemeinen Grammatik eine Theorie der Namen, die sich innerhalb eines sprachlichen Gebietes bewegt, das durch vier Segmente bestimmt wird: Bezeichnung, Gliederung, Attribution und Derivation. Es geht hierbei um die „Bedingungen, unter denen die Sprache Gegenstand eines Wissens werden konnte, und um die Feststellung der Grenzen, zwischen denen sich jenes erkenntnistheoretische Gebiet entfalten konnte." (OdD, S. 163) *Die Ordnung der Dinge* untersucht den Gegenstand → Sprache und wendet das Ergebnis, die → Episteme, auf die Naturgeschichte und die Analyse der Reichtümer an.

Die Bezeichnung steht für eine ursprüngliche Bedeutung der Worte, die sie in einer wurzelartigen Verbindung zu einem von ihnen bezeichneten Ding stellt. Dieser ursprüngliche Zusammenhang setzt eine Identifikationsmöglichkeit voraus, die jeder → Sprache vorausgeht. Es muss, entprechend der Vorstellung der Klassik, eine Art grundlegender → Ähnlichkeit existieren, auf deren Basis sich die Dinge überhaupt vergleichen lassen und eine → Sprache ausgebildet werden kann. Die → Ähnlichkeit der Renaissance, die ab dem 17. Jahrhundert ihre Bedeutung verloren hatte, besitzt an den äußersten Rändern der → Sprache, am Entstehungsgrund der Worte also noch ihre Berechtigung. Der → Diskurs der Klassik teilt den Dingen auf dieser Grundlage nun einen Namen mit, aber diese Namensgebung bleibt innerhalb der Repräsentation nicht auf die Wurzel der Worte beschränkt. Die Derivation beschreibt die Entfernung der Worte von ihrem Ursprung durch Bezeichnung. „Die Theorie der Derivation zeigt die fortgesetzte Bewegung der Wörter, ausgehend von ihrem Ursprung, aber das Gleiten hin zur Oberfläche der Repräsentation widersetzt sich der einzigen und festen Verbindung, die eine Wurzel mit einer Repräsentation verbindet." (OdD, S. 159) Die Derivation, die in der Linguistik als Wortbildung durch Ableitung verstanden wird, besitzt in der → allgemeinen Grammatik der Klassik eine ähnliche Funktion, die sich als Bedeutungsverschiebung verstehen lässt (OdD, S. 254). *Die Ordnung der Dinge* stellt sie in einen produktiven Zusammenhang, da die → Sprache als Element der → Episteme der Klassik zu einem Erkenntnisverfahren wird. (vgl. auch: → Formation der Begriffe, → Attribution)

(**OdD**, S. 131, 152, 158–160, 163, 181, 205f, 255–259, 265f, 291, 359, 405, 407; **Arch**, S. 89–91, 226, 229, 245; **GG I**, S. 61; **DeE I**, Nr. 59, „Über die Archäologie der Wissenschaften. Antwort auf den *Cercle d'épistémologie*" S. 912; Nr. 66, „Michel Foucault erklärt sein jüngstes Buch", S. 987)

Designation (Bezeichnung): (→ Formation der Begriffe)

Diskontinuität

Die Diskontinuität stellt einen wesentlichen Baustein der seriellen Geschichtsauffassung dar, die Foucault mit Nachdruck vertritt. Sie bezieht sich in erster Linie auf Wissensformen (Biologie, politische Ökonomie, Psychiatrie, Medizin), deren Entwicklungsgeschichte unvorhersehbare Entwicklungsschübe beinhalten kann. Diese Auffassung steht in Frankreich in der Tradition jener Wissenschaftsgeschichte, die sich von Alexandre Koyré und Gaston Bachelard über Georges Canguilhem entwickelt hat. Foucault sieht sich nicht als Schüler Bachelards, aber er unterstreicht die Wirkung die der französische Wissenschaftstheoretiker auf sein eigenes Denken ausgeübt hat (DeE IV, Nr. 281, „Gespräch mit Ducio Trombadori", S. 70).

„Er [Georges Canguilhem, M.R.] hat zunächst das Thema der ‚Diskontinuität' aufgegriffen. Ein altes Thema, das sich sehr früh abgezeichnet hat, beinahe zeitgleich mit der Geburt der Wissenschaftsgeschichte. Was diese Geschichte auszeichnet, so sagte bereits Fontenelle, ist die plötzliche Herausbildung bestimmter Wissenschaften ‚aus dem Nichts', ist die extreme Geschwindigkeit bestimmter unerwarteter Fortschritte, [...] Indem er dieses Thema von Koyré und Bachelard wieder aufgreift, betont Canguilhelm, dass die Erkundung der Diskontinuität für ihn weder ein Postulat noch ein Resultat ist: sondern vielmehr eine ‚Vorgehensweise', eine Prozedur, die mit der Wissenschaftsgeschichte unzertrennlich verbunden ist, da sie von dem zu behandelnden Gegenstand selbst gefordert wird." (DeE III, Nr. 219, „Vorwort von Michel Foucault", S. 559f)[8]

Die Diskontinuität ist ein fester Bestandteil der wissenschaftlichen Entwicklung: „Die historischen Verknüpfungen zwischen verschiedenen Momenten einer Wissenschaft besitzen notwendigerweise die Form der Diskontinuität, die die Umarbeitungen, die Umgestaltungen, das Ans-Licht-Bringen neuer Grundlagen, Niveauänderungen, der Übergang zu einem neuen Typ von Gegenständen bildet – ‚die ständige Revision der Inhalte durch Vertiefung und Streichung' [...]." (DeE IV, Nr. 361, „Das Leben: Die Erfahrung und die Wissenschaft", S. 951)

Im Rahmen der Diskontinuität geht es innerhalb der → seriellen Geschichtsauffassung um die Bildungsregeln von → Aussagen und deren Modifikationen, die zu einem Wissen oder einer Wissenschaft gehören. Die Diskontinuität darf nicht mit inhaltlichen Korrekturen, Brüchen oder Paradigmenwechseln gleichgesetzt werden (vgl. DeE III, Nr. 192, „Gespräch mit Michel Foucault", S. 190).

Wie äußert sich die Diskontinuität in der Geschichte? Der Ausgangspunkt findet sich in den → Diskursen, die als Rede mit einem bestimmten historischen Ort vorläufigen Wahrheitsregeln folgen. In den Humanwissenschaften unterliegen die zugehörigen → Aussagen einer laufenden Modifikation, die jedoch nicht ausschließlich einen stetigen Verlaufscharakter annehmen oder einer kontinuierlichen Entwicklung entsprechen müssen. Wenn → Diskurse zwischen Dingen und Worten vermitteln, dann besteht mit der Diskontinuität die Möglichkeit, dass sich die → Aussagen über nicht exakt rekonstruierbare Objekte in der Geschichte sprunghaft ändern können. Derartige Bedeutungsänderungen im → Wissen oder in den Wissenschaften beziehen sich demnach auf sprachgenerierte Objekte und nicht auf die eigentlichen Symptomträger in einer historischen Formation. Beispielsweise versorgen die → Diskurse das Wort Wahnsinn mit neuen Bedeutungen. Sie

---

8 Foucault bezieht sich hier auf: Bernard Le Bovier de Fontenelle (1657–1757), der zwischen 1699 und 1740 als Sekretär der Académie des sciences wirkte.

stellen in neuen historischen Formationen, unter Beteiligung sozialer Prozesse, veränderte Begriffe des → Wahnsinns bereit. Der eigentliche Symptomträger, ein eventuell psychisch kranker Menschen, ist dem Historiker als stabiler Referent der Humanwissenschaft der vergangenen Zeit nicht mehr zugänglich. Der wirkliche Referent spielt sogar keinerlei Rolle, denn die Untersuchung erfolgt immer am Gegenstand → Diskurs, der somit den Status eines materiellen Befundes erhält. Solange die betreffenden → Diskurse nur ein → Wissen formieren können, also keine ausdifferenzierte Fachsprache mit entsprechend präziser Fachterminologie vorliegt, ist das Risiko sprunghafter Veränderungen besonders hoch. Es gibt im Extremfall keinen autorisierten Sprecher eines wissenschaftlichen → Diskurses, der eine alte Bedeutung im Rahmen des von ihm vertretenen Wissens verteidigen könnte. Unter Umständen fehlt mit der fachsprachlichen Ausdifferenzierung auch der institutionell abgesicherte Kommunikationsbereich, in dem Rede und Gegenrede stattfinden könnte.

Foucault formuliert ein entsprechendes Beispiel als Frage: Wie kann man zwischen einem Quacksalber und einem Arzt unterscheiden? Bis zum Ende des 18. Jahrhunderts gibt es dafür keine sicheren Anhaltspunkte. Wenn der medizinische → Diskurs allerdings die Ebene einer Fachterminologie und Fachsprache erreicht hat, dann lässt sich zwischen Scharlatan und Arzt ein Unterschied machen (vgl. DeE III, Nr. 234, „Die Bühne der Philosophie“, S. 735).

Die Diskontinuität beschreibt unter dem gleichen Wort – beispielsweise Wahnsinn – für Foucault ganz verschiedene Objekte. Wie unterscheiden sich jetzt Diskontinuität und → Bruch? Vor und nach einem → Bruch in der Geschichte einer wissenschaftlichen Disziplin kann sich das Objekt eines → Diskurses derartig gewandelt haben, dass dessen Identität nicht mehr festgestellt werden kann. Beispielsweise lassen Schilderungen von Krankheiten in der Geschichte nicht immer eine Identifikation mit bekannten Krankheiten zu. Bei einem Bruch besteht die Chance, dass sich der Redezusammenhang innerhalb eines → Wissens oder einer Wissenschaft derartig ändert, dass auch der Name des Objekts keine verbindliche Konstante mehr zu bilden vermag. Der Sprecher eines → Wissens oder der Wissenschaftler kann im Vergleich eventuell nicht mehr angeben, wovon in einer historischen Formation überhaupt die Rede gewesen sein soll. Der Medizinhistoriker kann, selbst unter der Voraussetzung des gesamten aktuellen wissenschaftlichen Wissens seiner eigenen Zeit, auf eine völlig unbekannte Krankheit stoßen.

Eine Konsequenz dieser Feststellungen betrifft nun auch den Menschen, denn es handelt sich bei der Medizin, Psychiatrie und Pädagogik um Humanwissenschaften, in denen das → Wissen vom Menschen „den“ Menschen konstituiert. Das → Subjekt des jeweiligen Wissens verändert sich, indem es sich selbst als Objekt dieses → Wissens ständig umgestaltet. Das → Wissen des wissenschaftlichen → Subjekts dreht sich um „Grenzerfahrungen, in denen es für das Subjekt darum geht, sich selbst zu transformieren, und dem Diskurs über die Transformation des Subjekts durch die Konstitution eines Wissens.“ (DeE IV, Nr. 281,

„Gespräch mit Duccio Trombadori", S. 71) Das humanwissenschaftliche → Wissen erhält durch den → Bruch und die Diskontinuität eine Sprengkraft, die den Humanismus und die Anthropologie fraglich erscheinen lassen.

In der Theoriebildung Foucaults ersetzt später das → Ereignis innerhalb der Geschichtstheorie zwar nicht die Diskontinuität, aber es nimmt deren Platz in der Hierarchie der Bedeutung ein. Unter der Bezeichnung → Ereignis werden der → Bruch und die Diskontinuität zusammengefasst, was nicht in jedem Fall zu einer unbedingt zu fordernden begrifflichen Trennschärfe beiträgt. Die Diskontinuität erfasst einen Vorgang in der → seriellen Geschichte, der beispielsweise darin bestehen kann, dass „eine Kultur mitunter in einigen Jahren aufhört zu denken, wie sie es bis dahin getan hat, und etwas anderes und anders zu denken beginnt." (OdD, S. 83) Für den Historiker der → seriellen Geschichte geht es in erster Linie darum, die → Ereignisse beschreibend zu registrieren. Er sucht unter dieser Vorgabe gezielt nach Diskontinuitäten und bemüht sich keinesfalls um die Herstellung irgendeiner Kontinuität. Was wie eine gewollte Zerstörung des Erklärungsgehaltes von Historiographie wirken kann, ist von Foucault jedoch nur als kompromisslose Vorbedingung gedacht: In einem letzten Schritt obliegt auch dem Historiker der Diskontinuität die Aufgabe eine → Transformation zu registrieren.

(**WG**, S. 431; **GK**, S. 124; **OdD**, S. 25, 58, 82f, 194, 269, 328, 331, 334–336, 356f, 359, 397, 408, 430f, 454; OdD, S. 82, 83, 194, 269, 328, 331, 333–336, 359, 397, 408, 430, 458; **Arch**, S. 13, 17f, 22, 25, 33, 43f, 48, 51, 63, 82, 86, 115, 166, 170, 176, 242, 246, 248f, 251, 256, 287, 289; **OD**, S. 36, 39–45; **MP**, S. 86; **A**, S. 117, 390; **SW I**, S. 103, 121; **VdG**, S. 26, 86, 144; **GG I**, S. 69, 96, 142, 144, 338, 435; **GG II**, S. 158; **HS**, S. 374f, 393, 508f, 569; **SW III**, S. 254)

Diskurs

Der Diskurs bezeichnet in Frankreich den Zusammenhang von → Sprache und Denken. Dieses Verständnis steht in der Traditionslinie von Gaston Bachelard und Georges Canguilhem, der sich auch Foucault zurechnet. Ein zweiter, linguistisch geprägter Ansatz, der von Jacques Lacan und Jacques Derrida ausgeht, hat der Sprache ihre sinnstabilisierende Eigenschaft im Rahmen einer Diskurstheorie abgesprochen. Derrida vertritt die Auffassung, dass ein Signifikat nur noch als Kombination von Signifikanten gedacht werden kann. In der Folge entsteht eine unendliche Kette von Sinnbedeutungen. Jeder Einzelsinn stellt nur einen vorläufigen Zustand dar, der es nicht gestattet, einen endgültigen Sinn anzugeben. Es bleibt immer die *différance*, die dem Umstand entspricht, dass jede Sinngebung zugleich ihre eigene Relativierung mit sich bringt (Jacques Derrida, Grammatologie, Frankfurt / Main 1990, S. 44). Foucaults Diskursbegriff unterscheidet sich davon allein durch die Tatsache, dass er der → Aussage als wesentlichem Element des Diskurses einen material-empirischen Gehalt zugesteht. In Ernst Cassirers

Philosophie der symbolischen Formen entdeckt Foucault einen verwandten Ansatz zu seiner eigenen Arbeit: die unauflösbare Einheit von Denken und Diskurs kann die Wissensformen einer Kultur definieren (DeE I, Nr. 40, „Eine Geschichte, die stumm geblieben ist", S. 707). Daneben hat sich der Diskurs zu einem modischen Begriff entwickelt, dessen beliebiger Gebrauch in den unterschiedlichsten Fachbereichen eine allgemeine Erfassung unmöglich erscheinen lässt.

Der Diskurs nimmt bei Foucault, vor allem in *Die Ordnung der Dinge* und in *Die Archäologie des Wissens,* eine absolut zentrale Stellung ein. Ein sprachlicher Ausdruck hat im Diskurs eine Funktion, die zur Herstellung und gesellschaftlichen Unterhaltung von komplexen Wissenssystemen dient. Der Diskurs steht für die Bildung von → Wahrheiten, die sich innerhalb von Denksystemen in der Geschichte formieren. Diskurse sind „als Praktiken zu behandeln, die systematisch die Gegenstände bilden, von denen sie sprechen." (Arch, S.74) Diese allgemeine Definition lässt sich aus der Sicht einer sprachbegrenzenden Eigenschaft ergänzen, die für die Beziehungen von Denken und → Sprache folgenreich ist. Grundlegend ist hierbei der Perspektivenwechsel, der sich aus zwei Positionen des → Subjekts gegenüber der → Sprache ergibt. Es handelt sich um das „Ich denke" und das „Ich spreche".

Im Fall des „Ich spreche" übernimmt die → Sprache in ihren unendlichen Möglichkeiten die Regie und das zugehörige Ich verschwindet in einem unbegrenzten Sprachraum. Das reine Sprechen verbindet sich mit einer Entmündigung des → Subjekts, in der das Sein der → Sprache an die Stelle von Denkzusammenhängen tritt. Das beste Beispiel für diesen vorwissenschaftlichen Zustand hat Foucault in *Die Ordnung der Dinge* ausgearbeitet, wenn es um die → Ähnlichkeit und ihre unendliche Verweisungsstruktur in Verbindung mit der → Sprache in der Renaissance geht.

Sobald ein Diskurs durch Werte, Darstellungsformen oder → Wahrheit die → Sprache begrenzt, ergibt sich eine ausreichende Strukturierung, die das „Ich denke" nutzen kann. Der Zusammenhang von Denken und → Sprache kommt also durch die präformierenden Eigenschaften unterschiedlicher Diskurse in der Geschichte zustande (vgl. DeE I, Nr. 38, „Das Denken des Außen", S. 673).

Die Diskurstheorie sieht vor, dass jeder Diskurs, entsprechend seiner geschichtlichen Formation, eigene Werte oder Wahrheiten etablieren kann. *Die Ordnung der Dinge* führt dies an zwei Formationen vor, die den Unterschied zwischen einer ontologischen und einer wissenschaftlichen Funktion des Diskurses verdeutlichen: „Die fundamentale Aufgabe des klassischen ‚Diskurses' ist es, *den Dingen einen Namen zuzuteilen* und *ihre Existenz in diesem Namen zu benennen.* Während zweier Jahrhunderte bildete der abendländische Diskurs den Ort der Ontologie. Als er die Existenz jeder Repräsentation im allgemeinen benannte, war er Philosophie: Erkenntnistheorie und Analyse der Ideen. Als er jedem repräsentierten Ding den Namen zuteilte, der ihm gemäß war, und im ganzen Gebiet der Repräsentation den Raster einer wohlgestalteten Sprache anordnete, war er Wissenschaft – Nomenklatur und Taxinomie." (OdD, S. 164) Die geschichtsbezogene Ausbildung von → Wahrheiten deutet die Variationsbreite der Diskursfunktionen jedoch nur an. Tatsächlich kann der Diskurs mehrere Außenverhältnisse eingehen, indem er sich beispielsweise mit dem visuellen Sinn und dem Ungesagten verbindet. Mit dem Ungesagten wird der Diskurs zum Bestandteil eines → Dispositivs. Für das Ungesagte stehen hierbei vor allem Institutionen (Klinik, Gefängnis, Schule, Anstalt). Die visuelle Seite entwickelt Foucault bereits 1961 mit der Funktion des ärztlichen Blicks in *Die Geburt der Klinik*. In der *Archäologie des Wissens*, der programmatischsten Schrift, die sich um den Diskurs bemüht, verliert das Ungesagte dagegen an Einfluss.

Die Schwierigkeit, die Stellung des Diskurses im foucaultschen Werk zu bestimmen, steht in unmittelbarem Zusammenhang mit den unterschiedlichen Bezügen und Verhältnissen, die der Diskurs mit dem Blick, der → Macht, dem Ungesagten, und den nichtdiskursiven → Praktiken unterhält. Der Diskurs lässt sich unter den genannten Voraussetzungen durch die Chronologie seiner Außenverhältnisse erfassen.

Die Chronologie der Außenverhältnisse des Diskurses im Werk

Die verschiedenen Phasen des Gesamtwerkes lassen eine veränderte Gewichtung des Diskurses in seinem Verhältnis zu den Praktiken erkennen. In einem Gespräch von 1971 findet sich die folgende Liste der methodologischen Unterschiede, die sich von *Wahnsinn und Gesellschaft* bis zur *Archäologie des Wissens* erstrecken. In *Wahnsinn und Gesellschaft* und *Die Geburt der Klinik* kommen sowohl die diskursive Seite, wie auch die nichtdiskursiven Praktiken vor. In *Die Ordnung der Dinge* betont Foucault dagegen fast ausschließlich die diskursive Seite. In der *Archäologie des Wissens* finden die nichtdiskursiven Praktiken erneute Berücksichtigung, aber sie erscheinen nicht als eigenständige Größen. (vgl. DeE II, Nr. 85, „Gespräch mit Michel Foucault", S. 193).

Mit *Die Ordnung des Diskurses* zeigt sich eine unübersehbare Wende. Der Diskurs verliert seine Vorrangstellung, indem erstmalig die → Macht in Erscheinung tritt. Die Vorlesung über *Die Macht der Psychiatrie* setzt sich bereits mit der Disziplinarmacht auseinander und skizziert die Grundlagen der neuen Machttheorie. In *Überwachen und Strafen* sind die nichtdiskursiven Praktiken und das Ungesagte (Institutionen) im Rahmen des → Dispositivs unter Beteiligung der → Macht detailliert ausgearbeitet.

Für die unterschiedliche Gewichtung des Diskurses führt Foucault methodologische Gründe an, die sich durch die Eigenart seiner Gegenstände begründen lassen. Für *Wahnsinn und Gesellschaft* und *Die Geburt der Klinik* gilt demnach, dass der wissenschaftliche Diskurs keine besondere Prägnanz besaß und damit sozialen Bedingungen unterliegt. „Es liegt auf der Hand, dass die Art und Weise, wie man die Irren einsperrte, diagnostizierte, pflegte und aus der Gesellschaft ausschloss, von sozialen Strukturen und ökonomischen Bedingungen wie der Arbeitslosigkeit oder dem Bedarf an Arbeitskräften abhing."(DeE II, Nr. 85, „Gespräch mit Michel Foucault", S. 194)

Die besondere Situation der Analyse des Wahnsinns besteht darin, dass über die Praxis der Einsperrung der Irren keine Gespräche geführt oder Aufzeichnungen angefertigt wurden. Nur in den philosophischen, religiösen und medizinischen Diskursen finden sich schwache Spuren des → Wahnsinns. „Diesen Komplex aus ‚Praktiken und Diskurs' habe ich die Erfahrung des Wahnsinns genannt – übrigens keine gute Bezeichnung, da es sich nicht wirklich um eine Erfahrung handelt." (DeE II, Nr. 95, „Ein Problem interessiert mich seit langem: das Problem des Strafsystems", S. 253) In *Wahnsinn und Gesellschaft* bestimmen demnach die Situation, die angetroffenen Bedingungen und die Materiallage letztlich die Vorgehensweise. Die sprachlosen Praktiken treffen auf die sporadische Ergänzung durch den Diskurs.

Der veränderte methodische Schwerpunkt in *Die Ordnung der Dinge* konzentriert sich dagegen auf eine ganz andere Problemlage. In grundverschiedenen Wissensformationen (Grammatik, Naturgeschichte und politischer Ökonomie), die keinerlei direkte Beziehungen zueinander unterhalten, kommt es in der Klassik gleichzeitig zu denselben allgemeinen Veränderungen. Das Problem ist auch als „epistemologische Gleichzeitigkeit" bezeichnet worden. Die Gründe für diese synchronisierte Entwicklung in voneinander unabhängigen Wissenschaftsbereichen sind noch ungeklärt. Die aufgeworfene Frage unter Hinweis auf die gemeinsame Basis, die ökonomischen und sozialen Bedingungen, zu beantworten, lehnt Foucault ab. Er begründet dies durch Hinweis auf den simplifizierenden Zusammenhang zwischen dem Unterbau (prädiskursiven Formationen) und dem Überbau (ausgereifter wissenschaftlicher Diskurs), den der Marxismus durch das sogenannte Ausdrucksverhältnis vornimmt. Die wahren Verhältnisse müssen als sehr viel komplexer angenommen werden (DeE II, Nr.85, „Gespräch mit Michel Foucault", S. 196). Die *Archäologie des Wissens* bemüht sich um die Klärung der aufgeworfenen Frage indem sie die Regeln der diskursiven Objektbildung zu erfassen sucht (→ Formation der Gegenstände). Es geht um Strukturen, die in historisch begrenzten Formationen eine beschränkte Gültigkeit besitzen, wobei der Schwerpunkt ganz auf der diskursiven Seite liegt.

Mit der Antrittsvorlesung 1970 am Collège de France, die den Titel *Die Ordnung des Diskurses* trägt, erreicht das Verhältnis von Diskurs und → Macht einen interessanten Übergangszustand. Der Diskurs erscheint vor allem im Zusammenhang mit den → Ausschließungssystemen und den → Verknappungssystemen. Es geht nicht mehr um die Autonomie des Diskurses, sondern nun treten begrenzende Größen auf, die den Diskurs als Ordnung einschränken. Wenn die → Macht bereits im Rahmen der diskursfremden (äußeren) Ausschließungssysteme Erwähnung findet, dann bleibt das Ausschließungssystem doch auf seinen primären Bezugsgegenstand – den Diskurs – angewiesen. Der Diskurs provoziert durch sein Unberechenbares (Ereignis, Zufall) die Ordnungsseite der → Macht, die hier noch keine Eigenständigkeit erlangt, sondern als Widerpart einer bestimmten Diskurseigenschaft auftritt. *Die Ordnung des Diskurses* stellt ein autorisiertes Dokument des Überganges dar, in dessen Folge sich zwei Positionen ändern. Erstens verliert die → Macht sukzessive ihre Eigenschaft als ausschließlich verneinende Instanz, die sie auf eine Ausschließungsfunktion im Zusammenhang mit dem Diskurs festlegte. Zweitens büßt der Diskurs vermehrt seine Eigenständigkeit ein. Im chronologischen Kommentar dieses Vorganges durch Foucault finden sich in einem Gespräch vom 12. August 1971 weitere Bestätigungen zu dem gewandelten Status des Diskurses:

„Jetzt dagegen pendle ich zwischen den Polen Diskurs und Praxis hin und her. In *Les mots et les choses* [dt. *Die Ordnung der Dinge*, Frankfurt am Main 1971] habe ich vor allem das Geflecht der Diskurse untersucht. In der *Archéologie du savoir* [dt. *Die Archäologie des Wissens*, Frankfurt am Main 1973] ebenfalls. Im Augenblick schlägt das Pendel wieder zurück; ich interessiere mich für die Institutionen und Praktiken, also für Dinge, die gleichsam unterhalb des Sagbaren liegen." (DeE II, Nr. 95, „Ein Problem interessiert mich seit langem: das Problem des Strafsystems", S. 253)

Der nächste Schritt sieht die verstärkte Berücksichtigung der Praktiken vor. In der Zusammenfassung der Vorlesung des Jahres 1971 für das Jahrbuch des Collège de France finden sich bereits erste deutliche Ankündigungen.

„Die Diskurspraktiken sind keine bloßen Formen der Herstellung von Diskursen. Sie nehmen Gestalt an in technischen Komplexen, in Institutionen, in Verhaltensmustern, in Vermittlungs- und Verbreitungsformen, in pädagogischen Formen, die sie aufzwingen und aufrechterhalten." (DeE II, Nr. 101, „Der Wille zum Wissen", S. 295)

Die Diskurspraktiken, von denen Foucault hier spricht, gehören unzweifelhaft in jenen Erfahrungsbereich, den ihm sein Engagement in der Gruppe „Gefängnis-Information" (*Groupe d'information sur les prisons: G.I.P.*) ab 1971 eröffnet hat. Die Erfahrungen im „G.I.P." verbinden sich mit einer erweiterten Diskussion um die Frage der → Macht, wie sie in *Überwachen und Strafen* zur Ausführung kommt. In Absetzung von *Wahnsinn und Gesellschaft* heißt es zunächst, dass dort noch ein direktes Ausdrucksverhältnis zwischen den diskursiven Erörterungen um den → Wahnsinn und der gesellschaftlichen Ablehnung des → Wahnsinns in der Wahrnehmung unterstellt worden sei.

„An diesen Zusammenhang glaube ich heute nicht mehr. Wir müssen die Dinge nochmals genauer und strenger prüfen. Ich werde das auf einem Gebiet mit sehr geringem wissenschaftlichen Gehalt versuchen: der Kriminologie. Auf der Basis der juristischen Definition von Verbrechen und der Art und Weise, wie das Verbrechen isoliert und sanktioniert wird, möchte ich mir die reale Strafpraxis ansehen."(DeE II, Nr. 85, „Gespräch mit Michel Foucault", S. 199)

Der exklusive Status des Diskurses löst sich in *Überwachen und Strafen* im → Dispositiv auf; er verliert als Gesagtes den Vorrang vor dem Ungesagten. Die Praktiken können den Diskurs jetzt ihrerseits einschränken, produktiv formen und dominieren. Das neue Verhältnis zwischen → Macht und → Wissen entspricht den methodischen Vorgaben der → Genealogie.

Zwischen *Die Ordnung des Diskurses* und *Überwachen und Strafen* hat sich das Verhältnis von → Macht und Diskurs grundlegend geändert. Sieben Jahre nach seiner Antrittsvorlesung kommentiert Foucault seine Entwicklung (1977) mit kritischen Worten:

„Ich glaube in dieser *Ordre du discours* habe ich zwei Auffassungen vermischt, oder besser, auf eine Frage, die ich für rechtens erachte (die Verknüpfung der Diskurstatsachen über die Machtmechanismen), habe ich eine unangemessene Antwort vorgelegt. Es ist ein Text, den ich in einem Moment des Übergangs geschrieben habe. [...] So dass ich alles das, was in der Ordnung des Diskurses die Bezüge der Macht zum Diskurs potentiell als negative Mechanismen einer Verknappung darstellt, recht gerne aufgeben würde." (DeE III, Nr. 197, „Die Machtverhältnisse gehen in das Innere der Körper über", S. 299f)

In Beibehaltung seiner bisherigen Diktion hätte Foucault an dieser Stelle statt Verknappung „Ausschließung" (→ Ausschließungssysteme) sagen müssen. Entscheidend an dieser Entwicklung ist der Umstand, dass die → Macht nun als eigenständige, nicht nur den Diskurs einschränkende Größe, auftreten kann. Sie verliert dadurch langfristig ihre verneinende Funktion und gewinnt eine produktive Seite.

Die Außenverhältnisse des Diskurses im Überblick

Wahnsinn und Gesellschaft (1961): Der Diskurs steht in einem direkten Ausdrucksverhältnis mit nichtdiskursiven Bedingungen.

Die Geburt der Klinik (1963): Der Diskurs steht in einem direkten Ausdrucksverhältnis mit nichtdiskursiven Bedingungen, wobei die visuelle Seite hinzukommt und der ärztliche Blick das Verhältnis von Sichtbarem und Sagbarem thematisiert.

Die Ordnung der Dinge (1966): Der Diskurs erreicht den Zenit seiner Eigenständigkeit. Die nichtdiskursiven Praktiken treten zurück.

Archäologie des Wissens (1969): Der Höhepunkt der Diskurstheorie ist erreicht. Die nichtdiskursiven Bestandteile bleiben, insofern sie Berücksichtigung finden, weitgehend vom Diskurs abhängig.

Ordnung des Diskurses (1972): Die → Macht gehört hier noch wesentlich zum Diskurs selbst, da sie nur in der Funktion seiner Einschränkung auftritt.

Die Macht der Psychiatrie (1973 / 74): Dem Diskurs tritt die Disziplinarmacht im → Dispositiv gegenüber.

Überwachen und Strafen (1975): Der Diskurs ordnet sich mit den nichtdiskursiven Praktiken in das → Dispositiv ein und die → Macht beginnt – stellenweise zögerlich – als produktive Größe zu erscheinen.

Die Außenverhältnisse des Diskurses lassen sich in drei großen Konstellationen zusammenfassen, die anschließend genauer dargestellt werden: Der Diskurs der → Archäologie. Der visuell ergänzte Diskurs, der ein Verhältnis von Sichtbarem und Sagbarem berücksichtigt. Der Diskurs, der in einem spannungsreichen Verhältnis zu den nichtdiskursiven Praktiken steht, wobei die unterschiedlichen Machttypen in dieses Verhältnis eingreifen.

Der Diskurs der Archäologie

Es gibt nicht einen Diskurs, sondern viele Diskurse, die der Herstellung und Unterhaltung komplexer Denksysteme dienen. Die Diskurse bilden die Voraussetzung des → Wissens und der Wissenschaften, indem sie die Bedingungen eines Denkens in der → Sprache beinhalten. Das Denken äußert sich in der Geschichte der zahlreichen Denksysteme. Sie sind in Texten fixiert und lassen sich auf ihre Inhalte, Methoden und Begriffe vergleichen.

Die Denksysteme stehen gleichzeitig unter dem Einfluss gewisser → Ausschließungs- und → Verknappungssysteme. Diese Systeme reduzieren das Risiko des Diskurses, das sich aus seiner Verbindung von → Sprache und Denken ergibt. Der Diskurs besitzt mit den → Ereignissen eine höchst beunruhigende Seite, die zu seiner Kontrolle zwingt:

„Es herrscht zweifellos in unserer Gesellschaft – und wahrscheinlich auch in allen anderen, wenn auch dort anders profiliert und skandiert – eine tiefe Logophobie, eine stumme Angst vor jenen Ereignissen, vor jener Masse von gesagten Dingen, vor dem Auftauchen all jener Aussagen, vor allem, was es da Gewalttätiges, Plötzliches, Kämpferisches, Ordnungsloses und Gefährliches gibt, vor jenem großen unaufhörlichen und ordnungslosen Rauschen des Diskurses." (OD, S. 35)

Weil die Denksysteme bereits das Ergebnis eines Diskurses darstellen und der Systemgedanke der Unberechenbarkeit entgegengesetzt ist, kann die Ereignishaftigkeit nur auf der Seite der → Sprache liegen. Die → Sprache spricht, aber sie kann die Ereignishaftigkeit lediglich durch ihr Zusammenspiel mit dem Denken entfalten. Das → Ereignis kann überhaupt erst vor der Folie einer Ordnung in Erscheinung treten, die dem Denken eine Erwartungshaltung zu entwickeln erlaubt. Für den Diskurs kommt es also auf die in ihm realisierte Ordnung an.

Die Archäologie des Wissens konzentriert sich auf einen primär sprachlich ausgerichteten Diskursbegriff. Der Diskurs wird als „eine Menge von Zeichenfolgen konstituiert, insoweit sie Aussagen sind [...] eine Menge von Aussagen, die einem gleichen Formationssystem angehören." (Arch, S. 156; vgl. auch: Arch, S. 170)

In Zusammenhang mit dem → Formationssystem als bestimmender Form des Diskurses erhält auch das → Subjekt eine besondere Stellung. Bei einem Diskurs geht es nicht um eine idealisierte Kommunikationsbedingung oder eine findige sprachliche Auseinandersetzung mit Stellungnahmen, die zuletzt ein Resultat herbeiführen. Dieses Verständnis weist Foucault ausdrücklich zurück:

„Man wird also darauf verzichten, im Diskurs ein Phänomen des Ausdrucks zu sehen – die wörtliche Übersetzung einer woanders vorgenommenen Synthese; man wird darin eher ein Feld von Regelmäßigkeiten für verschiedene Positionen der Subjektivität sehen. Der so begriffene Diskurs ist nicht die majestätisch abgewickelte Manifestation eines denkenden, erkennenden und es aussprechenden Subjekts: Im Gegenteil handelt es sich um eine Gesamtheit, worin die Verstreuung des Subjekts und seine Diskontinuität mit sich selbst sich bestimmen können." (Arch, S. 82)

Das Sichtbare und der Diskurs

Den Zusammenhang von Diskurs und Sichtbarem arbeitet Foucault vor allem in *Die Geburt der Klinik* aus. Der Untertitel spricht von einer *Archäologie des ärztlichen Blicks*, bei dem das Sichtbare gleichsam unter die Leitinstanz des Diskurses geraten kann, und phasenweise umgekehrt den Diskurs bestimmt. *Die Geburt der Klinik* beginnt mit der Analyse auf einer Ebene, in der sich die Dinge und Worte, die Objekte des Sehens und des Sprechens in völlig unreflektierter Form vermischen. Die entscheidende Wende kündigt sich mit der modernen Medizin am Ende des 18. Jahrhunderts an, wenn sich die Reorganisation des sichtbaren und unsichtbaren → Raumes, der erkennbaren Symptome und der Vorgänge im Körper, im Rahmen einer modernen Sicht auf die Krankheit durchzusetzen beginnt. Die Veränderung der ärztlichen Wahrnehmung liegt nicht an einem Siegeszug der Vernunft, sondern sie resultiert aus einer neuen Verknüpfung zwischen „Wörtern und Dingen", die eine neue Grundlage für das „Sehen und Sagen" begründete (GK, S. 10).

Foucault fasst das Verhältnis von Sichtbarem und Sagbarem in *Die Geburt der Klinik* durch die Gegenüberstellung zweier ärztlicher Fragen im Vorwort seiner Arbeit in denkbar knappster und anschaulichster Form zusammen: Vor der Wende zum Sichtbaren stellt der Arzt die Frage: „Was haben Sie?" Nach der Wende und der Eröffnung eines dem ärztlichen Blick zugänglichen → Raumes, der die Krankheit in die Tiefe des Körpers als analysierbaren Ort verlegt, lautet die Frage: „Wo tut es Ihnen weh?" Das Haben einer Krankheit gehört noch zu einer Vorstellung, die nach der Krankheit in einem System sucht, während die Lokalisierung an dem Ort der Krankheit „auf die gemeinsame Struktur, die gliedert und artikuliert, was *gesehen* und *gesagt* wird", verweist (GK, S. 16f).

In der Medizin der Arten gehört eine Krankheit zu einer Familie, die sich durch eine Wesensstruktur auszeichnet. Der Körperraum sichtbarer Symptome wird diesem Wesen so untergeordnet, dass er nur solche Metamorphosen zeigt, die der Stabilität des Wesens unter der Maßgabe von Ähnlichkeit entsprechen. Beispielsweise zeigt sich die Intensität des immer gleichen Wesens durch die Symptome des Nasenblutens, des Blutspuckens oder durch eine Gehirnblutung (GK, S. 27). Man sieht an diesem Beispiel, dass die Orte, die später als organische Befunde eine zentrale Rolle spielen werden, eine marginale Bedeutung haben: Es kommt bei der Wesensgestalt der Krankheit vielmehr auf die Qualität (hier: Blutung) an, mit der sich die Krankheit zu äußern pflegt. Die zugehörige Wahrnehmung ist von rein qualitativer Natur. Zwischen der Medizin der Arten und der pathologischen Anatomie, etwa eines François Xavier Bichat, bei der die organischen Befunde – und damit die Lokalisierungen – eine zentrale Rolle zu spielen beginnen, ereignet sich ein fundamentaler Wandel des ärztlichen Blicks. Die anatomische Fundierung verbindet sich auf diesem Weg mit den Symptomen der Krankheit. Damit der ärztliche Blick in den Körper eindringen konnte, musste sich das Wissen selbst umgestalten (GK, S. 151ff). Dies betrifft die diskursive

Seite der Veränderung, wie sie Foucault in *Die Geburt der Klinik* darstellt. Entscheidend für den vorliegenden Zusammenhang ist das Zusammenspiel von Diskurs und Wahrnehmung, was die Möglichkeit wechselseitiger Dominanz und Einflussnahme einschließt.

Die allgemeine Bedeutung des Sichtbaren im Verhältnis zum Sagbaren unterstreicht Foucault auch in einem kurzen Artikel vom Oktober 1967, der im *Nouvel Observateur* erscheint und sich mit dem Kunsthistoriker Erwin Panofsky[9] auseinandersetzt. Das Sichtbare geht mit den Worten eine Verbindung ein, die letztlich zu einer Relativierung des Diskurses zwingt (DeE I, Nr.51, „Worte und Bilder", S. 795).

Das Stichwort in der Beschreibung zu Panofsky liegt für Foucaults weitere Arbeit in der „Komplexität der Beziehungen", die sich zwischen Sichtbarem und Sagbarem aufdecken lassen. Mit der Entdeckung der → Macht in *Überwachen und Strafen* verliert der Diskurs seine Vorrangstellung und im → Panoptismus rückt die Sichtbarkeit in der Gestalt der Dauerüberwachung zu einer entscheidenden Instanz auf.

Bei Berücksichtigung des Sichtbaren besitzt der Diskurs aus der archäologischen Perspektive (→ Archäologie) als eigenständiger Diskurs, dessen zu bearbeitendes Rohmaterial in einem Gemurmel und Rauschen der Sprache zu suchen ist, den Wert einer notwendigen Abstraktion, die für die Entwicklung einer bestimmten Sichtweise eine unabdingbare Voraussetzung darstellt. Während der weiteren Entwicklung schwächt sich das Destillat des eigenständigen Diskurses zu dem Kern einer Definition ab, die an den Rändern durch Ungesagtes und Sichtbares wichtige Ergänzungen erfährt.

Diskurs und Macht / nichtdiskursive Praktiken

In der Vorlesung *Die Macht der Psychiatrie* und in *Überwachen und Strafen* verliert der Diskurs seine exklusive Stellung. Er erhält nun einen Status, der ihn mit der → Macht und anderen Elementen im → Dispositiv auf eine Stufe stellt. Ein Gespräch, das Foucault 1978 in Los Angeles mit Studenten führt, bestätigt diese fundamentale Wendung:

„Der Diskurs ist eine Reihe von Elementen, die innerhalb eines allgemeinen Machtmechanismus operieren. Darum muss man im Diskurs eine Folge von Ereignissen, zum Beispiel von politischen Ereignissen sehen, die der Macht als Vehikel dienen [...]." (DeE III, Nr. 221, „Gespräch über die Macht", S. 595)

Der Diskurs erweist sich als Folge von → Ereignissen. Foucault wiederholt diese Definition des Diskurses kurz darauf, differenziert aber zwischen Diskur-

---

9 Für die Frage der Sichtbarkeit und der Wahrnehmung im Verhältnis zum Raum hat Panofsky bedeutende Beiträge geliefert: Vgl. Erwin Panofsky, „Die Perspektive als ‚symbolische Form'", in: Erwin Panofsky, *Aufsätze zu Grundfragen der Kunstwissenschaften*, Berlin 1985, S. 99–169.

sereignissen und anderen → Ereignissen. Der Diskurs erscheint nur mehr als ein → Ereignis unter anderen → Ereignissen.

„Ich möchte klären und beschreiben, welche Beziehungen zwischen diesen Ereignissen, die man als Diskursereignisse bezeichnen kann, und anderen Ereignissen bestehen, die zum ökonomischen System, zum politischen Bereich oder zu den Institutionen gehören. So gesehen ist der Diskurs nur ein Ereignis unter vielen, auch wenn Diskursereignisse im Vergleich zu anderen natürlich ihre eigene Funktion besitzen. Ein weiteres Problem besteht darin, die spezifischen Funktionen des Diskurses zu klären, und verschiedene Diskurstypen voneinander zu unterscheiden.“ (DeE III, Nr. 221, „Gespräch über die Macht“, S. 597) Drei Jahre nach dem Erscheinen von *Überwachen und Strafen*, ist der Diskurs als Folge von → Ereignissen fest in das Machtdispositiv integriert worden.

Diskursanalyse

Bei der Analyse des Diskurses legt Foucault besonderen Wert darauf, dass weder eine Bedeutungsanalyse noch eine Sinnanalyse vorgenommen wird. Der Sinn darf keine Voraussetzung bilden, denn es geht seit 1955 für die Generation Foucaults um die „Analyse der formalen Bedingungen der Entstehung von Sinn.“ (DeE I; Nr. 50, „Wer sind Sie, Professor Foucault?“, S. 771) Die Diskursanalyse muss mit der reinen Beschreibung arbeiten, die auch im Zusammenhang mit der Geschichte, und dort vor allem unter Berücksichtigung des → Ereignisses, eine unverzichtbare Bedingung darstellt (vgl. DeE II, Nr. 103, „Zur Geschichte zurückkehren“, S. 331ff). Da Foucault den Diskurs im Rahmen seiner Machttheorie in eine Folge von Ereignissen auflöst, gilt letztlich auch das für die Analyse des Ereignisses vorgesehene Verfahren (→ Ereignis). Damit gewinnt die Geschichtsauffassung mit den dort entwickelten Prämissen der Analyse (→ serielle Geschichte) für den Diskurs an Bedeutung. So skizziert bereits *Die Geburt der Klinik* eine Forderung für die Diskursanalyse, die später favorisiert wird und den Diskurs als historisches Faktum einer Folge von → Ereignissen als Möglichkeit vorstellt.

„Wäre nicht eine Diskursanalyse möglich, die in dem, was gesagt worden ist, keinen Rest und keinen Überschuss, sondern nur das Faktum seines historischen Erscheinens voraussetzt? Man müsste dann eben die diskursiven Tatsachen nicht als autonome Kerne vielfältiger Bedeutungen behandeln, sondern als Ereignisse und funktionelle Abschnitte, die ein sich allmählich aufbauendes System bilden.“ (GK, S. 15)

(**WG**, S. 237, 368, 399, 512, 544; **GK**; S. 8–17, 77, 80, 84, 103, 121, 131f, 134, 169, 181, 184, 207–209; **OdD**, S. 10–16, 67, 72–77, 101, 115f, 118–120, 122f, 127, 130–134, 136, 138–142, 160–164, 170, 177f, 186, 192, 195, 203, 213, 262–264, 269–272, 286–288, 292,, 307, 310, 315, 338, 345, 358, 360f, 363–366, 368–378, 380f, 386–390, 403, 405–408, 410f, 413, 415, 423, 425, 431, 446, 450, 453f, 457f, 461; **Arch**, gesamter Text; **MP**, S. 15, 18, 20f, 27, 29, 32, 67f, 70, 80f, 85, 90, 93f, 129–131, 141f, 148, 153, 181, 194f, 196f, 200, 216, 234, 239, 242, 304, 435, 443,

497, 500; **A**, S. 13, 19f, 27, 31f, 40, 44, 48–50, 52f, 54f, 60, 81, 97, 99f, 102, 106, 153f, 156f, 171, 198, 210–212, 220f, 230, 242, 257f, 261–263, 265f, 277, 286, 289, 294, 302f, 304–306, 310–312, 316, 332, 336, 345f, 361, 406f, 428; **ÜuS**; S. 28, 33, 35, 37, 41–43, 85f, 88, 99, 115, 130, 139, 141, 144, 146, 166, 168, 246, 248, 288f, 301, 306, 324, 329, 349, 354, 356, 366f, 373, 375, 396f; **OD**, gesamter Text; **SW I**, S. 8, 13–18, 20f, 27f, 30f, 34–50, 57, 59, 63, 69, 71–73, 80–83, 85f, 88–93, 109, 111, 118f, 122f, 128, 132, 136, 145, 148, 154, 167, 171, 188; **VdG**, S. 18–20, 22–25, 27f, 31, 38f, 45, 53–55, 57f, 65–74, 76–78, 80–98, 100–105, 117–120, 123–126, 131, 134, 136–138, 140, 142, 154f, 162, 165f, 168f, 171, 195–198, 202, 207, 211–213, 218, 221, 224f, 229, 231, 235f, 240f, 246–249, 255–257, 262f, 265, 267–270, 276, 280f, 303, 314–317; **GG I**, S. 15–17, 265, 353; **GG II**, S. 55f, 58, 60f, 63, 71, 155, 167, 346, 406; **HS**, S. 59, 118, 211, 240, 316, 466, 593, 610; **SW II**, S. 16, 31, 313; **SW III**, S. 41, 271, 279, 291)

Dispositiv

Foucault bestimmt das Dispositiv als „heterogene Gesamtheit, bestehend aus Diskursen, Institutionen, architektonischen Einrichtungen, reglementierenden Entscheidungen, Gesetzen, administrativen Maßnahmen, wissenschaftlichen Aussagen, philosophischen, moralischen und philanthropischen Lehrsätzen, kurz Gesagtes ebenso wie Ungesagtes, das sind die Elemente des Dispositivs. Das Dispositiv selbst ist das Netz, das man zwischen diesen Elementen herstellen kann." (DeE III, Nr.206, „Das Spiel des Michel Foucault", S. 392)

Nach der gegebenen Definition ist ein Dispositiv eine Gesamtheit von Institutionen, Diskursen und Praktiken. Die strategische Seite des Dispositivs deutet auf seine Verwendung im Zusammenhang von → Macht und → Wissen hin. Das Dispositiv verbindet Machtstrategien und Wissenstypen, womit seine Anwendung zum Repertoire der → Genealogie gehört. Gegenüber der → Archäologie erweist sich das Dispositiv als umfassender, denn es berücksichtigt den → Diskurs, die → Macht und das Ungesagte (Einrichtungen, Institutionen und Verdrängtes).

Die Verbindungen und Funktionen des Netzes „Dispositiv" müssen nicht stabil oder in einer bestimmten Art festgelegt sein. Die Funktionen innerhalb der Gesamtheit des Dispositivs können wechseln. Beispielsweise kann das Element Diskurs „als Programm einer Institution" oder als Rechtfertigungsgrund einer Praktik erscheinen. (DeE III, Nr. 206, „Das Spiel des Michel Foucault", S. 392f)

Schließlich verbindet Foucault mit dem Dispositiv noch eine weitere Auffassung, die sich als dessen integraler und übergeordneter Zweck in einer historischen Anordnung verstehen lässt. Das Dispositiv ist nicht einfach gegeben, sondern es entwickelt sich erst unter der Vorgabe seiner Funktion in der historischen Anordnung. Foucault gibt das Beispiel des Merkantilismus, der zu einer verstärkten Disziplinierungsforderung gegenüber einer Bevölkerung führt, die sich nach ökonomischen Kriterien als völlig unzuverlässig erwiesen hat (GG I, S.

72). Dieser Impuls generiert schließlich unterschiedliche Dispositive der Macht, wobei die Entstehung an die Vorgabe eines Ziels gebunden ist und in diesem Punkt mit dem strategischen Machttyp übereinstimmt (→ Macht). Entsprechende Beispiele für Dispositive ergeben sich mit der Unterwerfung des → Wahnsinns, der Einsperrung und der → Sexualität.

(**MP**, S. 29f, 77, 85f, 99f, 102f, 106, 108f, 110f, 119, 121f, 124–131, 141, 161, 172, 200, 212, 222, 228, 235, 238, 271, 337f, 433, 435f, 440–443, 445f, 448, 455, 468; **A**, S. 71, 230, 255, 406, 427; **SW I**, S. 35, 43, 46, 61f, 65, 79, 87, 92f, 95, 105f, 112, 128, 134, 137, 146, 152f, 156f, 180, 186, 189f; **VdG**, S. 204, 206, 224; **GG I**, S. 13, 62f, 72f, 90, 96, 193, 414, 429, 438, 441, 443, 455, 508; **GG II**, S. 39, 104–107; **HS**, S. 560)

Disziplin(en)

„Disziplin ist im Grunde der Machtmechanismus, über den wir den Gesellschaftskörper bis hin zum kleinsten Element, bis hin zu den sozialen Atomen, also den Individuen, zu kontrollieren vermögen. Es handelt sich um die Techniken der Individualisierung von Macht. Wie kann man jemanden überwachen, sein Verhalten und seine Eignung kontrollieren, seine Leistung steigern, seine Fähigkeiten verbessern? Wie kann man ihn an den Platz stellen, an dem er am nützlichsten ist? Darum geht es bei der Disziplin." (DeE IV, Nr. 297, „Die Maschen der Macht", S. 233)

Die Disziplin besitzt als Technik der Machtausübung eine Geschichte, die in der Antike Spartas beginnt und bei den römischen Legionären eine Fortsetzung findet. Sie zeigt sich in den mittelalterlichen Klöstern und in der Sklaverei der Kolonien (DeE III, Nr. 229, „Die Einbindung des Krankenhauses in die moderne Technologie", S. 652).

Eine Intensivierung der Disziplin tritt im 17. und 18. Jahrhundert ein, wenn der Körper zu einem Gegenstand minutiöser Bearbeitung aufrückt. Es geht um eine Art Mikromechanik der präzisen Bewegungen, der perfektionierten Gesten, der exakten Haltungen und der maximierten Geschwindigkeit. Insgesamt handelt es sich um eine Ökonomie der Körperbewegung, die jedoch den Leitgedanken einer menschlichen Maschine, wie er für gewöhnlich mit der Aufklärung verbunden wird, bei weitem überschreitet. „Diese Methoden, welche die peinliche Kontrolle der Körpertätigkeiten und die dauerhafte Unterwerfung ihrer Kräfte ermöglichen und sie gelehrig/nützlich machen, kann man die ‚Disziplinen' nennen." (ÜuS, 175)

Das Modell des mechanischen Materialismus, wie es beispielsweise La Mettrie in seinem *L'homme machine* entwickelt, besitzt für Foucault nur einen höchst beschränkten historischen Wert, da er mit den Disziplinen die „Mechanik" des Körpers auf soziale Dressurakte erweitert. Tatsächlich gehören zu diesen Abrichtungsprozeduren des Körpers auch spezifische Institutionen wie Kolleg und

Elementarschule. Es gibt hier wechselseitige Vorbildfunktionen zwischen Militär und Spital, zwischen vielen Prozessen und Erfordernissen, die in einer sich ökonomisch umfunktionierenden Gesellschaft mit langsamen Veränderungen verbunden sind, und sich in ihren geschichtlichen Abläufen durchkreuzen können: Auch die Schule und die Werkstatt lassen sich militarisieren. Insgesamt bemächtigt sich die Gesellschaft im Sinne der → Mikrophysik der Macht durch kleine Detaillösungen der Körper, die in ihrer Unscheinbarkeit fast unterzugehen drohen. Die Mikrolösung darf zugleich als Kennzeichen der Disziplin gelten, die im Grunde jedes Detail bearbeitet. Für die Disziplin ist jede Veränderung, jede Bewegung und jeder Prozessablauf in der Zeit ein Gegenstand möglicher Ordnung. Sie bearbeitet prinzipiell noch die kleinste Unordnung, die sie registrieren und erfassen kann.

Die Disziplin bewirkt vier Typen von Individualität durch äußere Einflussnahme: 1. Eine zellenförmig-räumliche Parzellierung nach dem Muster des → Tableaus, 2. die organische Codierung der Tätigkeiten, 3. eine evolutive aufgrund der Zeithäufung und 4. eine kombinatorische durch die Kraftzusammensetzung (vgl. ÜuS, S. 216).

1. Parzellierung oder die Verteilung der Individuen im → Raum: Klöster, Kasernen, Schulen, Spitäler, Manufakturen haben eine architektonische Ordnung und sehen eine Verteilung der Individuen vor. Das älteste Modell dieser Verteilung ist die Klausur der Mönche. Die Disziplinen gehen über die Klausur insofern hinaus, als je nach Institution ganz andere Funktionen der Raumordnung im Vordergrund stehen.

Jedes → Subjekt erhält einen wohldefinierten Platz in einem → Disziplinarraum, der meist aus Parzellen besteht. Diese Festlegung auf einen Ort macht die Individuen nicht nur auffindbar, indem eine Taktik ständiger Lokalisierbarkeit greift, sondern sie macht sie auch ansprechbar. Die Parzellierung schafft ganz allgemein die Grundlage der Kommunikation, die unterschiedliche Aufgaben erfüllen kann. Diese Kommunikation kann Ströme aus Rohstoffen und Waren in Produktionsstätten betreffen. Sie kann Verhaltensvorschriften für den Arbeitsplatz definieren und einen Überblick schaffen.

Das Spital stellt die Identität des Patienten fest, reglementiert die Besuchszeit und fixiert den einzelnen Kranken zuletzt auf ein Bett mit Namensschild. Diese selbstverständlichen Maßnahmen erscheinen banal, aber sie bilden eine unverzichtbare Bedingung des analytischen Raumes (ÜuS, S. 184). Seine Funktion besteht aus Beobachtbarkeit, Lenkung der medikamentösen Behandlung und Unterbindung der Ansteckungsgefahr. Die ehemals flüchtige Inspektion weicht einer geregelten Beobachtung, die den Kranken einer ständigen Kontrolle unterstellt. Letztlich objektiviert die Disziplin den Patienten zu einer analysierbaren Einheit (DeE III, Nr. 229, „Die Einbindung des Krankenhauses in die moderne Technologie", S.659).

Der Fabrikraum schafft eine Verbindung zwischen der Parzellierung von → Individuen und einem Produktionsapparat. Die zu erfüllenden Funktionen sind dem Ziel der Produktivität und den Stationen des Produktionsprozesses anzupassen. Es gibt erst einen Ablauf der Produktion, wenn die Orte der Einzelarbeiten in einem → Raum gemäß ihrer Logik der Herstellung festgelegt sind. Die unkontrollierbare Masse der beteiligten Arbeiter in einer Manufaktur kann durch eine Raumgliederung in eine beobachtbare Menge von Einzelindividuen verwandelt werden. Der analytische Raum (→ Raum; Macht und Raum) der Fabrik erlaubt die Überprüfung von Anwesenheit, Arbeitsqualität, Geschwindigkeit und Stand einzelner Arbeitsabläufe.

Nach 1762 gibt es in der Schule eine bedeutende Veränderung, indem man die Schüler Rängen zuordnet, die einem bestimmten Lehrstoff entsprechen. Die Gruppierung nach dem Kriterium des erreichten Wissensstandes erlaubt die Kursbildung. Die neue Ökonomie des Lernens zwingt den Lehrer nicht länger mehrere Minuten mit jedem einzelnen Schüler zu arbeiten. Er kann alle aufgrund der Sitzordnung überblicken und alle können gleichzeitig arbeiten, indem er unterschiedliche Kurse in einem → Raum beaufsichtigt (ÜuS, S. 181ff). Diesen Kursen entsprechen die späteren Klassen.

2. Organische Individualität (Codierung der Tätigkeiten): Der zeitlich verplante Körper ist ein produktiver und ausgebildeter Körper, der bereits von minutiösen Machtkontrollen durchsetzt ist. Sein Kennzeichen besteht in der Verinnerlichung von Körper und Geste. Die Geste ist nicht nur angelernt, sondern sie hat sich mit dem Körper bereits so weit verbunden, dass von einer Codierung gesprochen werden kann. Der ganze Körper dient einer Funktion, die nicht den kleinsten Aspekt außer Acht lässt. Im Hochsprung des 20. Jahrhunderts wird die Hürde in Rückenlage überquert, denn dieser optimierte körperliche Bewegungablauf garantiert die besten Resultate. Die Disziplin entdeckt am Körper die Optimierung eines organischen Ganzen, das einer Individualisierung gemäß einer Funktion unterworfen werden kann.

3. Evolutive Individualität (Zeithäufung): Wenn sich die organische Individualität auf den optimierten Einsatz beschränkt, dann bezieht die evolutive Individualität den Faktor Zeit ein. Das Stichwort lautet auf ideale Kraftausnutzung in immer kleineren Zeiteinheiten. Die Geschwindigkeit stellt das Mittel gegen Zeitverlust in der Produktion dar, und sie fordert eine immer feinere Einteilung der kleinsten Bewegungen. Die Zeithäufung ist ein direkter Ausdruck der Absicht in jeden Zeitmoment die optimale Kraftentfaltung zu packen. Man unterteilt die Dauer der Arbeit in sukzessive Schritte und erfasst auf diesem Weg die Einzelexistenz in der Werkstatt. Die Zeit bildet den Parameter, unter dem sich Körper und Kräfte akkumulieren lassen. Die evolutive Individualität kommt der späteren Rationalisierung (Zeitnahmesysteme in Betrieben für Arbeitsabläufe) oder dem Taylorismus[10] bereits sehr nahe.

[10] Der nach seinem Begründer Frederick Winslow Taylor (1856–1915) benannte Taylorismus stellt den Beginn der rationalen Betriebsorganisation und des wissenschaftlichen Betriebsführung dar.

4. Kombinatorische Individualität: Die kombinatorische Individualität entsteht als disziplinäre Eigenschaft zunächst im Militär ab dem 17. Jahrhundert. Anstatt eine träge Masse aus Leibern zu bilden, gewinnt der geschickte Soldat im Zusammenhang mit neuen technischen Anforderungen an Bedeutung. Die Einführung des Gewehrs setzt eine aufwändige Ausbildung voraus, und sie zwingt auch zu einer anderen Form der bewaffneten Auseinandersetzung. Die Gefechtslinien müssen für die optimale Nutzung der Feuerkraft schneller bewegt werden. Die Auflösung des schwerfälligen Verbandes ist zugleich eine Notwendigkeit, weil sie für den feuernden Gegner eine ideale Zielscheibe bietet.

In der Werkstatt finden sich ähnliche Tendenzen. Der kombinierte Arbeitstag verweist bei Marx bereits auf die Effizienz der Arbeit durch Kooperation. Die Maschine „Werkstatt" hat diesen Forderungen einer kombinierten Individualität zu genügen. Der einzelne Körper soll möglichst frei agieren, aber gleichzeitig maximale Flexibilität gegenüber den Arbeitsanforderungen aufweisen.

(**WG**, S. 92, 341; **PG**, S. 37; **GK**, S. 119; **OdD**, S. 9f, 12, 67, 111,300, 303, 343, 416, 419, 429, 455; **Arch**, S. 10, 13–15, 17, 25, 33, 71, 83, 86, 195–198, 227, 230, 245, 250, 253–255, 257, 293–296; **OD**, S. 21f, 25, 44f, 47; **MP**, S. 14f, 42, 47, 52, 67–70, 77–81, 84, 87f, 90–92, 100f, 103f, 106, 108–113, 116, 121–132, 141, 147, 161, 165–167, 171f, 181, 183f, 186, 188, 193, 219–221, 224f, 227f, 256, 258, 260, 271, 276, 293, 314, 320, 337–339, 358f, 361, 364f, 391, 401, 439, 489, 495; **A**, S. 74, 116f, 139f, 182, 211, 339, 402; **ÜuS**, S. 157, 173, 175–179, 181f, 184, 187f, 190, 192, 194, 196, 198, 202, 207, 211–213, 216, 218–221, 223, 225, 229–232, 234–237, 240, 242, 244, 240, 244f, 248, 250, 254–256, 268–271, 273, 276f, 279–291, 302–304, 320f, 328, 375–377, 382, 384, 389f, 390, 392, 394; **SW I**, S. 146, 166f, 173–176; **VdG**, S. 37, 53–56, 183, 205, 217, 219f, 222, 282, 286, 289, 291, 294f, 297, 299; **GG I**, S. 25–28, 33, 35, 38f, 41, 73–76, 87–89, 98, 102, 113, 161f, 164, 175–177, 179, 287, 471, 479f, 489f, 493; **GG II**, S. 360, 387; **HS**, S. 67)

Disziplinarraum

Der Disziplinarraum gehört zu einer → Disziplin und bewirkt eine bestimmte Ordnung. Dies kann beispielsweise die Ordnung in einer Anstalt betreffen, die für schwachsinnige Kinder vorgesehen ist (MP, S. 314). Die Anstalt ist nicht der einzige Anwendungsfall des Disziplinarraumes, der in Verbindung mit den → Disziplinen wirkt und in erster Linie der Unterbindung bestimmter Verhaltensweisen dient: Es gilt den ungeordneten Aufenthalt, die unkontrollierte Bewegung von Individuen, die grundlos spontane Versammlung, das unerlaubte Entfernen vom Dienst, und das Herumstreunen zu vermeiden. Der Disziplinarraum weist Arbeitenden, Schülern, Soldaten, Kranken und Delinquenten vorgeschriebene Plätze zu. Das können Aufstellungsorte in der Exerzierordnung, Schulbänke, Krankenhauszimmer oder Zellen im Gefängnis sein. An den genannten Beispielen zeigt sich ein typisches Merkmal des Disziplinarraumes. Er unterliegt häufig einer architektonischen Gestaltung, die das Ziel der Minimierung von Unordnung der eingeschlossenen Körper verfolgt.

Die Räume der → Disziplin entsprechen dem funktionalen Körper der → Individuen, der sich in die steigerbare Ordnung einfügen soll. Es handelt sich also um eine umgekehrte Ergonomie, die nicht die Arbeit an den Körper anpasst. Das kann beispielsweise eine genaue Anweisung in der Werkstatt betreffen: Wie die Werkzeuge an der Werkbank zu halten sind. Welche Körperhaltung für die Arbeit am Schraubstock mit der Feile einzunehmen ist. Analoge Vorschriften gibt es in der eigens entworfenen Schönschreibzelle der Kollegien und Schulen. Die Körperhaltung ist in der Klassik bis in das kleinste Detail vorgeschrieben (ÜuS, S. 173ff).

Ein wesentliches Merkmal disziplinarisch gestalteter → Räume zeigt sich in deren hierarchischer und funktioneller Aufteilung. Der Prototyp und der exemplarische Modellfall eines Disziplinarraumes findet sich im benthamschen Panopticon (→ Panoptismus).

(**ÜuS**, S. 183, 187, 191, 251ff; **GG I**, S. 76)

Dynastik des Wissens

Im Gesamtwerk stellt die Dynastik des Wissens einen Übergangszustand dar, der zwischen *Der Ordnung der Dinge* und der *Archäologie des Wissens* liegt und „das Verhältnis zwischen den großen Diskurstypen, die man in einer Kultur beobachten kann, und den historischen, wirtschaftlichen und politischen Bedingungen ihres Auftretens und ihrer Bildung“ bestimmt. (DeE, II, Nr.119, „Von der Archäologie zur Dynastik“, S. 506) (ÜuS, S. 207)

Episteme

Die Episteme der Klassik beginnt mit der Astronomie von Kepler, der Physik Galileis, der Naturgeschichte von John Ray und der Grammatik von Port Royal (→ allgemeine Grammatik). Die genannten Wissenschaften legen ein Netz von Gesetzen über die Welt, unterwerfen sie einem mathematischen Maß, unterziehen sie der logischen Analyse und klassifizieren die Natur. In dieser Bedeutung umschreibt die Episteme also die Entstehung einer Welt, die in ihren Prinzipien und Regeln so deutlich innerhalb einer Epoche hervortritt, dass sie sich mit einem ganz bestimmten → Diskurs verbinden lässt. Die Bedeutung der Episteme der Klassik, die zwischen 1580 und 1650 zu entstehen beginnt, lässt sich erst durch die Auflösung des alten Systems begreifen, das mit einer göttlichen Weltregierung eine unhinterfragte Geltung besessen hatte. Diese finale Welt war durch Wunder, Zeichen und die *signatura rerum* (→ Ähnlichkeit) bestimmt gewesen. An ihre Stelle tritt eine „intelligible Natur, in welcher die Zweckursachen nach und nach verblassen, in welcher der Anthropozentrismus in Frage gestellt wird, eine Welt die von ihren Wunderwerken gesäubert werden wird, eine Welt die sich entsprechend mathematischer oder klassifikatorischer Intelligibilitätsformen entfalten wird [...]." (GG I, S. 343)

In *Die Ordnung der Dinge* führt Foucault den Begriff der Episteme unter dem Vorbehalt einer erweiterten Fragestellung ein, die ihn als allgemeines Element einer besonderen Form der Wissenschaftsgeschichte ausweist. Die Episteme soll unter diesem Gesichtspunkt die Möglichkeit von Wissenschaft erfassen. Ihr angestammtes Arbeitsgebiet würde – gemessen an der bereits eingeführten Terminologie – einer Erfassung des → Wissens in historischen Formationen entsprechen.

„Unter *Episteme* versteht man in der Tat die Gesamtheit der Beziehungen, die in einer gegebenen Zeit die diskursiven Praktiken vereinigen können, durch die die epistemologischen Figuren, Wissenschaften und vielleicht formalisierten Systeme ermöglicht werden; den Modus, nach dem in jeder dieser diskursiven Formationen die Übergänge zur Epistemologisierung, zur Wissenschaftlichkeit und zur Formalisierung stattfinden und sich vollziehen; [...] Die Episteme ist keine Form von Erkenntnis und kein Typ von Rationalität, die, indem sie die verschiedensten Wissenschaften durchdringt, die souveräne Einheit eines Subjekts, eines Geistes oder eines Zeitalters manifestierte; es ist die Gesamtheit der Beziehungen, die man in einer gegebenen Zeit innerhalb der Wissenschaften entdecken kann, wenn man sie auf der Ebene der diskursiven Regelmäßigkeit analysiert." (Arch, S. 272f)

Die foucaultsche Episteme entspricht keinem starren Erkenntnissystem, das zu ahistorischen Schemata führen würde. Ihre Existenz beruht allein auf der Komplexität der historischen Praxis. Die Analyse dieser Episteme kann daher nicht darauf hoffen ein abgeschlossenes System zu rekonstruieren oder ewige Gesetze aufzustellen. Foucault skizziert die Episteme als ein dynamisches Gebilde dessen Problematik in der verlangten Trennschärfe zwischen seiner Definition als Möglichkeit von Wissenschaft und praktizierter Wissenschaft liegt.

Das Programm der Episteme als Aufgabe der Philosophie Foucaults besteht darin, die Möglichkeit von Wissenschaft in einer historischen Formation zu untersuchen. Die Bedingungen der Möglichkeit von Wissenschaft fallen durch ihre historische Bedingtheit grundsätzlich nicht mit einem transzendentalen Subjekt zusammen. Die Episteme steht nicht für ein ahistorisches Kategoriensystem der Bedingung von Möglichkeit, wie ihre Analyse in den historischen Formationen der Renaissance, des klassischen Zeitalters, und der Moderne beweist. Im Rahmen der → Archäologie des → Wissens geht es bei dem Vorgang der Epistemologisierung vor allem um eine zentrale Fragestellung: Wann machen sich die Schwellen der Verwissenschaftlichung des Wissens bemerkbar, wo treten ihre ersten Anzeichen auf, so dass sich → Positivitäten abzeichnen oder ein → historisches Apriori zu greifen beginnt (Arch, S. 266ff)?

Die zentralen Passagen der *Archäologie des Wissens* zur Epistemologisierung legen den Verdacht einer starken Struktur nahe, der für das foucaultsche Werk in den bekannten Strukturalismusvorwurf einmündet. Das Ergebnis der Episteme besteht immer in Wissenschaften, die diskursive Regelmäßigkeiten aufweisen. Die Verwissenschaftlichung des → Wissens könnte also schon von ihrem Gegenstand her mit einer zunehmenden Strukturierung verbunden sein. Da Foucault die Bezeichnung Strukturalist vehement ablehnt, sollte die vermeintliche Struktur der *Archäologie des Wissens* zur Entkräftung des Vorwurfs deutliche Risse besitzen. Es gibt nun mehrere Möglichkeiten.

Erstens kann man die Regelmäßigkeit auf eine historische Formation beschränken, dann entschärft der Einbezug einer historischen Dimension die strukturale Seite zwingend, da die → Regeln nur auf ihr eigenes Denksystem in der Geschichte anwendbar sind. Diese Auffassung vertritt Foucault in der *Archäologie des Wissens* (vgl. Arch, S. 207). Zweitens ließen sich → Regel und Gesetz unterscheiden, was Foucault allerdings nicht immer eindeutig trennt. Nur das Gesetz beansprucht eine zeitlose Gültigkeit. Für diese Version spricht eine Stellungnahme Foucaults, bei der er den Strukturalismus lediglich als analytisches Verfahren verwendet haben will, dessen Inhalte dann von dem untersuchten Gegenstandsbereich in der Geschichte abhängig bleiben (vgl. DeE II, Nr.83, „Wahnsinn und Gesellschaft", S. 163). Drittens löst die Berücksichtigung des → Dispositivs durch Einbettung des regelhaften → Diskurses das Problem, indem dessen historische Bindung nun durch das Ungesagte gewährleistet wird. Das → Dispositiv entschärft die Regelmäßigkeit des → Diskurses indem eine neue Dimension mit den Institutionen und den sozialen Praktiken Berücksichtigung findet. Die Regelmäßigkeit des Diskurses fordert die mehrfache Anwendung in den unabhängigen Dimensionen des Dispositivs geradezu heraus, aber dies fördert statt der Einheitlichkeit die Vielfalt der Ergebnisse (vgl. VdG, S. 248).

1977 wählt Foucault die dritte Möglichkeit und beschreibt die Episteme „als ein strategisches Dispositiv [...], das es gestattet, unter all den möglichen Aussagen diejenigen auszusieben, die nicht einer wissenschaftlichen Theorie, sondern eines Feldes von Wissenschaftlichkeit annehmbar sein können, und von denen man wird sagen können: Dieses hier ist wahr oder falsch. Das Dispositiv gestattet nicht das Wahre vom Falschen, aber das wissenschaftlich Nicht-Qualifizierbare vom Qualifizierbaren zu trennen." (DeE III, Nr. 206, „Das Spiel des Michel Foucault", S. 395f)

Die Aufgabe besteht weiterhin in der Untersuchung der Bedingungen von Wissenschaft, aber das strategische → Dispositiv berücksichtigt aus der genealogischen Perspektive verstärkt das Ungesagte und die → Macht: Neben dem Gesagten (Diskurse) spielen die nichtdiskursiven Praktiken, wie die Institutionen, die → Körpertechnologien und die komplexen Verflechtungen von → Wissen und → Macht eine Rolle. In *Der Wille zum Wissen* erweitert die → Bio-Macht dieses Spektrum um den Zusammenhang von → Sexualität und → Wissen. Die Episteme wächst mit den Bestandteilen des strategischen → Dispositivs (→ strategisches Machtkonzept), das die verschiedenen Machttypen zuletzt um die → Gouvernementalität (→ Sicherheitsdispositive) erweitert.

(**OdD**, S. 24f, 61, 63, 72, 87, 90f, 97f, 107–109, 111, 124, 169, 213, 218, 227, 258–261, 265f, 302, 304, 306f, 316, 373, 375, 377, 393f, 404, 414, 416, 436–440, 447, 453, 459, 461; **Arch**, S. 272–277; **ÜuS**, S. 393; **SW I**, S. 171; **GG I**, S. 343)

Epistemologischer Riss: (→ Bruch)

Ereignis

Das Ereignis gehört zu den zentralen und anspruchsvollen Begriffen der → seriellen Geschichte, die unterschiedlichste Ereignistypen umfasst. Zu den Ereignistypen gehören die → Diskontinuität, der → Bruch und Ereignisse, die längere Zeitverläufe aufweisen. Die → Diskontinuität und der → Bruch sind durch ihr plötzliches Eintreten definiert. Alle anderen Ereignisse weisen eine kurze, mittlere oder langsame Dauer auf. Die Verbreitung einer Technik bietet ein Beispiel von meist kurzer Dauer. Der Ersatz des Geldes durch andere Formen des Zahlungsverkehrs beansprucht eine mittlere Ereignisdauer. Die langsame Dauer demonstrieren die Veränderungen in einem demographischen Gleichgewicht oder die Anpassung der Ökonomie an die klimatischen Veränderungen (vgl. Arch, S. 16).

Wer das Ereignis als Element der → seriellen Geschichte akzeptiert, darf weder eine Logik des Sinns noch eine Struktur im Verlauf seiner Forschung voraussetzen. Die entsprechende Analyse verzichtet bewusst auf eine bedeutungsverleihende Interpretation und sie schließt das Forschungsziel einer übergreifenden Gesetzlichkeit als strukturbildende Maßnahme aus: „Weder die Logik des Sinns noch die der Struktur gelten für diese Art von Forschung. Wir brauchen weder die Theorie und Logik des Sinns noch die Logik und Methode der Struktur. Wir brauchen etwas anderes.“ (DeE III, Nr. 221, „Gespräch über die Macht“, S. 598)

Mit dem Anderen des Ereignisses verändert sich die Auffassung von der Geschichte, die nicht mehr unter dem einschränkenden Diktat genialischer Schöpfung steht. Es gibt in diesem Zusammenhang kein → Subjekt mehr, dem ein schöpferischer Akt zur Erklärung eines neuen Objektes in der Geschichte zugeschrieben wird. Es gibt zwar einen → Autor für dieses Ereignis, aber es ist keine Geburt der Bewusstseinsphilosophie, kein Akt der Schöpfung und keine Genie-religion, die den Vorgang erklärt. Einen Erfinder neuer Objekte in der Geschichte zu benennen lässt zwar Datierungen zu, aber der wirkliche Vorgang wird auf diesem Weg nur durch eine bequeme Pseudo-Erklärung ersetzt. Tatsächlich haben Ereignisse in der Geschichte eine viel komplexere Bedingung als die Nennung ihres Auftretens und der eventuell zugehörigen Personen. „Ein Ereignis ist kein Zeitausschnitt, sondern im Grunde der Schnittpunkt zwischen zwei Beständigkeiten, zwei Geschwindigkeiten, zwei Entwicklungen, zwei geschichtlichen Linien.“ (DeE III, Nr. 234, „Die Bühne der Philosophie“, S. 730) Ereignisse können sehr unterschiedlichen Typen entsprechen: Es kann sich um die Schlacht von Waterloo, die Erfindung der Dampfmaschine, eine Epidemie oder die höchst unqualifizierten Äußerungen eines Arztes über den Wahnsinn handeln (vgl. DeE IV, Nr. 281, „Gespräch mit Ducio Trombadori", S. 95).

Wie lässt sich das Ereignis analysieren? Die dem Ereignis angemessene Methodik besteht in der reinen Beschreibung oder im Praktizieren der Methode der → seriellen Geschichte. Hierbei verzichtet der Historiker auf alle allgemeinen Gegenstände, wie sie beispielsweise größere Entwicklungsabschnitte in der Geschichte darstellen. Statt einem Gegenstand wie dem mittelalterlichen Zinsverbot, wählt der Historiker einen Komplex von Dokumenten als Ausgangspunkt seiner Analyse. Foucault nennt dafür das Beispiel der Handelsarchive des Hafens von Sevilla im 16. Jahrhundert.[11] In dieser Analyse werden der Zeitpunkt der Ankunft und des Auslaufens der Schiffe, ihr Ziel und Herkunftshafen, ihre Ladung und der entsprechende Warenwert registriert. „Alle diese Daten, aber eben auch nur diese Daten bilden den Gegenstand der Untersuchung. Mit anderen Worten, der Gegenstand der Geschichte ergibt sich nicht mehr aus einer Art vorlaufender Kategorisierung in Perioden, Epochen, Nationen, Kontinente oder Kulturformen [...]. Das hat zur Konsequenz, und das ist das zweite Merkmal dieser seriellen Geschichte, dass es dieser Geschichte überhaupt nicht darauf ankommt, mittels dieser Dokumente sogleich etwas wie die ökonomische Entwicklung Spaniens zu entschlüsseln; der Gegenstand der historischen Forschung besteht darin, von diesen Dokumenten her eine gewisse Anzahl von Relationen aufzustellen."(DeE II, Nr. 103, „Zur Geschichte zurückkehren", S. 341) Der Sinn der geschilderten Vorgehensweise besteht demnach in der Herstellung von Relationen, die es gestatten, nun ihrerseits Ereignisse hervortreten zu lassen, die sonst verborgen geblieben wären.

Dabei müssen verschiedene Arten von Ereignissen, die sich nach Reichweite und Wirkung unterscheiden lassen, berücksichtigt werden. Man kann die Ereignisse nicht im Rahmen starrer symbolischer → Felder oder reiner Strukturen analysieren. Der Zugang eröffnet sich nur über die → Genealogie von „Kräfteverhältnissen, strategischen Entwicklungen und Taktiken". Es geht um „Machtbeziehung, nicht Sinnbeziehung". Ereignisse gehören zu Netzen und Ebenen. Sie sind auch durch bestimmte Fäden verbunden, die teilweise zu einer wechselseitigen Erzeugung von Ereignissen führen können (DeE III, Nr. 192, „Gespräch mit Michel Foucault", S. 192).

Man geht also nicht mehr von sichtbaren oder offensichtlichen Ereignissen aus, die anschließend einer sinngemäßen Interpretation unterworfen werden. Entscheidend an dieser → seriellen Geschichte ist, dass sich mittels der reinen Beschreibung zuletzt ganze Ebenen und Schichten von Ereignissen entwickeln lassen. Die Relationen, die sich aus der reinen Beschreibung ergeben, führen nicht

---

11 Foucault bezieht sich dabei auf: Pierre Chaunu, Huguette Chaunu, *Séville et l'Atlantique*, Paris 1955-1960, 12 Bde.

zu einem Zeitgeist, sondern sie lassen beispielsweise Rückschlüsse auf das ökonomische Verhalten der Menschen in einem ganz begrenzten Zeitabschnitt zu, weil die beschreibende Methode einen Überblick über die Preisentwicklung der Waren geliefert hat. Eine derartige Analyse kann durch die Rekonstruktion eine Wende in der ökonomischen Entwicklung belegen, die den Zeitgenossen im 16. Jahrhundert nicht bewusst war. Das versetzt den Historiker in die Lage, in einem zweiten Schritt eine tiefere Schicht von Ereignissen zu analysieren. Beispielsweise gelingt es Foucault, ausgehend von dem Ereignis des Nahrungsmangels, eine ganze Schicht von juridisch disziplinarischen Maßnahmen und Regierungstechniken im Rahmen der ökonomischen Verwaltung des 17. und 18. Jahrhunderts in Frankreich klarer zu erfassen (vgl. GG I, S. 53f). Das Beispiel des Nahrungsmangels täuscht jedoch insofern, als es den Anschein eines monokausal wirkenden Ereignisses erweckt. Die Methode der seriellen Geschichte soll nicht zu kausalen Erklärungsstrukturen führen, sondern sie setzt die Geschichte mit einem Schneeballsystem von Schichten jener Ereignisse gleich, die nur indirekt erschließbar sein können, deren Analyse aber die Vorbedingung für das Aufdecken der → Diskontinuitäten in der Geschichte darstellt.

(**WG**, S. 14, 71, 97, 151, 167, 179, 200f, 216, 231, 241, 304, 369, 379, 387, 417, 441, 470, 485f, 488, 508; **PG**, S. 40f, 43, 79, 108, 114, 120, 129; **GK**, S. 12, 15, 17, 20, 24, 29, 38, 41, 45–47, 72, 76, 102, 111f, 117, 119, 123–125, 128f, 142, 145, 151, 166f, 169, 176f, 186; **OdD**, S. 13f, 21, 70, 112, 117, 169, 193f, 196f, 269–273, 287, 289, 292, 294, 299, 303f, 306f, 309, 313, 320, 343f, 356, 358f, 361, 371, 383, 389, 397, 414, 420, 442f, 450f, 462; **Arch**, S. 9–11, 13, 16f, 19f, 34, 38, 41–46, 48, 84, 109, 111, 116, 148, 152, 155, 158, 176f, 180f, 185–188, 201, 204, 208, 224, 231, 235, 238, 240, 243f, 245, 252, 267, 269, 284; **OD**, S. 16, 34f, 37–40; **MP**, S. 27f, 39, 60, 342–349, 351, 354, 356, 358, 393, 403, 408, 413, 418, 432, 448, 459–461, 491; **A**, S. 69, 199, 203; **ÜuS**, S. 21, 37, 181, 274; **SW I**, S. 82, 84; **VdG**, S. 19, 84, 94, 152, 154, 63, 191, 195,199, 202, 249, 318; **GG I**, 19, 39–41, 52f, 57, 62, 68f, 88, 113f, 147, 245, 378f, 399, 414; **GG II**, S. 28, 37, 127, 133, 380; **HS**, S. 25, 112, 117, 127, 173, 230f, 235, 266, 279, 292, 317, 368f, 379, 387, 393f, 396–400, 405, 439, 520, 538, 546, 559, 571, 574f, 581, 591f, 607f; **SW II**, S. 137; **SW III**, S. 11, 17–19, 21f, 25f, 30, 38f, 44, 91, 97, 136, 249)

Ethik des Selbst

Die Überlegungen zur Ethik finden sich fast ausschließlich beim späten Foucault, und bilden den dritten großen Abschnitt des Gesamtwerkes. Nach der Ausarbeitung der Machttheorie konzentriert sich seine Arbeit auf eine Ethik des Selbst, die im Gegensatz zu den fremdbestimmenden Einflüssen der → Macht den autonomen Techniken einer Selbstsorge nachspürt. Die Sorge um sich selbst ist das Thema der Ethik des Selbst und gewinnt ihre Elemente aus zahlreichen → Technologien des Selbst, die weitere Bausteine zu dem Gesamtprojekt einer Geschichte der Subjektivität liefern. Die Aktualität dieser Ethik begründet sich aus dem emanzipatorischen Anspruch gegenüber der → Macht und der → Gouvernementalität, die sich mit skeptischen und selbstkritischen Anmerkungen verbindet. Foucault meldet jedoch Zweifel an der Begründbarkeit einer Ethik des selbst an,

„obwohl es doch eine dringende, grundlegende und politisch unabdingbare Aufgabe wäre, eine Ethik des Selbst zu begründen, wenn es denn wahr ist, daß es keinen anderen, ersten und letzten Punkt des Widerstands gegen die Macht gibt als die Beziehung seiner selbst zu sich.

Oder anders ausgedrückt. Ich will folgendes sagen: Nehmen wir die Frage nach der Macht, der politischen Macht, und stellen sie in den allgemeinen Zusammenhang der Frage der Gouvernementalität, der Gouvernementalität verstanden als ein strategisches Feld von Machtverhältnissen in einem allgemeinen und nicht nur politischen Sinn, [...] dann glaube ich, daß das Nachdenken über den Begriff der Gouvernementalität theoretisch und praktisch nicht um ein Subjekt herumkommt, das sich durch eine Beziehung zu sich selbst definiert." (HS, S. 313f)

Wenn die Ethik des Selbst zuletzt als mögliche Gegenstrategie zu einem modernen Machtdispositiv gehandelt wird, so demonstriert diese Schlussfolgerung eine Konsequenz, die sich aus dem Forschungsprojekt einer Geschichte der Subjektivität ergibt. Diese Kontinuität gilt jedoch nicht für die → Sexualität.

In der *Wille zum Wissen* war die → Sexualität im Sinne einer Hygienepraxis und im Dienste der Arterhaltung als Gegenstand der → Bio-Macht behandelt worden, die sich im 18. und 19. Jahrhundert entwickelt. Für die Antike, und die dort gepflegte Sorge um sich selbst, besitzt die → Sexualität eine ganz andere Bedeutung. Dabei geht es zunächst um einen Gebrauch der Lüste durch Selbstbestimmung und somit um das Gegenteil des modernen → Subjekts als Objekt der → Macht. Das Subjekt der Lüste gehört zur Antike, das → Subjekt als Objekt disziplinierender → Körpertechnologien zur Moderne. Die antike Lust erscheint im Rahmen der *aphrodísia*, was sich von der christlichen Fleischesproblematik und der modernen → Sexualität deutlich unterscheidet. Der *aphrodísia* entsprechen Regeln, denen sich das Subjekt ohne moralische Wertung zu seinem eigenen Vorteil unterwerfen sollte. Der Sündenfall und die spätere Geständnispraxis (→ Pastoralmacht) spielen bei der Sorge um sich noch keine Rolle. Generell verliert die anfängliche Betonung der → Sexualität im Verlauf der Untersuchungen zur Sorge um sich selbst zu Gunsten einer allgemeinen → Kultur seiner selbst an Gewicht. Fast drängt sich der Verdacht auf, die → Sexualität könnte eine Art theoretisches Scharnier gebildet haben, das seine Funktion im Werk durch die unterschiedlichen Bedeutungen gewinnt. Die → Sexualität wäre demnach nur ein Element des Überganges und sie hätte die Funktion einer Hilfskonstruktion eingenommen, bevor das allgemeine Thema einer → Kultur seiner selbst ausformuliert werden konnte. Die folgende Bemerkung liefert dazu lediglich einen Hinweis:

„Ich muß gestehen, dass ich mich weit mehr für die von den Selbsttechniken oder den Dingen aus diesem Bereich aufgeworfenen Probleme interessiere als für die der Sexualität ... Die Sexualität, das ist ziemlich monoton!" (DeE IV, Nr. 344, „Zur Genealogie der Ethik: Ein Überblick über laufende Arbeiten", S. 747)

Diese Bewertung fügt sich auch in die Abfolge der Buchveröffentlichungen ein. Die Vorlesung *Hermeneutik des Subjekts*, die sich in allgemeinerer Form mit den Selbsttechniken auseinandersetzt, kommt – obwohl später abgefasst –, noch vor den Bänden II und III der *Geschichte der Sexualität* heraus (*Der Gebrauch der Lüste, Die Sorge um sich*).

Abgesehen von den einzelnen Befunden, die sich für die Antike unter dem Blickwinkel einer Ethik des Selbst ergeben, darf ein genereller Zusammenhang als besonders wichtig gelten: Die Sorge um sich offenbart eine ganz andere Subjektauffassung (→ Individuum; → Subjekt) als sie mit den → Körpertechnologien, dem → Autor oder dem → Diskurs verbunden worden war.

Foucault skizziert drei Aspekte der *epimeleia beautou* (Sorge um sich selbst): Erstens besteht sie in einer Haltung, die ein bestimmtes Verhalten gegenüber der Welt und den anderen Menschen bedingt. Zweitens findet dieses Außenverhältnis durch die verstärkte Selbstbeobachtung eine Ergänzung, die dem eigenen Denken und dessen Inhalten Aufmerksamkeit schenkt. Die dritte Eigenschaft der *epimeleia beautou* zeigt sich in einer Reihe konkreter Handlungen, die als reinigende Praktiken mit Übungscharakter eine lange Tradition besitzen: „Zum Beispiel die Meditationstechniken, Techniken der Erinnerung der Vergangenheit, Techniken der Gewissensprüfung, Techniken der Überprüfung von Vorstellungen, sofern sie Vorstellungen des Geistes sind." (HS, S. 26f) (→ Technologien des Selbst)

Gegensatz: Antikes und neuzeitliches Subjekt

Die Ethik des Selbst beruht auf einem kaum zu überschätzenden Befund: Es gibt zwei große Subjektkonzeptionen des abendländischen Denkens, deren Möglichkeit auf zwei Lesarten des Erkennens beruht. Im fraglichen Punkt stehen sich das sokratische *gnothi seauton* („Erkenne dich selbst") und die *epimeleia beautou* („Die Sorge um sich selbst") gegenüber. In der Neuzeit hat das *gnothi seauton* die *epimeleia beautou* verdrängt.

Als markante Belegstelle dieser Wende wählt Foucault Descartes. Der Unterschied zwischen Erkennen und der Sorge um sich selbst lässt sich allerdings nicht strikt auf Descartes datieren: „Schon lange zuvor hatte die Arbeit eingesetzt, die darin bestand, den auf der Grundlage und im Rahmen des erkennenden Subjekts sich vollziehenden Zugang zur Wahrheit von der Notwendigkeit einer geistigen Arbeit [*travail spirituel*] des Subjekts an sich selbst, d.h. von einem sich wandelnden und von der Wahrheit, Erleuchtung und Läuterung erwartenden Subjekt abzukoppeln." (HS, S. 47)

Der Grund für die frühe Auftrennung findet sich in der Theologie, die das → Subjekt auf sein transzendentes Vorbild in Gott verpflichtet und damit einen absoluten Bezugspunkt für die eigene Erkenntnis schafft. Descartes setzt daher einen guten Gott voraus, der in dieser Eigenschaft das Bewusstsein nicht täuschen wird, wenn sich das erkennende → Subjekt seiner eigenen Fähigkeiten versichern will.

Das zentrale Problem einer modernen Ethik liegt laut Foucault in dieser Entscheidung zwischen der Sorge um sich selbst und dem Erkenne dich selbst begründet und stellt zugleich die Herausforderung der abendländischen Philosophie dar: „Wie ist es möglich, daß das, was vermittelt über die technische Beherrschung sich als Objekt des Wissens gibt, zugleich der Ort ist, wo die Wahrheit des Subjekts, das wir sind, sich manifestiert, sich erprobt und unter Schwierigkeiten vollendet? Wie ist es möglich, daß die Welt, die sich aus der Grundlage der technischen Beherrschung als Erkenntnisobjekt gibt, zugleich der Ort ist, an dem sich das ‚Selbst' [*le soi même*] als ethisches Subjekt der Wahrheit manifestiert und bewährt? Gesetzt, dies ist das Problem der abendländischen Philosophie – wie kann die Welt Erkenntnisobjekt und zugleich Ort der Bewährung [*épreuve*] für das Subjekt sein; wie ist es möglich, daß es ein Erkenntnissubjekt gibt, das sich die Welt vermittelt über eine *techne* als Objekt gibt, und ein Subjekt der Selbsterfahrung, das sich dieselbe Welt in der radikal unterschiedenen Gestalt der Bewährung gibt […].“ (HS, S. 593f)

(**HS**, S. 312f)

Feld

Ein Feld ist eine abstrakte Raumbedingung, die in einer bestimmten historischen Formation die Bedingungen für die Beziehungen zwischen → Subjekten, Institutionen, Äußerungsmodalitäten, Gegenständen und Begriffen ausdrückt. Gleichzeitig unterliegt das Feld der Modulation durch seine Elemente. In der Komplexität der Beziehungen des Feldes kann das → Subjekt seinen momentanen Standpunkt niemals endgültig bestimmen. Die Feststellung des eigenen Standortes gelingt erst unter Wahrung einer geschichtlichen Distanz, deren Preis in der Aufgabe der Gegenwart besteht. Die Aktualität des → Subjekts bleibt immer an eine → Diskontinuität mit sich selbst gebunden. (siehe auch: → Formation der Begriffe; → Mikrophysik der Macht)

(**WG**, S. 30, 55, 181, 208, 214, 280, 335, 341, 405, 422, 431, 491f, 527, 531, 549; **PG**, S. 19, 73; **GK**, S. 13, 36, 53f, 65, 74, 77, 83f, 97, 103–105, 110f, 117, 119, 124, 135f, 139, 181; **OdD**, S. 19f, 22, 24, 26, 36, 87, 100, 106, 122, 125, 130, 168, 174, 178f, 198, 266, 278, 284, 299–303, 305, 307, 328, 335, 341, 345, 347, 369, 383, 393f, 411, 413, 415f, 419, 427, 432, 434–437, 450, 452, 454, 456f; **Arch**, S. 9, 12, 21f, 25, 27f, 33, 35f, 40, 42–44, 46, 48, 56, 58, 62–64, 69, 73, 77, 79, 82f, 85f, 89, 92f, 97, 106, 110, 115, 127, 133, 140, 142f, 145, 151, 153, 158, 160f, 167f, 172, 177f, 180f, 184f, 196, 199, 201, 204f, 207f, 210, 214, 217, 221, 224, 233f, 245, 248f, 260, 262, 264, 269, 273, 275, 277, 293–298; **MP**, S. 15–17, 94, 145, 161, 165, 251, 271, 273, 389, 396, 400f, 415, 456, 495; **A**, S. 49, 52, 61, 68, 83, 106, 144, 167, 169, 175, 178,

182, 196f, 208, 211–214, 244,252, 296, 316, 324, 358, 361, 369f, 379, 382, 423; **ÜuS**, S. 33f, 36f, 96, 125, 29, 240, 243, 246, 301, 343, 361, 380; **SW I**, S. 52f, 84, 86, 114, 117–119, 123f, 126, 165, 167, 169, 171; **VdG**, S. 37, 50, 74, 112, 152f, 164, 196, 197, 199, 201f, 204f, 217f, 224, 234f, 246–250, 256, 268, 285, 288f, 293, 301, 307, 315; **GG I**, S. 15f, 61, 74, 94, 101, 114, 116f, 120, 158, 173, 177, 278, 332, 350, 359, 400, 420, 425, 450, 501, 506; **GG II**, S. 58, 97, 155, 165, 233, 246, 333, 340; **HS**, S. 50, 229, 231, 239, 279f, 297, 303, 314, 543; **SW II**, S. 10, 197f, 251, 273, 313, 315; **SW III**, S. 22, 47f, 120, 123, 128f, 165, 168, 175, 186)

Formales Apriori

Das formale Apriori lässt sich vor allem durch seinen Gegensatz zum → historischen Apriori erklären. Das → historische Apriori erfasst die realen Bedingungen für → Aussagen, während das formale Apriori die Bedingungen für gültige Urteile beinhaltet. Die formale Seite legitimiert sich in der Strenge einer zufallslosen Gesetzmäßigkeit, die historische Seite erfasst diejenige Bandbreite in der → seriellen Geschichte, die den komplexen Inhalt des → Archivs bildet. Unter dem formalen Apriori sind zufällige Ausdehnungen ausgeschlossen. Es kommen Gesetze zur Anwendung, die nicht von den Elementen abhängen.

Das Adjektiv formal kennzeichnet eine quasi mathematische Verwendungsform, deren ganzer Gehalt auf beliebige Gegenstandsbereiche angewandt werden kann. Der Gegenstand kommt nur als Argument in einem Formelapparat vor. Das formale Apriori stellt somit einen idealisierten Fall dar, der sich häufig auf die Anwendung in der Mathematik und Logik beschränkt.

Das → historische Apriori stellt den allgemeineren Fall dar: Es beschreibt die Bedingungen, unter denen sich eine formale Struktur in einer bestimmten historischen Situation ereignen kann. Zwischen den beiden Formen des Apriori ist damit eine Hierarchie festgelegt. Die Formalisierung des → historischen Apriori, was gleichbedeutend mit einer Formalisierung von Geschichte wäre, ist damit ausgeschlossen. Tatsächlich können sich die beiden Apriori in der Geschichte nur begegnen, indem sie sich kreuzen. Ihre Ebenen sind gänzlich verschieden, denn es handelt sich um unterschiedliche Dimensionen (Arch, S. 186, 290). (Arch, S. 185f, 290)

Formation der Äußerungsmodalitäten

Äußerungen sind Formen von → Aussagen. Beispiele sind: qualitative Beschreibungen, biographische Erzählungen, Interpretationen, Analogieschlüsse, Deduktionen, statistische Schätzungen und experimentelle Überprüfungen. Die genannten Beispiele verweisen auf heterogene Formen des Sprechens, sodass die Menge der → Subjekte, die als Sprecher in Relation zu den Aussagen stehen, keine eindeutigen Zuordnungen gestattet. Die klassische Geschichtskonzeption sieht hier noch ein einziges → Subjekt vor. Die Formation der Äußerungsmodalitäten liefert durch die Vielzahl der Formen der Aussagen Hinweise darauf, dass sich diese Subjektkonzeption durch die Frage nach dem kompetenten Sprecher bezweifeln lässt. Wenn beispielsweise die Ärzte im 19. Jahrhundert verstärkt statistische Schätzungen in ihren → Diskurs einbeziehen, kommen als kompetente Sprecher vor allem die Mathematiker in Betracht. Die Verwendung einer Äußerungsmodalität wie der Mathematik als Fachsprache zeigt besonders deutlich den Kompetenzverlust seitens der Ärzte an. Wer beispielsweise ein Statistikprogramm auf einem Taschenrechner nur benutzt, hat die grundlegenden Bedingungen der statistischen Berechnung nicht verstanden.

Allgemein beschreibt der Umstand der Formation von Äußerungsmodalitäten das Auftauchen neuer Formen von Äußerungen in einem → Diskurs. Dieses erweiterte Sprechen bereichert den → Diskurs um bislang diskursfremde Elemente. Dabei kann das dokumentarische → Feld eine ausgesuchte Rolle als gemeinsamer Informationspool für → Diskurse spielen. Der klassische Ort ist die Bibliothek. Sie erlaubt nicht nur den Zugriff auf diskursfremde Informationen, sondern sie stellt selbst ein statistisches Phänomen dar, womit die Bibliothek zum Ort der Sammlung der Reden einer großen Zahl von Sprechern wird, denen sich der Benutzer eingliedert. Das dokumentarische → Feld einer Bibliothek erfährt dabei erhebliche Veränderungen, wie der Vergleich mit der mittelalterlichen Bibliothek zeigt. Dort gilt die Tradition der Überlieferung als unantastbare → Wahrheit. Das dokumentarische → Feld besteht aus der Autorität einer beschränkten Anzahl von Büchern.

In der Moderne wandelt sich dieses dokumentarische → Feld beispielsweise zu einem statistischen → Feld, in dem der Arzt als erster Stadtsoziologe auftritt. Die Äußerungsmodalität besteht dann in der Erfassung der sozialen Milieus, der klimatischen Bedingungen, der Epidemien, der Sterblichkeitsrate und der Ansteckungsrisiken.

Von grundsätzlichem Einfluss sind auch die Positionen des → Subjekts für die Äußerungsmodalität. Es spielt eine wichtige Rolle, ob es sich um eine fragendes, horchendes, betrachtendes oder ein notierendes → Subjekt handelt (Arch, S.80).

Mit dem fragenden → Subjekt verbinden sich Verfahren oder Aufgabenstellungen. Eine Frage im Rahmen der qualitativen Beschreibung unterscheidet sich deutlich von einer statistischen Schätzung.

Das horchende → Subjekt ist im Informationsprogramm „Bibliothek" platziert und wird von den verschiedensten Äußerungsmodalitäten durchkreuzt. Dieses → Subjekt bildet sozusagen eine Informationssenke für die bereitstehenden Modalitäten.

Das betrachtende → Subjekt steht in einem Wahrnehmungsfeld, das durch seine instrumentelle Ausstattung variieren kann. Gleichzeitig spielen die Orte des Sprechers wieder eine Rolle, denn die institutionellen Positionen des Betrachters können den Blick einengen und konzentrieren. Der Blick kann auf Grund von unterschiedlichen Ebenen der Beschreibung gelenkt werden. Das überschneidet sich mit dem deskriptiven → Subjekt. Die entsprechenden Wahrnehmungsebenen können von der Oberfläche des Körpers, den Zeichen der Krankheit, zu den Organen, zum Gewebe und den Zellen übergehen.

Gleichzeitig besitzt das → Subjekt im Fachdiskurs eine Bedeutung als unmittelbarer Sprecher. Es verteilt und produziert von seinem besonderen Ort aus und in einer speziellen Institution die Informationen, die sich als Bündel von Beziehungen in seinem eigenen Hörfeld, Wahrnehmungsfeld, Deskriptionsfeld und Fragefeld ergeben haben. In diesem Fall wird das → Subjekt zum Sender der Information. Die Individualität des → Subjekts ist durch seinen Ort im → Feld festgelegt. Das → Feld ist eine Funktion der → seriellen Geschichte und der speziellen → Räume, die für die Wahrnehmung, die Deskription, die Frage und das Hören gelten.

Die Modalitäten bilden um das → Subjekt einen → Raum der Äußerlichkeit. Das → Subjekt befindet sich in einem Netz aus institutionellen Positionen (Krankenhaus, Privatpraxis, Laboratorium) und seinen unterschiedlichen eigenen Positionen (fragend, hörend, notierend, wahrnehmend), die eine Verstreuung des → Subjekts bedingen. Man hat es nicht mehr mit einem auktorialen Erzähler oder einem souveränen Sprecher zu tun, der einen übergeordneten Standpunkt der Erkenntnis bezieht. Deshalb kann die Formation der Äußerungsmodalitäten auch nicht unter den kategorialen Leistungen eines transzendentalen → Subjekts verbucht werden (vgl. Arch, S. 75f). (Arch, S. 95)

Formation der Begriffe

Der → Diskurs besitzt die Fähigkeit Begriffe auszubilden, die sich nicht auf die Formung im Bewusstsein beteiligter → Individuen zurückführen lassen. Die → Individuen benutzen als → Subjekte diese Begriffe – sie sprechen mit und von diesen Begriffen. Aber die fraglichen Begriffe legen sich wie ein anonymes Netz über die sprechenden → Individuen. Das betreffende diskursive → Feld begrenzt die Gültigkeit der Begriffe. Sowohl die in einem diskursiven → Feld gültigen → Regeln wie auch die Begriffe sind also so spezifisch, dass sich dadurch ein Gebiet definieren lässt.

Wegen der lokalen Begrenztheit der Begriffe durch Gebiete ergeben sich Nachbarschaftsbeziehungen. Die Begriffe können in benachbarten Gebieten sogar gleichzeitig erscheinen. Es wäre naheliegend, ein → System der Formation der Begriffe anzunehmen. Für die Naturgeschichte Linnés, die Ökonomie Ricardos oder die Grammatiker von Port Royal will Foucault dies auch keinesfalls verneinen. Allerdings empfiehlt sich an dieser Stelle die Unterscheidung zwischen deduktiv analysierbaren → Systemen und → Feldern. „Anstatt die Begriffe in einem virtuellen deduktiven Gebäude erneut anordnen zu wollen, müsste man die Organisation des Feldes der Aussagen beschreiben, in dem sie auftauchen und zirkulieren.“ (Arch, S. 83)

In jedem Fall muss der → Archäologe nach der Einheit von → Aussagen in den → Feldern suchen, und ihm steht dazu die Formation der Begriffe zur Verfügung. Formation ist hier mit Entstehung gleichzusetzen. Die entstehende Begrifflichkeit kann dabei einer heterogenen Verstreuung entsprechen. Auf dem Stand der archäologischen Herangehensweise von 1968 folgen daraus die Formationsregeln für Begriffe, insofern sie die → allgemeine Grammatik betreffen. Es handelt sich um die → Attribution, die Artikulation, die → Designation und die → Derivation. Foucault ist, eingeschränkt auf den Zeitraum der Klassik, überzeugt, dass sich ein → System der Formationsregeln angeben lässt, das sowohl die Entstehung, Verstreuung und Inkompatibilität heterogener Begrifflichkeiten erfassen kann. Er führt dies in *Die Ordnung der Dinge* für die Sprache (→ allgemeine Grammatik), die Naturgeschichte und die Analyse der Reichtümer aus. Die drei genannten Wissensformen bilden wesentliche Gebiete der → Episteme der Klassik

Die → Attribution betrifft die Bildung der Begriffe auf der Ebene der Satzeinheit. Es geht um die → Regeln wie die Wörter zu Sätzen zusammengebunden werden. Es handelt sich um die Verbalkopula, das Verbalnomen oder die Verbalverknüpfung. Die Artikulation berücksichtigt die unterschiedlichen Begriffe, die das Wort als Resultat einer Analyse oder als Instrument bilden kann. Die → Designation entspricht dem Auftauchen von Zeichen und bezieht somit die Bildung einer künstlichen → Sprache ein. Die → Derivation umschreibt ein komplexes Zusammenspiel vom Werden der → Sprache, das auch die Reflexionsfähigkeit der → Individuen und die Beziehungen zur Schrift betrifft (vgl. DeE I, S. 911f).

Die Organisation des diskursiven → Feldes umfasst die Formen der Abfolge, die Formen der Koexistenz und die Prozeduren der Intervention.

Die Formen der Abfolge legen die Anordnung von → Aussagen fest. Die Serie von → Aussagen gehorcht also einer Ordnung. Das zeigt sich vor allem bei Änderungen dieser Ordnung. Im Mittelalter genügt die → Ähnlichkeit als Ordnungsprinzip der Serie (vgl. OdD, S. 46f). Im 16. Jahrhundert kommen in der Naturgeschichte nicht nur neue Begriffe wie die Struktur zu den Begriffen wie Gattung, Art und Zeichen hinzu. Entscheidend ist, dass im 17. Jahrhundert eine ganz andere Ordnung für die serielle Anordnung gilt. Die Beobachtungen werden sprachlich umschrieben und anschließend ordnet man die → Aussagen wieder entsprechend der Sichtbarkeiten an. Die zugehörigen → Räume sind in der Naturgeschichte beispielsweise die Herbarien. Allgemein wird eine Serie von → Aussagen eine Ordnung besitzen, die sie aus den Merkmalen oder Eigenschaften der Referenten der → Aussagen ziehen kann, oder die Ordnung ergibt sich aus einem anderen → Diskurs. In diesem Fall wirkt das → Feld der Begleitumstände (siehe unten).

Die Formen der Koexistenz gehören zu einem → Feld der Präsenz. Hierzu zählen alle → Aussagen, die in einen → Diskurs als wahr oder als diskutierbar gelten. Die Formen des Einbezugs variieren beträchtlich. Von der einfachen Wiederholung traditioneller Annahmen bis zu den logischen Wertungen, der experimentellen Überprüfung, der Kommentierung und des Nachweises des Irrtums spannt sich der Bogen, der in einem → Diskurs gleichzeitig benutzten → Aussagen.

Das → Feld der Begleitumstände verbindet das → Feld der Präsenz mit anderen Diskurstypen. Es ist der Bereich, aus dem jene Modelle stammen, die für den aktuellen → Diskurs eine bestimmte Gültigkeit besitzen. Foucault nennt als → Feld der Begleitumstände in der Epoche Linnés die „Beziehungen zur Kosmologie, zur Erdgeschichte, zur Philosophie, zur Theologie, zur heiligen Schrift und Bibelexegese, zu den mathematischen Disziplinen (in der sehr allgemeinen Form einer Ordnungswissenschaft)." (Arch, S. 86) Umgekehrt gibt es das → Feld der Erinnerungen als ungültige → Aussagen der Vergangenheit, die lediglich einer historischen Kontinuität dienen oder Ableitungsverhältnisse demonstrieren.

Unter den Prozeduren der Intervention erscheinen die Techniken der Neueinschreibung und die Methoden der Transkription. Für die Techniken der Neueinschreibung gilt die Verwandlung von Beschreibungen unter der Voraussetzung neuer Gesetze und Konfigurationsbedingungen bei der Bildung der neuen Beschreibung. Foucault nennt das Beispiel der Verwandlung linearer (mittelalterlicher) Beschreibungen in die klassifikatorischen Tabellen der Naturgeschichte im klassischen Zeitalter (vgl. Arch, S. 87).

Die Methoden der Transkription verbinden die → Aussage in der natürlichen Sprache mit einer formalisierten Sprache. Betroffen sind alle Übersetzungen von einer qualitativen in eine quantitative Beschreibung und umgekehrt. Die Physiologie am Ende des 19. Jahrhunderts stellt beispielsweise durch die Methode der Transkription die Verbindung zwischen Sinnesleistungen und physikalischen Messwerten her.[12]

(**Arch**, S. 83, 93, 95, 169, 229)

Formation der Gegenstände

Innerhalb eines → Formationssystems oder einer diskursiven Formation tauchen in Abhängigkeit von der Geschichte Gegenstände auf. Die Geschichte des → Wahnsinns stellt beispielsweise eine derartige Abfolge von Gegenständen dar, die alle unter der Bezeichnung → Wahnsinn geführt werden, aber eine unterschiedliche Bedeutung in den jeweiligen historischen Formationen haben können. Daraus folgt der Schluss, dass diskursive Formationen ihre Gegenstände regelrecht produzieren. Die Gegenstände können demnach nicht zum Ausgangspunkt einer Untersuchung gemacht werden, die der Erfassung der diskursiven Formationen selbst dienen soll. Die Formation der Gegenstände drückt zunächst ein Problem

---

12 Anson Rabinbach, *Motor Mensch*, Wien 2001.

aus, das bei der Einheitsbildung in einer diskursiven Formation auftritt. Der Archäologe darf nicht von einem stabilen und ahistorischen Gegenstand ausgehen und versuchen, die diskursive Formation von einem künstlich übergeordneten Idealtyp dieses Gegenstandes her zu rekonstruieren. Bezogen auf das obige Beispiel bedeutet dies, dass es keinen idealtypischen → Wahnsinn gibt, auf den sich jeder → Diskurs beziehen könnte.

Die Formation der Gegenstände wirft konsequenterweise die Frage nach dem Auftauchen der Gegenstände innerhalb eines → Formationssystems auf. Die Oberflächen des Auftauchens variieren durch die Gesellschaften, Epochen und die jeweiligen → Diskurse. Wichtig sind hierbei Toleranzgrenzen und Schwellen, die in bestimmten gesellschaftlichen Konstellationen eine Rolle spielen (Familien, Gruppen, Milieus, Glaubensgemeinschaften). Die sozialen Randbedingungen können das Auftauchen von Gegenständen insofern bedingen, als der → Diskurs dort einem besonderen Sprachgebrauch unterliegt.

Der → Diskurs kann nicht nur eine Gesamtheit von Zeichen bilden, sondern er besitzt durch die Fähigkeit der Auswahl und der Verbindung der Zeichen auch die Möglichkeit zur Bildung von neuen Gegenständen. Die → Sprache bezeichnet nicht nur, sondern sie besitzt auch eine produktive Seite, die bis zur Praktik reicht (vgl. Arch, S. 61f).

Ein → Diskurs kann einen anderen → Diskurs beeinflussen. Beispielsweise kann die Kriminalität ein Gegenstand des → Diskurses Medizin werden, und taucht dementsprechend in diesem → Diskurs auf. Die Analyse der Formation der Gegenstände legt hierbei den größten Wert auf eine Konsistenz des → Diskurses. Diese Konsistenz besteht darin, die Produktivität des → Diskurses Medizin für die Kriminalität nachzuweisen. Die Einheit des → Diskurses bezieht sich also immer auf die → Regeln oder das → Formationssystem, nicht aber auf eine Beschränkung der Gegenstände oder eine Eingrenzung des Bereiches.

(**Arch**, S. 61, 73, 95, 103, 169, 295)

Formationssystem

„Unter Formationssystem muß man [...] ein komplexes Bündel von Beziehungen verstehen, die als Regel funktionieren: Es schreibt das vor, was in einer diskursiven Praxis in Beziehung gesetzt werden mußte, damit diese sich auf dieses oder jenes Objekt bezieht, damit sie diese oder jene Äußerung zum Zug bringt, damit sie diesen oder jenen Begriff benutzt, damit sie diese oder jene Strategie organisiert. Ein Formationssystem in seiner besonderen Individualität zu definieren, heißt also, einen Diskurs oder eine Gruppe von Aussagen durch die Regelmäßigkeit einer Praxis zu charakterisieren." (Arch, S. 108)

Foucault nennt das Formationssystem auch diskursive Formation, die keine aktuelle oder veraltete Wissenschaft darstellt. Sie beinhaltet Formationsregeln, deren Durchführung zur Bildung von Einheiten von → Aussagen führt. Die Formationsregeln stellen die Bedingungen dar, unter denen die Gegenstände/Objekte eines Formationssystems verteilt werden. Die formierten Einheiten gelten als → Wissen, das von Wissenschaft zu unterscheiden ist.

Die Formationsregeln umfassen vier Komplexe: Die → Formation der Gegenstände, die → Formation der Aussagen, die → Formation der Begriffe und die → Formation der Strategien.

Ein Formationssystem beschreibt die einer Zeit vertrauten Regelmäßigkeiten und artikuliert aktuelle Zusammenhänge, die aus der → Formation der Aussage, der Gegenstände, der Begriffe und der Strategien gebildet werden können. Die genannten Formationen stützen sich dabei nicht auf das → System, sondern auf das → Feld. Das → System ist eine zeitabhängige Menge von Schnittpunkten der feldartigen Formationen. Der Schnittpunkt selbst nimmt dort die Form des → Ereignisses von → Transformationen und Prozessen an, soweit sie sich zu einer regelhaften Form für eine bestimmte Zeit verdichten lassen. Während sich beispielsweise die Formation der Begriffe auch in einem vorbegrifflichen → Feld abspielt, hat das Formationssystem einen aussprechbaren und formulierbaren Gehalt an → Regeln. Der Archäologe befindet sich damit in einer schwierigen Situation: Das Formationssystem weist → Regeln auf, die festlegen, was letztlich die Quelle der → Transformationen sein sollte. Wenn → Transformationen das Auftauchen neuer Gegenstände beschreiben sollen, dann würden die → Regeln des Formationssystems letztlich alles Neue von Anbeginn determinieren. Die Entwicklung wäre vorherbestimmt und die → Transformation hätte sich in eine von → Regeln bestimmte Verlaufsform verwandelt. Dagegen spricht zunächst die folgende Bemerkung:

„Diese Formationssysteme dürfen nicht für unbewegliche Blöcke, für statische Formen gehalten werden, die sich von außen dem Diskurs auferlegen und ein für allemal seine Merkmale und Möglichkeiten definieren würden.“ (Arch, S. 108)

Würde sich der Archäologe allein auf diese Position beziehen, hätte er das Problem der → Transformation nur auf die → Regeln verschoben. Foucault bleibt zum Zeitpunkt der *Archäologie des Wissens* in diesem Punkt letztlich unschlüssig. Er scheint zwischen den → Regeln einer systematischen → Transformation und dem Einbezug von Unordnung durch ahistorische → Regeln zu schwanken.

„Hinter der sichtbaren Fassade des Systems nimmt man die reiche Ungewißheit der Unordnung an; und unter der dünnen Oberfläche des Diskurses vermutet man die ganze Masse eines zum Teil schweigenden Werdens: Ein ‚präsystematisches‘, das nicht zur Ordnung des Systems gehört; ein ‚prädiskursives‘, das zu einer wesentlichen Stummheit gehört. Diskurs und System dürfen sich demnach nur – und zwar verbunden – auf dem Grat dieser immensen Reserve produzieren.“ (Arch, S. 111)

Nach der *Archäologie des Wissens* verändert Foucault seine Stellung bezüglich des Verhältnisses zwischen diskursiven und nichtdiskursiven Praktiken. Die *Archäologie des Wissens* stellt einen Versuch dar, die → Transformationen durch diskursimmanente → Regeln zu erfassen. Die nichtdiskursiven Praktiken bleiben dabei zwar nicht unerwähnt, aber sie spielen eine Nebenrolle.

(**Arch**, S. 65, 71, 100, 106, 108–110, 245, 249, 265; **DeE I**, Nr. 59, „Über die Archäologie der Wissenschaften“, S. 920f)

Formation der Strategien

Für die klassische Periode lassen sich in der Medizin, der Grammatik, der Ökonomie und der Wissenschaft von den Lebewesen Themen und Theorien unterscheiden. Das Thema der Grammatik des 18. Jahrhunderts stellt sich als ursprüngliche Sprache dar. Die Wissenschaft des Lebendigen untersucht im gleichen Zeitraum die Evolution der Arten. Die Theorien lassen gegenüber den Themen einen höheren Grad von Kohärenz erkennen, und sie beinhalten Erklärungen, die mehr zeitliche Stabilität besitzen. Die Physiokraten entwickeln beispielsweise eine Theorie der Zirkulation der Reichtümer im Rahmen einer landwirtschaftlich orientierten Produktionsweise. Die Formation der Strategien soll die Art und Weise des Auftauchens von Themen und Theorien klären, sowie den Lösungsgehalt von Theorien erfassen. Die Randbedingungen ihres Auftretens und die notwendigen Verkettungen in der Abfolge sind zu untersuchen (vgl. Arch, S. 94).

Die Formation der Strategien trifft auf die Schwierigkeit, dass jede diskursive Formation andere Schwerpunkte in der Analyse verlangt. Es lassen sich also lediglich Richtungen einer möglichen Untersuchung formulieren. Letztlich bildet der fragliche → Diskurs den Prüfstein und die Herausforderung an die Analyse.

Es gibt drei mögliche Untersuchungsrichtungen: Die Bestimmung der Bruchpunkte des → Diskurses; die Ökonomie der diskursiven Konstellation; die Funktion des → Diskurses in einem → Feld nichtdiskursiver Praktiken (vgl. Arch, S. 96ff).

Der → Bruch eines → Diskurses besitzt die Erscheinungsformen der Inkompatibilität. Im Fall der Inkompatibilität treten zwei Objekte, Äußerungstypen oder Begriffe in einem → Diskurs auf, die sich nicht widerspruchsfrei in dieselbe Abfolge von → Aussagen eingliedern lassen. Eine wichtige Bedingung bei der Bildung der inkompatiblen Elemente besteht selbstverständlich darin, dass dabei keine differierenden → Regeln zur Anwendung kommen, denn in diesem Fall wäre die Inkompatibilität eine direkte Folge des deduktiven Vorgehens. Nach dem Auftreten einer Inkompatibilität gibt es zwei Objekte, Äußerungstypen oder Begriffe, die nun ihrerseits zu den Ausgangspunkten weiterer systematischer Betrachtungen werden können, und die sich zu diskursiven Teilmengen im ursprünglichen → Diskurs entwickeln. Die Betonung bei dieser Teilmengenbildung liegt auf der Möglichkeit und nicht auf der Notwendigkeit. Ob es tatsächlich zu einer diskursiven Teilmengenausbildung kommt, hängt von verschiedenen Bedingungen ab, die eine Art Auswahlinstanz gegenüber der Menge der möglichen Teilmengenbildungen darstellt. Nicht alle Kombinationen aus dem → Feld möglicher Optionen werden realisiert. Welche Bedingungen der Realisierung lassen sich angeben?

An erster Stelle steht die Untersuchung benachbarter → Diskurse. Die benachbarten → Diskurse können die Teilmengenbildung fördern, indem sie übertragbare formale Systeme darstellen, die letztlich ein Modell einbringen. Die Teilmengenbildung steht in diesem Fall also unter dem Einfluss eines Modells beziehungsweise wirkt die Modellbildung eines benachbarten → Diskurses unterstützend. Ähnliche Verbindungen zu benachbarten → Diskursen können in Analogiebeziehungen, der Opposition oder der Komplementarität bestehen.

Die Realisierung von diskursiven Teilmengen hängt von einer höheren Ebene ab, und der zugehörige → Diskurs wird immer eine Auswahl aus der Gesamtheit darstellen, die durch das → Formationssystem vorgegeben ist. Das → Formationssystem besteht in diesem Fall aus der → Formation der Gegenstände, der → Formation der Begriffe und der → Formation der Äußerungsmodalitäten. Die Formation der Strategie ist dagegen gleichbedeutend mit der Auswahl oder auch mit der Realisierung des → Diskurses, der letztlich aus der Menge aller Möglichkeiten nur einen Ausschnitt bildet. Unter einer genauen historischen Analyse muss bei der Bildung dieses Ausschnittes auch der Einfluss von Analogien oder Komplementaritäten berücksichtigt werden. Die Bildung der Auswahl kann beispielsweise auf der Förderung einer immanenten und unausgesprochenen Seite des → Diskurses beruhen, die dem Vorgang einer Verknappung entspricht, und sich als thematische Zentrierung äußert.

Für den Archäologen bleibt die Bestimmung der realisierten Auswahl letztlich ein besonderes Problem. Der wesentliche Ansatzpunkt ist die Funktion des → Diskurses. Diese Funktion muss in das → Feld der nichtdiskursiven Praktiken passen, in dem dieser → Diskurs in Erscheinung tritt. Hierher gehören die Interessen und die erfüllten Bedürfnisse, die sich erst in Verbindung mit den Praktiken zu einem Komplex wechselseitiger Ergänzung verbinden. Diese flankierende Bedingung findet auf der Ebene der → Genealogie eine sehr viel umfassendere Berücksichtigung.

Eine zweite Bedingung besteht in der Annahme des → Diskurses durch bestimmte Gruppierungen. Die → Diskurse nähern sich unter dieser Bedingung den Fachsprachen an, die nur durch ausgesuchte Teile einer Gesellschaft angewandt und umgesetzt werden.

Eine dritte Bedingung zeigt sich in der Absicht, die sich mit dem → Diskurs verbindet. Dient er nur einer Inszenierung oder handelt es sich um eine ernsthafte Beschreibung utopischer Vorstellungen in denen sich das Begehren ausdrückt? Soll er nur symbolisieren oder kann er ein Verbot formulieren?

Die Formation der Strategien trifft eine Auswahl. Naheliegend wäre der Gedanke, dass sich das Kriterium der Auswahl immer auf eine höhere Ebene beziehen muss. Damit hätte die Formation der Strategien eine überdiskursive Bedeutung eingenommen. Genau dagegen verwahrt sich Foucault jedoch ausdrücklich. Die Funktion der Auswahl arbeitet nicht auf der Ebene eines dominanten oder idealen → Diskurses. Es wäre hier völlig verfehlt, eine Hierarchie der → Diskurse einzubringen.

(**Arch**, S. 94 , 107, 109)

Freiheit

Die Freiheit erweist sich als notwendige Voraussetzung für die → Macht. Die Machtbeziehungen setzen immer eine unterwerfbare Freiheit voraus (vgl. DeE, IV, Nr. 291, „‚Omnes et singulatim‘: zu einer Kritik der politischen Vernunft“, S. 197). „Denn wenn sich im Kern der Machtbeziehungen und gleichsam als deren ständige Existenzbedingung eine gewisse ‚Widerspenstigkeit‘ und störrische Freiheit findet, gibt es keine Machtbeziehungen ohne Widerstand, ohne Ausweg oder Flucht, ohne möglichen Umschwung.“ (DeE IV, Nr. 306, „Subjekt und Macht“, S. 292) Unter den genannten Bedingungen lässt sich die Freiheit nur als Negativ der → Macht begreifen. Sie unterliegt einer laufenden Beschneidung durch die Apparate der → Disziplinen (Gefängnisse, Werkstätten, Schulen), die unter dem Stichwort der milden Mittel in *Überwachen und Strafen* als Kennzeichen der → Macht in Erscheinung treten (ÜuS, S. 173ff). Innerhalb der Anwendung der Machttheorie auf die Politik lässt sich die Freiheit auch als Korrelat der → Sicherheitsdispositive verstehen. Freiheit tritt dann in der ökonomischen Bedeutung der Freisetzung von Einschränkungen auf, die sich auf Abgaben oder feudale Privilegien bezieht (GG I, S. 78).

Im Rahmen humanwissenschaftlicher Wissensakkumulation über das → Subjekt erfährt die Freiheit keine selbstverständliche Erweiterung. Das → Wissen beinhaltet, wie unter Berufung auf die Frankfurter Schule ausgeführt wird, die Möglichkeit der Herrschaftsfunktion (vgl. DeE IV, Nr. 281, „Gespräch mit Ducio Trumbadori“, S. 111). Foucaults Antwort auf diese Verstrickung von → Macht, → Wissen und Freiheit besteht jedoch nicht in der Formulierung einer Dialektik. Seine direkte Lösung zielt vielmehr auf Positivitäten ab, wie sie Praktiken bieten können. Anstatt die Befreiung der → Sexualität zu fordern, geht es ihm beispielsweise um jene „Praktiken der Freiheit“, die zu definieren gestatten, „was die sexuelle Lust, die erotischen, leidenschaftlichen Liebesbeziehungen zu anderen“ sind. (DeE IV, Nr. 356, „Die Ethik der Sorge um sich als die Praxis der Freiheit“, S. 877)

Der positive Begriff der Freiheit gehört zu einer Ethik, die sich über die → Technologien des Selbst definiert. Die Bezeichnung der Technologie verweist in diesem Zusammenhang zwar auf allgemeine Methoden, aber dies darf nicht darüber hinwegtäuschen, dass es sich immer um einen individuellen Prozess handelt, den das einzelne → Individuum in eigener Regie durchläuft.

Das Gegenteil positiver Freiheit bestünde in revolutionären Prozessen, die ein → Subjekt stellvertretend für andere in Gang setzt, wobei es bestimmte Ideale der Freiheit verwirklicht. Dies setzt die Kenntnis einer wahren Natur des Menschen voraus, die nicht gegeben sein kann, denn die humanwissenschaftlichen Ergebnisse spielen nur in einem weiten → Feld der Wahrheit – sie können niemals die Wahrheit des Menschen formulieren. Dies bedeutet jedoch nicht, dass Foucault den Vorgang einer Befreiung generell für unmöglich erachtet. Auf der Ebene der politischen Befreiung von totalitären Systemen hat diese Bezeichnung einen klar definierten Sinn. Der Akt der politischen Befreiung kann sogar die Voraussetzung aller Praktiken der Freiheit darstellen, aber er beschränkt sich auf die Aufhebung negativer Vorgaben und setzt keine positiven Inhalte um. Analog stößt die Vorstellung eines Humanismus, der eine fixe Idee des Menschen ausformuliert, auf wenig Zustimmung. Die normativen Vorstellungen im Rahmen humanwissenschaftlicher Praktiken in der Medizin oder Pädagogik arbeiten immer mit einem Ideal, das zuletzt das Risiko der Universalisierung einschließt.

Der „Humanismus mag aber durchaus nicht universell sein, vielmehr ist er wahrscheinlich an eine bestimmte Situation gebunden. Von dem, was wir als Humanismus bezeichnen, haben ebenso wohl Marxisten und Liberale wie Nazis und Katholiken Gebrauch gemacht. Das heißt nicht, dass wir die Menschenrechte oder die Freiheit fallenlassen sollten; wir können allerdings nicht sagen, Freiheit oder Menschenrechte seien auf dies oder jenes beschränkt.“ (DeE IV, Nr. 362, „Wahrheit, Macht, Selbst“, S. 965) Eine Konsequenz dieser Auffassung zeigt sich deutlich in der Ablehnung aller fertigen Methoden und aller parteipolitischen Konzepte. Foucaults Diskurs belässt jedem Einzelnen im Rahmen der → Philosophie der Wahrheit die Möglichkeit „Wahrheitseffekte“ auszulösen (DeE III, Nr. 238, „Erläuterungen zur Macht. Antwort auf einige Kritiker“, S. 795). Die Freiheit wäre demnach ein Prozess, der sich nicht festschreiben lässt, und dessen Praxis in dem Aufspüren gegenwärtiger Bruchlinien besteht, die als Unstimmigkeiten zu „möglichen Umgestaltung[en]“ bestehender Zustände herausfordern. (DeE IV, Nr. 330, „Strukturalismus und Poststrukturalismus“ S. 544)

Die Freiheit an einer Bruchlinie entfaltet sich in der Geschichte der Subjektivität als Gegenverhalten, das beim späten Foucault in der Ethik den → Technologien des Selbst entspricht: „Die Freiheit ist die ontologische Bedingung der Ethik. Aber die Ethik ist die reflektierte Form, die die Freiheit annimmt.“ (DeE IV, Nr. 356, „Die Ethik der Sorge um sich als Praxis der Freiheit“, S. 879).

(**WG**, S. 13, 39, 70, 82, 84, 98, 124, 128, 133, 140, 143, 146f, 152f, 159, 173, 195, 207, 229, 233, 238, 242, 251, 331, 342–344, 372–374, 381, 404, 412, 426f, 435f, 438, 441, 443–446, 452–458, 461f, 465, 479, 483, 488, 490f, 498f, 501, 505–507, 509, 519f, 523, 529, 539–543, 546, 549; **PG**, 26, 90, 103, 107f, 112, 127, 131f; **GK**, S. 27, 54–56, 62, 65f, 68, 80, 85f, 91, 94f, 100, 113, 138, 176; **OdD**, S. 125, 158, 261, 264, 289, 345, 354, 384, 460; **Arch**, S. 24, 164, 178, 284, 297, 299; **MP**, S. 225, 345, 399, 489, 493; **A**, S. 19, 44, 47, 54, 219, 220; **SW I**, S. 15f, 20, 39, 78, 107, 110; **VdG**, S. 145, 165, 169, 172, 174, 178f, 188f, 232, 235, 240f, 243–247, 268, 318; **ÜuS**, S. 18, 27, 31, 101, 108, 117, 134, 137, 140, 142, 147, 151, 154, 188, 285, 296, 302, 307, 309, 313f, 316, 336f, 342, 345, 347, 376, 378; **GG I**, S. 52, 59f, 67, 69, 77–79, 439, 479, 506–510; **GG II**, S. 27, 43f, 64, 69f, 81, 84–86, 92, 94–105, 112, 119–124, 126f,

131, 138, 148f, 152, 155, 168–170, 190, 225, 228f, 241, 243, 250, 372f, 386, 391f, 442; **HS**, S. 144, 234, 293, 302f, 329, 337f, 348, 351, 360, 366, 373, 376, 380, 397, 454f, 491, 515, 544, 565; **SW II**, S. 33f, 53, 104–106, 108f, 113, 121f, 127, 250, 252, 265, 289, 308f, 313, 317f; **SW III**, S. 47, 56, 66, 104)

Genealogie

Die → Archäologie untersucht die immanenten → Regeln des → Diskurses im Rahmen der → Sprache und der Zeichen (→ Formationssystem), (→ Formation der Äußerungsmodalitäten), (→ Formation der Strategien), (→ Formation der Gegenstände), (→ Formation der Begriffe). Der Genealoge sucht nach den äußeren Bedingungen, den sozialen Praktiken, die den → Diskurs unter Beteiligung der → Macht bestimmen. Die Genealogie verleiht der → Macht in einer neuen Geschichtsauffassung eine zentrale Stellung und entwirft den Rahmen aus → Macht und sozialen Praktiken, der den „autonomen" → Diskurs zu einer abhängigen Größe macht.

Für das Beispiel der Institution Psychiatrie geht es beispielsweise darum zu zeigen, dass sich die psychiatrische Ordnung in ein größeres Umfeld sozialer Praktiken einfügt, das man als „öffentliche Hygiene" bezeichnen könnte. Foucault verweist hierzu mehrfach auf die Arbeit von Robert Castel.[13] Die genealogische Methode verbindet diese psychiatrische Ordnung mit dem gesamtgesellschaftlichen Umgang mit Minoritäten. Eine derartige Verbindung von einer Institution und ihrem „Außen" erlaubt anschließend zu zeigen, wie sich die durch die institutionelle Ordnung inspirierten Techniken rückwirkend entwickeln, indem sie sich in der Gesellschaft verbreiten. Diese Wirkungen können die Kindererziehung (A, S.300ff), die Armenbeihilfe oder den Umgang mit den Kriminellen betreffen. Foucault fügt seinem eigenen Beispiel eine allgemeine Umschreibung der genealogischen Methode hinzu:

„Eine derartige Methode besteht im Grunde genommen darin, hinter die Institution zu gelangen, um hinter ihr [...] das wiederzufinden, was man eine Machttechnologie nennen kann. [...] eine genealogische Analyse, die ein ganzes Geflecht von Bündnissen, Verbindungen, Stützpunkten rekonstruiert. Also erster Methodengrundsatz: Man muß aus der Institution heraustreten, um sie durch den globalen Gesichtspunkt der Machttechnologie zu ersetzen." (GG I, S. 175f)

Der Aufforderung – aus den Institutionen herauszutreten – hat Foucault zum ersten Mal in *Wahnsinn und Gesellschaft* und *Die Geburt der Klinik* entsprochen. Der Wahnsinn existiert demnach nur in einer Gesellschaft, weil er durch eine soziale → Praktik, dem Ausschluss der Irren, sichtbar wird. Weder der Kerker noch das Asyl sind Institutionen, von denen aus sich der → Wahnsinn durch

---

[13] Robert Castel, *Die psychiatrische Ordnung. Das goldene Zeitalter des Irrenwesens*, Frankfurt / Main 1979.

Analyse erschließen könnte. Analog führt keine spitalinterne Entwicklung zur Geburt der Klinik. Erst durch Einbezug des ökonomisierten Außenraumes, der das physiokratische Verständnis der Armen als nützliche Arbeitskräfte und eine veränderte Fürsorgepolitik voraussetzt, beginnt jener Reorganisationsprozess, der das Spital zur Klinik machen wird.

Der erste Methodengrundsatz der genealogischen Methode hat weitgehende Konsequenzen, die auch den Wahrheitsanspruch von Wissenschaft betreffen. Der Einbezug des Außenraumes im Sinne sozialer Praktiken unterläuft den Anspruch von Wissenschaft auf Annäherung an die → Wahrheit. Sie richtet sich gegen den exklusiven Anspruch der Theorie, eine Art Einheitsinstanz zu entwickeln, und bricht letztlich auch mit dem Ideal wahrer Erkenntnis. Dabei soll die Genealogie weder den Nachweis einer falschen Methode in den Humanwissenschaften führen, noch soll sie selbst den Standort absoluter → Wahrheit beanspruchen. Die Kritik der Genealogie zielt vielmehr auf einen Anspruch von Wissenschaft, der als gesellschaftlich verfestigter Wahrheitsdiskurs in einem einheitlichen und formalisierten → Diskurs zu erstarren droht. Das große Thema der Genealogie besteht in der Befreiung von der Wahrheitshierarchie etablierter Wissenschaft. Ihr Ziel besteht in der Förderung kleiner lokaler → Diskurse, und sie verfolgt eine Strategie der → Diskontinuität. An diesem Punkt lässt sich die → Archäologie mit der Genealogie in Zusammenhang bringen. Die Archäologie verfolgt die „Analyse der lokalen Diskursivitäten" im Sinne einer Methode. Die Genealogie stellt hierzu die Taktik bereit (VdG, S. 26).

Welche Taktik verfolgt die Genealogie? Sie muss „die Ereignisse in ihrer Einzigartigkeit und jenseits aller gleich bleibenden Finalität erfassen, sie dort aufsuchen, wo man sie am wenigsten erwartet, und in solchen Bereichen, die keinerlei Geschichte zu besitzen scheinen: Gefühle, Liebe, Gewissen, Triebe. [...]

Die Genealogie benötigt also präzises Wissen, eine Fülle angesammelten Materials und Geduld. Ihre ‚Zyklopen-Bauten'[1] darf sie nicht aus den großen ‚beglückenden Irrtümern' errichten, sondern aus ‚kleinen unscheinbaren Wahrheiten, welche mit strenger Methode gefunden wurden'[2]." (DeE II, Nr. 84, „Nietzsche, die Genealogie, die Historie", S. 166) [1)] Nietzsche: *Die fröhliche Wissenschaft*, §7, [2)] Nietzsche: *Menschliches, Allzumenschliches*, §3.

Der Genealoge muss mehrere methodische Herangehensweisen beachten. Die Genealogie verzichtet auf den Ursprung, denn damit wird eine Art idealisierte Bedingung eingeführt. Stattdessen sollte der Genealoge nach der Entstehung oder der Herkunft suchen. Die richtige Einordnung von „Entstehung" oder „Herkunft" kann nur bei Berücksichtigung der Geschichtskonzeption Foucaults gelingen. (→ serielle Geschichte, → Ereignis) Es geht nicht um die Errichtung eines Stammbaumes in der Kontinuität der Abfolge der Generationen. Gerade die Herstellung von Kontinuität wäre aus geschichtlicher Sicht wieder mit dem Endziel des Ursprungs verknüpft. An Stelle der Kontinuität thematisiert die Genealogie alles, was von einer bestimmten feststehenden Form der → Wahrheit abweicht. Die Genealogie registriert also alle Unregelmäßigkeiten, Störungen, Irrtümer und

Richtungswechsel. Aus diesen → Ereignissen und Zufälligkeiten rekonstruiert der Genealoge kein Sein und keine übergeordnete → Wahrheit, sondern genau jene Heterogenität, die sich aus der Vergangenheit für die Gegenwart als Entstehung bemerkbar macht. Es ist eine Geschichte die keine perfekten Bauten errichtet, sondern das Risiko des dauernden Umbaus bei fehlenden Fundamenten in Kauf nimmt. Die Geschichte wird zu einem Ort der laufenden Veränderung und sie muss immer wieder neu geschrieben werden. Foucault folgt mit seinem Genealogieverständnis Nietzsche, aber es könnte ebenso als Konsequenz einer Geschichtsauffassung betrachtet werden, die sich im 20. Jahrhundert innerhalb der Wissenschaftstheorie im Zusammenhang mit Gaston Bachelard und Thomas Kuhn entwickelt hat.

Der Genealoge muss sich gewisser traditioneller Formen der Arbeit des Historikers enthalten. Wenn sich die Geschichte aus unzähligen kleinen → Ereignissen rekrutiert, dann kann man unmöglich die großen Epochen zum Ausgangspunkt der Untersuchung wählen. Der Ort des Genealogen wäre vielmehr im leibnizschen Wassertropfen der Geschichte zu suchen, im „Wimmeln" der Alltäglichkeit. Dabei handelt es sich nicht um eine Geschichte alltäglicher Trivialitäten, wie es ein vorschneller Schluss nahe legen könnte. Es geht vielmehr um eine höchst aufwändige, weil äußerst arbeitsintensive Auseinandersetzung mit der Geschichte. Der Mikroblick des Genealogen verwandelt die Geschichte in einen Ort des dauernden Werdens. Das zeigt der menschliche Körper innerhalb der Anwendung von Genealogie bei Foucault in exemplarischer Form. Selbstverständlich lässt sich der Körper auf seine Physiologie reduzieren und eine Art ahistorische Variante herstellen, die dann feststellt, dass dieser Körper im unversehrten Zustand aus zwei Armen und Beinen, nebst weiteren äußeren Gestaltmerkmalen besteht. Das Risiko solcher Betrachtungsweisen besteht in der *Fest*-stellung von Sachverhalten, die das Geschichtsverständnis zuletzt blockieren. Tatsächlich insistiert Foucault immer wieder darauf, dass an diesem Körper nichts fest sei. Der Körper kann ganz unterschiedliche Lebensweisen verkörpern, er kann Ernährungsgewohnheiten ausbilden und Moralgesetzen entsprechen (vgl. DeE II, Nr. 84, „Nietzsche, die Genealogie, die Historie", S. 179). Als Resümee bleibt dem Genealogen also nur die Feststellung, dass jede Identitätsstiftung unter der Gefahr der Geschichtsbeugung erfolgt. Der Gegenstand wird einer künstlichen Identität in der Geschichte unterworfen und mit einer Stabilität ausgestattet, die das Aushalten der eigenen Unfestgestelltheit in der Geschichte vermeidet.

Innerhalb einer historischen Verlaufsform gibt es für den Genealogen immer die Grundtatsache der Konstitution. Üblicherweise lässt sich die Konstitution an einem → Subjekt fixieren. Zur Genealogie gehört umgekehrt die Vermeidung eines konstituierenden → Subjekts, „das heißt, man muß zu einer Analyse gelangen, die der Konstitution des Subjekts in der historischen Verlaufsform Rechnung tragen könnte. Und das ist das, was ich die Genealogie nennen würde, das heißt eine Form von Geschichte, die der Konstitution der Wissensarten, der Diskurse, der Gegenstandsbereiche usw. Rechnung trägt, ohne sich auf ein Subjekt beziehen zu müssen, ob dieses nun dem Feld der Ereignisse gegenüber transzendent ist oder ob es in seiner leeren Identität an der Geschichte entlangläuft." (DeE III, Nr. 192, „Gespräch mit Michel Foucault", S. 195)

Das → Subjekt wird durch die Genealogie konstituiert und äußert sich in der Geschichte in veränderter Form durch Wissensarten, → Diskurse und Gegenstandsbereiche. Dabei gibt es drei Hauptachsen oder genealogische Achsen der Subjektkonstitution: → Wahrheit, → Macht und → Moral.

„Alle drei [Achsen, M.R.] waren, wenn auch in einer etwas wirren Art, in der *Histoire de la folie* [*Wahnsinn und Gesellschaft*] vorhanden. Die Achse der Wahrheit habe ich in der *Naissance de la clinique* [*Die Geburt der Klinik*] und in *L'Archéologie du savoir* [*Archäologie des Wissens*] untersucht. Die Achse der Macht habe ich in *Surveiller et Punir* [*Überwachen und Strafen*] und die moralische Achse in der *Histoire de la sexualité* [*Sexualität und Wahrheit*] entwickelt." (DeE IV, Nr. 344, „Zur Genealogie der Ethik: Ein Überblick über laufende Arbeiten", S. 759)

Wenn Foucault die Achsen der Subjektkonstitution mit einer historischen Ontologie von uns selbst verbindet, dann weist dies auf das eigentliche Motiv der Genealogie hin. Das Wissen über uns selbst, unser eigenes Wahrsprechen von und über uns, lässt sich als historische Verlaufsform begreifen. Den entsprechenden Nachweis könnte die Genealogie bereits bei Beschränkung auf das Material der Klassik im Zeitraum des 16., 17. und 18. Jahrhunderts durch einen rein historischen Zugang leisten. Tatsächlich erhebt die Genealogie den wesentlich umfassenderen Anspruch, das Wahrsprechen über uns selbst von einer gegenwärtigen Fragestellung aus zu betreiben. In einem Interview mit François Ewald begründet Foucault den Sinn der Untersuchung vergangener Perioden durch Hinweis auf die Gegenwart:

„Ich gehe von einem Problem in den Begriffen aus, in denen es sich gegenwärtig stellt, und versuche dann, dessen Genealogie durchzuführen. Genealogie heißt, dass ich die Analyse von einer gegenwärtigen Frage aus betreibe." (DeE IV, Nr. 350, „Die Sorge um die Wahrheit", S. 831)

Dieser Gegenwartsbezug von Genealogie verbindet sich mit ihrem Gegenstand, den kleinen unscheinbaren Wahrheiten, die zu einer Definition von „Anti-Wissenschaften" führen. Streng genommen ist von Genealogien im Plural zu sprechen, denn diese Anti-Wissenschaften stützen sich auf unterschiedliche Erfahrungen, die den konkreten Widerstand gegen bestimmte Wirkungen von Wissenschaft ermöglichen. Die Anti-Wissenschaften der Genealogien wenden sich aber nicht „gegen die Inhalte, Methoden oder Begriffe einer Wissenschaft als vielmehr gegen die zentralisierenden Machtwirkungen, die mit der Institution und dem Funktionieren eines im Inneren einer Gesellschaft wie der unserigen organisierten wissenschaftlichen Diskurses verbunden sind." (VdG, S. 23, 25)

(**WG**, S. 313; **GK**, S. 22; **OdD**, S. 124, 150, 342; **Arch**, S. 24f, 256; **OD**, S. 41, 45, 47f; **MP**, S. 67, 119, 345; **A**, S. 62, 79, 82, 304, 358, 370, 376, 380, 417, 420; **ÜuS**, S. 33, 41; **SW I**, S. 144; **VdG**, S. 13, 22–28, 84, 89, 95, 97, 144, 169,199, 213, 226;

MP, S. 345; **GG I**, S. 61, 176, 179, 398, 508; **GG II**, S. 59, 124, 151; **HS**, 239; **SW II**, S. 11–13, 20f, 217)

Geschichte: (→ serielle Geschichte)

Gouvernementalität:

Foucault definiert Gouvernementalität in drei Schritten: „Unter Gouvernementalität verstehe ich die Gesamtheit, gebildet aus den Institutionen, den Verfahren, Analysen und Reflexionen, den Berechnungen und den Taktiken, die es gestatten, diese recht spezifische und doch komplexe Form der Macht auszuüben, die als Hauptzielscheibe die Bevölkerung, als Hauptwissensform die politische Ökonomie und als wesentliches technisches Instrument die Sicherheitsdispositive hat. Zweitens verstehe ich unter ‚Gouvernementalität' die Tendenz oder die Kraftlinie, die im gesamten Abendland unablässig und seit sehr langer Zeit zur Vorrangstellung dieses Machttypus, den man als ‚Regierung' bezeichnen kann, gegenüber allen anderen – Souveränität, Disziplin – geführt und die Entwicklung einer ganzen Reihe spezifischer Regierungsapparate einerseits und einer ganzen Reihe von Wissensformen andererseits zur Folge gehabt hat. Schließlich glaube ich, dass man unter Gouvernementalität den Vorgang oder eher das Ergebnis des Vorgangs verstehen sollte, durch den der Gerechtigkeitsstaat des Mittelalters, der im 15. und 16. Jahrhundert zum Verwaltungsapparat geworden ist, sich Schritt für Schritt ‚gouvernementalisiert' hat." (DeE III, Nr. 239, „Die ‚Gouvernementalität'", S. 820, vgl. auch: GG I, S. 162)

Die knappe Definition zur Gouvernementalität bietet einen Überblick, aber sie gestattet nicht zu erkennen, wie sich der Gedanke entwickelt hat und welche Voraussetzungen in der Geschichte zusammentreffen müssen, damit der moderne Staat als Konsequenz der Regierungskunst und als Ensemble unterschiedlichster Technologien am Ende des 18. Jahrhunderts in Erscheinung treten kann. Foucault arbeitet eine → Genealogie des modernen Staates aus und verbindet in seinem Werk zwei Sichtweisen. Die Machtformen in *Überwachen und Strafen* konzentrierten sich ganz auf das isolierte → Subjekt. In der → Genealogie des → Staates geht es um die Künste des Regierens und um die Bevölkerung. Das → Subjekt erscheint als biosoziales Wesen, das seine Eigenschaften nur in der Gemeinschaft der Vielen entwickelt. Für die Gouvernementalität und ihre charakteristische Wissensform der → politischen Ökonomie spielt daher die Statistik eine besondere Rolle, da sie gesellschaftliche Vorgänge auf der Basis von Stichproben oder Einzelerhebungen zu kalkulieren erlaubt. Der moderne Staat, die politische Ökonomie und die Statistik der Bevölkerung wirken zuletzt auch auf die Form des Regierens zurück. Im Rahmen der Arbeiten zur → Sexualität war hierzu mit dem Begriff der → Bio-Politik bereits vorgearbeitet worden. Die Analyse der Gouvernementalisierung als Prozess führt noch einen Schritt weiter: Der Liberalismus ist die konsequente politische Umsetzung der → Bio-Politik, womit die Theorie der → Macht eine Ergänzung erfährt.

Ein erster Ansatzpunkt für die historische Analyse der Gouvernementalität findet sich im Pastorat. Die → Pastoralmacht unterscheidet sich grundsätzlich von der politischen → Macht, da hier ein Hirte die Aufgabe der Menschenführung innehat, und die Frage eines damit beanspruchten Territoriums (Macht des Souveräns) in den Hintergrund tritt. Die Lenkung der Herde trägt die individualisierten Züge der Menschenführung (Seelenleitung) und bildet einen Machttyp aus, der sich in modifizierter Form allen persönlicheren Verhältnissen einprägt (Familie, Medizin, Psychiatrie, Bildungswesen, Arbeitsbeziehungen). Das Christentum verbreitet diesen ursprünglich orientalischen Machttyp (vgl. DeE IV, Nr. 306, „Subjekt und Macht", S. 279).

Zwischen 1580 und 1650, dem Entstehungszeitraum der klassischen → Episteme, kommt es zu einer Krise des Pastorats. Dabei überschneiden sich zwei gleichzeitig entwickelte Themenfelder in der Geschichte: Die → Episteme und die neu aufgetauchte Frage der Regierung.

Die → Episteme verwandelt die Natur in einen Raum von vernünftigen Prinzipien, die sich jeder Gestaltung entziehen. Gott lenkt die Welt also nicht mehr durch die Ausübung des Pastorats (Hirt und Herde), sondern er beherrscht sie mittels der neuen Prinzipien der Astronomie, Naturgeschichte und Logik.

Das zweite Themenfeld deutet sich in einem fundamental neuen Verständnis der Souveränität an: Der Souverän soll jetzt regieren, eine → Herrschaft über die Völker im Sinne der Staatsräson ausüben. Statt der bloßen Souveränität über ein Territorium, geht es bei der Staatsräson um die Frage der Regierungskunst beziehungsweise um die rationale Ausübung der Souveränität, die sich nicht mehr als Fortsetzung der göttlichen Souveränität im Diesseits auffassen lässt, denn mit der → Episteme steht ein funktionierendes Modell für die veränderte Beziehung zwischen Gott und Welt bereit. Sie wirft nicht die Frage der Regierungskunst auf, aber sie negiert indirekt die alte Form der Souveränitätsausübung, da ihre neue Rationalität auch die Präzisierung der Inhalte der Staatsräson provoziert. Die Staatsräson stellt sich als ein Problem dar, das sich als Leerstelle ohne tragfähige Inhalte definiert. Es handelt sich hierbei nicht um die Geburtstunde des Staates, aber die Reflexion über den Staat beginnt, und die entsprechenden Strategien können immer konkretere Formen annehmen (vgl. GG I, S. 341f).

Aus dem Blickwinkel der Machttheorie bedient sich die rationale → Herrschaft nach Gesetzen einer neuen Taktik, die das Gegenteil der → Pastoralmacht ausdrückt. Die → Pastoralmacht konzentriert sich auf das vereinzelte → Subjekt, während die Staatsräson langfristig immer den quantitativen Gesichtspunkt des Ganzen betonen wird. Die Reflexion über den Staat führt über die Statistik und den Einbezug der großen Zusammenhänge zum Gegenstand der Bevölkerung. Eine entscheidende Rolle spielen bei der Entwicklung dieser Sichtweise die → politische Ökonomie und ein verändertes Europa, in dem die alten Träume vom

Reich durch die Idee des Gleichgewichts zwischen den Staaten ersetzt worden sind.

Die Regierungskunst hat sich zur Staatsräson gewandelt, und ihr Ziel besteht weder im guten Leben noch in der Wahrung des Verhältnisses zwischen Fürst und Fürstentum. Die staatliche → Macht sichert nicht mehr den Besitz oder das Territorium des Fürsten, sondern sie erfüllt gegen Ende des 17. Jahrhunderts mit der Wahrung des Gleichgewichts in Europa eine neue Funktion, die nach dem Westfälischen Frieden (1648) an Bedeutung gewinnt. Der Gedanke des Gleichgewichts zwischen den europäischen Staaten gehört zur Staatsräson, die sich nunmehr verstärkt um die diplomatischen Beziehungen und die Einrichtung einer schlagkräftigen Berufsarmee bemüht.

Die äußere Konkurrenz der europäischen Staaten zwingt die Staatsräson zu einer Bündelung der Kräfte und einer verstärkten Kontrolle im Inneren. Damit verbindet sich die zentrale Rolle der neu entstandenen Polizei. Die Aufgabe dieser frühen Form der Polizei besteht vor allem in der Gewährleistung des ungestörten Handels und der freien Zirkulation von Waren und Geld. Die Kräfte des Staates sollen ohne Gefährdung der Ordnung wachsen. Der Polizei obliegt überdies die Kontrolle der Bevölkerung, soweit sie Auswirkungen auf den Staat hat. Dabei kommt eine stark vereinfachte Formel zum Zuge, die seit dem Mittelalter kursiert: Die wirtschaftliche Kraft eines Staates soll von der Anzahl seiner Bewohner abhängig sein. Im 17. Jahrhundert gewinnt diese Formel erneut an Gewicht. Die Polizei muss also auf günstige Bedingungen bei der Fortpflanzung der Bevölkerung achten, was beispielsweise zu staatlich festgesetzten Preisen bei Getreide führt, um die Grundversorgung zu garantieren. Die Kontrolle obliegt hierbei der Kornpolizei (GG I, S. 449ff).

Das generelle Kennzeichen der Staatsräson auf dem merkantilistischen Niveau besteht bis in das 17. Jahrhundert hinein in der Auffassung, die staatliche Ordnung und Kraft sei durch genau festgelegte Reglementierungen zu gewährleisten. Dies lässt sich auch als Polizeistaat begreifen, in dem die Befugnisse der Kontrollorgane ständig ausgeweitet werden.

Die Weiterentwicklung der → politischen Ökonomie führt zu der Einsicht, dass die Kraft eines Staates nicht nur durch ein starres Reglement gesichert werden kann. Die Verwaltung der arbeitenden Bevölkerung bedarf einer komplexeren Analyse und die vereinfachende Gleichsetzung von wirtschaftlicher Leistungsfähigkeit mit der Anzahl der Bevölkerung ist unzulässig. Die Physiokraten wenden die → politische Ökonomie auf das Ganze der Bevölkerung an und markieren mit der Verwendung der Statistik den Übergang zwischen der Regierungskunst und der politischen Wissenschaft. Der Staat wandelt sich im 18. Jahrhundert zu einem Regierungsstaat, der mit statistischen Mitteln (→ Sicherheitsdispositive) einer neuen Form der Ökonomie zu entsprechen versucht. Dieser neue Staat regiert durch Verwaltung. Foucault spricht ausdrücklich von einer neuen Gouvernementalität der ökonomischen Vernunft, die sich im Unterschied zur alten des 17. Jahrhunderts entwickelt. Damit gelangt die genealogische Analyse zu einer wichtigen Feststellung: „Die Gouvernementalität der Politiker wird uns die Polizei bescheren; die Gouvernementalität der Ökonomen wird uns, glaube ich, in einige der grundlegenden Linien der modernen und zeitgenössischen Gouvernementalität einführen." (GG I, S. 500)

Die Regierungskunst des Verwaltungsstaates hat letztlich ihren Gegenstand in der Bevölkerung gefunden. Einerseits besteht die Bevölkerung aus einer biologischen Masse, die unveränderliche natürliche Vorgaben definiert. Andererseits beweist die → politische Ökonomie, dass Faktoren existieren, mit denen sich die Bevölkerung auf künstlichem Weg beeinflussen lässt. Es gibt nicht nur den natürlichen Menschen, sondern es gibt auch das Wirtschaftssubjekt Mensch, das auf unterschiedlichste Arten und Weisen am ökonomischen Geschehen beteiligt ist. Sein durchschnittliches Verhalten korreliert mit der statistischen Erfassbarkeit der Bevölkerung, die damit zu einem Objekt gezielter staatlicher Kampagnen aufrückt. Das 18. Jahrhundert markiert in diesem Sinne auch den Beginn der → Bio-Politik.

In der modernen Gesellschaft bildet der Staat schließlich einen Bezugspunkt für die verschiedenen Machtbeziehungen. Darin spiegelt sich das Ergebnis des Prozesses der „Gouvernementalisierung" wider:

„Es ist eine gesicherte Tatsache, dass der Staat in den heutigen Gesellschaften nicht bloß eine der Formen und einer der Orte der Machtausübung ist [...], sondern dass sich alle anderen Arten von Machtbeziehungen in gewisser Weise auf ihn beziehen. Allerdings nicht weil sie vom Staat abgeleitet wären, sondern weil es zu einer stetigen Etatisierung der Machtbeziehungen gekommen ist (auch wenn sie im Bereich der Pädagogik, des Rechts, der Wirtschaft oder der Familie nicht dieselbe Form angenommen hat). Wenn man den Ausdruck ‚Gouvernement' diesmal in seiner engeren Bedeutung von ‚Regierung' nehmen will, könnte man sagen, die Machtbeziehungen sind zunehmend ‚gouvernementalisiert', das heißt in der Form oder unter den Auspizien der staatlichen Institutionen elaboriert, rationalisiert und zentralisiert worden." (DeE IV, Nr.306, „Subjekt und Macht", S. 291)

Die Gouvernementalisierung beinhaltet einen Vorgang, bei dem die Regierungskunst unter dem Einfluss der → politischen Ökonomie zur Verwaltung bio-soziologischer Prozesse der Bevölkerung übergeht und unter dieser Vorgabe die → Mikrophysik der Macht, als unterschiedliche und begrenzte Machtbeziehungen, auf die Institution des Staates hin bündeln kann. Es geht hierbei nur um die Bezugnahme auf einen theoretischen Fixpunkt, nicht um die nachträgliche Einführung eines integralen Bewusstseins aller vorkommenden Mächte. Die folgende Definition des Staates als Effekt beschreibt dies in eindeutiger Form:

„Der Staat ist nichts anderes als die Wirkung, das Profil, der bewegliche Ausschnitt einer ständigen Staatenbildung oder ständiger Staatsbildungen, von endlosen Transaktionen, die die Finanzierungsquellen, die Investitionsmodalitäten, die Entscheidungszentren, die Formen und Arten von Kontrolle, die Beziehungen zwischen den lokalen Mächten und der Zentralautorität usw. verändern, verschieben, umstürzen oder sich heimtückisch einschleichen lassen. [...] Der Staat ist nichts anderes als der bewegliche Effekt eines Systems von mehreren Gouvernementalitäten." (GG II, S. 115)

Der Staat ist ein geschichtliches Produkt, eine Wirkung und ein Effekt der sich ständig ändernden Bedingungen des Denkens und zeigt sich in den unterschiedlichen Formen der Staatsräson als Verwaltungsstaat.

Die Gouvernementalisierung beschreibt die Geschichte eines Denkens, das sich mit bestimmten Formen des Regierens verbindet und in die → Bio-Politik einmündet. Entscheidend für die Analyse ist jedoch, dass Gouvernementalisierung letztlich immer als vielschichtiger Prozess zu verstehen ist, der unterschiedliche Rationalitätsformen des Staates zum Ausdruck bringt. Daher weigert sich der Genealoge auch hartnäckig eine Theorie des Staates aufzustellen, denn sie führt eventuell nur die fertige Universalie „Staat" vor, vernachlässigt aber alle Praktiken, die zu dem führen, was letztlich unter dem Namen Staat aktuell erscheint. Foucault geht in diesem Zusammenhang sogar so weit, dass er Staat und Politik immer wieder mit der Krankheit oder dem → Wahnsinn vergleicht, wobei er auf deren bedingte Existenz hinweist: Bei allen Unternehmungen rund um den → Wahnsinn, die Krankheit, die Delinquenz und die → Sexualität, geht es um den „Nachweis, wie die Koppelung einer Reihe von Praktiken mit der Herrschaft der Wahrheit ein Dispositiv des Wissens und der Macht bildet, das das Nichtexistierende in der Wirklichkeit tatsächlich in Erscheinung treten lässt und es auf legitime Weise der Unterscheidung zwischen dem Wahren und dem Falschen unterwirft." (GG II, S. 39)

Die → Wahrheit entspricht in allen Humanwissenschaften nur der Veridiktion, dem Wahrsprechen von → Wahrheit, das im Rahmen eines → Wissens erfolgt. Bezeichnet wird dadurch beispielsweise jener → Diskurs, der die Bedingungen dazu liefert, dass man in einer abgrenzbaren historischen Formation in einer bestimmten Form vom → Wahnsinn spricht. Bezogen auf die sozialen Praktiken bedeutet dies, dass es eine bestimmte Vorstellung von → Wahnsinn immer nur in einer bestimmten gesellschaftlichen Formation geben kann, denn der → Wahnsinn existiert nur in einer Gesellschaft. Dies trifft auch auf die Politik und die Ökonomie zu:

„Die Politik und die Ökonomie, die weder existierende Dinge sind noch Irrtümer noch Illusionen noch Ideologien. Sie sind etwas Nichtexistierendes und doch etwas, das an der Wirklichkeit teilhat, das aus einer Herrschaft der Wahrheit hervorgeht, die das Wahre vom Falschen unterscheidet." (GG II, S. 39)

Die Politik, die als neuer Typ von Rationalität aus einer Herrschaft der Veridiktion des Marktes hervorgeht, heißt Liberalismus und stellt die folgende Grundfrage: „Was ist der Nutzwert der Regierung und aller Regierungshandlungen in einer Gesellschaft, in der der Tausch den wahren Wert der Dinge bestimmt?" (GG II, S. 76)

Wenn Foucault seine theoretischen Skizzen zum deutschen Ordoliberalismus der Nachkriegszeit entwirft, geht er – nach der Zerstörung des Staates durch den

Nationalsozialismus – von einer Sondersituation aus. Das Nachkriegsdeutschland verfügt über keinen allgemeinen und demokratiefähigen Willen, auf den sich deutsche Staatsgründer berufen könnten. Foucault bescheinigt den deutschen Ordoliberalen unter Ludwig Erhard in dieser Situation eine gewisse Raffinesse. Gemäß der liberalen Prämisse wird der neue deutsche Staat auf der Grundlage der wirtschaftlichen → Freiheit begründet, womit der Markt die Rolle der Veridiktion übernehmen muss. Der neue deutsche Staat wird folglich immer ein ökonomischer Staat sein, in dem das Wirtschaftswachstum eine unterbrochene Geschichte ersetzen soll.

Die Politik sieht sich vor der Aufgabe eine Infrastruktur einzurichten, in der sich der Wettbewerb nicht nur verwirklichen kann, sondern deshalb realisieren muss, weil er von vorneherein garantiert wird. Das ordoliberale Regierungshandeln verabschiedet jede Version des *laisser faire* mit der Direktive, dass die Bedingungen des Marktes durch eine geeignete Rahmenpolitik zu garantieren sind.

„Angenommen, der wirtschaftlich-politische Regelungsprozeß ist der Markt und kann nur der Markt sein, wie kann man die materiellen, kulturellen, technischen, rechtlichen Grundlagen verändern, die in Europa gegeben sind? Wie kann man diese Gegebenheiten verändern, wie kann man diesen Rahmen verändern, damit die Marktwirtschaft sich durchsetzen kann?“ (GG II, S. 200f)

Auf der Seite der Sozialpolitik entspricht der intervenierenden Rahmenpolitik das Wirtschaftswachstum. Nur das Wirtschaftswachstum garantiert zuletzt auch die soziale Seite der Marktwirtschaft, die Müller-Armack deshalb soziale Marktwirtschaft genannt hat. Die verwirklichte Sozialpolitik besteht in der Privatisierung der Risiken, d.h. in der Übernahme der Rückversicherung durch die Individuen. Den neuen Zug, der sich in dieser gouvernementalen Vernunft als richtungsweisend zeigt, drückt der Name „Gesellschaftspolitik“ deutlich aus. Die Gesellschaft ist das eigentliche Ziel der Regierungspraxis. „Der Gegenstand des Regierungshandelns ist das, was die Deutschen ‚die soziale Umwelt‘ nennen.“ (GG II, S. 207) Die Regierung wird demnach in die soziale Umwelt zur Regulierung der Freiheit des Marktes gemäß den Erfordernissen eingreifen. Foucault sieht diesen Prozess durch die Tendenz bestätigt, dass die gesamte Gesellschaft die Form des Unternehmens annimmt.

Die Form des Unternehmens in der Gesellschaftspolitik verdeutlicht gleichzeitig den Spielraum des Kapitalismus innerhalb der modernen Gouvernementalität. Dieser Raum begrenzt sich nicht durch die widersprüchliche Logik des Kapitals, wie es marxistische Analytiker angenommen haben, sondern er eröffnet eine ganze Palette von Möglichkeiten. Die Form des Unternehmens fügt sich dabei in einen juridisch-institutionellen Rahmen ein, den der Staat garantiert und damit die Bedingungen eines ökonomischen Spiels schafft. Die Gesellschaft als Unternehmen bietet die Gesamtheit sozialer Interventionen als erweiterten Spielraum für die ständige Neuerfindung des Kapitalismus an.

Machttheoretisch bildet die Gouvernementalität den definitiven Schlussstein im Gesamtwerk Foucaults. Ihre Analyse stellt den Versuch einer Anwendung dar, die

die genealogische Vorgehensweise in der Größenordnung der Wirtschaftspolitik und des ganzen Gesellschaftskörpers erprobt. Die Linie verläuft von der Betrachtung der → Mikrophysik über die → Sexualität bis zur Gouvernementalität. So kommt es zuletzt zu einer Gleichsetzung von Machtverhältnissen und Gouvernementalität (GG II, S. 261).

(**GG I**, S. 134, 162–165, 173f, 180, 201, 239, 241f, 268f, 281, 286, 288f, 293, 312, 347f, 354f, 359f, 376f, 384f, 479, 486f, 492, 496, 498–502, 504–510, 521; **GG II**, S. 25, 27, 29–33, 35, 40, 43, 52, 56f, 62f, 65–69, 72f, 74, 81f, 92, 97, 104, 106f, 113–117, 123, 127, 131–133, 135–138, 174, 261, 268, 270f, 276, 286, 341, 359, 372, 389, 402–404, 408, 425, 427, 436–438, 440f; **HS**, S. 308, 315;

Staat: **WG**, S. 77, 94f, 97, 121, 373, 421f, 423, 426f, 429f, 447f, 463, 467, 486, 501, 513; **GK**, S. 35, 37, 42, 44, 46, 49, 51f, 56, 62–64, 66, 95, 98; **OdD**, S. 225–227, 234–237, 395; **Arch**, S. 55, 232; **MP**, S. 69; **A**, S. 199, 230, 338, 340f, 361; **ÜuS**, S. 38, 40, 94, 102, 112, 114, 140, 157, 159, 181, 217f, 274f, 278f, 289, 314, 353, 372; **SW I**, S. 37–39, 105, 107, 110f, 113, 118, 121, 135, 161, 164; **VdG**, S. 44, 50, 54, 58, 62–65, 67, 87, 93, 101f, 104–109, 112, 114, 117, 119f, 131, 142, 144f, 151, 154f, 157, 162–165, 169–171, 184, 188, 192, 195, 210–212, 215, 221f, 232, 260, 262–267, 269f, 274, 277–280, 295, 301, 305–310, 312f, 314, 317; **GG I**, S. 30, 32f, 106, 134–137, 141–144, 147f, 152–155, 160, 163–165, 173f, 177–181, 183, 206, 216, 218, 227, 242, 278, 331, 334, 345–347, 349, 352, 355, 358–360, 369, 371–377, 379, 381–386, 390, 392, 395–401, 414–426, 429–434, 436–439, 441f, 449, 451, 453–458, 463–465, 468, 470–472, 479, 485–487, 496f, 499f, 502, 505f, 508–514, 522–525; **GG II**, S. 15–25, 27, 31f, 33f, 38, 41f, 50, 52, 57, 62f, 66–69, 71, 73f, 81f, 97, 104, 106f, 112–117, 123, 127, 131–138, 174, 260f, 268–271, 276, 286, 341, 359, 372, 403, 405f, 408, 425, 436–438, 440; **HS**, S. 21f, 167, 233, 308, 311, 314, 367, 536, 544; **SW II**, S. 82, 91, 95f, 99, 104f, 107, 136, 158, 212, 217–219, 225; **SW III**, S. 193, 237, 266)

Herrschaft

Die Bedeutung von Herrschaft lässt sich nur in Verbindung mit der → Macht erschließen. Die → Macht zeigt sich in der Geschichte als ein höchst komplexes Gebilde der ständigen Veränderung, und es gibt kein über sie verfügendes → Subjekt. Ein → Individuum wäre nur das Korrelat einer disziplinären Macht (→ Disziplinen). Sobald die Machtbeziehungen erstarren und sich als unveränderlich erweisen, tritt der Zustand der Herrschaft ein. Stellenweise unterscheidet Foucault die Begriffe von → Macht und Herrschaft allerdings nicht mit der gebotenen Deutlichkeit. Für eine klare und formal tragfähige Unterscheidung spricht dagegen die folgende Aussage:

„Wenn es einem Individuum oder einer gesellschaftlichen Gruppe gelingt, ein Feld von Machtbeziehungen zu blockieren, sie unbeweglich und starr zu machen und jede Umkehrung der Bewegung zu verhindern – durch den Einsatz von Instrumenten, die sowohl ökonomischer, politischer oder militärischer Natur sein mögen –, dann steht man vor etwas, das man als einen Herrschaftszustand bezeichnen kann." (DeE IV, Nr. 356, „Die Ethik der Sorge um sich als Praxis der Freiheit", S. 878)

(**WG**, S. 32, 43, 48, 464, 517; **PG**, S. 42; **GK**, S. 50, 66, 201; **OdD**, S. 49, 261, 295, 326, 412, 431, 436; **Arch**, S. 23; **MP**, S. 23, 126, 251, 502; **A**, S. 29, 115, 127; **ÜuS**, S. 38f, 42, 125; **SW I**, S. 48, 81, 107, 110, 113, 117, 144, 150; **VdG**, S. 34f, 41f, 44, 46f, 49, 53, 60f, 115, 124, 127, 129, 132, 135, 179, 188, 201, 234f, 238, 240, 255, 258, 266f, 270, 272f, 277, 313, 315; **GGI**, S. 116, 182f, 265f, 299, 345, 376, 424, 432, 434; **GG II**, S. 13, 36–39, 51f, 56, 73, 82; **HS**, S. 55f, 235, 377, 457, 461, 465; **SW II**, S. 11, 85f, 88, 105, 107–109, 113, 121, 166, 183, 217f, 221, 231, 233, 237, 258, 269f, 279f, 306, 308f, 316f; **SW III**, S. 24, 33, 88, 90, 93, 123, 129, 186, 195, 225, 239)

Heterotopie/Heterochronie: (→ Raum, Heterotopien)

Die beiden Begriffe erfassen die Eigenschaften spezieller Räume, wobei utopische Elemente mit dem realen Ort (*topos*) und der Zeit (*chronos*) verbunden werden.

Historisches Apriori

Das historische Apriori ist die „Gesamtheit der Regeln, die eine diskursive Praxis charakterisieren." (Arch S. 185) In dieser Eigenschaft stellt das historische Apriori die Realitätsbedingungen für → Aussagen dar und bildet ein Element des → Archivs. Die Realitätsbedingungen legitimieren dabei keine → Aussage, wie es Urteile in der Folge des → formalen Apriori können. Die Bedingungen für Aussagen erhalten durch das historische Apriori eine Geschichte. Der zugehörige → Diskurs besitzt „nicht nur einen Sinn oder eine Wahrheit [...], sondern auch eine Geschichte, und zwar eine spezifische Geschichte, die ihn nicht auf die Gesetze eines unbekannten Werdens zurückführt. Es [historisches Apriori, M.R.] muß zum Beispiel zeigen, daß die Geschichte der Grammatik im Feld der Sprache und ihrer Probleme nicht die Projektion einer Geschichte ist, die im allgemeinen die der Vernunft oder einer Denkart wäre, einer Geschichte auf jeden Fall, die sie mit der Medizin, der Mechanik oder der Theologie gemeinsam hätte; sondern daß sie einen Geschichtstyp umfasst [...], der ihr eigen ist, selbst wenn sie nicht ohne Beziehung zu anderen Geschichtstypen ist." (Arch, S.184f)

In *Die Ordnung der Dinge* gibt Foucault für das historische Apriori das Beispiel der Naturgeschichte als Präformation eines Wissensfeldes an, in dem die Ontologie der Dinge, die Wahrnehmung und die Bedingungen der wahren Rede festgelegt werden (OdD, S. 204).

(**OdD**, S. 27, 204, 335, 357f, 371, 384, 392; **Arch**, S. 183f, 294; **DeE I**, Nr. 3, „Die wissenschaftliche Forschung und die Psychologie", S. 197, 217, 219; **DeE IV**, Nr. 345, „Foucault", S. 778)

Individualisierung

Foucault unterscheidet zwei Arten der Individualisierung: Die eine kann sich auf die → Diskurse, die andere über die → Disziplinen auf die → Individuen beziehen. Zwischen den beiden genannten Individualisierungslinien gibt es Zusammenhänge, indem die diskursive Begründung in einer humanwissenschaftlich gestützten Subjektkonstitution aufgehen kann, die auf der sozialen Seite die → Disziplinen fördert. Umgekehrt können die → Disziplinen in Institutionen auch auf die → Diskurse Einfluss nehmen.

Die Frage nach der Individualisierung in den → Diskursen mündet in die Fragestellung ein, welcher → Diskurs beispielsweise mit *der* Psychiatrie, *der* Medizin, *der* Grammatik, *der* Biologie und *der* Ökonomie gemeint ist (DeE I, Nr. 58, „Antwort auf eine Frage", S 860). Dahinter verbirgt sich die Kritik an einer ahistorischen Sichtweise, die bei den genannten Fachrichtungen die Geschichte ausblendet, und dabei die Individualisierung des → Subjekts als Objekt der Humanwissenschaften übergeht.

Die Frage nach der Individualisierung der → Individuen kann Foucault erst im Zusammenhang mit der Machtfrage stellen (ÜuS, S.241ff; vgl. auch: → Pastoralmacht). Die → Disziplinen fördern die Entstehung von vier Typen der Individualität, die als zellenförmig, organisch, evolutiv und kombinatorisch bezeichnet werden.

Die zellenförmige Individualität zeigt sich vor allem unter dem Einfluss der räumlichen Parzellierung (ÜuS, S.183ff)(→ Raum, → Disziplinarraum). Die zugehörige Technik ist das → Tableau, im Sinne einer Verräumlichung des Denkens. Der Körper wird durch architektonische Maßnahmen (Klosterzelle, Gefängniszelle, Schulbank, Krankenhausbett, Arbeitsplatz) an genau definierte Orte gezwungen. Das → Tableau bietet die Möglichkeit, eine Klassifizierung nach bestimmten Ordnungsmustern vorzunehmen, wobei die Elemente durch ihren Ort im → Tableau individualisiert werden (ÜuS, S. 190).

Die organische Individualität entspricht der Codierung von Tätigkeiten, die durch die Technik des vorgeschriebenen Manövers verbreitet wird (ÜuS, S. 197). Die Verwendung des Ausdrucks „Manöver" beschränkt die organische Individualität nicht etwa auf den Bereich der militärischen Ausbildung. Das Manöver lässt sich auch als allmorgendliches Ritual der Begrüßung und bei körperlichen Bewegungsabläufen in den Kollegs und Elementarschulen finden. Mit der evolutiven Individualität verbindet sich in erster Linie die Technik der → Übung, die auf eine erhöhte Leistung pro Zeiteinheit zielt (ÜuS, S. 207).

Die kombinatorische Individualität gehört zu einer Disziplinierungsstrategie, die Kräfte zusammensetzen kann und hierfür die Technik der Taktik anwendet.

Das beste Beispiel bietet die militärische Anwendung, bei der sich Einzelkräfte bei blitzschnellem Wechsel der Formation immer wieder zu der gebündelten Kraft des Verbandes versammeln lassen (vgl. ÜuS, S. 216). Besonders deutlich lässt sich die Individualisierung in einer modernen Disziplinargesellschaft durch den Einbezug der unterschiedlichen Machttypen zeigen. Foucault spricht in diesem Zusammenhang sogar von einer Umkehrung der Individualisierung im politischen Sinn. Zwischen feudaler → Macht, die mit der absoluten Individualität des Souveräns an der Spitze zusammenfällt, und einer anonymen → Macht, die unter der Einführung von → Disziplinen dem Einzelnen durch aufmerksame Beobachtung eine Individualität verschafft, verkehrt sich das Ziel vollkommen: Der Glanz der → Macht an der Spitze der Hierarchie verbindet sich mit der einzigartigen Individualität des Absolutismus, während bei der Verteilung auf alle die Individualität nur unter der Vorgabe der Beobachtung und Kontrolle entsteht.

„Die Disziplinen markieren die Umkehrung der politischen Achse der Individualisierung. In den Gesellschaften, für die das Feudalsystem nur ein Beispiel ist, erreicht die Individualisierung ihren höchsten Grad in den höheren Bereichen der Macht und am Ort der Souveränität. Je mehr Macht oder Vorrechte einer innehat, umso mehr wird er durch Rituale, Diskurse oder bildliche Darstellungen als Individuum ausgeprägt. [...] In einem Disziplinarregime hingegen ist die Individualisierung ‚absteigend': je anonymer und funktioneller die Macht wird, umso mehr werden die dieser Macht Unterworfenen individualisiert: und zwar weniger durch Zeremonien als durch Überwachungen; weniger durch Erinnerungsberichte als durch Beobachtungen; [...] In einem Disziplinarsystem wird das Kind mehr individualisiert als der Erwachsene, der Kranke mehr als der Gesunde, der Wahnsinnige und der Delinquent mehr als der Normale." (ÜuS, S. 248)

(**Arch**, S. 17, 50, 56, 58, 121, 136, 148, 169, **MP**, S. 32, 75f, 81, 85, 89, 107, 119, 122, 155, 216; **ÜuS**, S. 126–128, 165, 248f, 303, 307, 314, 316, 319, 394; **SW I**, S. 76; **VdG**, S. 286; **GG I**, 28, 103, 191, 239, 262, 267f, 337, 521; **GG II**, S. 205)

Individuum

Auf die Problematik des Individuums stößt Foucault zunächst im Zusammenhang mit der Frage nach dem Sprecher eines Diskurses: Wer spricht? (→ Aussage). Zwingend folgt das Problem der Autorenschaft (→ Autor) und die Ablehnung des romantischen Geniekultes, an dessen Stelle die Wirkung des → Diskurses in der → seriellen Geschichte tritt. Die Formulierung eines Textes entspricht keiner Einzelleistung, sondern sie ist die Folge sich kreuzender Ereignislinien in der Geschichte: „Heute geht es um die Frage, wie ein Individuum, ein Name Träger eines Elementes oder einer Gruppe von Elementen sein kann, die als Bestandteil der kohärenten Diskurse oder als unendliches Netz von Formen diesen Namen und diese Individualität gerade auslöschen oder zumindest entleeren und nutzlos machen, deren Zeichen sie dennoch bis zu einem bestimmten Punkt, während einer gewissen Zeit und in gewissen Hinsichten tragen." (DeE I, Nr. 48, „Über verschiedene Arten, Geschichte zu schreiben", S. 763f)

Das Individuum ist nur ein Bestandteil eines Diskurses, nicht aber der Ursprung eines Textes. Der → Diskurs löscht die alte Funktion des Individuums, indem er es als → Subjekt seinen Bestandteilen so eingliedert, dass es nur als ein Element unter vielen erscheint, die zu dem beitragen, was üblicherweise als Produkt eines einzigen → Autors vorgestellt wird.

Ähnlich brisant gestaltet sich das Verhältnis von Individuum und → Macht, indem sich das Individuum unter Machteinfluss erst formiert. Diesen Punkt arbeitet Foucault vor allem in der Vorlesung über *Die Macht der Psychiatrie* heraus. Damit verbindet sich ein Vorgriff auf die Wirkungen jenes Machttyps, der in *Überwachen und Strafen* im Zusammenhang der Körperdisziplinen auftauchen wird. Foucault begreift in seiner Vorlesung von 1973 / 74 das Individuum als das genaue Gegenteil einer singulären Einzigartigkeit oder einer besonderen Einzelexistenz: „Tatsächlich ist das Individuum das Resultat von etwas, das ihm vorausgeht, nämlich jenes Mechanismus, all jener Verfahren, welche die politische Macht am Körper festmachen. Weil der Körper ‚subjektivisiert' worden ist, das heißt, sich die Subjekt-Funktion an ihm festgemacht hat, weil er psychologisiert worden ist, weil er normalisiert worden ist; deswegen ist etwas wie das Individuum zutage getreten, etwas worüber man sprechen kann, worüber man Abhandlungen verfassen, worüber man versuchen kann, Wissenschaften zu begründen." (MP, S. 91f)

An die Stelle der rechtsphilosophischen Theorie der Individualität, mit der das europäische Bürgertum, beginnend mit Thomas Hobbes, seinen Anspruch auf die politische → Macht anmeldete, setzt Foucault also das Individuum als Konsequenz und Ergebnis der Disziplinarmacht, die auf den Körper wirkt. In der Rechtstheorie definiert sich das Individuum durch individuelle Rechte, von denen nur durch vertragliche Vereinbarung abgewichen werden kann. Als Ergebnis der Disziplinarmacht ist das Individuum kein Zentrum emanzipatorischer Ansprüche, sondern „ein in ein Überwachungssystem eingegliederter, den Normalisierungsverfahren sich fügender, ein unterworfener Körper." (MP, S. 93)

Foucault unterscheidet an dieser Stelle klar zwischen dem Rechtsindividuum und dem disziplinarischen Individuum. Zwischen beiden Positionen versuchen die Humanwissenschaften regelmäßig zu vermitteln, wobei zwei Argumentationsformen auftreten. Psychologie und Soziologie plädieren für einen bestimmten Menschen, der nach Abzug des Rechtsindividuums in Erscheinung tritt. Dieser „wirkliche" Mensch erweist sich unter Berücksichtigung der Machtwirkung jedoch lediglich als diziplinarisches Individuum. Die zweite Argumentationsform fällt mit dem Irrtum des humanistischen → Diskurses zusammen. Er setzt ein entfremdetes und geknechtetes Individuum voraus, dessen Rechte wieder hergestellt werden müssten, damit das originäre und echte Individuum erneut auftreten kann. Der „Mensch" des 19. und 20. Jahrhunderts ist für Foucault nichts anderes als eine beständige Oszillation zwischen Rechtsindividuum und disziplinarischem Individuum (vgl. MP. S. 93f).

Bei der vorgeschlagenen Konzeption des Individuums kann das generelle Verhältnis zur → Macht nicht unproblematisch bleiben. Foucault benutzt gelegentlich noch einen zweiten Begriff des Individuums, der mit der Bedeutung eines autonomen → Subjekts übereinstimmt:

„Und schließlich geht es in allen gegenwärtigen Kämpfen um die Frage: Wer sind wir? Sie wenden sich gegen jene Abstraktionen und jene Gewalt, die der ökonomische und ideologische Staat ausübt, ohne zu wissen, wer wir als Individuum sind, wie auch gegen die wissenschaftliche oder administrative Inquisition, die unsere Identität festlegt." (DeE IV, Nr. 306, „Subjekt und Macht", S. 275)

Die mit einem autonomen → Subjekt / Individuum verbundene Frage läuft in letzter Konsequenz darauf hinaus, ob seit der Klassik die gesamte Entwicklung der Moderne durch die → Macht bestimmt wird. Da das Individuum als ausdrückliches Ergebnis der disziplinarischen → Macht dargestellt wurde, fällt es schwer, die emanzipatorische Seite genau dort zu verankern. Aus diesem Umstand leitet sich die Bedeutung der Ethik in Foucaults Spätwerk ab. In der → Ethik des Selbst erklärt er das → Subjekt zur maßgeblichen Instanz. Von der Subjekt-Funktion der → Macht ist dieses → Subjekt zunächst einmal historisch entkoppelt, da sich die entsprechenden Untersuchungen auf die Antike beziehen. Diese Ethik erhält, als → Technologie des Selbst den kaum zu überschätzenden Rang eines Gegenpols der → Macht.

Die begrifflichen Unschärfen im Gesamtwerk lassen sich durch drei Subjektkonzeptionen berücksichtigen. Erstens erweist sich das → Subjekt als Objekt in die laufende Umgestaltung durch humanwissenschaftliche Bestimmungen im Rahmen der → Macht verstrickt. In diesem Fall gibt es eine Subjekt-Funktion, die dann das neuzeitliche Individuum entstehen lässt. Die zweite Subjektkonzeption berücksichtigt das → Subjekt als entindividualisierten Sprecher des → Diskurses. Die dritte Sichtweise führt im Rahmen einer → Ethik des Selbst zu einem Subjekt seiner selbst (→ Subjekt, Subjekt versus Individuum).

(**WG**, S. 117, 122, 167, 172, 262, 268, 308, 321, 372–374, 384f, 423, 427, 429, 432, 443, 445, 455f, 459f, 463, 469, 484, 518, 523, 539; **GK**, S. 12, 27, 31–33, 36f, 40f, 48, 50, 52, 66, 69f, 72, 74, 80, 95, 103, 107, 111–113, 120, 156, 166, 169, 172, 181f, 184f, 206–208; **PG**, S. 17, 19f, 27, 34, 36, 50, 66–70, 74, 104f, 124; **OdD**, S. 13–15, 111, 118, 124, 137f, 156, 182, 234, 249, 277, 280, 290, 296, 327, 341, 358, 375, 378, 410f, 414, 423, 425f, 430f, 443, 450, 454f; **Arch**, S. 33f, 37, 46, 63f, 67, 75f, 92f, 94, 100, 116, 120, 129, 132f, 134f, 137, 139, 167, 178, 214, 234, 259, 287f, 297; **OD**, S. 19f, 25, 29, 52; **MP**, S. 15, 17, 20–22, 31f, 42, 67, 74–80, 82f, 85f, 88–94, 104–107, 110–112, 114–121, 123f, 127, 129–131, 143–145, 149–151, 153, 155, 157, 160, 165, 167f, 170–172, 187, 193, 218, 230, 251, 256–258, 272f, 310, 338f, 344, 356f, 360, 364, 391f, 399, 406–408, 410; **A**, S. 13, 27, 33, 36–38, 41–45, 47f, 50f, 53, 57,59, 62–68, 76, 79–84, 86, 88, 93, 102, 108, 115f, 120f, 123, 126, 128, 137, 157, 169f, 173, 183f, 198, 205f, 214, 220, 222, 230f, 242, 252, 257f, 266, 301, 325, 337, 347, 353, 360f, 366, 380, 389, 402f, 404, 410–413, 417f, 420f, 423–425, 428; **ÜuS**, S. 18, 27–29, 31f, 34f, 38, 63, 99, 105, 114, 123, 127f, 131 147, 156, 162–170, 181, 183,

185f, 188, 190f, 200, 202, 205–208, 210, 214, 220, 222f, 228f, 234, 236, 238, 243, 245–250, 253f, 256, 259–262, 264–267, 270f, 275, 278f, 285–288, 290f, 295, 297–299, 301–305, 311, 314, 318f, 322, 324, 327, 329, 340–342, 346, 348, 358, 363, 371, 374, 377, 381–383; **SW I**, S. 7, 39, 58f, 60, 63, 70, 76, 117f, 127, 135f, 140, 155, 180; **VdG**, S. 29f, 42–45, 49, 56, 58, 62, 68, 113, 163f, 171, 188, 195, 208f, 214, 220, 257f, 260–262, 264, 284, 288–291, 293, 297, 312f, 319; **GG I**, 19, 22, 27f, 41, 69f, 72, 89, 92, 94f, 96f, 101–103, 108, 111f, 120, 143, 147, 158, 175, 182–184, 189, 209, 226, 242–245, 255f, 258, 261, 265, 267f, 293, 298, 304, 306, 308, 334, 337, 339f, 357, 371, 375, 390, 396, 400, 439, 462, 470, 472, 486, 505f, 511, 521; **GG II**, S. 20f, 27, 42, 69, 72–75, 84, 95f, 97, 100–102, 119–122, 125, 163f, 173, 192, 204–206, 208, 210, 239, 242–244, 246, 277, 283, 285, 303f, 310, 313, 315–318, 320f, 333–335, 338, 347–349, 351, 353, 358f, 361, 370, 373, 375–378, 380f, 384, 388, 391, 399, 403f, 407, 409, 411–417, 421f, 428f; **HS**, S. 29, 34, 36, 60–62, 75, 80, 85, 98, 105, 117, 124, 126–128, 132, 145f, 148–150, 152, 157f, 166, 169f, 174–177, 181, 184, 186, 195–197, 199f, 221, 227–229, 251f, 259, 263, 295, 297, 301, 324, 373, 393f, 400f, 405, 407f, 425, 444f, 457f, 461, 469, 487f, 496, 505f, 514, 517, 535, 537, 553, 612; **SW II**, S. 9–12, 20, 22, 24f, 28, 36–42, 44, 60f, 65, 71f, 77, 79, 82f, 87f, 88, 90f, 94f, 102, 105f, 116, 118, 120f, 123, 136–138, 140, 143, 150f, 156, 160f, 167, 169f, 172–175, 177, 189, 199, 207, 215, 222, 232, 238, 241, 244, 281, 283, 286, 293, 306f, 315f; **SW III**, S. 14, 18, 42, 47, 56, 58–60, 67, 78f, 85, 92f, 106, 115, 118, 124, 126f, 129, 136, 139, 142, 153, 156, 159, 161, 164f, 181, 199–203, 214, 217, 221, 274, 276, 283, 305)

Kriegshypothese

Die Kriegshypothese kennzeichnet einen theoretischen Zwischenschritt im Verlauf der Ausarbeitung der Machtanalyse. Foucault unternimmt diesen Schritt nach *Überwachen und Strafen* in der Vorlesung *In Verteidigung der Gesellschaft* (3. und 4. Sitzung). Innerhalb der Machttheorie steht er kurz vor der Entwicklung der → Bio-Macht, die den Gegenstand der letzten Sitzung dieser Vorlesungsreihe von 1976 bildet (VdG, S. 282f) und gleichzeitig die Korrektur des alten Machtkonzeptes verlangt, das auf diesem Stand noch als Theorie der Souveränität bezeichnet wird. Foucault unterscheidet die → Macht nach seiner eigenen Revision durch die Unterteilung in eine → juridisch-diskursive und eine → strategische Macht (vgl. auch → Macht). Unter die → strategische Macht fallen dabei alle produktiven Machtkonzeptionen, wie sie beispielsweise die → Bio-Macht und die → Mikrophysik der Macht beinhalten.

Foucault entwickelt die Kriegshypothese aus einem historischen Ansatz heraus, aber er verbindet damit zugleich einen theoretischen Anspruch, der sich gegen den Begriff der Unterdrückung wendet, wie er sich primär in der freudo-marxistischen Theorie findet. Machttheoretisch handelt es sich auch dabei um einen vorbereitenden Schritt, der sich in *Der Wille zum Wissen* im Zusammenhang mit der → Sexualität als → Repressionshypothese auswirken wird.

Die historische Betrachtung wird von der Frage eingeleitet, ob das Machtverhältnis nicht im Grunde durch den Krieg bestimmt wird. Tatsächlich taucht ein entsprechender → Diskurs im 17. Jahrhundert auf, der mit der Infragestellung der königlichen → Macht beginnt, die Gesetze der Souveränität als Täuschung ausweist und das Recht der Geburt der Könige als Zufallsprodukt darstellt. Die Kritik des Königtums zerstört aber nicht nur die pyramidenförmige Struktur der Gesellschaft, sondern sie löst zugleich die Einheit der Gesellschaft auf. Zwischen den Teilbereichen des Gesellschaftskörpers und des → Staates herrscht seitdem eine Kriegsbeziehung, wobei die Politik die Fortsetzung des Krieges durch den → Staat darstellt. Etwas irreführend spricht Foucault auch von einer Rassenpolitik die den Gesellschaftskörper polarisiert. Es geht ihm hier jedoch nicht um die seit dem Mittelalter immer wieder aufflammenden Judenverfolgungen (vgl. VdG, S. 105). Die Bezeichnung Rassenpolitik drückt vielmehr einen grundsätzlichen Dissens der Gesellschaft aus, der letztlich in der gefährlichen Feststellung aufgeht, dass die Gesellschaft nicht in erster Linie gegen ihre äußeren Feinde zu verteidigen sei, sondern gegen eine biologische Gefahr, die sich als laufende und ungewollte Verdoppelung der Gesellschaft begreifen lässt. Dabei stehen sich Norm und Unterrasse so gegenüber, dass die Gesellschaft in ihrem Inneren einen ständigen Kampf der Reinigung zu führen hat. Insofern bereitet die Kriegshypothese die Ausführungen zur → Bio-Macht nicht nur vor, sondern sie bildet die Brücke zwischen dem alten und dem neuen Machtkonzept.

Zuletzt wird die Kriegshypothese stark relativiert. Sie besitzt zweifellos einen theoretischen Wert als Argument des Übergangs in der Machttheorie, aber ihre Erklärungskraft stellt Foucault selbst in Frage: „Ist das Kräfteverhältnis in der Ordnung der Politik eine Kriegsbeziehung? Ich persönlich fühle mich im Augenblick nicht imstande, darauf definitiv mit Ja oder Nein zu antworten. Nur scheint mir die schlichte und einfache Behauptung eines ‚Kampfes' nicht als erste und letzte Erklärung für die Analyse von Machtverhältnissen dienen zu können." (DeE III, Nr. 195, „Das Auge der Macht", S. 271)

Körpertechnologien

Die Körpertechnologien sind vor allem ein Ausdruck eines neuen Machttyps, wie ihn Foucault in *Überwachen und Strafen* einführt. Dabei wird der Körper nicht mehr sukzessive durch eine ausgeklügelte Marter zerstört, sondern fein abgestimmten Disziplinierungsverfahren unterworfen. Die Erfordernisse der körperlichen Disziplinierung entstehen aus den veränderten Anforderungen der politischen Ökonomie und einer zu steigernden Produktivität. Eine voreilige Gleichsetzung mit der Rationalisierung in der industriellen Produktion wäre jedoch verfehlt (DeE IV, Nr. 306, „Subjekt und Macht", S. 272). Die Kontrolle über die Körper besitzt in den Institutionen des 17. und 18. Jahrhunderts (Armee, Schulen, Fabriken, Krankenhäusern, Kollegien, Gefängnissen) auch den Zweck einer Formung, die Wertzuwachs bedeutet:

„Untersucht man jedoch genauer, warum diese Institutionen das gesamte Dasein des Einzelnen kontrollieren, so erkennt man, dass es im Grunde nicht nur darum geht, ein Maximum an Zeit aus den Menschen herauszuholen und sich anzueignen, sondern auch darum, den Körper des Einzelnen nach einem bestimmten System zu kontrollieren, ihn zu formen und seinen Wert zu erhöhen." (DeE II, Nr. 139, „Die Wahrheit und die juristischen Formen", S.762) Die primäre Funktion der Körpertechnologien besteht in der Überführung von Lebenszeit in Arbeitszeit, und von Körperkraft in Arbeitskraft. Der Zugewinn an Arbeitskraft bemisst sich nicht nur an der Quantität der Produktion, sondern er bewirkt in den unterschiedlichen Institutionen einen Qualitätssprung, der zur Disziplinargesellschaft überleitet. Im Rahmen eines strategischen Machtdispositivs führen die Körpertechnologien zum feinmotorisch disziplinierten Menschen, der in einer Reihe unauffälliger kleiner Schritte durch die → Mikrophysik der → Macht geschaffen wird. Die Wirkung besteht in der Summe der kleinen Veränderungen, die nicht von vorneherein mit einem zielgerichteten Interesse zu verbinden sind: „Zweifellos hat es eine ‚Erfindung' gegeben, aber eine Erfindung einer ganzen Technik zur Überwachung, Kontrolle und Identifizierung von Individuen, einer Erfassung ihrer Gesten, ihrer Aktivität und ihrer Wirksamkeit. Und dies seit dem 16. und 17. Jahrhundert in der Armee, in den Kollegien, den Schulen, Spitälern und Werkstätten. Eine Technologie der feinen und alltäglichen Macht, der Macht über die Körper." (DeE II, Nr. 151, „Von den Martern zu den Zellen", S.883)

Als anschauliches Beispiel für eine Körpertechnologie dient der militärische Drill, der eine schlaggkräftige Armee bezweckt. Es geht um die Dressur der Kraft, der Geschicklichkeit und der Gelehrigkeit der Körper, wobei der Gedanke der körperlichen Leistungsfähigkeit in völlig neuer Form umgesetzt wird. Zuvor war die Vorstellung der körperlichen Effektivität noch mit der Vermeidung des Müßigganges verbunden gewesen. Der militärische Drill verbindet die Effektivität dagegen mit der steigerbaren Leistung, mit der Optimierung des Menschenmaterials bei der Nutzung der verfügbaren Kraft. Die minutiösen Exerzierreglements, die genau vorgeschriebenen Handgriffe und der Faktor Geschwindigkeit bei der Ausführung (→ Übung) fördern die Schlagkraft der Menschenmaschine „Armee". Foucault nennt in diesem Zusammenhang die Infanterie Friedrich II., die in ganz Europa zum Vorbild wurde (ÜuS, S. 198).

Die Körpertechnologien haben zu einer anthropologischen Bestimmung des Menschen geführt: das Wesen des Menschen sei als Arbeit bestimmt. Die genealogische Analyse kommt zu einem anderen Befund. Die Herausbildung der Körpertechnologien beweist, dass sich die angebliche anthropologische Bestimmung durch „Arbeit" erst in den unterschiedlichsten Produktionsapparaten bilden musste und kein Wesen des Menschen verkörpert. „Wenn die Menschen wirklich in der Arbeit und an die Arbeit gebunden sein sollen, bedarf es einer Operation oder einer Reihe komplexer Operationen, die dafür sorgen, dass die Menschen tatsächlich – und nicht analytisch, sondern auf synthetische Weise – an den Produktionsapparat gebunden werden, für den sie arbeiten. Damit die Arbeit als das

Wesen des Menschen erscheint, bedarf es der Einwirkung einer politischen Macht, die diese Synthese herstellt." (DeE II, Nr. 139, „Die Wahrheit und die juristischen Formen", S. 766)

(**DeE II**, Nr. 125, „Gefängnisse und Gefängnisrevolten", S. 537; Nr. 136, „Gefängnisse und Anstalten im Mechanismus der Macht", S.650; Nr. 139, „Die Wahrheit und die juristischen Formen", S. 668f; Nr. 141, „Wahnsinn, eine Frage der Macht", S.814; Nr. 152, „Auf dem Präsentierteller", S. 890; Nr. 157, „Macht und Körper", S. 932–941; Nr. 160, „Irrenanstalten, Sexualität, Gefängnisse", S. 957; Nr. 165, „Die Anormalen", S. 1027; **DeE III**, Nr. 169, „Fragen an Michel Foucault zur Geographie", S. 47; Nr. 170; „Krise der Medizin oder Krise der Antimedizin?", S. 55–58, 68, 69, 72; Nr. 175, „Michel Foucault, Die Ungesetzlichkeit und die Kunst des Strafens", S. 115f, 118; Nr. 192, „Gespräch mit Michel Foucault", S. 203f; Nr. 194, „Vorlesung vom 14. Januar 1976", S. 239, 245; Nr. 196, „Die Geburt der Sozialmedizin", S. 273, 275f, 281, 297; Nr. 197, „Die Machtverhältnisse gehen in das Innere der Körper über", S. 298–309; Nr. 200, „Nein zum König Sex", S. 338; Nr. 212, „Die Macht, ein großes Tier?", S. 484; Nr. 215, „Folter ist Vernunft", S. 507; Nr. 221, „Gespräch über die Macht", S. 600f; Nr. 229, „Die Einbindung des Krankenhauses in die moderne Technologie (Vortrag)", S. 644–660; Nr. 234, „Die Bühne der Philosophie", S. 736f; Nr. 257; „Die Gesundheitspolitik im 18. Jahrhundert", S. 917; **DeE IV**, Nr. 297, „Die Maschen der Macht", S. 230, 232f, 235f, 243)

Korrelationsraum (→ Raum) (→ Aussage)

Kultur seiner selbst

Im dritten Band von *Sexualität und Wahrheit* widmet Foucault einen ganzen Abschnitt dem Thema der Kultur seiner selbst (SW III, S. 53ff). Die Bezeichnung Kultur betrifft hier die Gesamtheit der → Technologien des Selbst, die in einer → Ethik des Selbst eine Rolle bei der Selbstformung des Subjekts spielen.

Der Ausdruck „Kultur seiner selbst" trifft zu, da es in der Spätantike, dem Hellenismus und der Kaiserzeit, eine Intensivierung des Selbstbezuges gegeben hat, die sich nicht nur als verschärfte Sittenstrenge einer unmoralisch gewordenen Gesellschaft beschreiben lässt. Auch der Verfall der *polis*, der häufig für die psychologisierenden und individualisierenden Tendenzen im Hellenismus verantwortlich gemacht wird, vermag Foucault als Erklärung nicht zu überzeugen.

„Charakteristisch für diese ‚Kultur seiner selbst' ist die Tatsache, daß hier die Kunst der Existenz – die *téchne tû bíu* in ihren unterschiedlichen Formen – von dem Prinzip beherrscht wird, wonach man ‚für sich selbst sorgen' muß; dieses Prinzip der Sorge um sich begründet ihre Notwendigkeit, lenkt ihre Entwicklung und organisiert ihre Praxis." (SW III, S. 60)

Unter Berufung auf Platons *Alkibiades* lässt sich die Sorge um sich selbst als notwendige Vorbedingung für ein politisches Amt betrachten. Diese frühe Form der Sorge um sich selbst verwandelt die spätere Philosophie in eine Kunst der Existenz, die in den ersten beiden Jahrhunderten der Kaiserzeit ihren Höhepunkt mit der Kultur seiner selbst erreicht. Der Umfang der damit verbundenen Bewusstseinslenkung und die Energie, mit der sich Erwachsene hier ihrer eigenen Seelenführung widmen, rechtfertigt die Einordnung in den Bereich der Erwachsenenerziehung (vgl. SW III, S. 69, Foucault bezieht sich hierbei ausdrücklich auf Isabelle Hadot: *Seneca und die griechisch-römische Tradition der Seelenleitung*, Berlin 1969).

(**SW III**, S. 60, 62, 73, 97, 117, 129, 238)

Macht

Die Macht darf als Kernbegriff des foucaultschen Werkes gelten. Ihre Analyse führt zu verschiedenen Machttypen, die sich mit unterschiedlichen Arbeiten verbinden. Die folgende Skizze vermittelt einen Überblick. Anschließend erfolgt eine detailliertere Darstellung der einzelnen Machttypen.

Die Auseinandersetzung mit dem Thema Macht beginnt mit einem traditionell juridisch geprägten Begriff, der mit dem Königtum in Verbindung steht. Die historischen Ausgangsbedingungen in *Wahnsinn und Gesellschaft* legen diesen Machtbegriff fast zwingend nahe, denn die Macht konzentriert sich im Absolutismus auf den König selbst. Die königliche Macht äußert sich in diesem Zusammenhang beispielsweise in der Schaffung der großen Internierungshäuser, wobei die Gründung des Hôpital général in Paris 1656 einen bedeutenden Einschnitt für die Geschichte der Ausschließung darstellt (WG, S. 73).

In der Funktion der Ausschließung taucht die Macht erneut in *Die Ordnung des Diskurses* auf. Der Gegenstand hat sich allerdings gründlich gewandelt, denn es geht nicht um die Institution des Irrenhauses, sondern um den → Diskurs. Die Macht funktioniert in der Form des Willens zum Wissen als Ausschließung für den → Diskurs. „In einer Gesellschaft wie der unseren kennt man sehr wohl Prozeduren der *Ausschließung*. Die sichtbarste und vertrauteste ist das *Verbot*. Man weiß, daß man nicht das Recht hat, alles zu sagen, daß man nicht bei jeder Gelegenheit von allem sprechen kann, daß schließlich nicht jeder beliebige über alles beliebige reden kann." (OD, S. 7) Das → Wissen beschränkt den → Diskurs auf die positive Form des Sprechens, das die → Wahrheit garantieren soll. Der Wille zum wahren → Diskurs drückt in diesem Sinne das Begehren und die Macht aus. Die Macht erscheint im Willen zum → Wissen als die Ausschließung des falschen Diskurses (vgl. OD, S. 15).

Die Macht beginnt in *Die Ordnung des Diskurses* den → Diskurs einzuschränken, was in der Vorlesung *Die Macht der Psychiatrie*, dann bereits deutlich zum Ausdruck kommt. Die große Übereinstimmung zwischen der Vorlesung und

Überwachen und Strafen erklärt sich aus dem Umstand, dass Foucault während der Vorlesung bereits an dem Buch über die Strafsysteme arbeitet. Bezieht man *Die Ordnung des Diskurses* als Vorbereitungsphase mit ein, dann entwickelt Foucault ab den siebziger Jahren eine Analytik der Macht, die den souveränen Machtbegriff durch den – ungleich bedeutenderen – depersonalisierten Machtbegriff ergänzt. Die Macht ist demnach keine einer Einzelperson oder regierenden Gruppierung zuschreibbare Eigenschaft, sondern sie verbindet sich mit bestimmten gesellschaftlichen Einrichtungen und Anforderungen: „Diese Macht ist nicht so sehr etwas, was jemand besitzt, sondern vielmehr etwas, was sich entfaltet [...]." (ÜuS, S. 38; vgl. auch: PM, S. 42f)

Die Macht in dieser Bedeutung weist partikulare Zentren auf, die ihre pluralen Ursprünge im Sinne der → Mikrophysik deutlich machen. Gemäß der Analyse der Macht bündeln sich diese, auch → Disziplinen genannten, kleinen Brandherde in den Institutionen der Staatsapparate. Das Ziel dieses Machttyps besteht in der Dressur des Körpers durch → Körpertechnologien (→ Disziplinarmacht). Die verallgemeinerte Form dieses Machttyps analysiert Foucault unter der Bezeichnung des → Panoptismus.

In *Der Wille zum Wissen* verändert Foucault seine Einstellung gegenüber der Macht noch einmal grundlegend. Statt des juridischen Machtbegriffs betont er nun einen strategischen Machtbegriff, der sich vor allem mit den Arbeiten um die → Bio-Macht deutlich abzuzeichnen beginnt.

Eine letzte Ergänzung der Machttheorie findet schließlich im Rahmen der Geschichte der → Gouvernementalität statt. Die großflächige Anwendung der Machttheorie auf die gesamte Gesellschaft stellt den Zusammenhang zwischen Macht und Politik her. Als Vorform der → Gouvernementalität in einer Geschichte der Individualisierungsprozeduren darf dabei die christlich geprägte → Pastoralmacht gelten.

Der feudal-absolutistische Machttyp

Überwachen und Strafen beginnt mit einer Darstellung der Hinrichtung des Königsmörders Damiens im Jahre 1757. Auf dieser geschichtlichen Stufe der Macht wird der Körper der großen Marter in aller Öffentlichkeit ausgesetzt. Die tiefere Absicht zeigt sich darin, dass durch den kalkulierten Schrecken der Raserei in der Folter die symbolische Macht des Souveräns, die durch die vorhergegangene Tat beschädigt worden war, in ihrer Unumschränktheit wieder hergestellt wird. Der Totalität dieser Macht entspricht dabei die absolute Vernichtung des Körpers in zahlreichen kombinierbaren „Schritten" (Zangenreißen, Rädern, Vierteilen, Verbrennen). Die Marter des feudal-absolutistischen Machttyps zielte nicht auf maßvolles Strafen, sondern verfolgte das Prinzip exzessiver Überhöhung. In der Rache des Souveräns demonstriert sich eine unüberwindliche Macht, die in maximierten Quälereien auf dem Schafott ihren Terror als Abschreckung inszeniert (A, S. 110).

Neue Politik des Körpers – die Zeichentechnik der Bestrafung

Der feudal-absolutistische Machttyp beantwortet den Angriff auf den Souverän mit der Beliebigkeit der Mittel, die der Fantasie für die Folter bis zum Tode zur Verfügung stehen. Unter dem Einfluss der Reformjuristen ändern sich die Körperstrafen nur in einem sehr begrenzten Umfang. Die Marter bleibt ein durchgängig angewandtes Strafmittel, und es gibt keinerlei Anzeichen für humane Regungen, die für die Abschaffung der Tortur plädieren würden. Trotzdem erscheint im Laufe des 18. Jahrhunderts ein ganz neuer Machttyp, dessen Haupteigenschaft in der Bemessung und in der Nachvollziehbarkeit des Zusammenhangs zwischen Verbrechen und Strafe liegt. Ein strenger Katalog an Rechtsvorschriften löst die hemmungslosen Marterfeiern des feudal-absolutistischen Machttyps ab. Der neue Machttyp setzt auf nachvollziehbare Zeichen der Strafe, die keineswegs willkürlich sein dürfen und in der Strenge ihrer Nachvollziehbarkeit nicht mehr das Ziel des offenen Terrors durch maßlose Qual verfolgen, sondern in der Seele der Bevölkerung ein festes Strafmaß für ein Vergehen fixiert. „Das Strafexempel ist nicht mehr ein Manifestationsritual, sondern ein Verhinderungszeichen." (ÜuS, S. 119)

Der neue Machttyp wählt als Träger der Verhinderungszeichen die Seele, wobei die Hinrichtungen durch die Marter noch in aller Öffentlichkeit stattfinden. Das nachvollziehbare Maß bei dieser Bestrafung zeigt, um was es dieser Macht in erster Linie geht. „Nun wird sichtbar, was unter ‚Seele' zu verstehen ist: das Korrelat einer Machttechnik." (ÜuS, S. 129) Die Strafkunst setzt auf die seelische Fähigkeit der Vorstellungskraft, die durch den Strafkatalog von vorneherein jeder Tat auch eine entsprechende Körperstrafe zuordnen kann. Foucault spricht auch von den Hemmzeichen, die keine willkürlichen Strafaktionen und Marterfeiern beinhalten dürfen. Die Seele benötigt Sicherheit und Gewissheit, wenn es um das Strafmaß geht. Die Verhandlungen dürfen nicht mehr wie im Ancien Régime unter Ausschluss der Öffentlichkeit stattfinden, sondern die Transparenz von Vergehen und zugehöriger Strafe macht eine nachvollziehbare Urteilsfindung erforderlich. Das öffentliche Urteil bestätigt, welche Strafe für das Verbrechen angemessen ist.

Der Katalog der Strafen muss neben den nachvollziehbaren Zusammenhängen auch eine Differenzierung im Strafmaß vornehmen. Die Macht der Hemmzeichen erstellt also ein Kontinuum der Strafen, das bereits den nächsten Machttyp antizipiert. Als System der fein abgestuften Strafen bildet es den Vorläufer jener Kontrollmechanismen, die ab dem 18. Jahrhundert die gesamte Gesellschaft erfassen werden. „Anstatt sich auf Punkte, Zonen, Individuen oder auf willkürlich bestimmte Gruppen zu beziehen, hat das 18. Jahrhundert Machtmechanismen entdeckt, die lückenlos ineinandergreifen und den Gesellschaftskörper in seiner Gesamtheit durchdringen können." (A, S. 116) Die entsprechenden Machtmechanismen können unter Einsatz der milden Mittel nun auf die Marter verzichten.

Disziplinarmacht – die Macht der milden Mittel

Die Disziplinarmacht besitzt ein völlig verändertes Ziel, das sie von der feudal-absolutistischen Macht und der Macht der Hemmzeichen des reformjuristischen Typs deutlich unterscheidet. Ihr Ziel definiert sich bereits vor der industriellen Revolution in der Dressur der Körper. Man entdeckt den ökonomischen und nützlichen Körper, der in zahlreichen Institutionen (Armee, Schule, Krankenhaus, Gefängnis) den Mitteln der milden Abrichtung unterliegt. Diese Mittel bezeichnet Foucault allgemein als → Disziplinen beziehungsweise als Technologien oder → Körpertechnologien. Beispiele für → Körpertechnologien sind der militärische Drill, die Schulordnung, die Ordnung im Gefängnis und die dazu dienende Architektur der Sichtbarkeit (vgl. auch: → Panoptismus).

War der feudale Machttyp vertikal und absolut hierarchisch organisiert, so zeigt die Macht der milden Mittel die völlig neue Eigenschaft der horizontalen Organisation. Macht ist demnach als dezentral zu verstehen. Die → Körpertechnologien erfahren vor allem in den großen sozialen Maschinen wie Armee, Schule und Gefängnis eine Art Konzentration. Sie wirken also immer, auch im Sinne optimierter Effektivität, auf eine Vielzahl von Individuen zu gleicher Zeit ein, obwohl sie die Individuen zugleich isolieren.

Die Isolation dient nicht nur einer Trennung, die beispielsweise die Besserung der Gestrauchelten oder die kontemplative Konzentration nach dem Beispiel der Klosterzelle fördern soll beziehungsweise die Beobachtbarkeit des Einzelnen in seinen Verhaltensweisen ermöglicht. Sie dient auch einer wechselseitigen Überwachung. Die Macht findet sich als Bestandteil eines sozialen Systems wieder, in dem die einzelnen Akteure eine gegenseitige Kontrolle ausüben können, die sich im Bedarfsfall durch belohnte Denunziation bis zum Terror steigern lässt. Die soziale Maschine erreicht so eine ungeahnte Verbesserung ihrer eigenen Effektivität, denn das → Subjekt muss nicht nur mit der Beobachtung durch die Offiziere oder das Lehrpersonal rechnen, sondern auch die Gleichgestellten werden zu Bestandteilen der Macht. Die Konsequenz besteht in einer maximierten Selbstkontrolle. Die soziale Seite der Macht nutzt die Gegenwart des Anderen in der Gestalt einer potentiell gegenwärtigen Kontrollfunktion aus, die einen umfassend-totalen Charakter besitzt.

Im Vergleich mit dem feudalen Machttyp, der sich in der Hierarchie nur vertikal entfaltet, besitzt die Disziplinarmacht einen dezentralen und depersonalisierten Charakter. Er wirkt nicht nur von oben, sondern auch „von unten". Sie unterhält Beziehungen unter ihren Individuen. „[...] die Macht ist etwas, was sich von unzähligen Punkten aus und im Spiel ungleicher und beweglicher Beziehungen vollzieht. Die Machtbeziehungen verhalten sich zu anderen Typen von Verhältnissen (ökonomischen Prozessen, Erkenntnisrelationen, sexuellen Beziehungen) nicht als etwas Äußeres, sondern sind ihnen immanent." (SW I, S. 115) Foucault hat sich in diesem Punkt ganz entschieden von der klassisch marxistischen Machttheorie abgesetzt und die veränderte Politik des Körpers nach 1968 als Ablösungsprozess vom Marxismus beschrieben (DeE II, Nr. 157, „Macht und Körper", S. 935, 936f).

Die Macht kann sich nicht mehr auf ein Zentrum, eine Zentrale oder einen Ursprungsort stützen. Sie durchsetzt vielmehr alle Kräfteverhältnisse in einer Gesellschaft und ist in der Form der Mikropraktiken allgegenwärtig. Es gibt keinen direkten Machtinhaber mehr, sondern die ökonomischen Verhältnisse, die Sozialsysteme und das Erziehungswesen prägen bestimmte Verhaltensweisen aus, in denen die Machtverhältnisse im Sinne der → Körpertechnologien enthalten sind. Das moderne → Subjekt ist im hohen Maße diszipliniert und es verfügt über einen äußerst gelehrigen und gelehrten Körper, der die Machtverhältnisse verinnerlicht hat.

Der strategische Machtbegriff

Das Verständnis der Macht wird von Foucault in den 80er Jahren mit *Der Wille zum Wissen* noch einmal erheblich verändert. Galt bis dahin vor allem ein juridisch-diskursiver Machtbegriff (SW I, S. 102), so beginnt nun die Analyse der → Pastoralmacht und der → Bio-Macht. Der juridisch geprägte Machttyp erweist sich im Vergleich als reduktionistischer Ansatz, der die Macht als phantasielos vorstellt. Tatsächlich können die → Bio-Macht und die → Pastoralmacht höchst kreative Seiten geltend machen. Im Licht eines strategischen Machtbegriffs gewinnen – rückwirkend – auch die → Körpertechnologien der Disziplinarmacht innovative Züge. Die angebliche Erfindungslosigkeit der juridischen Macht bezieht sich lediglich auf die Wirkung der Macht als Verbot und nicht etwa auf ihre wirklichen Technologien. Die Konzeption der → Bio-Macht führt daher nicht nur einen neuen Machttyp ein, sondern sie leistet auch in bestimmten Grenzen eine Kritik am juridischen Machtbegriff, wie er vor allem in *Die Ordnung des Diskurses* entwickelt wurde.

„Ich glaube, in dieser *Ordre du discours* habe ich zwei Auffassungen vermischt, oder besser, auf eine Frage, die ich für rechtens erachte (die Verknüpfung der Diskurstatsachen über die Machtmechanismen), habe ich eine unangemessene Antwort vorgelegt. Es ist ein Text den ich in einem Moment des Übergangs geschrieben habe. Wie mir scheint akzeptierte ich bis dahin für die Macht die traditionelle Auffassung, die Macht als ein seinem Wesen nach rechtlicher Mechanismus, als das, was das Gesetz sagt, als das was verbietet, als das was Nein sagt, mit einer ganzen Flut an negativen Wirkungen: Ausschließung, Zurückweisung, Absperrung, Verleugnung, Verdunkelungen ...

Nun diese Auffassung halte ich für unangemessen. [...] So dass ich alles das, was in der *Ordnung des Diskurses* die Bezüge der Macht zum Diskurs potentiell als negative Mechanismen der Verknappung darstellt, recht gern aufgeben würde." (DeE III, Nr. 197, „Die Machtverhältnisse gehen in das Innere der Körper über", S. 299f)

An die Stelle der juridischen Macht setzt Foucault nun ein produktives Machtkonzept. Präziser wird die Kritik des juridisch-diskursiven Machtverständnisses in *Der Wille zum Wissen* vorgeführt:

„Ihre [juridisch-diskusive Macht, M.R.] Definition ist merkwürdig beschränkt. Diese Macht wäre zunächst arm an Ressourcen, haushälterisch in ihrem Vorgehen, monoton in ihren Taktiken, unfähig zu Erfindung und gleichsam gezwungen sich beständig zu wiederholen. Sodann wäre es eine Macht, deren Mächtigkeit sich darin erschöpfte, nein zu sagen, außerstande etwas zu produzieren, nur fähig Grenzen zu ziehen, wesenhaft Anti-Energie [...].Warum akzeptiert man diese juridische Konzeption der Macht so ohne weiteres? Und läßt damit alles unter den Tisch fallen, was die produktive Effizienz, den strategischen Reichtum und die Positivität der Macht ausmacht?“ (SW I, S. 106; vgl. auch: DeE III, Nr. 218, „Mächte und Strategien“, S. 545)

Die produktive Macht definiert Foucault als strategische Macht:

„Unter Macht, scheint mir, ist zunächst zu verstehen: die Vielfältigkeit von Kraftverhältnissen, die ein Gebiet bevölkern und organisieren; das Spiel, das in unaufhörlichen Kämpfen und Auseinandersetzungen diese Kraftverhältnisse verwandelt, verstärkt, verkehrt; die Stützen, die diese Kraftverhältnisse aneinander finden, indem sie sich zu Systemen verketten – oder die Verschiebungen und Widersprüche, die sie gegeneinander isolieren; und schließlich die Strategien, in denen sie zur Wirkung gelangen und deren große Linien und institutionelle Kristallisierungen sich in den Staatsapparaten, in der Gesetzgebung und in den gesellschaftlichen Hegemonien verkörpern. [...] Macht ist der Name, den man einer komplexen strategischen Situation in einer Gesellschaft gibt.“ (SW I, S. 113f)

Wenn die Macht in Kämpfen und Strategien deutlich wird, dann zeigt dies deutlich, dass es eine einzige feststehende Definition der Macht nicht geben kann, denn sie verwirklicht sich als Handlung durch Auswahl in gegebenen Strukturen (DeE IV, Nr.306, „Subjekt und die Macht“, S. 285).

Der strategische Machtbegriff stellt sich ganz bewusst gegen einen Machtbegriff, der seinen Ausgangspunkt in einer klassischen Auffassung von Souveränität findet. Dabei handelt es sich um eine verneinende Macht, die im Wesentlichen durch eine juristische Sicht geprägt wird. Die Reduktion der Macht auf ihre verneinende Eigenschaft führt die Machtanalyse zu einer verhängnisvollen Fehleinschätzung. Jeder vorgefasste Machtbegriff verdeckt die komplexen strategischen Situationen, denen die Macht in unterschiedlichen Gesellschaften entsprechen kann. Der strategische Machtbegriff fordert eine unbefangene Herangehensweise, damit sich die verschiedenen Machttypen entdecken lassen. Die notwendige Umorientierung des Historikers bringt eine Gegenüberstellung von juridischem und strategischem Machtbegriff zum Ausdruck:

„Es geht also darum, sich einer Machtkonzeption zuzuwenden, die das Privileg des Gesetzes durch den Gesichtspunkt der Zielsetzung ablöst, das Privileg des Verbotes durch den Gesichtspunkt der taktischen Effizienz, das Privileg der Souveränität durch die Analyse eines vielfältigen und beweglichen Feldes von Kraftverhältnissen, in denen sich globale aber niemals völlig stabile Herrschaftsverhältnisse durchsetzen.“ (SW I, S. 124)

Die Entwicklung unterschiedlicher Machttypen muss demnach im Rahmen einer historischen Analyse erfolgen, die mit keiner abgeschlossenen Machttheorie beginnen darf, sondern zunächst eine Beschreibung der Kämpfe und Strategien vornimmt. Der strategische Machtbegriff ist keine fixierbare Größe, sondern nur ein Ausdruck unterschiedlicher Strategien, mit denen verschiedene Machttypen entstehen können. Die Herrschaftsverhältnisse sind selbst auf diese Machttypen angewiesen und folgen ihnen erst in zweiter Linie. Dem entspricht eine gewisse Instabilität, die nicht zuletzt darin gründet, dass die strategische Macht durch kein individuelles Subjekt getragen wird. „Weder die regierende Kaste, noch die Gruppen, die die Staatsapparate kontrollieren, noch diejenigen, die die wichtigsten ökonomischen Entscheidungen treffen, haben das gesamte Macht- und damit Funktionsnetz einer Gesellschaft in der Hand.“ (SW I, S. 116)

Die → Bio-Macht und die → Pastoralmacht verweisen auf einen neuen Aspekt der Macht: Sie wirkt nicht nur einschränkend oder repressiv, sondern sie besitzt auch eine produktive Seite, die sich vor allem darin zeigt, dass das Bürgertum die → Bio-Macht zuerst auf sich selbst angewandt hat. Die Macht wirkt nicht als Instrument der Unterdrückung im Sinne der Klassenherrschaft, sondern sie wirkt auch auf die Herrschenden selbst. Die Existenz von Klassen bestreitet Foucault deswegen nicht. Der Einfluss der Macht in der Klassengesellschaft besteht in ihrer Eigenschaft, sich an der Bildung von Zielen in der Geschichte zu beteiligen, ohne dass sie deshalb mit dem Herrschaftsbegriff (→ Herrschaft) vollständig erfasst werden könnte.

Macht und Politik

Mit der Vorlesung zur Geschichte der → Gouvernementalität löst Foucault schließlich ein Defizit seiner Machttheorie auf, indem er die Verbindung zwischen Macht und Politik herstellt. Während sich die → Bio-Macht über die → Sexualität auf den Gegenstand Bevölkerung richtet, erweitert die → Gouvernementalität das Spektrum der Macht um alle Verfahren, Kalküle und Taktiken, die letztlich die Steuerung der Bevölkerung zum Ziel haben (→ Sicherheitsdispositive). Kennzeichnend für diese strategische Äußerungsform der Macht ist ihr statistischer Charakter, denn die Maßnahmen wenden sich immer an die Gesamtheit der Bevölkerung und nicht an Einzelindividuen. Als Machttyp verbindet sich die moderne → Gouvernementalität schließlich mit dem Liberalismus. Die Regierungshandlungen müssen demnach die Marktfreiheit durch Eingriffe in die soziale Umwelt einer kapitalistischen Gesellschaft garantieren. Foucault sieht darin eine Erklärung für die extreme Entwicklungsfähigkeit des Kapitalismus, der sich auf diese Weise immer wieder neu erfinden lässt und so ein lebhaftes Beispiel für die Produktivität der Macht bietet (vgl. GG II, S. 232f, S. 245).

Übersicht: Machttypen

Juridisch diskursive Machtkonzeptionen (SW I, S. 102ff)

	Feudal souveräner Machtbegriff (Ancien Régime) (ÜuS, S. 48) (MP, S. 71)	**Neue Politik des Körpers** (18. Jhd.) (Reformjuristen) (ÜuS, S. 113f)	**Disziplinarmacht** Die Macht der milden Mittel (ÜuS, S. 173f) (MP, S. 68 / 76f)
Charakterisierung des Machttyps	Terrorisierend (ÜuS, S. 65) Geheime Gerichtsverhandlungen Willkür bei der Bestrafung (ÜuS, S. 48)	Zeichensetzung durch Bestrafung; Vergehen und Strafe müssen durch das Gesetzbuch in einem nachvollziehbaren Zusammenhang stehen (ÜuS. S. 125)	Reformatorische Besserungsstrafe; Institutionelle Basis ist das Gefängnis (ÜuS, S. 166)
Methode	Große Marter; vollkommene Zerstörung des Körpers (ÜuS, S. 9f)	Die Vorstellung der Strafe soll in der Seele des Zuschauers als Hemmzeichen verankert werden.(ÜuS, S. 166)	Dressur des Körpers durch Übungen, Stundenpläne, regelmäßige Tätigkeiten (ÜuS, S. 167)
Ziel/Funktion	Wiederherstellung der verletzten Souveränität (ÜuS, S. 64)	Wiederherstellung eines Rechtssubjektes innerhalb des Gesellschaftsvertrages (ÜuS, S. 167)	Wiederherstellung eines gehorsamen Subjekts (ÜuS, S. 166)
Durchführung	Öffentliches Spektakel; Schmerzensfest (ÜuS, S. 75)	Öffentliche Hinrichtung mit ernstem Charakter; man trennt sich von einem gefallenen Mitbürger (ÜuS, S.142)	Nicht öffentlich; ab 1810 herrscht die Haftstrafe vor (ÜuS, S. 148)

Strategische Machtkonzeptionen mit produktivem Charakter (SW I, S. 113f)

	Panoptismus verallgemeinerte Disziplinarmacht (ÜuS, S. 251f)	**Pastoralmacht** ab dem 2. Jhd. n. Chr., christlich geprägt (GGI, S. 218)	**Biomacht** ab dem 18. Jhd. (GG I, S. 162)	**Gouvernementalität** (GG I, S. 162)
Charakterisierung des Machttyps	Dauerüberwachung durch permanente Beobachtbarkeit; Gesellschaft als Wahrnehmungsfeld (ÜuS, S. 275)	Geschichte der Individualisierungsprozeduren durch Unterwerfung; Vorform der Gouvernementalität (GG I, S. 268)	Wissenschaftlich; scientia sexualis mit der Biomasse der Bevölkerung als Gegenstand (SW I, S. 68f)	Verhaltenssteuerung der Bevölkerung (DeE III, S. 820)
Methode	Überwachungsarchitektur; Modell des Panopticons von Bentham (ÜuS, S. 279)	Geständnistechnologie, reine Gehorsamkeit durch Willensverzicht (GG I, S. 254 / 259)	Produktion der Sexualität (SW I, S. 127f) mittels „wahrer" Diskurse über den Sex (SW I, S. 87)	Bio-Politik als Verwaltung biosoziologischer Prozesse; Statistik (GG I, S. 93 / 157 / 398)
Ziel/ Funktion	Formierung der Disziplinargesellschaft (ÜuS, S. 279)	Lenkung der Herde (GG I, S. 188) Sicherung des Seelenheils bei jedem Einzelnen	Geburtenkontrolle (SW I, S. 71) Öffentliche Gesundheitsfürsorge (SW I, S. 70)	Wirtschaftswachstum (GG II, S. 205)
Durchführung	Automatisierung der Macht in einer Apparatur der Sichtbarkeit (ÜuS, S. 259)	Geheim, Beichtstuhl, Therapeutische Praxis (A, S. 230f, 238)	Statistik, Demographie, Sexualhygiene (SW I, S. 140 /152)	Technisches Instrument: Sicherheitsdispositive (GG I, S. 162)

Die Analyse der Macht

Bei der Analyse der Macht kommt es entscheidend auf die Frage an, wie Macht ausgeübt wird. Aus dieser Perspektive lassen sich drei Machttypen unterscheiden: Die Macht als Fertigkeit, als Kommunikationsbeziehung und als → Herrschaft.

Die Macht als Fertigkeit wird über Dinge im Sinn einer Technik ausgeübt und zeigt sich als zielgerichtetes Handeln. Die Macht als Kommunikation stellt eine Verbindung her und wirkt auf andere argumentierend ein. Das klassische Machtverhältnis bringt den Aspekt der → Herrschaft zum Ausdruck, indem Zwangsmittel zur Anwendung kommen. Die drei Machttypen lassen sich nur analytisch trennen. Ihre realen Erscheinungen sind für Foucault immer in irgendeiner Form miteinander verbunden. Die Anteile der drei Machtbeziehungen können in verschiedenen Machtblöcken variieren. Foucault bezeichnet diese Blöcke auch als → Disziplinen, wobei er als Beispiele die Werkstatt oder das Hospital nennt. Den Vorrang hat dabei immer die detaillierte Analyse der Verhältnisse. Der Genealoge beginnt seine Arbeit nicht mit einem vorgefassten Machtbegriff, sondern er setzt auf die Verhältnisse, die Kräfte und die Strategien, die sich als → Herrschaft, Fertigkeiten und in Kommunikationsbeziehungen äußern können. Als vorteilhaft erweist sich eine möglichst klare Eingrenzung des Bereiches, in dem die Machtverhältnisse auftreten und ihre institutionalisierte Form besonders wirksam entfalten. Als Größenordnung der Bereichseingrenzung dient das → Dispositiv. Die Institution sollte dagegen nicht als Ausgangspunkt der Machtanalyse dienen, denn die Macht lässt sich nicht durch ihre eigene Ausdrucksform zirkelfrei erfassen.

Stattdessen stellt Foucault einen Katalog mit fünf Punkten auf, die bei der Analyse der Macht zu berücksichtigen sind: An erster Stelle stehen die Voraussetzungen, die in eine Machtbeziehung eingehen. Dies betrifft den sozialen Status von Personen oder Gruppen, die ökonomischen Mittel, die sprachlichen Fähigkeiten oder den Wissensvorsprung. Zweitens sind die Ziele zu berücksichtigen, die bei der Einflussnahme auf andere eine Rolle spielen und häufig einem konkreten Interesse entsprechen. Der dritte Punkt berücksichtigt die Art und Weise der Machtausübung, die durch die Androhung von Gewalt, die Ausübung eines ökonomischen Drucks oder im Rahmen von sozialen Kontrollmechnismen stattfinden kann. Viertens ist die Form der Institutionalisierung zu berücksichtigen. Handelt es sich um eine Familie, eine psychiatrische Anstalt, ein Gefängnis oder eine Werkstätte, in denen sich Hierarchien, → Regeln und funktionale Differenzierungen ausgebildet haben? Das letzte Merkmal der Machtanalyse berücksichtigt die Grade der Rationalisierung der Machtausübung. Dies betrifft beispielsweise die erreichten Perfektionsgrade bei den → Körpertechnologien und dem dabei entstandenen ökonomischen Aufwand (DeE IV, Nr. 306, „Das Subjekt und die Macht“, S. 289f).

Bei der Analyse der Machtverhältnisse muss in jedem Fall auf die Annahme verzichtet werden, dass eine starre Zuordnung von Macht und Machtinhabern existiert, dass es letzte Machtprinzipien gibt oder dass politische Institutionen die Quelle der Macht bilden würden. Die Betonung liegt auf den Verhältnissen, die sich innerhalb von Machttypen feststellen lassen:

„Es stimmt nicht, dass es in einer Gesellschaft Leute gibt, die *die* Macht haben, und unterhalb davon Leute, die überhaupt *keine* Macht haben. Die Macht ist in der Form von komplexen und beweglichen strategischen Relationen zu analysieren, in denen niemand dieselbe Position einnimmt und nicht immer dieselbe behält.“ (DeE IV, Nr. 349, „Interview mit Michel Foucault“, S. 805f)

(**WG**, S. 39, 54, 58, 72–75, 82, 90, 136, 178, 207, 319, 342, 411, 420, 422, 424, 432, 435, 463, 466, 490, 528, 530, 532f, 535; **PG**, S. 12, 94, 101, 126; **GK**, S. 8, 11f, 65, 68, 76, 79, 82, 138, 158, 180, 208; **OdD**, S. 48, 236, 252; **H**, S. 28, 34; **Arch**, S. 18, 75f, 175; **MP**, S. 13f, 16–18, 20, 23, 27, 29–34, 39, 41–47, 49–52, 54, 58, 62, 67–71, 76–80, 83–85, 87–94, 101, 110, 112f, 114, 116–123, 125f, 129, 142f, 145–148, 150f, 153–155, 158, 165f, 168, 171f, 181, 186f, 193f, 196–202, 209, 212, 214–217, 219–223, 226, 234, 236f, 239–242, 250–253, 255, 257, 261, 263f, 269f, 272–276, 291–294, 304, 309–311, 313–316, 319f, 337–340, 343–345, 355, 360–365, 390–392, 399, 402, 408, 411, 414, 416–418, 432, 439f, 448, 451, 453, 455, 458, 464, 489, 492f, 495–504; **A**, S. 13, 19f, 28–32, 37, 46f, 53, 57, 59, 61f, 64, 66–75, 79, 83–85, 110f, 113–117, 125, 128, 135–137, 141, 143, 149, 157f, 160–163, 174, 176–178, 180f, 184, 189, 191, 200, 203, 205, 226–231, 257, 262, 268, 272, 274f, 280, 282, 290f, 296f, 329, 333, 338f, 341f, 348, 350, 355, 359–361, 379f, 399, 406, 412, 416f, 426f, 429; **ÜuS**, S. 34, 37–43, 47, 49, 51, 63–65, 67, 70–75, 77, 79, 82, 85, 87f, 90, 93f, 101–103, 105, 111, 113f, 119, 130f, 140, 149, 153–155, 167–170, 174–177, 180, 195, 197, 206f, 209, 218, 220–222, 224, 229, 237, 241–243, 245–249, 254f, 258–261, 263–265, 267f, 275–280, 282–291, 296, 302, 304, 307, 320, 336, 352, 361, 365, 367, 374, 382f, 386f, 390–394; **OD**, S. 6, 10, 15, 26, 31, 43; **SW I**, S. 8, 13, 15–22, 28, 38, 43, 45f, 56f, 59–66, 70, 75–78, 85f, 90, 92f, 100–120, 122–126, 128, 143, 148, 161–167, 169–173, 175–179, 181, 184–187, 190; **VdG**, S. 13, 28–45, 48–52, 54–56, 58–61, 67, 74, 77f, 81, 83–86, 88–92, 95, 97f, 103f, 117f,122, 125, 127f, 130, 134f, 140f, 143–145, 147f, 150f, 154, 157–162, 165–168, 178f, 182f, 186, 188, 191, 193f, 199, 201–207, 213–222, 224f, 229, 234, 246–248, 250, 253f, 266, 269, 288f, 298; **GG I**, S. 13–15, 19, 26, 43, 52, 70, 73, 79, 87, 99, 100–102, 105–107, 116, 120, 142, 144, 145, 148, 152, 154f, 158, 162–164, 173, 175f, 178–180, 185, 187–193, 201–203, 206, 208, 210, 212, 217, 219f, 225–229, 240–242, 244, 267, 269, 278, 281f, 284, 290f, 294, 297,301–303, 312, 337f, 359, 383, 388, 397f, 414f, 422, 424–428, 433f, 442, 451f, 471, 479, 482f, 487f, 498, 503f, 506, 509, 513, 520f, 524; **GG II**, S. 18, 21–24, 30f, 35, 39, 49, 61, 63–65, 69, 72–75, 82, 91–93, 100, 115, 120, 122, 126, 133, 149, 185, 187, 192, 195f, 238, 261, 266, 301, 340, 345, 349, 371, 379f, 384f, 391, 399, 400f, 408, 416–419, 423, 426–428, 440; **HS**, S. 18, 20, 24, 59f, 66, 68f, 112, 118, 120, 183, 194, 198, 233, 250, 253, 265, 302, 313f, 329, 346, 368, 373, 377, 380f, 396, 453, 457–461, 472, 541; **SW II**, S. 11f, 30, 33f, 52, 55, 67, 88, 90, 93, 95, 101, 106–109, 115, 121, 169, 186f, 192f, 195, 212, 216–218, 220f, 226, 228f, 231, 241, 251f, 269f, 273–275, 278, 286, 290f, 305, 315–318; **SW III**, S. 55, 90f, 111–120, 122–125, 129, 162, 193, 210, 229, 244, 248f, 259f, 285)

Macht (juridisch-diskursive) (→ Macht)

Macht (strategische) (→ Macht)

Mikrophysik der Macht

Die Mikrophysik der → Macht bezeichnet eine besondere Eigenschaft des foucaultschen Machtbegriffs: Die → Macht geht nicht auf eine Zentrale oder Institution zurück, sie lässt sich nicht auf eine Person oder einen Strategen beziehen. Sie kann sich innerhalb einer Institution durch Praktiken besonders deutlich zeigen. Neben *Überwachen und Strafen* führt Foucault diese Machteigenschaft vor allem in der Vorlesung *Die Macht der Psychiatrie* vor. In den psychiatrischen Anstalten entwickelt sich eine ganzes → Dispositiv der → Macht, das seine Eigenschaften aus dem Zusammenspiel von sozialen Prozessen, obskuren Heilverfahren, und medizinischem Wissen gewinnt. (MP, S. 67ff, 250ff) Die historische Entwicklung der Mikrophysik der Macht und ihre Einflussnahme entsprechen einem Prozess, der sich aus vielen kleinen Bestandteilen zusammensetzt (ÜuS, S. 38).

Die → Macht löst sich in Beziehungen und Handlungen auf und nimmt letztlich zwischen den → Subjekten den Charakter einer feldartigen Verteilung an. Die Erwähnung einer feldartigen Verteilung bedarf einer Anmerkung: Das Modell des → Feldes steht hier nur in einer sehr lockeren Analogie zur Physik. Das → Feld verbindet kommunizierende und agierende → Subjekte – keine identischen Teilchen oder variierende Massen. Eine Übereinstimmung zwischen dem physikalischem → Feld und dem foucaultschen → Feld findet sich lediglich in der Zuweisung eines funktional definierten Ortes, den sowohl Teilchen wie → Subjekte einnehmen können. Es gibt Orte, an denen sich die Kraftlinien so schneiden, dass sie stabile Existenzbedingungen für ein kommunizierendes → Subjekt bieten können. Foucault nennt dies auch die Subjekt-Funktion der → Macht.

Die Mikrophysik der Macht schafft zugleich die Voraussetzung für den → strategischen Machtbegriff (→ Macht). Indem sich die → Macht aus vielen Mikrobestandteilen zu einem feldartigen Ganzen in der Geschichte zusammenfügt, zeigt sie ihre produktive Seite und schließt gleichzeitig die vereinfachende Sichtweise einer personal gebundenen → Macht aus.

(**MP**, S. 13, 31, 33f, 39, 49, 58, 62, 113, 123, 125, 250, 271f; **ÜuS**, S. 38, 40, 178, 191, 207)

Moral

Die Frage der Moral stellt sich im Zusammenhang mit der → Ethik des Selbst und der Analyse der Selbstpraktiken in der Antike. Jede Moral enthält für Foucault

Verhaltenscodices und Subjektivierungsformen. Die unterschiedlichen Ansätze zur Moral mit überwiegenden Verhaltenscodices fördern Instanzen, die das Erlernen, die Einhaltung und die Sanktionen von Verletzungen des Codes überwachen. Aus der Sicht des → Subjekts verlangt eine solche Moral immer einen Akt der Unterwerfung. Die → Pastoralmacht unterwirft im Christentum beispielsweise das → Subjekt durch den Zwang zum Geständnis. Umgekehrt kann auch die Seite der Subjektivierungsformen überwiegen, und die entsprechende Moral wird die Züge eines eigenständigen Individuums betonen:

„Andererseits lassen sich Moralen denken, in denen das starke und dynamische Element auf seiten der Subjektivierungsformen und Selbstpraktiken zu suchen ist. In diesem Fall kann das System der Codes und der Verhaltensregeln ziemlich rudimentär sein. [...] der Akzent liegt dann auf den Formen der Verhältnisse zu sich, auf den Prozeduren und Techniken ihrer Erarbeitung, auf den Übungen, in denen man sich selber als Erkenntnisgegenstand gibt, und auf den Praktiken zur Umformung seiner eigenen Seinsweise." (SW II, S. 42) (→ Technologien des Selbst)

Abgesehen von der → Ethik des Selbst ist die Moral im Werk Foucaults das Stiefkind der → Genealogie. Dieser Erbfall Nietzsches macht sich besonders deutlich (vgl. DeE II, Nr. 139, „Die Wahrheit und die juristischen Formen", S. 676), wenn Foucault im Zusammenhang mit der Abschaffung der Folter als üblichem Mittel der Strafe oder als Instrument der peinlichen Untersuchung zum Zweck der Wahrheitsfindung ausdrücklich betont, dass es sich dabei niemals um einen moralisch gestützten oder humanitär motivierten Akt gehandelt hat. Das gesamte Werk folgt hier der Devise eines genealogischen Vorgehens, das ein moralisches Motiv nur als allerletzte Erklärungsmöglichkeit akzeptiert (vgl. ÜuS, S. 133ff). Die wiederholte Ablehnung des Humanismus fällt mit der Weigerung zusammen die Moral als Problemlösung zu akzeptieren: „Der Humanismus war ein Versuch, mit Begriffen wie Moral, Wert und Versöhnung Probleme zu lösen, die sich gar nicht lösen ließen." (DeE I, Nr. 37, „Gespräch mit Madleine Chapsal", S.667) Foucault beginnt der Moral vor allem in dem Moment zu misstrauen, wenn sich der Strafvollzug auf sie beruft (DeE IV, Nr. 298, „Michel Foucault: Wir müssen alles überdenken, das Gesetz und das Gefängnis", S. 245). Daher erhält der Zusammenhang von Moral, Recht und strafender Institution einen besonders fragwürdigen Status (DeE IV, Nr. 346, „Was heißt Strafen?", S. 789).

(**WG**, S. 15, 94, 98, 193–195, 307, 319, 332, 344f, 362, 365f, 388, 401, 442, 446, 460, 463, 468, 475, 477, 496, 502, 505–507, 516–518, 531; **PG**, S. 104; **GK**, S. 59, 101, 139, 177; **OdD**, S. 122, 395; **Arch**, S. 29, 195, 254; **MP**, S. 303; **A**, S. 15, 18, 35, 395, 426; **ÜuS**, S. 20, 87, 163, 215, 266, 267, 287, 298f, 311, 326, 344, 360, 380; **SW I**, S. 47, 53, 70, 169, 174, 188; **VdG**; S. 19, 278; **GG I**, S. 142f, 278, 296; **HS**, S. 16f, 27, 29f, 218, 267, 321, 544; **SW II**, S. 22f, 31–33, 36, 40–42, 50, 57, 59, 68, 77, 80, 82, 84, 104, 107, 121f, 127, 137, 187, 191–193, 205, 212, 224, 227, 230, 237, 242f, 265, 270f, 289, 291, 310, 313–315; **SW III**, S. 16f, 55, 57f, 78f, 92, 97, 114, 128, 188, 203, 215–217, 223, 229, 237–239, 301–304, 306)

Panoptismus / Panopticon

Unter Panoptismus versteht Foucault einen Machttyp, der sich im 18. Jahrhundert verstärkt abzuzeichnen beginnt. Das Modell des Panoptismus stützt sich auf Jeremy Benthams Erfindung des Panopticons. Es bildet durch seinen Modellcharakter eine Art Leitidee, die sich anschaulich in einer besonderen Architektur vergegenständlicht, und 1795 in Pentonville als Strafanstalt realisiert wird (MP, S. 113). Der Grundgedanke besteht darin, eine architektonische Raumaufteilung für das Gefängnis, das Krankenhaus oder die Schule zu schaffen, die von einem zentralen Punkt aus die Kontrolle durch Sichtkontakt erlaubt, wobei der Beobachter selbst unsichtbar bleibt. Es gibt in dieser Architektur also einen Punkt, von dem aus ein zentraler Blick alle Vorgänge in der Disziplinierungsmaschine erfassen kann und die Delinquenten vollkommener Beobachtbarkeit unterworfen sind. Der Originalentwurf des Panopticons sieht einen zentralen Turm vor, der von einem ringförmigen Gebäude umgeben ist. Die Zellen liegen in diesem Gebäude und haben sowohl auf der Seite des Innenhofes mit dem zentralen Turm wie auch auf der Außenseite jeweils ein Fenster. Der zentrale Beobachter im Turm kann durch den Schachtelraum der Zellen hindurchblicken. Der Delinquent wird nicht nur einfach weggesperrt, wie in der Praxis der Einkerkerung geschehen, sondern er findet sich vielmehr ins Licht gerückt wieder. Er muss mit einer beständigen Aufmerksamkeit durch Sichtkontakt rechnen (ÜuS, S. 251–292).

Das Panopticon Benthams repräsentiert als architektonisch anschauliches Modell in der Theorie Foucaults die Apparatur eines eigenständigen Machttyps. Dies lässt sich am besten durch einen Vergleich mit dem Machttyp im Absolutismus verdeutlichen: Die alte Feudalmacht glänzt durch Sichtbarkeit, und an ihrer eindeutigen und höchsten Spitze einer unangefochtenen Hierarchie befindet sich der Souverän selbst. An diesem höchsten Punkt kulminiert die → Macht und entfaltet die maximale Intensität. Jedes Vergehen oder Verbrechen richtet sich also in letzter Instanz unweigerlich gegen den Souverän selbst, dessen → Macht dadurch in Zweifel gezogen wird. Die Wiederherstellung der → Macht muss folglich in einer spektakulären Form geschehen. Der Souverän lässt am Körper des Delinquenten ein Exempel durch physische Grausamkeit statuieren. Die → Macht wird durch die Schreie der Gemarterten in aller Öffentlichkeit wieder hergestellt, während der Körper vor aller Augen durch die entfesselten Kräfte der souveränen → Macht geöffnet, zerfetzt, verbrannt, verstümmelt oder zerbrochen wird (ÜuS, S. 44ff).

Die → Macht der milden Mittel (→ Disziplin) verfährt anders und beruht auf einer völlig veränderten historischen Situation. Ab dem 18. Jahrhundert ist die Bevölkerung gewachsen. Die Armee, die Schulen und die Krankenhäuser müssen mit ganz anderen Größenordnungen der zu betreuenden Menschen rechnen. Außerdem wächst der Produktionsapparat beständig. Es gibt bereits Manufakturen und die industrielle Revolution beginnt sich abzuzeichnen. Die Gesellschaft ist von einer völlig neuen Form des Wirtschaftens geprägt. Es liegt also nahe, dass sich unter diesen veränderten Voraussetzungen die alten Machtstrukturen selbst überlebt haben. Benötigt wird ein ganz anderer Machtmechanismus. Statt den Körper durch die öffentliche Marter zu zerstören, betrachtet ihn die Diszplinarmacht als nutzbare Kraft. Das Kennzeichen des neuen Machttyps besteht in einer verfeinerten Technologie, die den Körper als Quelle der Wertschöpfung ansieht und für diese Aufgabe optimieren muss. Es geht also nicht um die Wiederherstellung einer verletzten → Macht, sondern um eine diskrete → Macht, die durch zahlreiche subtile Maßnahmen eine Optimierung der Apparate bewerkstelligt. In den militärischen, industriellen oder medizinischen Apparaten unterliegen die Menschen einem milden Zwang und erfahren eine Optimierung im Hinblick auf ein normatives Ziel hin. Foucault betont in diesem Zusammenhang immer wieder, dass es sich um kleine, manchmal ganz unscheinbar anmutende Mechanismen handelt, die teilweise schon auf eine längere Geschichte zurückblicken können. Unter den veränderten historischen Bedingungen bündeln sich diese Mechanismen in den Apparaten und verdichten sich zu effektiveren Strategien. Das charakteristische Konzept des Panoptismus stellt demnach das Ergebnis lokaler und partikularer Anforderungen dar, ohne dass einsame Entscheidungen durch einzelne Machtträger eine Rolle spielen würden. Wenn beispielsweise der spätere Taylorismus die Interessenlage einer Klasse vertritt, dann ist das ein Ergebnis einer Entwicklung, die im Fall des Panoptismus noch nicht stattgefunden hat (ÜuS, S. 173ff).

Der Panoptismus wird von Foucault häufig mit einem Apparat oder einer Maschine gleichgesetzt. Nachdem jede Maschine einen begrenzten Bestand an Teilen und Funktionen aufweist, finden die Menschen in panoptischen Apparaten einen Platz vor, der sie als das berühmte Rädchen im Gesamtmechanismus definiert und individualisiert. Die entprechende Raumaufteilung folgt einem allgemein anwendbaren Schema der zellulären Verteilung von Individuen in einer eigens geschaffenen Architektur.

„Erstens setzt man in diese Zellen ein Individuum, und zwar ein einziges; das heißt, man steckt in dieses System, das für ein Krankenhaus, ein Gefängnis, eine Werkstätte, eine Schule usw. gilt, man steckt in diese Unterkunft eine einzige Person; das heißt, jeder Körper wird seinen eigenen Ort haben. Also räumliches Festsetzen. Und in jeder Richtung, die der Blick des Aufsehers einnehmen kann, am Ende jeder dieser Richtungen wird der Blick auf einen Körper treffen. Die Raumkoordinaten haben hier also eine sehr klare individualisierende Funktion." (MP, S. 115)

Bei einer nur oberflächlichen Betrachtung führt die Architektur des benthamschen Panopticons gründlich in die Irre. Der zentrale Beobachtungsturm mit dem Beobachter suggeriert den konzentrierten Machttyp des Souveräns. Versteht man den Panoptismus als Maschine mit einem komplizierten Räderwerk, treten die tatsächlichen Zusammenhänge in ihrer wechselseitigen Abhängigkeit deutlicher hervor: Der zentrale Beobachter ist kein Souverän, sondern er nimmt eine Aufgabe in der Maschine wahr, die wiederum nur zu erfüllen ist, wenn alle von der möglichen Existenz dieses Beobachters Kenntnis haben. Das Bewusstsein der möglichen Beobachtung kann, wie es Bentham beschreibt, das notwendige Seelenfünklein der Besserung entzünden. Es entsteht eine Beziehung zwischen Beobachtung und dem ständigen Bewusstsein um die Tatsache möglicher Beobachtung. In diesem Sinne stellt das Panopticon eine optimierte Anordnung von → Macht im → Raum dar, wobei die → Macht selbst vollkommen anonymisiert wird. Die Architektur schafft das Bewusstsein möglicher Beobachtung, wobei der Sitz der → Macht, der zentrale Beobachtungsturm sogar leer sein könnte (vgl. MP, S. 117). Benthams Architektur ist ein Prototyp für die Machtwirkung, die sich durch die Möglichkeit ununterbrochener Beobachtung erzielen lässt. Die Maschinenteile greifen im Bewusstsein der ständigen Kontrollierbarkeit ineinander und ergänzen sich zur Erfüllung der gestellten Aufgabe, indem sie eine zusätzliche Selbstkontrolle ausüben, die sich aus der Tatsache der ständig realisierbaren Beobachtungsmöglichkeit zwingend ableitet.

Als kompliziertes Gefüge der → Macht, das bis in die feinsten Verästelungen an die Orte der Menschen in diesen Maschinen reicht, gewinnt das Panopticon einen modellhaften Wert für die → Disziplinen, wobei seine ursprüngliche architektonische Form in den Hintergrund tritt. Die zentrale Funktion besteht in der Bündelung sich wechselseitig kontrollierender Teile, die zu einer Machtsteigerung beiträgt. Das Besondere des verallgemeinerten Panopticons, für das die Bezeichnung Panoptismus dann zutreffend ist, liegt darin, dass sich in dieser Maschine schon die Teile wechselseitig stabilisieren und Ausfälle leicht zu ersetzen sind. Jeder ist an seiner Stelle und in seiner Funktion ersetzbar. Foucault macht mehrfach deutlich, dass die Bündelung der einzelnen → Disziplinen in der Maschine Panoptismus den Begriff der Technologie rechtfertigt. Das bedeutet, dass die → Disziplin durch den Panoptismus zu einer Technologie aufrückt, was den gestiegenen Anforderungen im produktiven Sektor am Ende des 18. Jahrhunderts entspricht (ÜuS, S. 251ff).

(**MP**; S. 70, 90, 99, 113f, 116–121, 127, 141, 153f, 156, 160; **ÜuS**, S. 224, 251, 256, 258–268, 277, 279, 284–286, 288, 319f, 338; **GG I**, S. 102, 176; **GG II**, S. 81, 102f, 353)

Pastoralmacht

Die Pastoralmacht ist ein veränderliches Machtdispositiv, das mit dem Christentum beginnt: „Ich denke, daß sich hier, mit dieser Institutionalisierung einer Religion als Kirche […] ein Machtdispositiv zumindest in seinen großen Linien formt, das nirgendwo sonst zu finden ist, ein Machtdispositiv, das niemals aufgehört hat, sich innerhalb von fünfzehn Jahrhunderten zu entwickeln und im großen und ganzen zu verfeinern, sagen wir vom zweiten, dritten Jahrhundert nach Christus bis zum 18. Jahrhundert unserer Zeitrechnung." (GG I, S. 218)

Unter Pastoralmacht versteht Foucault eine Art der Menschenführung, die sich auf jede Lebenssituation erstreckt und die gesamte Existenz des Menschen bis in die feinsten Detailfragen hinein bestimmen will. Auf der etymologischen Seite lässt sich die Pastoralmacht als die → Macht des Hirten über die Herde begreifen. Ihr Grundgedanke wurzelt in religiösen Motiven, die eine bestimmte Lebensführung zur Voraussetzung des Seelenheils machen. Der Hl. Gregor von Nazian hat in diesem Zusammenhang von einer Ökonomie der Seelen, einer *oikonomia psychon* gesprochen (vgl. GG I, S. 279). Der Christ erscheint als Bestandteil einer Herde, die der Priester zu lenken hat und für deren Seelenheil er die Verantwortung trägt.

Der Herrscher als guter Hirte findet sich in besonders ausgeprägter Form bereits in der hebräischen Gesellschaft. Jehova hat eine Herde und ist der Hirte des Volkes. Ähnliche Vorstellungen existierten in Assyrien, Ägypten und Mesopotamien. Erste Aufgabe ist die Führung und Leitung der Herde, nicht das Beherrschen eines Territoriums. Der gute Hirte definiert seine leitende Stellung nicht durch die Notwendigkeit von Eroberungsfeldzügen oder durch die Maximierung seiner Reichtümer. Sein Hauptaugenmerk bleibt auf die Erhaltung der Herde gerichtet, die einer sorgsamen Pflege und Umsicht bedarf.

Die Geschichte des Pastorats verbindet sich mit einer Vielzahl von Techniken und Anwendungen, die einer fortlaufenden Verfeinerung unterliegen. Die christliche Kirche bedient sich als klassische Institution der Pastoralmacht im Laufe ihrer Geschichte unterschiedlichster Analyse- und Wissenstypen, die mit der Praxis dieses Machttyps in Erscheinung treten. Die Pastoralmacht darf jedoch nicht vorschnell mit einem weltlich-politischen Aspekt der Kirche – im Sinne einer Geschichte des Papismus – gleichgesetzt werden. Die Pastoralmacht unterscheidet sich über Jahrhunderte mit bemerkenswerter Konstanz von der politischen Macht, obwohl beide von einer einzigen Person ausgeübt werden können. Erst ab dem 16. Jahrhundert beginnt die Form der Pastoralmacht, vermittelt über die → Gouvernementalität, in der Politik eine Rolle zu spielen.

Eigenschaften des christlichen Pastorats

Das Pastorat bestimmt sich durch einen besonderen Umgang mit den zentralen Instanzen des Heils, des Gesetzes und der Wahrheit. Die Heilsfrage transformiert das christliche Pastorat in eine Ökonomie der Verdienste, die Beziehung zum Gesetz verwandelt es von der Achtung in den Gehorsam, und die Wahrheit findet sich in einer Technik der Gewissenserforschung wieder (GG I, S. 266f).

Bei der Ökonomie der Verdienste handelt es sich um vier Verantwortungsbeziehungen, die zwischen Pastor und Herde gelten. Sie setzen die linearisierte Zeitauffassung voraus, die das Christentum im Gegensatz zur zyklischen Zeitauffassung der Antike ausgebildet hat. In diesem linearisierten Zeitrahmen lässt sich die Verantwortung des Pastors auf den Zeitpunkt des jüngsten Gerichtes beziehen.

Das erste Prinzip, die analytische Verantwortlichkeit, erlegt dem Pastor eine universale Pflicht der Berichterstattung auf. Er muss am Ende der Zeiten über jedes einzelne Schaf seiner Herde einen genauen Bericht geben, der auch das Verhalten des Pastors gegenüber jedem dieser Schafe einschließt. Der Pastor und die Herde unterliegen in allen Einzelfällen einer universalen Kontrolle.

Das zweite Prinzip, des unverzüglichen und erschöpfenden Transfers, erweitert die Form des Rechenschaftsberichtes um den Übertrag aller Vergehen und Verdienste des einzelnen Schafes auf die Person des Pastors. Im Pastor findet eine Art Konzentration der Verantwortung statt.

Das dritte Prinzip dreht sich um die Inversion der Opferung. Der Pastor muss bereit sein für seine Schafe den eigenen Tod in Kauf zu nehmen. Das gilt sowohl in diesseitig-biologischer wie auch in jenseitig-seelischer Hinsicht. Der Pastor muss bei Gefahr der eigenen Opferung die Seele jedes einzelnen Schafes retten. Im Rahmen der Gewissensbefragung verbindet sich die Inversion der Opferung mit dem Risiko, dem sich der Pastor durch die Kenntnis der Sünden seiner Schafe laufend aussetzt. Der Pastor riskiert faktisch seine eigene Seele, nachdem er ständig mit fremden Sünden konfrontiert ist.

Das vierte Prinzip der alternierenden Korrespondenz sieht die Übertragung der Verdienste der Schafe auf den Pastor vor. Bei einer vollkommen gefügigen Herde schwinden die Verdienste des Pastors, während eine widerspenstige Herde seine Fähigkeiten herausfordert. Die Leistungen des Pastors nehmen also mit den Bemühungen um die Herde zu, die Verdienste mehren sich, und das Heil des Pastors ist gesichert. Die alternierende Korrespondenz zeigt sich ebenfalls in der Schwäche des Pastors. Seine Unvollkommenheit bildet gleichsam das Modell einer vorführbaren Reue, der praktizierbaren Demut. Zwischen Pastor und Herde existiert also eine hochdifferenzierte Ökonomie, die das Heil nach Verfehlung und Verdienst bemisst (vgl. GG I, S. 247f).

Das Verhältnis von christlichem Pastorat und Gesetz beruht auf dem Prinzip des Gehorsams. Der Pastor nimmt nicht die Rolle eines zivilen Richters ein, der ein Delikt ahndet. Der Unterschied zeigt sich vor allem darin, dass der Gehorsam zwar unbedingt gefordert wird, aber im Fall der Abweichung von der Vorschrift immer ein individuelles Vorgehen des Pastors vorgesehen ist. Die pastorale Korrektur erfolgt wie ein ärztlicher Ratschlag, der auf jede erkrankte Seele individuell abgestimmt ist. Der Gehorsam setzt eine Unterwerfungsbeziehung voraus, die sich in der monastischen Tradition ab dem 4. Jahrhundert als konsequenter Willensverzicht darstellt. Das Schaf ordnet sich in einer persönlichen Beziehung dem Pastor vollständig unter. Der gesunde Egoismus des römischen Bürgers, der das Gesetz achtet, weicht einem Gehorsam, der letztlich den Willen bricht und das Ich des Schafes, den innersten Kern des → Individuums, von einer Unterwerfungsbeziehung abhängig macht (vgl. GG I, S. 254f).

Die Unterwerfungsbeziehung steht in enger Verbindung zur → Wahrheit im Pastorat. Diese ergibt sich aus einer methodischen Gewissenserforschung, die nicht in jedem Fall freiwillig erfolgt. Das christliche Pastorat leitet jedes einzelne Gewissen, indem es ihm einen Spiegel durch die permanente Erforschung seiner eigenen verborgenen → Wahrheiten vorhält. Statt einer allgemeinen → Wahrheit thematisiert das Pastorat also eine individuelle → Wahrheit, die nur in einem Abhängigkeitsverhältnis zu einer Bezugsperson erscheinen kann (vgl. GG I, S. 262f).

Der Zug zur → Individualisierung innerhalb der Pastoralmacht lässt sich vor allem im Mittelalter nachvollziehen. Die Aufgabe verschiebt sich von der reinen Lenkung der Herde zur Erkenntnis des Einzelnen, zur Wahrnehmung seiner Subjektivität, der Einflussnahme auf das Gewissen und der Prüfung der Seele durch das Geständnis. Die Pflicht, auf jeden Einzelnen einzugehen und für das Heil eines jeden → Individuums zu sorgen, macht das Charakteristikum der Pastoralmacht als Seelsorge aus.

Die Praxis der Pastoralmacht stößt im Mittelalter auf fünf Formen des Gegenverhaltens (GG I, S. 292), die letztlich → Transformationen dieses Machttyps vorbereiten. Die einzelnen Formen dieses Gegenverhaltens sind: Askese, Gemeinschaften, Mystik, Zweifel an der Sakramentar-Macht und eschatologische Glaubensüberzeugung (vgl. GG I, S. 278f).

Die Askese stellt für Foucault eine Abweichung von der absoluten Gehorsamkeit im Pastorat dar. Der Asket übt über sein Selbst eine Zwangsmaßnahme aus, die ihn gegen die Lenkung durch die Pastoralmacht immunisiert. Der geforderte Willensverzicht im Gehorsam gegenüber dem Pastor findet in der Askese eine derartige Übersteigerung, dass die Verhaltensführung zum Heil der Seele wieder dem einzelnen Schaf obliegt. Die Askese stellt somit eine individualisierende Form dar, mit der sich das Herdenmitglied dem Pastorat schrittweise entziehen kann. Ein weiteres Problem stellt die Sakramentar-Macht des Priesters dar. Mit welcher Berechtigung darf der Priester von Sünden freisprechen? Was zwingt zur Taufe der Kinder? Derartige Zweifel bewegen Gruppierungen wie die Wiedertäufer, die Hussiten, die Katharer und die Waldenser.

In der Mystik taucht ein Erfahrungstyp auf, der mit der Ekstase und dem Ziel der *unio mystica* völlig aus dem Muster der alten Verantwortungsbeziehungen herausfällt. Die Grundlage besteht nicht mehr in der gehorsamen Unterwerfung unter einen diesseitigen Seelenführer zum Zweck des Seelenheils, sondern nun tritt die Seele in der Annährung an Gott in einen unkontrollierbaren Dialog mit sich selbst. Der mystische Prozess mündet aus der Sicht der kontrollierten Seelenleitung in ein Spiel doppeldeutiger Erfahrungen ein, bei dem sich die Seele nicht mehr zum Geständnis verpflichtet, sondern jederzeit auf eine unartikulierbare Erfahrung der *unio mystica* berufen kann, die sich durch die Kommunikation mit Gott abgesichert weiß. Die rheinische Nonnenmystik, die Begharden und Beginen im Umkreis des Meister Eckhart, bilden beispielsweise mystische Gruppierungen aus, in denen die Nähe zu Gott die Entfernung vom Pastorat bedeuten kann (GG I, S. 296).

Mit der eschatologischen Glaubensüberzeugung verbindet sich schließlich die Vorstellung von einem Ende der diesseitigen Zeiten. Der wiederkehrende Gott entwertet das Pastorat durch den schwindenden Abstand zu dem bevorstehenden Ende, denn je näher dieses Ende rückt, desto schwächer wird der Pastor.

Im 18. Jahrhundert machen die Elemente der Pastoralmacht auch im Staatsapparat Karriere. Dies kann laut Foucault leicht übersehen werden, weil die staatliche Organisation für gewöhnlich als Befreiung vom Feudalismus aufgefasst wird. Tatsächlich lässt sich der → Staat als „Matrix der Individualisierung" (DeE IV, Nr. 306, „Das Subjekt und die Macht", S. 278) begreifen, die eine neue Form der Pastoralmacht bildet. An die Stelle des Heils treten weltliche Zwecke: Gesundheit, erhöhte Sicherheit und das Wohlergehen im Sinne eines verbesserten Lebensstandards ersetzen das jenseitige Heil. Die subtilen Veränderungen, die weichen Formen des Geständnisses und der Gewissensfrage verleiten dabei zu einer Verharmlosung:

„Während des 18. und 19. Jahrhunderts fand eine vollständige Umwandlung, eine vollständige Transplantation der traditionellen Ziele der Seelsorge statt. Man sagt oft, der Staat und die moderne Gesellschaft ignorierten das Individuum. Wenn man es etwas näher betrachtet, dann ist man im Gegenteil über die Aufmerksamkeit erschrocken, die der Staat den Individuen schenkt; man ist erschüttert von all den Techniken, die vorbereitet und entwickelt wurden, damit das Individuum nicht auf irgendeine Weise der Macht entkommt [...]. All die großen Disziplinarmaschinen: Kasernen, Schulen, Werkstätten und Gefängnisse sind Maschinen, die es gestatten, das Individuum einzukreisen, zu wissen, was es ist, was es tut, was man aus ihm machen kann, wo man es platzieren muss, wie es unter den anderen zu platzieren ist." (DeE III, Nr. 232, „Die analytische Philosophie der Politik", S. 694)

(**GG I**, S. 185, 188–193, 201, 218–220, 225–227, 229, 240f, 247, 262, 267, 278, 282, 293, 296, 301f, 305, 309, 312f, 341,347f, 348, 354f, 359f, 376f, 384f, 479, 486f, 492, 496, 498–502, 504–510, 521; **HS**, S. 68; **SW II**, S. 18)

Philosophie (praktizierte)

Foucault beurteilt die Philosophie nicht einheitlich. 1965 beantwortet er die Frage nach der Philosophie als kultureller Form nicht eindeutig: „Ich bin nicht Philosoph genug, um diese Frage beantworten zu können. Ich denke, das ist das große Problem, über das gegenwärtig gestritten wird; vielleicht ist die Philosophie die allgemeinste kulturelle Form, in der wir darüber nachdenken können, was der Westen ist." (DeE I, Nr. 30, „Philosophie und Psychologie", S.574)

Ein Jahr später identifiziert Foucault die Aufgabe der Philosophie mit der Analyse eines allem Denken vorangehenden Systems: „Wir denken stets innerhalb eines anonymen, zwingenden Gedankensystems, das einer Zeit und einer Sprache zugehört. Dieses Denksystem und diese Sprache haben eigene Transformationsgesetze. Aufgabe der heutigen Philosophie und all der oben genannten theoretischen Disziplinen ist es, dieses Denken vor dem Denken, dieses System vor dem System aufzudecken." (DeE I, Nr. 37, „Gespräch mit Madleine Chapsal", S. 666)

1967 löst Foucault die Philosophie in die Aufgabengebiete der Axiomatiker, Linguisten, Ethnologen, Historiker, Revolutionäre und Politiker auf (DeE I, Nr. 48,

„Über verschiedene Arten Geschichte zu schreiben", S. 765). Die Bezeichnung „Philosoph" lehnt er 1970 deutlich ab. Er setzt die Philosophie mit einem „Professorenberuf" gleich, der in der reinen Lehre aufzugehen droht. (DeE II, Nr. 82, „Wahnsinn, Literatur, Gesellschaft", S. 130)

Im Zusammenhang mit der Sorge um sich Selbst (→ Technologien des Selbst) entdeckt Foucault eine praktizierte Philosophie, die mit der laufenden Veränderung des → Subjekts in der Geschichte übereinstimmt, und gelegentlich unter der etwas irreführenden Bezeichnung der Philosophie der → Wahrheit erscheint. In der Antike verbindet sich damit die klassiche Philosophie, die vor allem bei dem zentralen Thema der Selbstsorge der → Ethik des Selbst eine Rolle spielt.

„Wir verstehen unter ‚Philosophie' jene Form des Denkens, das nicht etwa danach fragt, was wahr und was falsch ist, das nicht danach fragt, warum es wahr und falsch gibt und geben kann und warum sich wahr und falsch nicht voneinander trennen lassen. Wir nennen ‚Philosophie' jene Form des Denkens, die danach fragt, was dem Subjekt den Zugang zur Wahrheit ermöglicht, jene Form des Denkens also, die Bedingungen und Grenzen des Zugangs des Subjekts zur Wahrheit zu bestimmen versucht." (HS, S. 32)

(**WG**, S. 147, 353, 460, 515; **OdD**, S. 11–13, 24, 102, 110, 116, 120–122, 161, 164, 208, 260, 272f, 296, 299, 302, 304f, 336, 341, 363, 370, 381, 383, 392, 396, 403, 410, 412, 415–418, 436, 443f, 446, 459, 461f; **GK**, S. 13, 17, 71, 106, 168; **Arch**, S. 13, 16, 21, 28, 35, 58, 79, 81, 86, 195–197, 246, 284, 291–293; **MP**, S. 30; **A**, S. 14, 27; **SW I**, S. 78, 151, 167; **VdG**, S. 37f, 70f, 77, 118–120, 197, 199, 205, 217, 29, 250, 256, 280f, 285; **GG I**, S. 15f, 222, 335; **GG II**, S. 367, 374; **HS**, S. 15, 19, 25, 27f, 32, 34f, 46, 49f, 53, 61, 63, 66, 69, 74, 94, 97, 117, 119, 130f, 133, 155, 167, 171, 176, 180f, 193f, 198–200, 216–220, 226–228, 231, 241, 243, 267f, 270, 273, 323, 340f, 348, 360, 382, 397, 411, 414, 416, 421, 427, 447, 449, 490, 505f, 518f, 561, 581, 593, 600–602, 605; **SW II**, S. 14–16, 23, 50, 57, 123, 175, 268f, 290, 302, 310, 315; **SW III**, S. 51, 58, 61–63, 69, 75, 80, 87, 110f, 122, 133, 199, 206, 208, 214, 243, 244, 273, 277, 290, 302, 304)

Politische Ökonomie

Foucault erfasst die politische Ökonomie als Element der → Episteme der Klassik in *Die Ordnung der Dinge* und als Bestandteil seiner historisch orientierten Analyse der Regierungskunst (→ Gouvernementalität). Die Analyse stützt sich im Wesentlichen auf zwei Ansätze:

„Unter ‚politischer Ökonomie' versteht man aber auch im weiteren und, wenn Sie so wollen, auch praktischeren Sinn jene Regierungsmethode, die geeignet ist, den Wohlstand einer Nation zu sichern. Und schließlich ist politische Ökonomie übrigens auch […] eine Art von allgemeiner Reflexion auf die Organisation, die Verteilung und die Begrenzung der Macht in einer Gesellschaft." (GG II, S. 30)

Innerhalb der Theorie der → Gouvernementalität rückt die politische Ökonomie, neben dem Gegenstand der Bevölkerung und dem Instrument der → Sicherheitsdispositive zur wesentlichen Wissensform auf. Die politische Ökonomie wirkt als Selbstbegrenzung der Regierungskunst, wobei sie deren Eingriffe durch ein utilitaristisches Kalkül begrenzt. Die Einsichten der Physiokraten beweisen, dass eine Überreglementierung letztlich nur zu ökonomischen Schäden führt. Die politische Ökonomie entwickelt Erkenntnisse, die vor allem die Parameter einer biologisch verstandenen Bevölkerung (Geburtenzahlen, Sterbefälle) in die wirtschaftlichen Kalkulationen einzubeziehen erlauben, und damit die Grundlagen für die moderne Verwaltung legen.

Foucault spannt in seiner Vorlesung über die *Geschichte der Gouvernementalität* einen weiten Bogen über die verschiedenen Ansätze zur politischen Ökonomie, beginnend bei den Merkantilisten. Er bewertet den Merkantilismus als politische Praxis, „die darauf abzielt, die internationalen Geldströme, die entsprechenden Warenflüsse und die produktive Tätigkeit der Bevölkerung zu regulieren." (DeE III, Nr. 196, „Die Geburt der Sozialmedizin", S.278) Die Analyse der weiteren Entwicklung erstreckt sich über die Physiokraten bis zu dem deutschen Nachkriegsliberalismus unter Ludwig Erhardt, wobei auch die Auswirkungen dieses Ansatzes in Frankreich und im amerikanischen Neoliberalismus Berücksichtigung finden (→ Gouvernementalität).

(**OdD**, S. 10, 12f, 24, 211–213, 241, 259, 273–274, 279, 298, 309, 343, 344; **Arch**, S. 41, 48, 183, 194, 239, 241, 247, 251, 253, 255, 260, 264, 268, 294; **ÜuS**, S. 36, 37, 103; **SW I**, S. 39; **VdG**, S. 225; **GG I**, S. 87, 116–119, 159f, 162, 471f, 523; **GG II**, S. 13, 30–36, 52, 56, 64f, 113, 129, 150, 152, 205, 306, 343, 386, 389f, 393, 408, 439f; **SW I**, S. 93;)

Politische Ökonomie des Körpers

Die politische Ökonomie des Körpers umfasst ein → Wissen, das die milden Methoden der Einsperrung oder der Besserung des Körpers zur Anwendung bringt. Der Körper wird unter der → Disziplinarmacht (→ Macht) zu einem wertvollen Gegenstand der Produktion. Der Körper tritt nicht mehr als Bußmaterial des kalkulierten Schmerzes auf, wie ihn die Hinrichtungsfeste des Ancien Régime als Demonstration der → Macht nutzten, sondern als gelehriger und nützlicher Körper, der nichtsdestotrotz unterworfen werden muss.

Die entsprechenden Strategien bedienen sich einer diffusen Technologie, die sich aus vielen kleinen Bestandteilen in der Geschichte sukzessive zusammensetzt. Darum kann man diese → Mikrophysik der Macht (ÜuS, S. 38) auch nicht mit einer bestimmten Institution oder Staatsmacht identifizieren. Erst im größeren Rahmen der → Disziplinen fügen sich die diffusen Technologien zu einem Gesamtbild der gelehrigen Körper zusammen, unterstehen einem Kalkül der Nutzenrechnung und des Utilitarismus und wirken innerhalb der Wissensform der → Gouvernementalität.

(**GG II**, S. 30–36, 52, 56, 64f, 113, 124, 150, 152, 205, 306, 343, 386, 389f, 393, 408, 439f)

Positivität(en)

Im humanwissenschaftlichen → Wissen können aus den → Ereignissen, die → Aussagen sind, Einheiten gebildet werden. Die Einheiten entstehen aus Gesamtheiten von → Aussagen, die als diskursive Formationen (→ Formationssystem) bezeichnet werden. Diese Formationen dürfen nicht mit Wissenschaften verwechselt werden. Die Positivitäten beinhalten Formationsgesetze, die eine Bildung von Gesamtheiten von → Aussagen in diskursiven Formationen erlauben. Diese Gesamtheit ist ein → Wissen und noch keine Wissenschaft. Die *Archäologie des Wissens* definiert die Rolle der Positivität auch als → historisches Apriori (Arch, S. 184).

„Was die Systeme der Positivität anbetrifft, die deren [diskursive Formationen, M.R.] einheitliche Gruppierung sicherstellen, so sind diese keine rationalen Strukturen, ebensowenig sind sie Spiele, Gleichgewichte, Oppositionen oder Dialektiken zwischen den Formen der Rationalität und den irrationalen Zwängen; [...] es handelt sich nicht um Gesetze der Intelligibilität, sondern um Formationsgesetze einer Gesamtheit von Objekten, Formulierungstypen, Begriffen, theoretischen Optionen, die in Institutionen, Techniken, individuelle oder kollektive Verhaltensweisen, politische Operationen, wissenschaftliche Aktivitäten, literarische Fiktionen, theoretische Spekulationen eingebettet sind." (DeE I, Nr. 59, „Über die Archäologie der Wissenschaften. Antwort auf den *Cercle d'épistémologie*", S. 920f)

Die rudimentärsten Vorformen dieses → Wissens finden sich in jener Positivität, die Foucault in seinen literarischen Studien zum Roman entdeckt. Die Positivität beginnt demnach beim „Denken *und* Sprechen", oder jenem „Raum des Denkens [...], des denkenden Sprechens." (DeE I, Nr. 22, „Diskussion über den Roman", S. 452) (→ Formation der Begriffe; → Formation der Strategien; → Formation der Aussagen; → Formation der Gegenstände). Letztlich verwendet Foucault die Bezeichnung Posititivität[en] unterschiedslos für alle Wissensformationen in *Die Ordnung der Dinge*. Die Positivitäten können demnach in allen Bezügen und Formen des → Wissens, die einer Entwicklung unterliegen, auftauchen.

(**WG**, S. 9, 14, 109, 147, 179, 183, 246, 255f, 262, 381, 447, 460; **GK**, S. 9, 53, 137; **OdD**, S. 24–26, 52, 107, 269f, 272–274, 278f, 294, 301, 307, 309 313, 315, 341 343f, 358, 362, 379–383, 388, 402, 403–406, 409, 413f, 416, 418–420,, 424, 426f, 434, 437f, 443, 445–447, 451, 454–457; **Arch**, S. 164, 182–185, 189f, 193, 220f, 224, 230f, 233, 236, 239, 241, 243–245, 247–258, 262, 264–268, 271–274, 277–279, 283, 294, 296f; **OD**, S. 48; **SW I**, S. 18, 106; **GG I**, S. 104, 138; **SW II**, S. 16;)

Raum

Der Begriff des Raumes nimmt eine zentrale Stellung mit vier Schwerpunkten ein, die im Werk Foucaults einer ständigen Entwicklung entsprechen.

Frühe Ansätze zu einer Philosophie des Raumes finden sich in *Die Geburt der Klinik* (1963). Kennzeichnend für das Raumproblem in diesem Stadium ist die Verbindung von → Sprache und Raum, die durch eine Analyse des ärztlichen Blicks ergänzt wird. Die Korrelation von Sichtbarem und Sagbarem hat in der Medizingeschichte unterschiedlichste Räume eröffnet, in denen sich das Symptom mit der Krankheit verbindet.

1964 greift Foucault das Raumthema im Zusammenhang mit literaturtheoretischen Arbeiten auf. 1966 beginnt in *Die Ordnung der Dinge* eine Auseinandersetzung mit einem Raumbild, das zur Verwissenschaftlichung des Denkens dient. 1967 prägt er den Begriff der Heterotopien, der in der Architekturtheorie Karriere machen sollte. In der diskurstheoretisch gewichteten → Archäologie von 1969 gewinnt noch einmal der Zusammenhang von → Sprache und Raum eine herausragende Bedeutung. Die → Sprache besitzt demnach einen eigenen Raum.

Die ökonomisch-politisch motivierte Raumanalyse entwickelt sich ab *Überwachen und Strafen* durch die Verbindung von → Macht und Raum, die ihren Höhepunkt im Panopticon findet (→ Panoptismus). Der Raum gewinnt dort vor allem als strategischer Raum eine Funktion, die eine Aufmarschzone der → Macht bildet und die Beschreibung der damit verbundenen → Transformationen des → Wissens erlaubt.

Der Raum der Klinik

Im Übergang zur modernen Medizin am Ende des 18. Jahrhunderts findet eine Reorganisation des Wahrnehmungsraumes und des unsichtbaren Raumes statt. „Zwischen den Wörtern und den Dingen knüpfte sich ein neues Bündnis, welches das Sehen und das Sagen ermöglichte [...].“ (GK, S. 11) Foucault geht es dabei nicht um die Erweiterung des Visuellen durch die optisch-technische Aufrüstung des Blicks. Seine Analyse zielt auf ein verändertes Verhältnis zwischen dem Raum des Sichtbaren, den real-physischen Entsprechungen bei der Sektion der Körper und dem Entstehen der Klinik als Beobachtungsort. Das Sichtbare muss gleichzeitig immer auch ausgesprochen werden, es muss im → Diskurs besprochen werden. Der → Diskurs ist der nachvollziehbare Beleg für den gedanklichen Vollzug des Gesehenen. In *Die Geburt der Klinik* finden sich unter anderem die Beispiele der Klinik, des → Tableaus und des Leibes für spezifische Räume mit höchst unterschiedlicher Charakteristik.

Für eine Medizin der Symptome war die klinische Beobachtung eine unverzichtbare Voraussetzung, die den geschulten Blick mit einem Beobachtungsraum verbinden kann. „Im Spital erscheint das pathologische Faktum als einzelnes Ereignis und in einem seriellen Zusammenhang. Die Familie, die noch vor kurzem als der natürliche Ort der Krankheit und ihrer Wahrheit galt, bewirkt, wie sich nun herausgestellt hat, eine zweifache Täuschung: durch die häusliche Pflege und Diät droht die Krankheit verschleiert und modifiziert zu werden." (GK, S. 123) Das Spital isoliert nicht nur das Phänomen für die Beobachtung, sondern es bietet durch direkten Vergleich in einer Vielzahl von Fällen die Voraussetzung für eine statistische Erfassung.

Das → Tableau bietet in einer Gegenüberstellung die Lösung des Problems, „ob sich die sichtbare Symptomatologie der Krankheit und ihre sprachliche Analyse in räumlich lesbarer und begrifflich kohärenter Weise darstellen lasse." (GK, S. 126) Die Lösung liegt in einer räumlichen Struktur die zugleich Sichtbares und Lesbares verbindet. Das → Tableau ist eine Art künstlicher Raum, eine tabellarische Gegenüberstellung auf Papier, die aber in ihrer Beschränktheit nur eine Übergangslösung bietet. Am Ende erweist sich die Sprache als universelleres Instrument, das die Symptome des Kranken in die Zeichen einer Krankheit übersetzen kann. Das → Tableau stellt für diese abstrakte Lösung einen anschaulichen Zwischenschritt dar, der sich auf einen künstlichen Anschauungsraum stützt.

Die Medizin der Symptome wird ihrerseits durch eine Medizin der Organe, der Krankheitsherde und der Krankheitsursachen abgelöst. „In diesem neuen Bild, das die klinische Erfahrung von sich selbst entwirft, rüstet sie sich zur Erkundung eines neuen Raums: des berührbaren Raums des Leibes, jener undurchsichtigen Masse, in welcher sich Geheimnisse, unsichtbare Läsionen verbergen und das Mysterium der Ursprünge selbst eingehüllt ist." (GK, S. 136)

Der Raum der Klinik ist ein Ort der Beobachtung, dem architektonische Maßnahmen entsprechen. Die entsprechende Raumgestaltung verteilt die Körper aus der Machtperspektive der → Disziplin im Raum. Über den administrativen Raum der Hafenspitäler mit der Funktion der Verhinderung von Epidemien entwickelt sich der therapeutische Raum, dessen Parzellierung (Verteilung der Patienten auf getrennte Betten und besondere Abteilungen) nicht nur die Ansteckung verhindert. Die Krankheiten werden so in ihrer jeweiligen Symptomatik isoliert und analytisch besser erfassbar. Die höchst simple Maßnahme einer Identifizierung des Patienten durch Lokalisierbarkeit bildet die Grundlage für die Beobachtung der Krankheit in der Zeit. Man kann Verlaufsformen und medikamentöse Wirkungen bei kontrollierter Einnahme zu Beobachtungsreihen kombinieren.

Der Arzt kann sich darüber hinaus zu einem Raumspezialisten entwickeln, wenn er die Luftfeuchtigkeit, die speziellen Eigenheiten der Böden und ihrer Produkte als klimatische Randbedingung für die Gesundheit der Bevölkerung in einer Region berücksichtigt. Ähnliches lässt sich für das Stadtmilieu feststellen. Das Problem der Hygiene bei großer Bevölkerungsdichte verlangt nach einer Analyse der räumlichen Bedingungen, des Abwasserproblems, der Lage der Friedhöfe und der Schlachthäuser. Der Arzt ist in diesem Sinne der erste Raum- und Stadtsoziologe der Geschichte.

Sprache und Raum

Die Ausführungen über die sprachliche Bedeutung des Raumes finden sich in den literaturtheoretischen Arbeiten Foucaults. Der 1964 entstandene Artikel zum Zusammenhang von Sprache und Raum im Werk von Claude Ollier, Roger la Porte und Michael Butor entwirft das Bild einer Sprache des Raumes. In *Description de San Marco* verbinden sich Raum und Sprache ohne ein sichtbares „architektonisches Urbild" heranzuziehen (DeE I, Nr. 24, „Die Sprache des Raumes", S. 536).

Neben der Sprache des Raumes gibt es auch einen Raum der Sprache, der dem bloßen Sprechen der Sprache einen Rahmen verleiht. Es ist der Raum murmelnder Stimmen, in denen die Sprache noch ohne diskursive Formung spricht. Foucault stößt bei Jorge Luis Borges auf Nicht-Orte – Heterotopien –, die die Sprache unterlaufen und im Sinne des bedeutungshaltigen Sprechens zerstören. „Die Heterotopien (wie man sie so oft bei Borges findet) trocknen die Sprache aus, lassen die Wörter in sich selbst verharren, bestreiten bereits in der Wurzel jede Möglichkeit von Grammatik." (OdD, S. 20) In dem reinen „Ich spreche" passiert das Gemurmel eine Raumgrenze, die nicht ganz eindeutige Dichotomien markiert. Einerseits geht es um die Chance, die ein utopischer Gehalt bietet, wenn das zentral bedeutungshaltige Sprechen verlassen wird. Andererseits droht immer der Verlust des Sprachvermögens. Der leere Raum der Sprache verliert sich im Risiko der Bedeutungslosigkeit und er bietet zugleich die Chance einer weißen Leinwand, auf der alles zu erscheinen vermag, was die Sprache potentiell enthält (vgl. auch: → Sprache; DeE I, Nr. 38, „Das Denken des Außen", S. 672).

Raumbilder und Denkstrukturen

1966 erhält der Raum für das Zeitalter der Klassik in *Die Ordnung der Dinge* die Funktion, das → Wissen in Wissenschaft zu transformieren. Das entsprechende Raumbild stellt „die Verräumlichung des Denkens" dar, das sich im 17. und 18. Jahrhundert auf das → Tableau konzentriert. Das verräumlichte Denken des → Tableaus erscheint dabei in der → Sprache, der Klassifikation der Naturgeschichte und in der → politischen Ökonomie.

Die neue Funktion des → Tableaus für die → Sprache setzt eine völlig veränderte Seinsweise der Dinge und der → Sprache voraus. In der Renaissance kamen die Zeichen der → Sprache noch aus dem Inneren der Dinge, und die → Sprache hatte in diesem Sinne eine Existenz, die durch die → Ähnlichkeit ständig garantiert war. Wenn in der Mitte des 17. Jahrhunderts die → Ähnlichkeit durch die → Repräsentation ersetzt wird, dann stellt sich fast zwangsläufig das Problem, wie die Gleichzeitigkeit der Gedanken und der Dinge in einer → Sprache repräsentiert wird, die mit der sukzessiven Abfolge der Worte eine lineare Ordnung verwirklicht. Erschwerend kommt hinzu, dass nicht in allen Sprachen die gleiche sukzessive Darstellung als Ordnung vorliegt. Die → allgemeine Grammatik soll das

Problem der Gleichzeitigkeit in verschiedenen Sprachen lösen. Die zentrale Stellung des → Tableaus als Denkraum erklärt sich aus der geschilderten Situation durch die Möglichkeit der „Gleichzeitigkeit" der Gegenüberstellung. Das → Tableau synchronisiert die → Sprache und das Repräsentierte durch die Gegenüberstellung.

Mit der Klassifikation der Tiere und Pflanzen in der Naturgeschichte findet sich eine Anwendung des → Tableaus, das die Wesen und ihre Namen sichtbar zusammenstellt. Das → Tableau nimmt hier reale architektonische Formen an, und es versammelt die Dinge der Natur, indem es sie visuell herauspräpariert, wodurch Naturgeschichte geschrieben wird: „Die Dokumente dieser neuen Geschichte sind keine anderen Wörter, Texte oder Archive, sondern klare Räume, in denen die Dinge nebeneinandertreten: Herbarien, Naturalienkabinette, Gärten. [...] Was sich geändert hat ist der Raum, in dem man sie sehen kann oder von wo aus man sie beschreiben kann. In der Renaissance war die tierische Fremdheit ein Schauspiel; sie wurde bei Festen, bei Kämpfen, bei fiktiven oder realen Schlachten oder bei Rekonstruktionen von Legenden manifest, wenn das Bestiarium seine zeitlosen Fabeln abwickelte. Das Naturalienkabinett und der Garten, so wie man sie in der klassischen Epoche einrichtet, ersetzen das kreishafte Drehen des ‚Zeigers' [Foucault umschreibt damit die unendliche Verweisungsstruktur, die mit der → Ähnlichkeit in der Renaissance wirkt. M.R.] durch die Verteilung der Dinge in einem ‚Tableau'." (OdD, S. 172)

Wenn die Naturgeschichte der Klassik in erster Linie eine Benennung des Sichtbaren vornimmt, dann erhält der Raum dieser Operation eine besondere Bedeutung. Je besser die Pflanzen in den botanischen Gärten geordnet und eingeteilt sind, je strenger die Struktur des Sichtbaren ist, desto leichter wird sich die Benennung durchführen lassen. Der Raum hat also eine strukturierende Funktion, die eine beschreibende Wirkung entfaltet, und auf diese Weise die Naturdinge in den → Diskurs überführt. Das Verfahren dieser Verräumlichung darf nicht als Rahmung verkannt werden, denn tatsächlich handelt es sich sogar um eine Verräumlichung der Objekte selbst, um eine Methode also, die auf ihren Untersuchungsgegenstand massiv einwirkt. Die Ordnungskriterien des Linnéschen Systems benutzen „die Anzahl der Elemente, ihre Anordnung, ihre Größe und einige andere Elemente wie die Höhe der Pflanze. Eine weitere Verräumlichung bewirkten die in den Büchern enthaltenen Abbildungen, die erst dank gewisser Drucktechniken möglich wurden." (DeE IV, Nr. 310, „Raum, Wissen, Macht", S. 339) Die erste Stufe der Verräumlichung besteht also in der Beschreibung der Elemente eines Naturgegenstandes im Raum. Die zweite erfolgt durch die Gegenüberstellung im Raum, der sich durch die Abbildung auch in die Bücher verlegen lässt. Foucault spricht hier ausdrücklich von „Techniken des Raumes". (a.a.O., S. 339)

Die Sichtbarkeiten der Raumtechnik in der Klassik beweisen zuletzt, dass diese ganze Zurückführung in ein → Feld der Sichtbarkeiten der → Sprache und ihrer Gliederung entspricht und damit die Benennung durchführbar macht. Gleichzeitig bedingt diese Konzentration auf die Sichtbarkeit der benennbaren

Oberfläche den konsequenten Ausschluss des Unsichtbaren. Die Anatomie der Renaissance gerät in der Folge fast in Vergessenheit, denn die direkte Sichtbarkeit wirkt hier wie eine Technik der Verdeckung.

Erst bei Georges Cuvier (OdD, S. 322f) taucht mit der Anatomie gegen Ende des 18. Jahrhunderts erneut die Gestalt eines inneren Raumes mit bemerkenswerten Eigenschaften auf, denn er besitzt weder sichtbare Merkmale noch jene winzigen Strukturen, für die sich Leibniz in seiner *Monadologie* begeisterte. Die vergleichende Anatomie analysiert die Funktionen von Organen (Atmung, Verdauung, Blutkreislauf, Vermehrung, Bewegung). Die Kontinuität der Arten stellt dieser innere Raum durch ein ganz anderes Konzept her. Es sind nicht mehr die Nachbarschaften der Wesen, die schon deshalb aufeinander verweisen, weil es sich um eine kontinuierliche Menge handeln muss, sondern nun geht es um abstrakt anatomische Zusammenhänge. Die Ontologie der Klassik verpflichtete die Lebewesen auf eine Kontinuität, die sich auch auf ihre Darstellung auswirkte. Die nunmehr mögliche → Diskontinuität in der Naturgeschichte bildet die Ausgangsbasis für ein evolutionsorientiertes Denken, das erst mit einem Denkraum beginnen kann, den keine beschränkende Kontinuität des Sichtbaren blockiert. Die Funktionen der Organe sind nicht auf Sichtvergleiche angewiesen, und sie erlauben auch die Diskontinuitäten des Lebendigen einzubeziehen. Mit den Funktionen des inneren Raumes betreten jene Existenzbedingungen des Lebendigen die Bühne des Denkens, die das Wesen aus der ontologischen Klammer der Klassik lösen und auf seine eigene, evolutionäre Geschichte verpflichten.

„Innerhalb einiger Jahre hat die europäische Kultur an der Wende vom achtzehnten zum neunzehnten Jahrhundert die fundamentale räumliche Aufteilung des Lebendigen völlig modifiziert. Für die klassische Erfahrung war das Lebendige ein Feld oder eine Folge von Feldern in der universalen *taxinomia* des Seins. [...] Seit Cuvier hüllt sich das Lebendige in sich selbst ein, bricht seine taxinomischen Nachbarschaften ab, entreißt es sich dem weiten, zwingenden Plan der Kontinuitäten und errichtet sich einen neuen Raum: einen doppelten Raum [...], denn es ist der innere, der der anatomischen Kohärenzen und der physiologischen Kompatibilitäten, und der äußere, der der Elemente, in denen das Lebendige ruht, um daraus seinen eigenen Körper zu machen." (OdD, S. 335)

Die Begründung des inneren organischen Raumes der Funktionalitäten besitzt zwingend das Komplement des äußeren Raumes. Es sind letztlich zwei Funktionalitäten, denen das Lebendige gehorcht: Die organische Lösung des Innenraumes und die Bedingungen des Außenraumes, den man in der modernen Biologie Biotop nennen wird.

Heterotopien

In den Radiovorträgen von 1967 erhält das Thema Raum bei Foucault erstmalig eine eigenständige Bedeutung, wobei das ungewöhnliche Genre der konkreten Utopie gestreift wird. Die klassische Definition von Utopie lautet auf *ou* und *topos*, das Nichts und der Ort, in der Übersetzung also Nirgendwo. Die Heterotopien unterlaufen die gänzliche Unbestimmtheit der Utopie des Nirgends und machen eine real-konkrete Utopie geltend: Es lassen sich ein realer Ort und eine reale Zeit angeben. Diese Definition unterscheidet sich von jenen Heterotopien die Foucault in *Die Ordnung der Dinge* (OdD, S. 20) bei Jorge Luis Borges analysiert (→ Sprache und Raum).

Die Definition der Heterotopien als Gegenorte verbindet sich mit realen Räumen, in denen die alltäglichen Funktionen des menschlichen Lebensraumes außer Kraft gesetzt werden. Der Alltagsraum verstellt letztlich die Sicht auf grundlegende Eigenschaften so genannter Gegenräume, wie „Gärten, Friedhöfe, Irrenanstalten, Bordelle, Gefängnisse, die Dörfer des Club Mediterranée und viele andere." (H, S.11)

In den Gegenräumen werden der Raum (Heterotopie) und gelegentlich auch die Zeit (Heterochronie) gebrochen. Der Friedhof unterbricht die Zeit, das Museum und die Bibliothek versammeln Gegenstände außerhalb der Zeit. Das Theater synchronisiert auf der Bühne völlig unvereinbare Räume, der Garten verwirklicht die kunstvolle Kreation natürlicher Elemente. Die Heterotopien benutzen Gegenräume, indem sie Illusionen schaffen, die der Wirklichkeit etwas entgegensetzen, sie entwerten, und eventuell radikal in Frage stellen.

Der Begriff der Heterotopie sollte in einer für Foucault völlig unerwarteten Weise Karriere in der Architektur machen; in Los Angeles an der University of California entstand ein Lehrstuhl für Heterotopologie (vgl. Nachwort von Daniel Defert, H, S. 69f).

Korrelationsraum

In der *Archäologie des Wissens* bereichert Foucault das Verhältnis von → Sprache und Raum in systematischer Weise um den → Korrelationsraum. Der Ausgangspunkt liegt hier bei den → Aussagen und ihrem Verhältnis zu einem Referenten. Die → Aussagen sprengen die klassische logische Argumentation, die für eine Proposition ohne Referenten keine Verifikationsmöglichkeit gegeben sieht. Die → Aussage weist demgegenüber eine höchst produktive Seite auf, die sich als Schaffung eines Referenten beschreiben lässt. Die *Archäologie des Wissens* nennt folgendes Beispiel: Gegeben sei die Proposition: „Das goldene Gebirge liegt in Kalifornien." (Arch, S. 130) Ihre Verifikation misslingt, weil es keinen Referenten gibt. Sobald sich diese Formulierung in einem Roman oder in irgendeiner fiktiven Schrift findet, wird die Urteilsfindung über den Referenten in einer imaginären Welt erfolgen. Derartige → Aussagen ermöglichen also die Herstellung des Referenten in einem Korrelationsraum. Die foucaultsche Aussage verfügt mit dem Korrelationsraum über eine bemerkenswerte Eigenschaft: Sie kann Referenten im Sinne des Neuen erzeugen. Dies beschränkt sich keinesfalls auf die Fiktion, denn diese Fähigkeit erweist sich unter historischen Bedingungen sogar als unverzichtbarer Bestandteil eines → Wissens, das nicht nur reproduziert sondern letztlich mit der Generierung des Neuen zu Wissenschaften führen kann. (→ Referential)

Macht und Raum – der analytische Raum

Der analytische Raum thematisiert die Verbindung zwischen → Diskurs und architektonischem Raum. Dies reicht bis zu jenem Radiovortrag aus dem Jahr 1967 zurück, in dem Foucault den Begriff der Heterotopien prägte. Ab 1975 gewinnt der Raum in *Überwachen und Strafen* eine neue Bedeutung.

Im 16. und 17. Jahrhundert findet eine sehr viel feinere Differenzierung des Raumes statt, die sich vor allem an dessen Funktion nachweisen lässt. Hierzu gehören nicht nur die Institutionen der Einsperrung, sondern auch der städtische Raum oder das Straßennetz.

Die Gestaltung des Raumes zeigt sich vor allem an seiner Parzellierung. Das historisch älteste Prinzip der Parzellierung verkörpert die Klausur im Kloster. Die Parzellierung hat je nach Raumfunktion ganz unterschiedliche praktische Auswirkungen. Allgemein lässt sie sich als konzentrationssteigernde Maßnahme wie auch als verbesserte Kontrollmöglichkeit der dort ausgeübten Tätigkeiten begreifen.

Entsprechend den besonderen Funktionserfordernissen hat Foucault für die konkreten Räume (Fabrik, Schule) eigene Raumbegriffe eingeführt.

In der Schule bedeutet die Einführung eines seriellen Raumes eine revolutionäre Entwicklung. Schülerreihen, Klassen und Kurse sind die Elemente des seriellen Raumes (ÜuS, S.188). Die Serie bezieht sich nicht nur auf die Sitzordnung, sondern auch auf eine Einteilung des Lehrstoffs (Klassen, Kurse). Der alte Elementarunterricht bestand in der direkten Arbeit des Lehrers mit einem einzigen Schüler. Der serielle Raum erlaubt einen ganz anderen Überblick und versetzt den Lehrer in die Lage, in dieser Lernmaschine mehrere Gruppen gleichzeitig zu kontrollieren. Die Ökonomie des Unterrichts lässt sich auf diese Weise steigern. Die Effizienz des Lernens verstärkt sich außerdem durch die für alle einsichtige Kontrolle im Klassenverband. Es entstehen Hierarchien, die sich durch Belohnungen verstärken lassen. Im seriellen Raum rechnen sich die Schüler automatisch bestimmten Gruppen zu, die sich in ihren Leistungen vergleichen können.

In der Fabrik bestimmt die Funktion des Produktionsapparates den Raum. Es handelt sich in der Manufaktur um einen durch die handwerklichen Tätigkeiten der Produktionslinie strukturierten Raum. Sobald sich dieser Raum während der Industrialisierung immer mehr in eine Produktionsmaschine verwandelt, gewinnt die optimale Zerlegung der Arbeitskraft in ihm an Bedeutung. Auf der Seite der Körper bildet der Fabrikraum mit seinen gesteigerten Anforderungen an die Konzentration eine Art von verschärftem Disziplinarraum.

Die diversen Raumordnungsverfahren der → Disziplin verweisen auf eine übergeordnete Bedeutung des Raumes, die Foucault in einer ökonomisch-politischen Form gegeben sieht und im Panopticon bei Bentham findet (→ Panoptismus). Die allgemeine Form der Verteilung von Menschen in einem Raum folgt der Funktionsbestimmung dieses Raumes und entspricht der Taktik. Sie lässt sich als Verbindung von Einzelnem und Vielfältigem verstehen. Die Patienten, die Schüler oder die Arbeiter als Einzelne werden durch eine bestimmte Taktik zu einem geordneten Komplex des Vielfältigen in einem analytischen Raum zusammengefasst (vgl. ÜuS, S. 181ff).

Der Stand, den die Philosophie des Raumes mit *Überwachen und Strafen* erreicht hatte, stellte Foucault offenbar noch nicht zufrieden. In einem Gespräch vertritt er die Ansicht, dass eine Geschichte der Räume erst noch zu schreiben wäre.

„Man müsste eine ganze Geschichte der Räume schreiben – die zugleich eine Geschichte der Mächte wäre –, von den großen Strategien der Geopolitik bis zu den kleinen Taktiken des Wohnens, der institutionellen Architektur, dem Klassenzimmer oder der Krankenhausorganisation und dazwischen den ökonomisch-politischen Einpflanzungen. Es überrascht, wenn man sieht, welch lange Zeit das Problem der Räume gebraucht hat, um als historisch-politisches Problem aufzutauchen.“ (DeE III, Nr.195, „Das Auge der Macht“, S. 253)

(**WG**, S. 9, 11f, 24, 40, 48, 71, 77, 79, 91, 95, 98, 101f, 106, 126, 146f, 152f, 165, 170, 177, 179, 182, 184–186, 188, 191f, 197, 201f, 204, 219f, 223, 227, 231, 248, 255–257, 278, 281, 292, 295–299, 301–303, 321f, 331, 336, 343f, 350, 355,359, 361, 376, 380, 391, 401, 405–408, 410, 414, 426, 431, 433, 435, 441–444, 449, 451f, 453f, 461, 471, 473, 479, 496, 510, 516, 518f, 521, 527, 541f, 546, 548f; **PG**, S. 13, 31–34, 82–84, 87, 90, 106, 119; **GK**, S. 7–11, 14, 16, 19, 20–23, 25–28, 33, 35–37, 40, 42, 45, 47f, 53f, 58f, 110, 112, 132, 134, 136, 140, 143, 150, 153, 155f, 158, 166, 172, 174, 182–184, 189, 193, 196, 198, 200f, 204, 206–208; **OdD**; S. 11, 17–26, 28, 32–40, 42f, 45–51, 53, 55, 57, 61, 63f, 68–70, 75, 77, 81–84, 92–94, 96–98, 102, 104f, 106, 109, 111f, 114, 117, 120, 126, 131, 150f, 155f, 158, 161f, 171f, 176, 179–181, 190, 192f, 195, 197, 202, 204–206, 208f, 226f, 229, 234, 239, 254, 256, 259, 261, 263, 269–273, 279, 284–286, 295–297, 299, 303, 306–309, 312f, 322, 324, 328f, 331f, 334f, 337, 339–341, 345, 365f, 369, 371f, 374, 377–382, 385, 387, 390, 397f, 404–407, 409f, 412–414, 416–418, 421f, 424f, 427, 429f, 432f, 434 –437, 439, 441, 443, 446–448, 453, 455, 457, 459, 460; **H**, S. 9, 11, 14–16, 19–21, 25, 31–35; **Arch**, S. 20, 29, 35, 40f, 45, 50f, 56–57, 60, 66, 69, 78–80, 82, 91, 94, 109, 124f, 127f, 133, 136, 145–149, 154, 160, 171, 173, 176f, 183, 194, 196, 209f, 217f, 221f, 224, 257, 259, 261, 271, 276f, 278, 295–297; **MP**, S. 20, 105, 115, 119, 148, 150, 153, 188f, 192, 219, 231, 250, 252, 256f, 259, 271, 305f, 309, 314, 337, 339, 357–359, 363f, 402, 404, 413, 489f, 492f, 495, 498, 501; **A**, S. 77, 81, 214, 232, 253, 257, 298, 300–302, 323f, 328, 330, 332, 340, 342f, 346, 353, 355f, 359, 368, 372, 428; **ÜuS**, S. 105, 111, 159, 175, 177, 181, 183–185, 188, 190, 203, 207, 222, 229f, 241, 251, 253, 255f, 261, 263f, 276, 320, 351, 368, 387f, 396; **SW I**, S. 11, 13, 57, 61f, 82, 117, 126, 152, 170f; **VdG**, S. 14f, 267, 298; **GG I**, S. 28f, 35, 38–40, 52f, 62, 73, 94f, 115, 160, 164, 261, 287, 421–425, 439, 450, 453, 457, 466f, 497, 500, 522; **GG II,** S. 81, 87f, 102, 122, 149, 155, 168, 187f, 205, 233, 332, 359f, 401–405, 424, 435; **HS**, S. 93, 96, 165, 276, 345, 358, 378, 591; **SW II**, S. 201, 250, 275; **SW III**, S. 81, 112,

121, 136, 247; Korrelationsraum: **Arch**, S. 131; Heterotopie: **H**, S. 11–21; Heterochronie: **H**, S. 12)

Referential

Die Gesamtheit von → Aussagen eines → Diskurses besitzt ein Objekt. Umgekehrt gilt dies nicht, denn das Objekt konstituiert sich unter Umständen erst durch eine oder mehrere → Aussagen. Das Referential entspricht der produktiven Seite der Aussagen, die auf keine fixen Korrelate angewiesen sind, sondern ihre Objekte selbst schaffen können: „Das Referential der Aussage bildet den Ort, die Bedingungen, das Feld des Auftauchens, die Differenzierungsinstanz der Individuen oder der Gegenstände, der Zustände der Dinge und der Relationen, die durch die Aussage selbst ins Spiel gebracht werden." (Arch, S. 133)

Auf der analytischen Seite stellt das Referential besondere Anforderungen, denn formale und semantische Untersuchungen führen zu keinem Ergebnis. Die Beschreibung muss in diesem Fall besondere Sorgfalt auf die Unterscheidung zwischen dem Referenten von → Aussagen und dem Auftauchen neuer Objekte legen.

Der Historiker steht vor folgendem Problem: Er kann beispielsweise nicht von einem fixen Objekt „Wahnsinn" ausgehen und von daher die Gesamtheit der → Aussagen bestimmen, die zu dem Objekt „Wahnsinn" gehören. Die Gesamtheit der → Aussagen lässt sich auch nicht auf ein einziges Objekt bezieht, das als ideale und endgültige Form oft nur einen Kompromiss darstellt. Beispielsweise kann das Objekt „Wahnsinn" erheblich variieren, wenn es sich um medizinische, juristische oder polizeiliche Aussagen zu dem immer als „Wahnsinn" bezeichneten Objekt handelt. Die Begriffe unterscheiden sich inhaltlich eventuell fundamental, obwohl es eine Gesamtheit von → Aussagen zu dem Wort „Wahnsinn" gibt.

Aus diesem Umstand zieht Foucault den Schluss, dass die Existenz eines Objekts nicht als Kriterium für die Bildung der Einheit von Aussagen oder → des Diskurses dienen kann. Statt einem eindeutigen Punkt, der ein ideales und unveränderliches Objekt kennzeichnen könnte, muss vielmehr mit einem höchst unscharfen Objektbereich, mit einer diffus verteilten Punktwolke gerechnet werden, die beispielsweise alle medizinischen, polizeilichen und juristischen Aussagen über den Wahnsinn beinhalten würde. Foucault ersetzt aus diesem Grund die Bezeichnung Objektbereich durch die Bezeichnung Referential. Den Begriff Objektbereich lehnt er ab, da er zu sehr an eine eindeutig definierte Einheit erinnert. Das Referential ist also das „Streuungsgesetz unterschiedlicher Gegenstände oder Referenten, die durch eine Gesamtheit von Aussagen an den Tag gebracht werden, deren Einheit genau durch dieses Gesetz definiert wird." (DeE I, Nr. 59, „Über die Archäologie der Wissenschaften. Antwort auf den *Cercle d'épistémologie*", S. 907)

Regel(haftigkeit)

Die Berücksichtigung einer spezifischen Auffassung von Regel(haftigkeit) erweist sich vor allem im Zusammenhang mit dem foucaultschen Geschichtsbegriff als notwendig. Die → serielle Geschichte lehnt die Suche nach dem Ursprung ab und setzt an dessen Stelle die Regelhaftigkeit (vgl. OD, S. 37). Es geht um eine auffällige Häufung desselben Zusammenhangs, die sich als Ordnung, Korrelation, Ablauf etc. bemerkbar machen kann, aber immer die Möglichkeit einer Ausnahme einschließt. Die Regelhaftigkeit erlaubt die Beschreibung von stabilen Zusammenhängen, aber sie versteift sich nicht auf die Gesetzmäßigkeit. Sie gestattet also Abweichungen, da sie nicht auf einen festen monokausalen Zusammenhang zielt. Statt einer ahistorischen Gesetzmäßigkeit bringt die Regel Ausschnitte mit lokaler Gültigkeit zum Ausdruck.

Die Bezeichnung Regel wird in unterschiedlichsten Zusammenhängen verwendet, wobei die Bedeutung als sozial geprägte Konvention überwiegt. Sie funktioniert dann auf der Basis der Norm. Häufig gebraucht Foucault die Regel auch in ihrer Bedeutung als (amtliche) Vorschrift im Kontext staatlicher Verwaltung.

(**WG**, S. 43, 49, 91, 96, 98, 104, 127, 132, 176, 201, 212, 248, 324, 453, 455, 466, 468f, 471, 478, 486, 503; **PG**, S. 120, 122; **GK**, S. 20, 52, 67, 84, 89, 118, 131, 135, 146, 151, 160, 163f, 166f, 171; **OdD**, S. 12, 15f, 84, 96, 122, 130, 133, 148f, 151f, 161, 187, 218, 225, 233, 284, 294, 350, 428–435, 437, 448f, 451f, 454; **H**, S. 12, 14; **Arch**, S. 24, 35, 40, 42, 46, 50–52, 56, 62, 71f, 74, 84, 88f, 92f, 96, 105, 107f, 112, 126f, 139f, 144f, 171, 185, 188, 198f, 209, 213, 229, 233, 236f, 238f, 243, 246, 248f, 252, 254, 259, 295, 297–301; **OD**, S. 27, 29, 37, 40, 46f; **MP**, S. 17, 32, 57, 79, 89, 100–102, 103f, 147, 210, 221, 345, 347f, 433, 465, 500; **A**, S. 16, 27, 34, 44, 46, 61, 63, 68, 79, 100, 108, 117, 123f, 135, 140, 190, 195, 208, 213f, 218–220, 237, 239, 241f, 245f, 251, 255, 258, 261f, 269, 277, 283, 286f, 289, 295, 297, 339, 351, 369, 422; **ÜuS**, S. 33, 46, 49, 51, 63, 75, 104, 111, 120f, 123, 125, 129, 135, 167f, 231, 236, 238, 243, 246, 271, 282, 298, 304f, 310, 330, 385f, 396f; **SW I**, S. 19, 27, 30f, 38, 51f, 54f, 64, 80, 83, 87, 103f, 109, 113, 119–122, 131f, 135, 137, 145, 150, 177; **VdG**, S. 37, 42, 54, 216; **GG I**, S. 77, 116, 223, 246, 297, 301, 370f, 379, 395, 471, 488, 495, 503; **GG II**, S. 14, 16f, 53, 55, 60f, 136, 174, 230f, 243f, 282f, 335, 354, 371, 392, 435f; **HS**, S. 19, 29f, 35f, 52f, 67, 83, 101, 132, 165, 196, 221, 253, 308, 357, 415f, 418, 427, 438, 443, 450, 453f, 458, 467–469, 473, 497f, 507, 514–516, 522, 573f, 585, 589, 610; **SW II**, S. 9f, 18–20, 23, 33, 36–41, 45, 69, 73f, 79, 83f, 131, 135, 138, 143, 152f, 186, 188, 200, 211, 219, 224, 229–231, 243, 248, 253, 256f; **SW III**, S. 25f, 34, 39, 46, 66, 72, 86, 97f, 106, 111, 115, 120, 127, 129, 134, 152, 166, 187f, 203, 209, 226, 232, 235, 237, 240, 281)

Repressionshypothese (Repression)

Die Repressionshypothese stellt die Behauptung auf, dass die → Sexualität in der abendländischen Geschichte vorwiegend unterdrückt worden sei. In *Der Wille zum Wissen* distanziert sich Foucault von dieser These: Der → Sexualität wurde gerade in den Phasen ihrer angeblichen Unterdrückung ein ausgeprägtes Interesse entgegengebracht (→ Bio-Macht). Das Sexualitätsdispositiv spiegelt die konzentrierte Aufmerksamkeit wieder, die sich mit einer Vielzahl pädagogischer Maßnahmen, Beobachtungen und medizinischer Vorkehrungen um die → Sexualität verbindet. Die klare Ablehnung der Repressionshypothese richtet sich nicht gegen die historisch nachweisbaren Formen der Unterdrückung der Sexualität, sondern die Kritik lehnt die verabsolutierenden Thesen einer freudo-marxistischen Richtung ab, wie sie vor allem durch Wilhelm Reich[14] vertreten wurden (vgl. SW I, S. 25ff). Foucault erwähnt in diesem Zusammenhang auch den von Herbert Marcuse[15] inspirierten Jos Van Ussel[16] (vgl. A, S. 308).

(**SW I**, S. 12–15, 19–23, 25, 93, 101f, 113, 138f, 144, 154, 157, 188; **DeE I**, Nr. 13, „Vorrede zur Überschreitung", S. 320; **DeE II**, Nr. 89, „Gespräch mit Michel Foucault", S. 224; **DeE III**, Nr. 192, „Gespräch mit Michel Foucault", S. 198; Nr. 194, „Vorlesung vom 14. Januar 1976", S. 240; **DeE IV**, Nr. 356, „Die Ethik der Sorge um sich als Praxis der Freiheit", S. 879)

Repräsentation

Die Repräsentation charakterisiert eine neue Daseinsform der → Sprache im Zeitalter der Klassik. Sie hebt die in der → Ähnlichkeit verankerte Übereinstimmung von Sprache und Welt auf, was einem tief greifenden kulturellen Umbruch in der Mitte des 17. Jahrhunderts entspricht. Das → Wissen der Renaissance stellt die Beziehung zwischen den Dingen (*signatura rerum*) noch auf der Basis der → Ähnlichkeit her. Als Beispiel nennt Foucault die Walnuss, deren Kern gut gegen Kopfschmerz sein soll, da das Innere bei geöffneter Schale dem Gehirn ähnelt (OdD, S. 58). Die → Episteme der Klassik arbeitet dagegen mit der Repräsentation, die sich nicht mehr auf die → Ähnlichkeit zwischen dem Zeichen und dem bezeichneten Gegenstand beschränkt. Die *Logik von Port-Royal* (→ Allgemeine Grammatik) nennt dazu das Beispiel der Karte. Eine Landkarte ist ein komplexes Abbild (Zeichen) einer Gegend, aber sie funktioniert in ihrer Abstraktheit nur durch die Idee der Repräsentation, die sich mit der geografischen Karte selbst verbindet (vgl. OdD, S. 99). Die Landkarte ähnelt nicht der Gegend, die sie abbildet, und an die Stelle der Erfahrung des Gleichen tritt das lesbare Abbild, das die Repräsentation selbst beinhaltet. Die verbindende Repräsentation steckt somit im Zeichen selbst.

Foucault hat den Übergang von der Episteme der → Ähnlichkeit in der Renaissance zur Repräsentation in der Klassik auch durch die Bildinterpretation eines

14 Wilhelm Reich, *Die sexuelle Revolution*, Frankfurt 1973.

15 Herbert Marcuse, *Triebstruktur und Gesellschaft*, Frankfurt/Main 1965.

16 Jos Van Ussel, *Sexualunterdrückung – Geschichte der Sexualfeindschaft*, Gießen 1986.

Werkes des spanischen Hofmalers Diego Velázquez veranschaulicht (OdD, S. 31ff). Das Gemälde *Las Meninas*, die Hoffräulein, entstand 1656. Dargestellt ist eine Szene aus dem höfischen Leben, die den Maler bei der Arbeit in seinem Atelier zeigt. Er befindet sich hinter der Staffelei und blickt auf einen Punkt, der sowohl beim Betrachter außerhalb des Bildes liegen könnte, wie auch bei dem Paar, das im Hintergrund des dargestellten Raumes in einem Spiegel zu sehen ist. Da die gerade bearbeitete Leinwand nur von der Rückseite zu sehen ist, gibt es keinerlei direkte Information zu dem Inhalt des entstehenden Bildes. Rechts neben dem Maler befinden sich die Hoffräulein in einer Gruppe angeordnet, in deren Mittelpunkt, im weißen Kleid, die Infantin Margerita im Alter von fünf Jahren steht. Links von ihr überreicht ein knieendes Fräulein, Maria Agustina Sarmiento, einen Krug. Rechts von ihr befinden sich fünf Personen. Der Zwerg Nicolasito Pertusato hat den Fuß auf den im Vordergrund liegenden Hund gesetzt. Hinter diesem Hund steht die Zwergin Mari Bárbola. Zwischen der Infantin und Mari Bárbola schickt sich das Fräulein Isabella de Velásco dazu an, einen Knicks zu machen. Hinter ihr unterhält sich die Hofdame Marcela de Ulloa mit einem Höfling. Entscheidend ist die Blickrichtung von vier Personen: die des Malers und der Infantin, sowie die von Mari Bárbola und von Isabelle de Velásco. Alle blicken aus dem Bild heraus auf einen Ort an dem sich der Betrachter des Bildes befinden könnte. In der Geschlossenheit des Bildes als Szene blicken diese Personen aber nur auf die im Spiegel sichtbaren Gestalten, bei denen es sich wahrscheinlich um König Philipp IV. und seine Frau Marianne von Österreich handelt. Der Spiegel hängt an der Rückseite des Zimmers, in dem sich die Staffelei befindet. Rechts neben dem Spiegel betritt oder verlässt gerade ein Mann den Raum, der Hofmarschall José Nieto.[17]

Las Meninas ist ein Gemälde, das die Herstellung eines Bildes darstellt. Der Maler fixiert einen Punkt außerhalb seines Bildraumes, in dem er selbst, an der Leinwand arbeitend, zu sehen ist. Sein Blick kreuzt sich mit dem des Betrachters des Bildes. Es gibt jedoch noch ein zweites Objekt, das sich nicht im Bildraum befindet und nur durch eine Repräsentation vertreten wird: Die Personen im Spiegel an der Rückwand des Ateliers. Obwohl dieser Spiegel eine zentrale Position einnimmt, zeigt die Spiegelung selbst nur einen kleinen Ausschnitt, der den vor dem Spiegel liegenden Bildraum nicht adäquat wiedergibt: Die Spiegelung durchbricht den Bildraum und eröffnet einen Blick auf das unsichtbare königliche Paar, das aber vier Personen des Bildes fixieren. Die Unwirklichkeit des gespiegelten Ausschnitts unterstreicht noch den Charakter des Unsichtbaren, das doch eine so zentrale Bedeutung für das ganze Bild besitzt. Der Spiegel zeigt genau das, was die Leinwand im Bild durch ihre vom Betrachter abgekehrte Stellung verbirgt. *Las Meninas* ist die gemalte Logik der Repräsentation, die sich in Verdrängung der → Ähnlichkeit vor ihr eigentliches Objekt schiebt.

---

17 Vgl. Ludmilla Kagané, *Diego Velazquez*, Bournemouth 1996, S. 160.

Las Meninas erlaubt den visuellen Nachvollzug einer historischen → Transformation, indem es den Betrachter nachträglich in die Wahlposition jener Zwischenwelt versetzt, die sich zwischen der Renaissance und der Klassik als zentrales Thema der *Ordnung der Dinge* erweist. Das Beispiel besitzt einen so hohen Wert, weil es den Übergang zwischen der → Ähnlichkeit, die ihren klaren Bezugspunkt besitzen muss, und der repräsentierenden Darstellung im 16. und 17. Jahrhundert wiederholt. Velásquez hat mit den einzunehmenden Positionen eine Zeitreise des Blicks ermöglicht. Die Positionierung des Betrachters an der Stelle, die den Schnittpunkt der Blicke einiger zentraler Personen des Bildraumes bildet, verweist auf den Unterschied zur reinen Repräsentation, die mit der → Ähnlichkeit des Spiegelbildes operiert. Diese hermetische Geschlossenheit durchbricht der Betrachter, der am entscheidenden Bezugspunkt die → Ähnlichkeit des Spiegelbildes stört. Es „ist der Raum eines Wissens entstanden, in dem durch einen wesentlichen Bruch in der abendländischen Welt es sich nicht mehr um die Frage der Ähnlichkeiten, sondern um die der Identitäten und der Unterschiede handelt." (OdD, S. 82)

(**OdD**, S. 26, 32, 34–37, 40, 43–46, 75–77, 88, 91, 98–125, 127, 129–131, 135–140, 142, 144–149, 151, 153, 155–160, 163f, 170f, 173, 175, 178, 181, 185, 188, 190, 204–207, 221, 223f, 227f, 230, 238f, 241, 251, 253–255, 258, 260–264, 269, 272, 274, 278–280, 285, 287–303, 307–309, 311f, 314f, 316, 321, 333f, 337, 340, 343–345, 348, 351–353, 355, 357f, 360, 366–368, 370, 372–378, 381–385, 396f, 403–408, 410, 414, 422–424, 426f, 433–436, 447f, 450, 452, 461; **Arch**, S. 74, 90, 93, 98, 101, 108, 112, 178, 195, 214, 225, 230, 250, 275; **SW I**, S. 88, 108–110; **VdG**, S. 111, 114)

Staat (→ Gouvernementalität)

Serielle Geschichte:

Mit seiner Geschichtsauffassung wendet sich Foucault vor allem gegen den Historismus des 19. Jahrhunderts und gegen die Ideengeschichte, von der er sich wiederholt abgrenzt. Die eigentliche Aufgabe einer seriellen Geschichte besteht in der Analyse gesellschaftlicher → Transformationen, die Vorbedingungen für die Entstehung der nachklassischen europäischen Gesellschaft sind. Den methodischen Ausgangspunkt bilden nicht die historischen Universalien, die epochale Einteilungen zu Grunde legen, sondern kleinteilige Analysen von → Ereignissen und Veränderungen:

„Die Geschichte machte es sich zur Aufgabe, die Totalität der nationalen Vergangenheit lebendig zu machen. Diese Berufung und diese Rolle der Geschichte müssen nun revidiert werden, will man die Geschichte aus dem ideologischen System herauslösen, in dem sie entstanden ist und sich entwickelt hat. Sie muß vielmehr als die Analyse der Transformationen verstanden werden, zu denen die

Gesellschaften tatsächlich imstande sind. Die zwei Grundbegriffe der Geschichte, so wie man sie heute schreibt, sind nicht länger die Zeit und die Vergangenheit, sondern die Veränderung und das Ereignis." (DeE II, Nr.103, „Zur Geschichte zurückkehren", S. 337)

Die Geschichte der Veränderung und des → Ereignisses nennt Foucault serielle Geschichte. Die Methode der seriellen Geschichtsforschung benutzt in erster Linie die Beschreibung, die sich auf eine vollständige Erfassung von Ereignissen konzentriert (siehe auch Beispiel: → Ereignis). Entscheidend an dieser Analyseform ist, dass aus der Beschreibung letztlich nicht nur offensichtliche → Ereignisse hervorgehen, sondern es zeichnen sich ganze Schichten und Ebenen von oft verdeckten → Ereignissen ab. Die serielle Geschichte beginnt also nicht bei „offiziellen" → Ereignissen in der Geschichte, wie sie beispielsweise die Machtergreifung Cäsars oder das große Schisma darstellen, sondern sie entwickelt aus der Analyse von Dokumenten, die einen begrenzten Lebenszusammenhang beschreiben, eine komplexes Geflecht von Daten. Die serielle Geschichte bedient sich gegenüber der traditionellen Geschichte einer ganz anderen Strategie, die sozusagen den umgekehrten Weg wählt. Den Ausgangspunkt bilden niemals epochale Zusammenhänge, von denen aus die Geschichte als Kontinuum entfaltet wird. Das Prinzip der seriellen Geschichte besteht vielmehr in einer gezielten Feinarbeit, die auch die vermehrte Bildung von → Diskontinuitäten akzeptiert.

„Wie man also sieht, wird in der seriellen Geschichte das Ereignis keineswegs zugunsten einer kausalen Analyse oder einer kontinuierlichen Analyse aufgelöst, sondern die Schichten von Ereignissen vervielfachen sich.

Daraus ergeben sich zwei große, miteinander verbundene Konsequenzen: Die erste ist die, dass sich die Diskontinuitäten der Geschichte vervielfachen werden. [...]

Die Geschichte stellt sich damit nicht als große Kontinuität unter einer scheinbaren Diskontinuität, sondern als eine Verflechtung sich überlagernder Diskontinuitäten dar. Die andere Konsequenz ist die, dass man dadurch veranlasst wird, innerhalb der Geschichte Typen unterschiedlicher Dauer [‚durées'] zu entdecken." (DeE II, Nr. 103, „Zur Geschichte zurückkehren", S. 344)

Als Beispiel für die relativ kurzen Zeitspannen (Dauern), die auch als kurze Zyklen bezeichnet werden, gibt Foucault die Preisentwicklung an. Die längerfristigen Zyklen zeigen sich als säkulare Trends mit einer Dauer von achtzig bis einhundertzwanzig Jahren. Hierher gehören Zyklen der Rezession und der Expansion. Die nächste Stufe zeigt sich in den Trägheiten, die bereits Jahrhunderte dauern und beispielsweise in der bäuerlichen Lebensweise und der Form der Landwirtschaft anzutreffen sind. Daraus ergibt sich ein wichtiges Merkmal der seriellen Geschichte: Sie besteht aus Prozessen mit unterschiedlichen Geschwindigkeiten (Dauern), die sich überkreuzen können und als Träger von → vielfältigen Ereignissen gelten müssen. Diesem Umstand beginnen die Historiker, wie Foucault 1970 entgegen seiner üblichen Kritik an der Geschichtsschreibung anmerkt, mittlerweile verstärkt zu entsprechen (vgl. a.a.O., S. 345). Die serielle

Geschichte wird quasi aus der Perspektive einer Detailarbeit heraus entwickelt, die im Kleinen ansetzt und aus ihren puzzleartigen Bausteinen Relationen entwirft, die immer wieder neue Ebenen erschließen können.

Die Historiker verwendeten laut Foucault sehr oft ein diametral entgegengesetztes Verfahren, indem sie, anders als bei der Detailarbeit der seriellen Geschichte, den fraglichen Gegenstand einer Analyse unterzogen, die bereits eine Struktur voraussetzte. „Sie tun dies, indem sie den Gegenstand ihrer Analyse auf einen Mechanismus oder auf eine Struktur beziehen, die so einheitlich und so notwendig wie möglich, so unvermeidlich und schließlich so weit außerhalb jeder Geschichte wie möglich zu sein haben. Ein ökonomischer Mechanismus, eine anthropologische Struktur, ein demographischer Prozess als Kulminationspunkt der Analyse: Das ist, grob skizziert, die ereignisfreie Geschichte." (DeE IV, Nr. 278, „Diskussion vom 20. Mai 1978", S. 31f)

(**Arch**, S. 9–30; **DeE I**, Nr. 48, „Über verschiedene Arten, Geschichte zu schreiben", S. 750–769; Nr. 50, „‚Wer sind Sie, Professor Foucault'?", S. 777f; Nr. 58, „Antwort auf eine Frage", S. 862; Nr. 59, „Über die Archäologie der Wissenschaften. Antwort auf den *Cercle D'épistémologie*", S. 888–894, 917–923; Nr. 66, „Michel Foucault erklärt sein neuestes Buch", S. 982; Nr. 68, „Die Geburt einer Welt", S. 1001; **DeE II**, Nr. 84, „Nietzsche, die Genealogie, die Historie", S. 171, 180; Nr. 136, „Gefängnisse und Anstalten im Mechanismus der Macht", S. 648; Nr. 139, „Die Wahrheit und die juristischen Formen", S. 670, 686; **DeE III**, Nr. 221, „Gespräch über die Macht", S. 597; **DeE IV**, Nr. 277, „Der Staub und die Wolke", S. 18f; Nr. 344, „Zur Genealogie der Ethik: Ein Überblick über die laufende Arbeit", S. 759; Nr. 361, „Das Leben: Die Erfahrung und die Wissenschaft", S. 951)

Sexualität

„‚Sexualität' ist der Name, den man einem geschichtlichen Dispositiv geben kann. Die Sexualität ist keine zugrundeliegende Realität, die nur schwer zu erfassen ist, sondern ein großes Oberflächennetz, auf dem sich die Stimulierung der Körper, die Intensivierung der Lüste, die Anreizung zum Diskurs, die Formierung der Erkenntnisse, die Verstärkung der Kontrollen und der Widerstände in einigen großen Wissens- und Machtstrategien miteinander verketten." (SW I, S. 128)

Wenn Foucault die Sexualität untersucht, dann geschieht dies unter dem Vorzeichen der Sexualität als Erfahrung. Es gibt demnach in der abendländischen Gesellschaft unterschiedliche Formen der Erfahrung, „die die Individuen dazu brachte sich als Subjekte einer ‚Sexualität' anzuerkennen [...]. Das Projekt war also das einer Geschichte der Sexualität als Erfahrung – wenn man unter Erfahrung die Korrelation versteht, die in einer Kultur zwischen Wissensbereichen, Normativitätstypen und Subjektivitätsformen besteht." (SW II, S. 10)

Die drei Stationen des Wissensbereiches, der Normativitätstypen und der Subjektivitätsformen verweisen auf die Verbindung von Sexualität und → Wissen in den Humanwissenschaften. Die Relationen zwischen → Macht und Sexualität führen im Rahmen der werkimmanenten Entwicklung zur → Bio-Macht. Schließlich gibt es Formen der Sexualität bei denen die → Subjekte keinen Machtansprüchen unterliegen. Diese Formen erfasst der späte Foucault unter dem Konzept der → Kultur seiner selbst, wobei dort das ursprüngliche Verständnis der Sexualität eine erhebliche Erweiterung findet. Am Ende steht die → Ethik des Selbst, die einen wichtigen Beitrag zur Geschichte der Subjektivität leistet. Wer die Frage nach der Sexualität bei Foucault stellt, erhält demnach drei chronologisch geordnete Antworten, die den Achsen des Sexualitätsdispositivs entsprechen:

„Über die Sexualität als eine historisch einzigartige Erfahrung zu sprechen, setzte auch die Verfügung über Instrumente voraus, mit denen sich die drei sie konstituierenden Achsen in ihrem eigenen Charakter und in ihren Korrelationen analysieren lassen: Die Ausbildung der Wissensarten, die sich auf sie beziehen; die Machtsysteme, die ihre Praxis regeln, und die Formen, in denen die Individuen sich als Subjekte dieser Sexualität erkennen können und müssen." (DeE IV, Nr. 338, „Gebrauch der Lüste und Techniken des Selbst", S. 660)

Wenn die Sexualität letztlich nur konstitutiert wird, dann stellt sich die Frage nach dem Status. Der Kern des abendländischen Sexualitätsdispositivs liegt in einer kaum zu überschätzenden Grundannahme: Jede Lust soll in Sex bestehen, und die Natur dieses Sexes besteht in der Zeugung. Dadurch schreibt der Sex als Zeugungsvorgang die Gesetze der Lust vor, und liefert damit den Ausgangspunkt für das gesamte abendländische → Dispositiv der Sexualität. Weicht der kindliche Sex von diesem Fortpflanzungszweck beispielsweise ab, so bestätigen dessen geheime Tendenzen nur die Notwendigkeit eines Sexualitätsdispositivs, das die Perversionen und Fetischismen begeistert erforschen wird. Die Medizin des 18. und 19. Jahrhunderts hat so die Idee des „Sexes" installiert. Das Sexualitätsdispositiv schafft das imaginäre Element „Sex" als ein verborgenes Graviationszentrum, dessen → Wahrheit einer diskursiven Bearbeitung bedarf. Was dann als spekulatives Element „Sex" erscheint, entspricht der produzierten Sexualität als historischer Figur. (vgl. SW I, S.186f) Die Unterscheidung von Sex und Sexualität nutzt Foucault schließlich zu einer provokanten Feststellung: Es kommt nicht auf eine Pseudobefreiung an, bei der jede Lust auf einen verdeckten Sex zurückgeführt wird, sondern die eigentliche Kunst einer *ars erotica* besteht in dem Zugeständnis einer Lust, die unabhängig vom Sex ihre eigene Ökonomie begründet (DeE III, Nr. 197, „Die Machtverhältnisse gehen in das Innere der Körper über", S. 307).

Wissen und Sexualität

Das abendländische Wissen entwickelt in den Humanwissenschaften keine *ars erotica*, sondern eine *scientia sexualis*. Der Grundzug dieser Wissenschaft ist von der Form des Geständnisses der → Pastoralmacht geprägt, die kulturelle Breitenwirkung enfaltet. „Die Wirkungen des Geständnisses sind breit gestreut: in der

Justiz, in der Medizin, in der Pädagogik, in den Familien- wie in den Liebesbeziehungen, im Alltagsleben wie in den feierlichen Riten gesteht man seine Verbrechen, gesteht man seine Sünden, gesteht man seine Gedanken und Begehren, gesteht man seine Vergangenheit und seine Träume, gesteht man seine Kindheit, gesteht man seine Krankheiten und Leiden; [...] man gesteht in der Öffentlichkeit und im Privaten, seinen Eltern, seinen Erziehern, seinem Arzt und denen, die man liebt; man macht sich selbst mit Lust und Schmerz Geständnisse, die vor niemand anders möglich wären, und daraus macht man dann Bücher. Man gesteht – oder man wird zum Geständnis gezwungen. [...] Im Abendland ist der Mensch ein Geständnistier geworden." (SW I, S. 76f)

Das Geständnis lebt von der Verfehlung, die sich nur vor dem Hintergrund des Normalen abzeichnen kann. Die Norm antwortet auf die Kontrollbedürftigkeit und die Entdeckung der Abweichung, wobei der Psychiatrie eine besondere Stellung zukommt, denn das Anormale ist mit dem Thema der Sexualität fast von Beginn an verbunden. Dies gilt ganz besonders für den Zeitraum zwischen 1845 und 1870, in dem die Sexualität im Zusammenhang mit abnormalem Verhalten in der Psychiatrie auftaucht, und dieser Vorgang durch eine Fortsetzung der Geständnispraxis erklärt wird. Aber wo beginnt diese Geständnispraxis der Sexualität, die dann in der Psychiatrie letztlich einen humanwissenschaftlichen → Diskurs inthronisiert?

Das Geständnis der Sexualität beginnt bei der Masturbation, wobei im 16. Jahrhundert die Seminare der Zölibatäre einen Brennpunkt dieser Entwicklung bilden. Man entdeckt den einsamen und begehrenden Körper, dessen Kontrolle in den Institutionen sehr bald zu einem Wechselspiel zwischen → Macht und → Wissen führen wird. Der → Diskurs über die Sexualität weist also eine Verbindung zur → Macht auf, die in den Institutionen deutliche Veränderungen bewirkt.

Unter den genannten Bedingungen führt die Fleischeslust fast zwingend zu einem unendlichen → Diskurs, der sich als Geständnis in der Beichte zu einem Prüfungsverfahren wandelt, in dem alles vorbehaltlos und ohne Einschränkung gesagt werden muss. Innerhalb der katholischen Kirche gibt es den Versuch der Kontrolle des Fleisches, der, auf die eigene Elite angewendet, nun zu einer eigenartigen und unerwünschten Reaktion des Körpers führt, denn es kommt zu Fällen der Besessenheit dieses Körpers, die sich zunächst in den Konventen, Seminaren und Klöstern zeigt. Die Besessenheit ist eine Folge des Zwangs zum vollständigen und rückhaltlosen Geständnis und stellt letztlich einen Wendepunkt in der Spiritualitätspraxis dar, der sich als Widerstand artikuliert. Für Foucault bedeutet die Besessenheit und ihr sichtbarer Ausdruck, der verkrampfend geschüttelte Körper, letztlich eine Extremreaktion auf eine seelische Technik der Christianisierung, die zugleich die Grenze einer bestimmten Machttechnik verdeutlicht, denn die Besessenheit ist eine Äußerung, die letztlich der angestrebten Kontrolle entglitten ist. Der besessene Körper drückt durch die Schüttelkrämpfe (Konvulsionen) oder das Ausspeien der Hostie eine vollkommene Verweigerung aus: „Das konvulsivische Fleisch ist der vom Recht zur Überprüfung durchzogene und der Verpflichtung zum vollständigen Geständnis unterworfene Körper, der sich gegen dieses Untersuchungsrecht und gegen diese Nötigung zum erschöpfenden Geständnis sträubt." (A, S. 277)

Die erste Reaktion auf das Problem der Konvulsionen besteht in einer moderateren Form des Beichtstils und einer weniger strengen Gewissenslenkung. In einem zweiten Schritt wird die Medizin als professionelle Instanz einbezogen, denn die Konvulsion des Körpers beschränkt sich zu Beginn des 18. Jahrhunderts nicht mehr auf die kirchliche Elite in den Seminaren und Konventen, sondern sie beginnt auch in der einfachen Bevölkerung aufzutreten (A, S. 292).

Das Modell der Konvulsion sollte im → Diskurs der Psychiatrie erhebliche Karriere machen. Im 19. Jahrhundert kommt es unter Jean Marie François Charcot, dem Lehrer Freuds und dem Leiter der Salpêtrière in Paris, zur wissenschaftlichen Behandlung einer merkwürdigen Krankheit: der hysterischen Epilepsie. Die Humanwissenschaft Psychiatrie erzeugt den so genannten großen hysterischen Anfall selbst, ist aber fest von der Entdeckung einer Krankheit überzeugt. Die Sexualität des konvulsivischen Körpers im → Diskurs der Psychiatrie ist das Erbe einer gescheiterten christlichen Geständnispraxis. Sie ruft als Machttechnologie die entsprechenden Erscheinungen und Reaktionen des Körpers selbst hervor (→ Wahnsinn).

Bevor es zu einer Psychopathologie der Sexualität kommen kann, schiebt sich, in einer Art Zwischenschritt, die Kampagne gegen die Masturbation ein. Im 18. Jahrhundert findet ein regelrechter Kreuzzug gegen die Masturbation bei Kindern statt, wobei zahlreiche Handbücher auf die verheerenden Folgen der Onanie hinweisen. Man muss die Kinder also in ihrem Alltag überwachen, und dazu bedarf es einer lückenlosen Information der Eltern über diese gefährliche Angewohnheit. Ist der Tatbestand erfüllt und liegen ausreichende Indizien vor, die sich vor allem durch nächtliche Inspektionen und akribische Sichtkontrollen der Leintücher auf Flecken sammeln lassen, bleibt nur noch die unverzügliche Konsultation des Arztes. Die Familie rückt zu einer Art Brennpunkt des Geschehens auf, in dem Sexualität und Medizin aufeinandertreffen (vgl. A, S. 337).

Während des 19. Jahrhunderts findet die Verbindung von Sexualität und Krankheit über die Masturbation eine laufende Bestätigung. Die Auswirkung beschränkt sich aber nicht nur auf den psychiatrisch-ärztlichen Zugriff innerhalb der Familie, denn das medizinische Wissen hat mit der Entdeckung eines sexuellen Triebes auch ein Erklärungsmodell für einen ganz anderen Typ von Abweichung gefunden. Der zwanghafte Trieb rückt zu einem wesentlichen Element im Bereich von Kriminalität und → Wahnsinn auf, das den Psychiater in der Rolle des medizinisch-gerichtlichen Sachverständigen etabliert. Historisch treffen der Fall des Monsters, dessen Delikte und Verbrechen aus keinem offensichtlichen Grund erfolgt sind, und die Analyse sexueller Unregelmäßigkeiten, die sich zunächst in der Familie mit dem Problem der Masturbation zeigte, aufeinander. Die Psychiatrie erweitert an diesem geschichtlichen Kreuzungspunkt ihre Zuständigkeit um den spannungsreichen Bereich von Trieb und Sexualität, womit sich nicht nur eine kindliche Krankheit im Rahmen der Familie bekämpfen lässt, sondern auch eine Verbindung zwischen Lust und Verbrechen hergestellt werden kann. Unter den genannten Voraussetzungen liegt es nahe, dass sich der psychiatrische → Diskurs vor eine neue wissenschaftliche Aufgabe gestellt sieht: Er muss jetzt nicht nur eine kindliche Entwicklungsstörung bearbeiten, sondern seine Hauptaufgabe besteht nun darin, eine allgemeine Theorie der sexuellen Psychopathologie zu erarbeiten. In der Mitte des 19. Jahrhunderts kommt es folglich zu den großen Forschungen und zu dem endgültigen Übergang vom Typus des Irrenarztes zum Psychiater. Es erscheinen die *Psychopathia sexualis* (1846) von Heinrich Kaan und das gleichnamige Werk von Richard von Krafft-Ebing (1886), das zum Standardlehrbuch der Sexualpathologien des 19. Jahrhunderts werden sollte. Wilhelm Griesinger bringt seine Arbeit über die *Pathologie und Therapie der psychischen Krankheiten* heraus (1845) und begründet die Neuropsychiatrie (vgl. A, S. 304). Jules-Gabriel-François Baillarger stellt die Frage nach dem Zusammenhang von Willen und Wahnsinn. Ein wesentliches Kennzeichen des psychiatrischen Diskurses besteht in der Übernahme einer juristischen Verantwortung, die sich fast zwingend aus dem gewandelten Verständnis der Geisteskrankheit ergibt. Der Anormale handelt eventuell unter dem Einfluss von Impulsen, Trieben und Automatismen, was letztlich die Frage nach seiner juristischen Verantwortungsfähigkeit erzwingt. Die Anomalien des Sexualtriebes beschränken sich nicht mehr auf den drohenden Verfall des Onanisten, sondern es geht zunächst um die Verbindung zwischen Sexualtrieb und → Wahnsinn. Gleichzeitig verselbstständigt sich der Sexualtrieb, denn seine biologische Funktion erweist sich keinesfalls als ausschließlicher Zweck. Der Trieb dient weniger der Fortpflanzung als dem Lustgewinn, und daher lassen sich zahlreiche Abweichungen von der normalen Sexualität finden, die – nach damaliger Auffassung – als Verirrungen des Sexualtriebes einer psychiatrischen Behandlung bedürfen.

Macht und Sexualität

In *Der Wille zum Wissen* stellt Foucault den Zusammenhang zwischen Sexualität und → Macht her. Mit dem Machttyp der → Bio-Macht bildet sich einer der effektivsten Zugänge zum Körper aus, wobei das kulturelle Konstrukt Sexualität eine ganz bestimmte Funktion erhält. Es bietet der → Bio-Macht einen Angriffspunkt, an dem sich über die Lust des Körpers viele kleine Praktiken organisieren lassen. Die → Macht etabliert deshalb den Sex als Dreh- und Angelpunkt. Seine außerordentliche Wirksamkeit besteht darin, dass man ihn im → Subjekt selbst tief verankern kann, indem der Sex als unterdrückt behandelt wird (→ Repressionshypothese). Die christliche Praktik des Geständnisses (→ Pastoralmacht) verstärkt den Eindruck der Verborgenheit des Sexes beim → Subjekt und fördert die Vorstellung von der versteckten → Wahrheit über sich selbst. Das gegenüber dem christlichen Modell erweiterte Sexualitätsdispositiv übernimmt die These von der Verborgenheit und versucht in medizinischen Einrichtungen, pädagogischen Hilfestellungen und gesundheitspolitischen Maßnahmen dem Geheimnis der Sexualität auf die Spur zu kommen. Das → Dispositiv bietet sich als eine Hilfe im Hinblick auf etwas an, was das → Subjekt von sich aus nicht wissen kann, weil ihm das Geheimnis seiner eigenen Sexualität notwendig verborgen bleiben muss. Letztlich erscheint die → Macht als Sexualitätsdispositiv in der Gestalt eines Meisters der Interpretation, die dem → Subjekt die → Wahrheit über es selbst erzählen kann.

„Mit der Schaffung dieses imaginären Elementes ‚Sex' hat das Sexualitätsdispositiv eines seiner wesentlichsten inneren Funktionsprinzipien zustandegebracht: das Begehren nach Sex: ihn zu haben, zu ihm Zugang zu haben, ihn zu entdecken, ihn zu befreien, ihn diskursiv zu artikulieren, seine Wahrheit zu formulieren. Das Sexualitätsdispositiv hat ‚den Sex' als begehrenswert konstituiert. Und dieser ‚Begehrens-Wert' des Sexes bindet jeden von uns an den Befehl ihn zu erkennen, sein Gesetz und seine Macht an den Tag zu bringen." (SW I, S. 186)

Die Befreiung von der Repression bedeutet eine Bejahung des Sexes, aber diese Bejahung führt zum Sexualitätsdispositiv. Die Zustimmung ist also eine Anleitung, sich systematisch noch tiefer an die → Macht zu binden, indem eine vermeintliche Befreiung oder → Wahrheit über sich selbst in Aussicht gestellt wird.

„Glauben wir nicht, daß man zur Macht nein sagt, indem man zum Sex ja sagt; man folgt damit vielmehr dem Lauf des allgemeinen Sexualitätsdispositivs." (SW I, S. 187)

Hinter den am Beispiel des Sexualitätsdispositivs vorgeführten Zusammenhängen zeichnet sich die fundamentale Kritik Foucaults an den Humanwissenschaften ab. Der Anspruch auf Interpretationshoheit im Kontext einer verborgenen → Wahrheit über das → Subjekt dient nicht der Emanzipation, sondern es zeigt sich darin lediglich das Machtdispositiv, das bestimmte Normativitätstypen anwendet und umsetzt.

Als besonders aufschlussreich erweist sich dabei die Ergänzung, die am Begriff der → Macht innerhalb des Werks vorgenommen wird. Foucault geht von einem juridischen (verneinenden) Machtbegriff zu einem → strategischen Machtbegriff über, dessen Kennzeichen in der produktiven Seite der → Macht besteht.

Sexualität und Ethik des Selbst

Innerhalb des Werkes steht die Wendung zu einer → Ethik des Selbst am Ende einer Entwicklung, die sich ausgehend von der Phase des → Diskurses über die genealogische Vorgehensweise und der Analyse der → Macht erst spät abgezeichnet hat. Foucault spricht in diesem Zusammenhang selbst von der Notwendigkeit einer „dritten Verschiebung":

„Jetzt schien es nötig, eine dritte Verschiebung vorzunehmen, um das zu analysieren, was als ‚das Subjekt' bezeichnet wird; es sollte untersucht werden, welches die Formen und die Modalitäten des Verhältnisses zu sich sind, durch die sich das Individuum als Subjekt konstituiert und erkennt. [...] am Beispiel einiger empirischer Wissenschaften im 17. und 18. Jahrhundert – und nach dem Studium der Wahrheitsmechanismen im Verhältnis zu den Machtbeziehungen – am Beispiel der Strafpraktiken [*Überwachen und Strafen*, M.R.] – schien sich mir eine andere Arbeit aufzudrängen: das Studium der Wahrheitsspiele im Verhältnis seiner selber zu sich und der Konstitution seiner selber als Subjekt [...].“ (SW II, S. 13)

Die Sexualität bildet einen Spezialfall der → Technologien des Selbst, insofern sie nicht wie in *Der Wille zum Wissen* als Gegenstand der → Bio-Macht erscheint (s.o.: Macht und Sexualität). Die antike Sexualmoral unterscheidet sich auf den ersten Blick wenig von der christlichen Lehre des sündigen Fleisches. Man findet das Thema der sexuellen Verausgabung ohne Partner und Zeugungsabsicht, die Frage der ehelichen Treue und die Kritik an den Homosexuellen. Eine genauere Analyse verweist jedoch auf einen gravierenden Unterschied: Die antike Sexualmoral stellt nur Empfehlungen auf, die lediglich als Vorgaben für das individuelle sexuelle Verhalten zu werten sind. Das Christentum will seine allgemeingültige Sexualmoral durch das individuelle Geständnis erzwingen. Statt der Zucht favorisiert die Antike also eine → Ästhetik der Existenz auf der Basis freiwilliger Selbstkontrolle für freie Männer.

Die klassische Epoche der Antike

Das sexuelle Verhalten, das sich mit den Lüsten (*aphrodísia*) verbinden lässt, weist vier Haupttypen auf: Die Diätetik der Körper, die Ökonomik in der Ehe, die Erotik der Knabenliebe und die damit verbundene Philosophie der Wahrheit. Tatsächlich geht es um eine höchst restriktive Sexualethik für Frauen und Sklaven. Von der → Ethik des Selbst oder der Sorge um sich lässt sich mit einiger Berechtigung nur sprechen, wenn man diese Moral mit ihren Urhebern in Verbindung bringt: den freien Männern. Für die Frauen und die Sklaven gelten weit reichende Zwänge.

Jede → Moral setzt sich für Foucault aus zwei Aspekten zusammen: Verhaltenscodices und Subjektivierungsformen. Für die → Ethik des Selbst muss die Seite der Subjektivierungsformen überwiegen, die in der Antike auch zu einer Reihe von systematisch anzuwendenden Selbstpraktiken oder → Technologien des Selbst geführt haben. Für die Zeit zwischen dem 5. und dem 3. vorchristlichen Jahrhundert lässt sich der moderne Begriff der Sexualität mit seiner Verbindung zu den Verhaltenscodices daher nicht anwenden, denn es geht bei den Lusthandlungen (*aphrodísia)* um eine andere moralische Funktion.

Welche ethische Frage verbindet sich also mit den *aphrodísia,* die als Akte, Gesten und Berührungen gelten, die Lust verschaffen? (vgl. SW II, S. 54) Über die Akte selbst finden sich nur Andeutungen, keinesfalls aber die minutiösen Beschreibungen, wie sie die christliche Moral des sündigen Fleisches und der Beichte geben wird. Die Seele kann sich an die mit den Akten verbundene Lust erinnern, die wiederum das Begehren hervorruft. Es formiert sich eine Art geschlossener

Kreislauf: Das Begehren führt zum Akt, der Akt ruft die Lust hervor, und die erlebte Lust führt in der Erinnerung wiederum zum Begehren.

Die ethische Frage lautet nun nicht, welche Akte erlaubt sind oder welches Begehren als unbedenklich zu gelten hat, sondern mit welcher Aktivität und mit welcher Quantität sie stattfinden sollen. Die Antwort besteht in der Feststellung drohender Übertreibung und anzuratender Mäßigung, die mit der zentralen Bedeutung der Mitte in der antiken Ethik auf eine lange Tradition verweisen kann.

Die zweite ethische Frage verbindet sich mit der Rolle, die der Geschlechterunterschied einführt. In dieser Männermoral gibt es Ausführende und diejenigen, an denen die Tätigkeit ausgeübt wird. Es gibt also aktive Subjekte und passive Objekte. Für den Mann gilt die moralische Verpflichtung zur Aktivität (vgl. SW II, S. 63).

Das generelle Problem der Lust liegt darin, dass sie in ihrer natürlichen Funktion der Arterhaltung über das zuträgliche Maß hinaus schießt und zum Exzess neigt. Der Grund dafür liegt in einer Kraft, die von Natur aus mit der Arterhaltung und der Zeugung verbunden ist. In jeder Lust liegt also die Gefahr der Übertreibung, und dies führt zur Forderung der Beherrschung und der Mäßigung (*sophrosyne*), die unterschiedliche Strategien des Gebrauchs (*chresis*) unterstützen.

Es gibt eine Strategie, die insofern der Mäßigung entspricht, als der Lust keine übergeordnete Stellung eingeräumt wird, sondern das Vergnügen nur eintreten soll, wenn das körperliche Bedürfnis vorhanden ist. Ein weiteres Regulativ verweist auf den richtigen Zeitpunkt (*kairos*) im Umgang mit der Lust. Das betrifft zunächst das Lebensalter und die Jahreszeiten, in denen die Akte vorzugsweise auszuführen sind. Und es gibt eine günstige Tageszeit für den Körper. Die dritte Strategie hat schließlich den sozialen Stand zu berücksichtigen. Die Ethik des Selbst weist hier elitäre Züge auf, denn sie setzt eine tugendhafte Minderheit voraus, die sich durch Vernunfteinsatz beherrschen kann und entsprechend ihrem Stand in der *polis* auch eine strengere sexuelle Lebensführung auferlegt.

Die natürlichen Kräfte der Lust gelten in Verbindung mit der Arterhaltung in der klassischen Epoche immer als notwendig und positiv. Die Gefahr, die von ihnen ausgeht, zeigt sich im Exzess und in der Tendenz, zuletzt das ganze → Individuum vollständig zu beherrschen. Aus dieser Perspektive befindet sich der Tugendhafte in einer ständigen Auseinandersetzung (*enkrateia*) mit den Begierden. Das Ziel besteht in der Herrschaft über sich selbst, wozu eine umfangreiche Diätetik entsprechende Verhaltensvorschläge entwickelt.

Die antike Diätetik (SW II, S. 125ff) hegt bei den sexuellen Akten den Verdacht pathologischer Wirkungen auf die Organe, die sich meist durch konsequente Zurückhaltung vermeiden lassen. Die zweite Sorge gilt dem Nachwuchs. Es gibt eine günstige Jahreszeit für die Zeugung, die einen gesunden und schönen Nachwuchs wahrscheinlicher macht. Letzteres betrifft auch die Verantwortung des Zeugenden gegenüber der *polis*, denn die Gemeinschaft existiert nur auf der Grundlage vieler Nachkommen.

In der Ehe, dem natürlichen Ort des legitimen Nachwuchses, der mit der Geburt auch das Recht auf die Mitgliedschaft in der *polis* als freier Mann erhält, geht es in erster Linie um die gesamte Organisation des Hauswesens, der Ökonomik (SW II, S. 181ff). Die Frau tritt als Teilhaberin auf und gewinnt als Hausherrin einen beträchtlichen Einfluss auf das Geschehen. Die Männermoral der Antike sieht keinerlei Notwendigkeit der besonderen Treue in der Ehe, aber sie insistiert auf ein Mindestmaß an Einschränkung, die den Respekt vor der Rolle der Hausherrin zu gewährleisten hat. Im *Oikonomikos* des Xenophon herrscht die denkbar größte Asymmetrie zwischen den Geschlechtern, denn die ausdrückliche Treuepflicht gilt nur für die Frau. Der Grund für diese einseitige Regelung entspricht dem Interesse an der ausgewiesenen Vaterschaft, denn damit verbindet sich in der *polis* auch das Anrecht auf Mitgliedschaft als freier Mann. Im Übrigen gewinnt die Ehefrau gerade durch ihre Tätigkeiten im *oikos* jene langfristige Attraktivität für den Mann, die weit über die äußerliche Schönheit hinausgeht. Und wenn sich der Mann selbst mäßigt, dann tut er dies bei Aristoteles im Verhältnis der Ehe, die ihm die Pflicht der Anerkennung des durch die Gattin gut geführten *oikos* auferlegt. Das Sexualverhalten in dieser Eheform dreht sich in erster Linie um die Zeugung, während die persönliche Beziehung kaum eine Rolle spielt. Jeder muss sich einer Mäßigung unterziehen, die geschlechtspezifisch und von seinem sozialen Rang her definiert ist. „Die Tugend der Frau markierte und garantierte ein Unterwerfungsverhalten; die Strenge des Mannes charakterisierte eine Ethik der sich selbst begrenzenden Herrschaft.“ (SW II, S. 233)

Die antike Moral der klassischen Zeit besteht in ihrem Kern in der selbst auferlegten Mäßigung, die als konkrete Verhaltensweise höchst unterschiedliche Züge annehmen kann. Die Mäßigung in der Erotik (SW II, S. 235ff) und vor allem in der Homosexualität verlangt beispielsweise das Verhältnis zu den Knaben als kurzfristige Erfahrung zu gestalten. Die zeitliche Beschränkung läuft jedoch keineswegs auf eine flüchtige Affäre hinaus. Die Verhaltensvorschläge beinhalten vielmehr eine Sorgfaltspflicht, die zwei Umstände zu berücksichtigen hat. Erstens hat sie der Männlichkeit des Heranwachsenden zu entsprechen, der schließlich in der Zukunft ein freier Mann sein wird. Zweitens schließt das Verhältnis auch immer die → Freiheit des anderen ein, der hier nicht als Partner der Zeugung erscheint, sondern die wahre Liebe verkörpert.

Hellenismus und Kaiserzeit

Gegenüber der Klassik lässt sich im Hellenismus und in der Kaiserzeit für die Bereiche der Diätetik des Körpers, der Ökonomik der Ehe und der Erotik in der Homosexualität eine Veränderung feststellen.

Für die Diätetik des Körpers gibt Galen (vgl. SW III, S. 140f) im Zusammenhang mit den *aphrodísia* eine grundlegende Erklärung ab. Die Natur konnte keinen unvergänglichen Organismus schaffen und hat zur Erhaltung der Gattung eine List angewandt. Sie beruht auf den Fortpflanzungsorganen, der heftigen Lust und dem Begehren der Seele. Die demiurgische Vorsehung hat auf diesem Weg den Tod überwunden. Die Samenbildung steht in Verbindung mit den anderen Körperprozessen und gehört hier zu einem Mechanismus des zyklischen Lustaufbaues. Bedenkliche Nähe zu den Krankheiten zeigt der Sexualakt selbst, ähnelt er doch dem epileptischen Anfall.

Die Beschreibung des Sexualaktes schwankt zwischen einer Betonung der pathologischen und der günstigen Wirkungen. Galen nennt als Heilwirkungen die Entspannung der Seele, die Dämpfung der Melancholie und die Entkräftung fixer Ideen. In der Negativbilanz droht durch den Koitus immer die Entkräftung oder der Drang zur zwanghaften Wiederholung, wobei vollkommene Enthaltsamkeit sogar zu Angstgefühlen führen kann.

Große Sorgfalt ist im Fall der Zeugung selbst angebracht. Es gibt einen sehr umfangreichen Katalog einzuhaltender Maßregeln (vgl. SW III, S. 164). Die hellenistischen Ärzte stellen auch Betrachtungen über den richtigen Zeitpunkt der Zeugung an. Tageszeit und zuvor genossene Nahrung spielen dabei eine zentrale Rolle, wobei sich die Erörterungen wie in der Klassik der Antike auf die körperlichen Vorbedingungen beschränken (vgl. SW III, S. 171f).

Neben der Diätetik des Körpers muss die Seele mit dem Begehren in die Überlegungen und die Sorge um sich selbst einbezogen werden. Der Idealzustand besteht in der Übereinstimmung von seelischem Begehren und körperlichem Bedürfnis. Namentlich die Seele kann in ihrem Begehren von den körperlichen Voraussetzungen abweichen, wie die Träume mit nächtlichen Samenergüssen beweisen. Die Seele neigt dazu, sich *aphrodísia* vorzustellen, oder sie schwelgt in Erinnerungen an lustvolle Situationen. Die einzig akzeptable Lösung besteht in der absoluten Vorrangstellung des Körpers gegenüber der Lust und der Seele.

In Bezug auf die Ehe zeigt sich vom 2. vorchristlichen bis zum 2. nachchristlichen Jahrhundert eine Verschiebung im Vergleich zu den klassischen Texten. Es deutet sich eine Umorientierung von der Ausübung der Herrschaft zu mehr Rücksichtnahme gegenüber dem Ehepartner an. Die persönliche Beziehung beginnt eine Rolle zu spielen, und das Thema der sexuellen Treue wird verstärkt angesprochen. Der Eros, der bei verschiedenen Philosophen sonst ganz der Knabenliebe vorbehalten bleibt, gehört nun auch zur Ehe. Die Stoiker betonen jedoch, dass die Zeugungsfunktion und ihre Bedeutung für die Gemeinschaft immer vor der Lust rangieren muss (vgl. SW III, S. 197f).

Wenn die Lust zu einem Aspekt der ehelichen Verbindung aufrückt, verliert die Päderastie ihren Status als wahre Liebe. Sie büßt die Exklusivität als gelebter Eros ein und die Anwendungsmöglichkeiten der *aphrodísia* bekommen einen schlechten Ruf, wenn die Knabenliebe zu einer bloßen Vorliebe herabsinkt. In seinem *Amatorius* gelangt Plutarch zu der Überzeugung, dass die Liebe letztlich in der Ehe ihre wahre Form findet, während die Knabenliebe eine deutliche Abwertung erfährt. In der Ehe bietet sich beiden Beteiligten die Chance zur Aktivität, die eine wechselseitige Liebe erlaubt (vgl. SW III, S. 248f).

(**PG**, S. 39, 60; **OdD**, S. 262f; **H**, S. 12, 19; **Arch**, S. 24, 26, 63, 275f; **OD**, S. 8, 25, 42, 46; **MP**, S. 182f, 465–468; **A**, S. 28, 62f, 70, 75, 82–84, 96f, 99–101, 214f, 217–221, 245–247, 257, 259, 262, 282, 289, 292, 297f, 301, 305, 309, 316–318, 328f, 332f, 336f, 339, 341–347, 349, 352, 354, 355, 357, 359–364, 367, 370, 378, 385, 387, 395, 417, 425–429; **ÜuS**, S. 20, 360; **SW I**, S. 7f, 11–13, 17, 20, 23, 34f, 39, 41, 43–46, 50f, 53–56, 58–65, 70f, 85–88, 91, 93, 95, 111f, 120f, 125–141, 144–147, 149, 151–154, 156, 163, 174, 176–181, 183f, 187–190; **VdG**, S. 16, 26, 35, 46–50, 282, 296, 297; **GG I**, S. 177; **GG II**, S. 38, 39, 49, 59, 61f, 64, 102, 104, 407; **HS**, S. 288, 316; **SW II**, S. 9–12, 44, 49f, 52, 55, 57, 63, 112, 318; **SW III**, S. 35, 50, 164, 215, 244, 255)

Sicherheitsdispositive

Die Sicherheitsdispositive sind sozialtechnologische Instrumente, die statistische Erkenntnisse auf jene Gesamtheit von Elementen anwenden, die man Bevölkerung nennt. Die Bevölkerung definiert sich mathematisch als eine Menge mit biologischen und sozialen Eigenschaften, die sich erst durch eine große Anzahl beteiligter Personen ergeben. Im Unterschied zu den Gesetzen und den → Disziplinen wirken die Sicherheitsdispositive auf die Bevölkerung primär durch steuernde Maßnahmen ein, wobei sie die besonderen biologischen Eigenschaften der großen Masse berücksichtigen müssen.

„Anders gesagt, das Gesetz verbietet, die Disziplin schreibt vor, und die Sicherheit hat – ohne zu untersagen und ohne vorzuschreiben, wobei sie sich eventuell einiger Instrumente in Richtung Verbot und Vorschrift bedient – die wesentliche Funktion, auf eine Realität zu antworten, so daß die Antwort die Realität aufhebt, auf die sie antwortet – sie aufhebt oder einschränkt oder bremst oder regelt." (GG I, S. 76)

Die statistische Erfassung der Bevölkerung, führt beispielsweise zu Aufgabenbereichen wie der Eindämmung von Eigentumsdelikten, der Sicherstellung der Getreideversorgung und der flächendeckenden Durchführung der Pockenimpfung. Die Sicherheitsdispositive können sich somit aus Elementen der polizeilichen Überwachung der Bevölkerung, der Sozialpolitik und der Gesundheitspolitik zusammensetzen.

Der gemeinsame Nenner der genannten Beispiele besteht in den statistischen Eigenschaften der untersuchten Phänomene, die nur auf der Grundlage einer großen Zahl beteiligter Individuen entstehen. Die Kleinkriminalität eines Eigentumsdeliktes kann lediglich in der Häufigkeit ihres Auftretens ein Gegenstand des gesellschaftlichen Interesses und nachfolgender Interventionen sein. Eine Hungersnot auf Grund einer schlechten Getreideernte setzt die Bevölkerung als betroffene Zielgruppe voraus, und eine hochinfektiöse Epidemie entfaltet ihre Wirkungen ebenfalls nur bei einer großen Anzahl möglicher Betroffener.

Eine hohe Bevölkerungsdichte verschärft die Risiken, sodass sich die Stadt zu einem besonderen Sicherheitsraum mit einer eigenen Realität verwandelt. Die gezielten Maßnahmen eines Sicherheitsdispositivs orientieren sich immer am Durchschnitt oder an der mittleren Häufigkeit. Es gibt eine durchschnittliche Anzahl an Eigentumsdelikten (GG I, S. 19f), eine mittlere Anzahl von Verhungerten bei Ernteausfällen (GG I, S. 57ff) und eine gemittelte Sterberate bei bestimmten hochinfektiösen Krankheiten. In jedem Fall geht es bei einem Sicherheitsdispositiv um die Vermeidung der Extreme. Die Umgestaltung der vorgefundenen Realität der biosozialen Bevölkerung richtet sich nach der Direktive: Maßnahmen sind vor allem dort und verstärkt an Punkten einzuleiten, an denen sich signifikante Abweichungen vom Mittelwert ergeben.

Die Sicherheitsdispositive sind also der Ausdruck einer utilitaristischen Kalkulation, welche die Bevölkerung in Gestalt von Variablen registriert und der Politik eine Machttechnik liefert. Es handelt sich dabei nicht um eine Machttechnik, die Gehorsam einfordert, sondern um eine flankierende Maßnahme im Hinblick auf die große Zahl. Der entsprechende Typ der Politik stimmt in wesentlichen Zügen mit der → Bio-Politik und der → Bio-Macht überein. Gegenüber *Überwachen und Strafen* gehören die Sicherheitsdispositive im Gesamtwerk zu einer fundamentalen Erweiterung der Machttheorie, die Foucault in seiner Vorlesung zur → Gouvernementalität vornimmt.

(**GG I**, S. 13, 19, 26, 40, 52f, 56, 58f, 63, 73f, 75f, 77f, 87, 90, 93, 161f, 165)

Sprache

Der → Diskurs bildet im Meer der Sprache die Vorausetzung des bedeutungshaltigen Sprechens, und er schafft die Bedingungen des Denkens. Die Sprache enthält alle → Diskurse aber sie beschränkt sich nicht auf eine diskursive Systematik. Foucault geht hierbei von einer besonderen Sprachauffassung aus: „Wenn die Sprache ihren Ort tatsächlich in der einsamen Souveränität des ‚Ich spreche' findet, vermag sie nichts mehr zu begrenzen – weder der an den sie sich richtet, noch die Wahrheit des darin Gesagten, noch auch die Werte und Darstellungssysteme, deren sie sich bedient; kurz gesagt es findet kein Diskurs mehr statt, sie teilt keine Bedeutung mehr mit, sondern stellt nur noch ihr nacktes Sein als reine Äußerlichkeit zur Schau" (DeE I, Nr.38, „Das Denken des Außen", S. 672). Die vorgetragene Sprachauffassung bezieht ihre Spannung aus der Polarisierung von Denken und Sprechen: Das „Ich denke" führt zur Gewissheit der Existenz, während das „Ich spreche" keine Fixierungen an den Methoden und Voraussetzungen des Denkens mehr erlaubt. Das „Ich spreche" birgt das Risiko, sich in die Grenzenlosigkeit der Sprache aufzulösen, während das „Ich denke" in der Leere einer beliebig murmelnden Sprache bis zur Unkenntlichkeit verschwindet. Aus dieser Sprachauffassung heraus lässt sich der → Diskurs als die abendländische Lösung für den Risikofaktor Sprache begreifen. Der → Diskurs bringt die potentielle Grenzenlosigkeit der Sprache auf den Status des definierten → Wissens, wobei er sich zahlreicher Hilfsmittel bedient (→ Formationssystem; → Formation der

Äußerungsmodalitäten; → Formation der Begriffe; → Formation der Gegenstände; → Formation der Strategien). Letzteres gilt nur für den Fall der Einschränkung auf die Sprache. Bei Berücksichtigung des → Dispositivs kommen zusätzliche Elemente (→ Macht, Institutionen) für die Sprachbegrenzung und Diskursbildung in Frage.

Der Quellcode des → Diskurses der *Archäologie des Wissens* liegt in einer Sprache, die sich nicht an die beruhigenden Eigenschaften des Logos hält, sondern Unberechenbares und Ereignishaftes zu einem Bestandteil der → Diskurse macht. Die autonome und sprechende Sprache fällt in Foucaults Werk mit jener Phase zusammen, die ihm den irreführenden Titel eines Strukturalisten eingebracht hat. Der Strukturalismusverdacht im Zusammenhang mit einer allem vorausliegenden Sprache speist sich – unter anderem – aus der Tatsache, dass er diese Sprache gelegentlich mit einem → System identifiziert hat, was sich vor allem in den Untersuchungen zur Sprache in *Die Ordnung der Dinge* förmlich aufdrängt. Gemäß dem Strukturalismusvorwurf müsste das betreffende → System einen festen Regelsatz aufweisen. Allein Foucaults Definition des → Systems entschärft den Vorwurf durch den Hinweis auf die Veränderlichkeit der Struktur des → Systems. „Ein System ist eine Menge von Beziehungen, die unabhängig von den verknüpften Elementen fortbestehen und sich verändern." (DeE I, Nr.37, „Gespräch mit Madleine Chapsal", S. 665) Foucault nennt verschiedene Beispiele aus der Geschichte, die teilweise sogar kulturell übergreifende Strukturen aufweisen. Es gibt eine vergleichbare Organisation der Götter in der Mythologie der Römer, Kelten und Skandinavier. Für die Höhlenmalerei lassen sich systematische Muster angeben. Der genetische Code stellt eine vollständige Anweisung für die Entwicklung von Lebewesen dar. Diese sprachlichen Strukturen steuern letztlich die „Art, wie die Menschen denken, schreiben, urteilen, sprechen [...] ihr ganzes Verhalten wird von einer theoretischen Struktur gesteuert, von einem *System*, das sich mit der Zeit und von Gesellschaft zu Gesellschaft verändert, aber zu allen Zeiten und in allen Gesellschaften präsent ist." (DeE I, Nr.37, „Gespräch mit Madleine Chapsal", S. 666) Abgesehen von dem Umfang, den Foucault mit seinen Beispielen dem → System der Sprache zuweist, drückt der Hinweis auf die historische Gebundenheit aus, dass diese Struktur keine ahistorisch formalen Anforderungen erfüllen kann, wie sie der Strukturalismus fordert, sondern im Gegenteil eine zeitliche Varianz und soziale Variabilitäten einschließt.

Das belegt auch die Analyse der Sprache in *Die Ordnung der Dinge*. In Verbindung mit der → allgemeinen Grammatik kommt der Sprache als → Repräsentation des Seins in der Klassik eine besondere Bedeutung zu. Die Sprache hat dabei das „rohe Sein", das mit der „Masse von in der Welt niedergelegten Zeichen" (OdD, S. 134) eine Ordnung vorgab, abgelegt. An die Stelle der *signatura rerum* oder der Relation der → Ähnlichkeit der Renaissance tritt die Ordnung der Sprache selbst, die ihrerseits die Notwendigkeit einer → allgemeinen Grammatik erklärt. (→ Attribution, → Derivation, → Formation der Begriffe). Die moderne Sprachauffassung steht für Foucault im Zeichen Nietzsches, denn für ihn sind

Gott, Erkenntnisse und Hirngespinste unter den Verdacht bloßer Möglichkeitseffekte der Worte geraten. Was unsere Sprachinterpretation „entdeckt, ist nicht die Souveränität eines ersten Diskurses, sondern die Tatsache, dass wir vor dem geringsten gesprochenen Wort bereits durch die Sprache beherrscht und von ihr durchdrungen sind." (OdD, S. 364) Dies führt zu einem Sprachverständnis, das die Korrektur eines Bedeutung verleihenden → Subjekts verlangt:

„Der Durchbruch zu einer Sprache, aus der das Subjekt ausgeschlossen ist, der Aufweis einer möglicherweise unaufhebbaren Unvereinbarkeit zwischen dem Erscheinen des Seins des Sprechens und der Identität des Selbstbewusstseins – diese Erfahrung zeigt sich bis heute in verschiedenen Bereichen der Kultur: im bloßen Akt des Schreibens ebenso wie in den Bemühungen um die Formalisierung der Sprache, in der Erforschung der Mythen, in der Psychoanalyse und in der Suche nach jenem Logos, der gleichsam den Geburtsort des abendländischen Denkens darstellt. Wir stehen plötzlich vor einem Abgrund, den wir lange Zeit nicht gesehen haben: der Sprache wird ihr Sein erst im Verschwinden des Subjekts offenbar." (DeE I, Nr. 38, „Das Denken des Außen", S. 674)

Das → Subjekt ist nicht länger das produktive Zentrum des Sprechens, sondern nur mehr sein Träger. Das zugehörige Denken wird sich jenseits aller Subjektivität bewegen müssen. Die Sprache „ist nur formloses Rauschen und Rieseln [...]." (a.a.O., S. 695)

(**WG**, S. 7–16, 32, 36f, 48f, 148, 162, 164, 168, 175, 177, 188, 202, 210, 235, 237–241, 246, 249–252, 254, 332f, 337, 341f, 349, 355–357, 386, 402, 405, 407, 453, 455, 459, 461, 503, 510f, 520f, 535, 539, 543–545, 547–550; **PG**, S. 31, 41, 84, 102, 106, 116, 122, 128, 130, 132; **GK**, S. 7–10, 12–16, 28, 77f, 84, 106f, 109–111, 122–129, 132f, 135f, 144, 158f, 169, 172, 182–184, 200, 206–209; **OdD**, S. 9f, 12, 19–24, 26, 37f, 46, 58, 60, 64–82, 84, 87, 89, 93, 95–97, 112–142, 144–164, 171–182, 185, 189f, 192, 203, 205–209, 221, 227f, 240f, 246, 253–263, 270, 274, 285–294, 301, 304, 307, 310, 328, 339, 341–373, 375–384, 386, 388, 390–392, 397–399, 404–408, 413f, 416f, 419–426, 428, 431, 433–435, 440–450, 452, 455, 457–462; **Arch**, S. 24, 28, 41f, 44, 49, 53, 64, 70, 74f, 87, 90f, 94, 100, 101, 111, 120, 123–125, 128, 132, 138, 144f, 147, 150f, 155, 157, 159, 161–165, 170, 173, 185, 188, 193, 195, 199, 203, 207, 212, 214, 228, 230f, 241, 247, 250, 256, 283f, 286f, 288f, 298, 300f; **H**, S. 31; **OD**, S. 22, 32f; **MP**, S. 111, 209, 213, 217–220, 233–235, 242, 267, 322, 341, 418; **A**, S. 53, 99, 203, 215, 234, 250, 271, 305; **ÜuS**, S. 144, 302, 325, 355f, 377; **SW I**, S. 15, 27f, 31f, 48, 72, 82, 104; **VdG**, S. 32, 96, 100, 120, 136, 169, 174, 184f, 225, 257, 259, 266, 268; **GG I**, S. 119, 181, 278; **GG II**, S. 409f, 418; **HS**, S. 81f, 198, 211, 300, 342, 409, 419, 447, 458, 467f, 491, 555; **SW II**, S. 19, 84, 194; **SW III**, S. 19, 39, 232)

Subjekt

Foucault ist für seine Philosophie der Subjektlosigkeit bekannt. Trotzdem kehrt der späte Foucault zu einer Philosophie des Subjekts zurück, die sich mit der

Frage einer → Ethik des Selbst verbindet. Es gibt drei große Subjektkonzeptionen: Das Subjekt der Wissenssysteme, das Subjekt der → Macht und das Subjekt der → Ethik des Selbst.

„Es gibt drei Bereiche möglicher Genealogien. Als Erstes eine historische Ontologie unserer selbst in unseren Beziehungen zur Wahrheit, die es uns erlaubt, uns als Erkenntnissubjekt zu konstituieren; dann eine historische Ontologie unserer selbst in unseren Beziehungen zu einem Machtfeld, auf dem wir uns als Subjekte konstituieren, die im Begriff sind, auf die anderen einzuwirken; schließlich eine historische Ontologie unserer Beziehungen zur Moral, die es uns erlaubt, uns als ethische Handelnde zu konstituieren." (DeE IV, Nr. 344, „Zur Genealogie der Ethik: Ein Überblick überlaufende Arbeiten", S. 759).

Zuletzt sollte eine Geschichte der Subjektivität den verbindlichen Zusammenhang der drei Positionen im Gesamtwerk Foucaults herstellen.

Subjekt und Wissen

Die Ordnung der Dinge interpretiert die Verbindung von Subjekt und → Wissen als Subjektformung. Gelegentlich fällt dabei auch die Bezeichnung der Subjektlosigkeit, die am eigentlichen Sachverhalt vorbeigeht. Sie richtet sich gegen eine bestimmte Subjektzentrierung, die sich aus der cartesischen Subjektdominanz ergibt und in den Humanwissenschaften zu der irreführenden Ansicht geführt hat, dass man den Menschen in seiner endgültigen Form erfassen könnte (OdD, S. 413ff).

Die Bezeichnung Subjektlosigkeit kritisiert die Vorstellung eines ahistorischen Subjekts und will ein durch unterschiedliche Wissenssysteme geformtes Subjekt benennen, das in der Abfolge der → Wissen (Plural!) in der Geschichte keine Konstante bilden kann. Es stellt somit das Gegenteil des erkenntnisfähigen Subjekts bei Descartes dar, indem es die eigene Konzeption den Wissenssystemen seiner Zeit verdankt.

„Es wäre interessant, wenn man einmal zu klären versuchte, wie sich im Laufe der Geschichte ein Subjekt konstituiert, das nicht ein für allemal gegeben ist, das nicht diesen Kern bildet, von dem aus die Wahrheit Einzug in die Geschichte hält, sondern ein Subjekt, das sich innerhalb der Geschichte konstituiert, das ständig und immer wieder neu von der Geschichte begründet wird. In Richtung solch einer radikalen Kritik des menschlichen Subjekts durch die Geschichte müssen wir uns bewegen."(DeE II, „Die Wahrheit und die juristischen Formen", S. 672)

Die umfassende Kritik des ahistorischen Subjekts richtet sich gegen den humanistischen Entwurf einer bestimmten Verfassung des Menschen. Foucault tauscht die ahistorischen Kategorien des transzendentalen Subjekts gegen historisch bedingte Feldeinflüsse aus. Das → Feld zentriert das Subjekt immer wieder auf ein bestimmtes → historisches Apriori, das sich in einem Wissenssystem äußert. Daher gibt es für Foucault keinen typischen oder feststehenden Begriff vom Menschen, was er auch als dessen Tod bezeichnet hat:

„Der zweite Aspekt [...] besteht darin, dass die Menschen im Laufe ihrer Geschichte niemals aufgehört haben, sich selbst zu konstruieren, das heißt ihre Subjektivität beständig zu verschieben, sich in einer unendlichen und vielfältigen Serie unterschiedlicher Subjektivitäten zu konstituieren. Diese Serie von Subjektivitäten wird niemals zu einem Ende kommen und uns niemals vor etwas stellen, das ‚der Mensch' wäre. Die Menschen treten ständig in einen Prozess ein, der sie als Objekte konstituiert und sie dabei gleichzeitig verschiebt, verformt, verwandelt – und der sie als Subjekte umgestaltet." (DeE IV, Nr. 281, „Gespräch mit Ducio Trombadori", S. 94) *Wahnsinn und Gesellschaft* verfolgt beispielsweise die Objektivierung des Subjekts durch die Unterscheidung von Irren und vernünftigen Menschen. Der *Geburt der Klinik* zufolge konstituiert sich das Subjekt mittels der Unterscheidung von Kranken und Gesunden.

Subjekt und Macht

In der Vorlesung *Die Macht der Psychiatrie* (1973 / 74) stellt Foucault zum ersten Mal den Zusammenhang von Disziplinarmacht und → Individuum her (MP, S. 91f). Es handelt sich in allen wesentlichen Zügen bereits um eine sehr genaue Skizze der detaillierteren Beschreibungen aus *Überwachen und Strafen,* die parallel zur Vorlesung entstehen. In der Folge gewinnt ein veränderter Subjektbegriff an Bedeutung: Zwischen das erkennende Subjekt und das Objekt schiebt sich der fundamentale Komplex von → Macht und → Wissen ein. Beide verweisen wechselseitig aufeinander und wirken in den jeweiligen historischen Formationen über die → Körpertechnologien auf das Subjekt ein. Die Berücksichtigung nichtdiskursiver Praktiken versetzt den Genealogen (→ Genealogie) gegenüber dem reinen Archäologen (→ Archäologie) verstärkt in den Stand, den physischen Körper des Subjekts als Objekt der → Mikrophysik zu berücksichtigen. „Diese Macht/Wissen-Beziehungen sind darum nicht von einem Erkenntnissubjekt aus zu analysieren, das gegenüber dem Machtsystem frei oder unfrei ist. Vielmehr ist in Betracht zu ziehen, daß das erkennende Subjekt, das zu erkennende Objekt und die Erkenntnisweisen jeweils Effekte jener fundamentalen Macht/Wissen-Komplexe und ihrer historischen Transformationen bilden." (ÜuS, S. 39)

Das Subjekt steht also weiter unter dem Einfluss des → Diskurses, aber dieser → Diskurs ist im → Dispositiv eine Verbindung mit den nichtdiskursiven Praktiken eingegangen, die einen neuen Angriffspunkt im Subjekt verankern: den durch → Macht formbaren Körper. Das Subjekt bewegt sich hier vor allem in einem Bereich der Objektivierung, die sich am normierten Ideal der jeweiligen Produktionsziele orientiert. Die disziplinäre Leistung lässt sich unter der Vorgabe eines Ideals wie der Präzision des Exerzierens, der Gelehrigkeit des Schülers und der Arbeitsdisziplin in der Werkstatt messen. Man kann die → Disziplinen als Strategien einer → Mikrophysik der Macht auffassen, die sich in minutiöser Bearbeitung von Details erschöpfen, was sich vor allem an den → Körpertechnologien anschaulich demonstrieren lässt.

Die → Macht muss das Subjekt jedoch nicht unbedingt und ausschließlich als vereinzeltes formen. In der Vorlesung über die *Geschichte der Gouvernementalität* erprobt Foucault sein Machtkonzept im größtmöglich denkbaren Rahmen: der gesamten Gesellschaft. Der Begriff der → Gouvernementalität ist nur ein Kürzel für unterschiedlichste Machtverhältnisse, die letztlich der Steuerung von Menschen dienen. Die aktuelle Form der → Gouvernementalität sieht Foucault im Liberalismus des 20. Jahrhunderts gegeben, der das Regierungshandeln auf die Erhaltung der Marktfreiheit verpflichtet. Das Kennzeichen dieses Liberalismus besteht in einer Sozialpolitik, die gemäß den Erfordernissen des freien Marktes die Gesellschaft in ein Unternehmen verwandelt. Die Subjekte verwandeln sich zu Unternehmern ihrer selbst und müssen im Zuge des Umbaus der Gesellschaft letztlich ihre Existenz als Marktchance aufzufassen lernen (vgl. GG II, S. 210 / 226).

Subjekt und Ethik des Selbst

Der dritte Subjektbegriff des späten Foucault thematisiert die Seite autonomer Subjektbestimmung. Es handelt sich also um individuelle Subjekte, die sich durch → Technologien des Selbst bestimmen und auf diese Weise eine Art Gegenverhalten zur → Macht entwickeln. Es geht um die jeweiligen Formen des Widerstandes, den Subjekte gegenüber den speziellen Machtansprüchen in der Geschichte leisten konnten.

„In meinen Vorlesungen am Collège de France habe ich es nun aber zu erfassen versucht durch etwas, was man als eine Praxis des Selbst bezeichnen könnte, die, wie ich glaube, seit der griechisch-römischen Antike ein ziemlich wichtiges Phänomen unserer Gesellschaften ist – auch wenn es nicht sehr eingehend untersucht wurde. Diese Praktiken des Selbst besaßen in den griechischen und römischen Zivilisationen eine sehr viel größere Bedeutung und vor allem Autonomie als später, als sie bis zu einem gewissen Grad von den Institutionen der Religion, der Pädagogik, der Medizin und der Psychiatrie vereinnahmt wurden." (DeE IV, Nr. 356, „Die Ethik der Sorge um sich als Praxis der Freiheit", S. 877)

Unter Vereinnahmung der Praxis des Selbst versteht Foucault auch Zwangsmaßnahmen, wobei das epistemologische Subjekt hier unmittelbar den → Körpertechnologien ausgeliefert ist. Dem liegt nicht ein → Wissen im Hinblick auf die Selbstsorge zu Grunde, sondern es handelt sich um die Selbsterkenntnis des modernen Subjekts. Während die Sorge um sich die Kongruenz von Denken und Handeln zum Ziel hat, verstrickt sich die Selbsterkenntnis in einen unendlichen Prozess, in dem der Abstand zwischen dem wahren Menschen und dem momentanen Erkenntnisstand über den Menschen beseitigt werden soll. Die → Disziplinen benutzen die so gewonnenen Normen zu Korrekturen an Einzelsubjekten, und die → Bio-Politik dehnt das Verfahren auf die Bevölkerung aus. Das Subjekt löst sich in eines von vielen identischen Elementen der Masse auf und es erhält seine durchschnittlichen Eigenschaften erst durch den damit verbundenen Verlust aller Individualität.

Die Sorge um sich selbst wendet sich gegen die humanwissenschaftliche Verknüpfung von → Wahrheit und Subjekt. Sie opponiert ebenfalls gegen die auf das Subjekt angewendeten → Körpertechnologien und die bio-politisch motivierte Statistik. Die Frage nach der Selbstformierung des Subjekts fällt bei Foucault in eine späte Phase des Denkens, wie sie vor allem im zweiten und dritten Band von *Sexualität und Wahrheit* sowie in der Vorlesung *Hermeneutik des Subjekts* zum Ausdruck kommt.

Unter den genannten Bedingungen und unter Berücksichtigung des Spätwerkes lässt sich von einem „diskurrierenden" Subjekt und einem „freien" Subjekt sprechen. Das erste wäre das epistemische Subjekt der Humanwissenschaften und der → Disziplinen (einschließlich der Bevölkerung als Gegenstand statistischer Methoden unter dem Einfluss unterschiedlicher Machttypen), das zweite das Subjekt der Sorge um sich selbst. Die Bezeichnung „freies" Subjekt darf allerdings nicht zu der falschen Annahme verleiten, dass hier ein ultimativer Akt der Befreiung stattfinden könnte und in diesem Sinne die „wirkliche" Natur des Menschen wiederhergestellt würde. Allen Subjektkonzeptionen ist gemeinsam, dass sie lediglich Variablen in der Geschichte darstellen. Es gibt also weder „das" Subjekt, noch „den" Menschen.

Subjekt versus Individuum

Mit der Untersuchung der → Ethik des Selbst in der Antike wird nach eigener Aussage Foucaults die Verwendung der Bezeichnung Subjekt fraglich. Eine in diesem Zusammenhang aufschlussreiche Unterscheidung hatte er bereits früher – zumindest in sprachlicher Hinsicht – gemacht. Diese Unterscheidung geht auf das Problem des Sprechers eines → Diskurses und der Autorenschaft zurück (vgl. oben →Autor, → Aussage, dort auch: Zitat Arch, S. 139). Die Teilnahme an einem → Diskurs ist nur über die Subjekt-Funktion möglich. Diese Funktion reserviert eine Leerstelle im → Diskurs für mögliche Teilnehmer, die damit automatisch in die dort vorgesehenen Bedingungen eintreten. Der autonome Sprecher oder das einsame Genie kommt demnach im → Diskurs nicht vor.

Die gleiche Unterscheidung taucht erneut auf, wenn es um die Beziehung von Subjekt und → Macht geht. In seiner Vorlesung über *Die Macht der Psychiatrie* hatte Foucault „die Bildung des Individuums ausgehend von einer bestimmten Machttechnologie" begriffen (MP, S. 92; → Individuum). In dieser frühen Konzeption wäre die → Macht letztlich zur alles beherrschenden Größe innerhalb des foucaultschen Werkes aufgerückt. Auch in der Vorlesung zur → Gouvernementalität findet sich ein aufschlussreiche Stelle, die das Verhältnis von Subjekt und → Individuum für die → Pastoralmacht definiert: „Man muß Subjekt werden, um Individuum zu werden (alle Bedeutungen des Wortes ‚Subjekt')." (GG I, S. 337) Das → Individuum entsteht durch die Subjekt-Funktion der → Macht, die historisch alle Varianten des Subjekts abdeckt.

Spätestens mit der → Ethik des Selbst zeichnet sich ein Gegenpol zu der angedeuteten exklusiven Stellung der → Macht ab, womit eine erweiterte Subjektkonzeption entsteht: „Diese Machtform verwandelt die Individuen in Subjekte. Das Wort ‚Subjekt' hat zwei Bedeutungen: es bezeichnet das Subjekt, das der Herrschaft eines anderen unterworfen ist und in seiner Abhängigkeit steht; und es bezeichnet das Subjekt, das durch Bewusstsein und Selbsterkenntnis an seine eigene Identität gebunden ist." (DeE IV, Nr.306, „Subjekt und Macht", S. 275)

Die zweite Bedeutung des Subjekts, als Subjekt seiner selbst im Zusammenhang mit der → Ethik des Selbst, bildet den Gegenpol zu einem nur als Subjekt-Funktion der → Macht vorkommenden Subjekts oder → Individuums. Problematisch bleibt allerdings auch hier wieder der Begriff des Subjekts, denn die Antike kennt dieses Subjekt nicht:

„Und da kein griechischer Denker jemals eine Definition des Subjekts gefunden, niemals danach gesucht hat, werde ich ganz einfach behaupten, dass es kein Subjekt gibt. Das heißt nicht, die Griechen hätten sich nicht bemüht, die Bedingungen zu bestimmen, innerhalb derer eine Erfahrung gegeben sei, welche aber nicht die des Subjekts, sondern die des Individuums ist, insofern es sich als Herr seiner selbst zu konstituieren sucht. Die klassische Antike kannte keine Problematisierung der Selbstkonstitution als Subjekt [...]." (DeE IV, Nr. 355, „Den Regierungen gegenüber: die Rechte des Menschen", S. 872)

Zusammengefasst ergeben sich also folgende Subjekttypen: Erstens das historisierte Subjekt, das sich laufend unter humanwissenschaftlichem Einfluss verändert. Dies führt zu der Konsequenz, dass es kein unveränderliches Subjekt und keinen festschreibbaren Menschen gibt. Zweitens existiert das Subjekt nur als Sprecher des → Diskurses. Es bleibt vollkommen in die Subjekt-Funktion des → Diskurses eingebunden. Die gleiche Abhängigkeit ergibt sich auch mit jenen Machttypen, die in der Funktion der → Disziplinen nach Foucault das moderne → Individuum geschaffen haben. Drittens gibt es ein Subjekt seiner selbst, das im Rahmen der → Ethik des Selbst laufend durch sich selbst hergestellt wird.

(**WG**, S. 12, 38, 69f, 125, 128, 176f, 413, 479, 507, 512, 521f, 535, 551; **PG**, S. 38, 65, 68, 70, 86, 89f; **GK**, S. 12, 52, 67, 70, 75, 95f, 103, 107, 124, 143, 150f, 208; **OdD**, S. 14f, 33, 45, 132, 134, 141, 147, 290, 300, 309, 345, 353, 361, 370, 372, 375, 377, 385, 387, 390, 395, 398, 411, 422, 442, 445f, 451; **Arch**, S. 23f, 26, 28f, 42, 46, 52f, 57, 78f, 80–82, 93, 95, 103, 106f, 115, 119, 128, 132, 134–144, 148, 154, 156, 158f, 162, 164, 167, 171, 177f, 182, 199, 214, 229, 233, 241, 258f, 260, 263, 273f, 284f, 289, 291f, 295f, 297f; **OD**, S. 7, 12f, 26f, 30f, 33f, 40; **MP**, S. 30, 67, 74, 76, 89–93, 219, 254, 343f, 356, 398, 412, 415, 438, 441, 489, 497, 503f; **A**, S. 23, 26, 31, 35, 37, 39–42, 45, 114, 119, 142, 150–154, 163–165, 167f, 172, 182f, 185, 190, 206f, 272, 316, 318, 331, 350, 395f, 401, 413; **ÜuS**, S. 21, 27, 39, 52, 65, 121, 128, 157–159, 167, 204, 230, 234, 242f, 257, 283, 308, 357, 361, 381; **SW I**, S. 74, 78f, 83, 85, 89f, 105f, 116, 172; **VdG**, S. 25, 43f, 58f, 61, 67, 69, 71f, 77, 96, 120, 139, 162, 164f, 170, 186, 220, 231, 248–250, 257, 312, 315; **GG I**, S. 16, 27, 70, 72f, 114, 117–120, 158f, 239, 268f, 337, 398, 400–402; **GG II**, S. 242f, 331, 348f, 358, 360f, 367, 371, 373–377, 379, 388; **HS**, S. 16f, 25, 31–35, 37, 46–52, 62, 66, 70, 78f, 81–86, 149, 165, 169f, 175, 216, 221, 224, 227, 229, 231, 235, 239–243, 266,

268–274, 279–281, 288f, 296–298, 300, 302–305, 308f, 314–316, 320, 322, 341, 343, 347, 351, 357f, 360, 365, 368, 371, 373, 376, 378–382, 387, 389–392, 397–401, 405–407, 410f, 429, 433–437, 440, 442–447, 449, 453f, 465, 470, 482f, 487, 495–499, 505f, 515, 523, 538f, 555, 557, 560f, 563f, 589, 591, 593f, 610f, 614; **SW II**, S. 10–13, 21, 38, 41, 55, 63f, 83, 86, 92, 94, 102, 117f, 122, 140, 154, 178, 258, 286, 302f, 307f, 315; **SW III**, S. 14, 17–20, 22, 27, 38, 42–47, 50f, 57, 80, 85, 88, 93, 97, 115f, 129, 157, 159, 164, 169, 176, 180, 186f, 189, 268)

System

Das System steht für Foucault in einem engen Zusammenhang mit den Denksystemen, die in der Geschichte und in Abhängigkeit von den dort auffindbaren Gesellschaftsformationen ganz unterschiedliche Realisierungen ausbilden. Das Denken findet stets unter dem Einfluss eines Denksystems statt. Die systematische Seite eines unbewussten Denksystems besteht für den frühen Foucault in der → Sprache. „Wenn man die Sprache analysiert, stößt man nicht auf die Natur, das Wesen oder die Freiheit des Menschen. Statt dessen stößt man auf unbewusste Strukturen, die uns beherrschen, ohne dass wir es bemerken oder wollten und ohne dass dabei jemals von unserer Freiheit oder unserem Bewusstsein die Rede wäre; und diese Strukturen entscheiden über das Schicksal, in dessen Rahmen wir sprechen." (DeE I, Nr. 54, „Interview mit Michel Foucault", S. 841) Jedes System stiftet so in irgendeiner Form Bedeutung (OdD, S. 453).

Die grundlegenden Einflüsse des Systems der eigenen Zeit sind dem Zeitgenossen nicht zugänglich. In *Die Ordnung der Dinge* stellt Foucault hierzu fest, dass auch sein eigenes Denken unter dem Einfluss eines Systems hinter dem System steht. Letztlich zieht er den Schluss, dass unter dem Einfluss der laufenden Veränderungen, wie sie die Denksysteme auch in den Humanwissenschaften herbeiführen, keine feststehende Definition des Menschen mehr möglich ist. Dieser Aspekt der Systeme bleibt für ihn auch dann relevant, als er die nichtdiskursiven Praktiken einbezieht und von der → Archäologie zur → Genealogie übergeht. Wenn der Mensch wie ein Gesicht am Meeresstrand verschwindet, wie es in einer berühmten Passage am Ende der *Ordnung der Dinge* heißt (OdD, S. 464), dann will dieses Bild die Geschichtlichkeit des Menschen hervorheben, die aufgrund der Abhängigkeit von Denksystemen die Rede von „dem" Menschen verbietet (vgl. DeE I, Nr. 37, „Gespräch mit Madleine Chapsal" S. 664f).

In seinen Schriften gebraucht Foucault den Ausdruck System darüber hinaus häufig in der gebräuchlichen Form, die sich als funktionales Ordnungsprinzip eines abgrenzbaren Ganzen umschreiben lässt.

(**WG**, S. 49, 82, 122f, 126, 131, 141, 177, 186, 198, 200f, 214, 216, 220, 225, 227, 245, 280, 284f, 287, 301f, 329, 338, 341–344, 403, 418, 425, 433, 474, 481, 507, 509; **GK**, S. 10, 12, 15–17, 20f, 23, 26f, 46, 57, 59, 62f, 69, 71, 79, 87f, 91, 98–100, 105, 114, 119, 121, 133, 141–143, 145, 150, 153, 157, 168, 191, 197, 199, 205, 209;

PG, S. 13, 18, 37, 43, 62, 105, 112, 121, 124f; **OdD**, S. 10, 12, 14, 21f, 25f, 31, 56f, 66, 72, 74, 77, 82f, 88, 96–98, 101, 107, 109, 111, 117f, 123f, 127, 131, 135f, 142, 155, 161, 164, 167, 178, 181–183, 186–190, 193f 196f, 199, 203, 211, 217, 221, 235, 244–246, 253f, 256, 261, 280, 291, 293, 296, 307–310, 320, 322–326, 330, 334, 338, 351, 356, 357, 367, 379, 384, 390f, 406, 428–435, 448f, 452–455; **H**, S. 18; **Arch**, S. 12, 19f, 23–25, 36, 42, 53, 58, 62, 64, 67, 69, 75, 78f, 82f, 88–90, 92, 94f, 97, 99–101, 103, 105f, 108, 110f, 115, 137, 140, 145, 150f, 163f, 168f, 173–175, 178f, 185–189, 196, 199, 203, 207, 213, 215, 219–222, 227, 231, 243, 246, 251, 253, 258, 265, 273, 276, 287, 291, 293f; **GG I**, S. 20f, 23, 25, 32, 55–58, 62, 64, 98, 119, 291f, 306, 355, 387, 414, 430, 436, 441, 449, 458, 507; **MP**, S. 17, 20, 43, 49, 73, 77f, 83, 86–91, 100f, 103f, 107–110, 114–116, 120–126, 128–130, 132, 141, 154f, 157, 159f, 165–168, 171f, 181, 186, 188, 200, 219, 223, 226, 250, 252, 255f, 260, 266f, 269, 274, 310, 321, 337, 339, 344, 347, 358, 361, 389, 391, 401, 405, 418, 435, 437, 446, 448, 454, 465; **A**, S. 22, 24, 26, 59, 74, 79, 98, 105, 118, 150–152, 156, 178f, 203, 222f, 262, 271, 296, 332, 341, 351f, 427f; **ÜuS**, S. 18, 33, 35f, 50, 57, 78, 97, 123, 125f, 133, 138, 140, 151, 156f, 159f, 165, 167, 185, 188, 221, 228, 232f, 234, 236f, 243f, 264, 275, 280f, 285f, 288, 295, 303, 305, 307, 315, 321, 339, 346f, 349, 353, 363, 368, 376, 383, 386, 388, 394; **SW I**, S. 20, 52, 88f, 92, 108f, 109, 112f, 118, 128, 132f, 135, 143f, 173, 178, 182; **GG I**, S. 20f, 23 25, 32, 55–58, 61–64, 69, 72, 75, 88, 98, 119, 287, 291f, 295, 306, 355, 378, 380, 414, 430, 437, 440f, 449, 458, 469, 494, 505, 507, 509, 522; **VdG**, S. 33f, 40, 48f, 56, 76, 85, 92, 127, 134, 149f, 153, 163, 181, 184f, 188, 192, 194, 242, 244, 247, 261, 272, 279, 285, 296, 300, 302; **GG II**, S. 18, 22, 24, 41f, 54, 60, 62f, 68–72, 74, 76, 81, 96, 99f, 125f, 131f, 155, 159, 174,190f, 194, 200f, 206f, 227, 229f, 237, 244, 245f, 246, 249f, 264, 267, 271, 277, 281, 289f, 301, 311, 345, 353, 359, 369, 377, 380, 382, 412, 423, 438, 440; **HS,** S. 132, 145, 310, 339, 413, 419, 506f, 526, 534, 544, 591, 594; **SW II**, S. 10, 17, 40, 42, 76, 184, 211, 230, 318; **SW III**, S. 16, 58, 75, 100, 104, 116, 225)

Tableau

Das Tableau ist ein universales technisches Hilfsmittel des 17. und 18. Jahrhunderts. Sowohl wissenschaftliche als auch politische und ökonomische Ansätze haben das Tableau als Lösung eines Ordnungsproblems betrachtet. Es kann als Pflanzen- und Tiergarten in Erscheinung treten, insofern eine rationale Klassifizierung vorgenommen wird. Das Tableau kann den Kreislauf der Waren, und die Kontrolle des Warenaustausches beschreiben. Es kann die Rolle des Geldes erfassen und damit ein ökonomisches Tableau des Besitzes erstellen. Das Tableau registriert auch die Verteilung von Kranken in einem eigens eingerichteten Spitalraum und bildet eine systematische Klassifizierung der Krankheiten ab. Es erweist sich als Machttechnik durch Zuweisung eines Ortes in einem → Raum (Herbarium, Spital, Liste). Immer liegt eine Einteilung von Vielfältigem vor, immer wird eine Ordnung eingeführt.

Allgemein lässt sich das Tableau als synchronisierende Gegenüberstellung begreifen, die heterogenen Inhalte so strukturiert, dass sie auf einen Blick erfassbar werden.

„[...] unter dem Anschein einer analytischen Funktion hat das Tableau nur die Aufgabe, das Sichtbare innerhalb einer schon gegebenen begrifflichen Konfiguration zu verteilen. Es geht also nicht um die Herstellung einer Korrelation sondern um die Umverteilung dessen, was in einem begrifflich schon definierten Wahrnehmungsraum gegeben ist. Das Tableau verhilft nicht dazu etwas zu erkennen, sondern höchstens wiederzuerkennen." (GK, S. 127)

Das Tableau übernimmt in den unterschiedlichen Anwendungen stark differierende Funktionen. Es dient bei der Regelung der Reichtümer durch Messung der Quantitäten und deren Bewegung in der ökonomischen Technologie als Darstellungsform, die beispielsweise François Quesnay[18] in seinen ökonomischen Schriften nutzt. In der Taxinomie der Naturgeschichte bewirkt die Ordnungsfunktion des Tableaus die Bildung von Klassen, die sich nur durch die Auflistung von Identitäten und Unterschieden erreichen lässt. In der Disziplinarordnung bildet das Tableau das → Subjekt in einer idealen Ordnung ab (Militär / Exerzierordnung, Schule / Sitzordnung). Es handelt sich in dieser Funktion auch um die zellenförmige → Mikrophysik der Macht (ÜuS, S. 190 / 191).

In der → Sprache und vor allem in der → allgemeinen Grammatik des 17. und 18. Jahrhunderts löst das Tableau das Problem der unterschiedlichen Wortstellungen in den Sprachen. Jede → Sprache verwendet eine lineare Ordnung, die der Abfolge ihrer Worte entspricht, aber diese Ordnung ist nicht für jede → Sprache identisch. Die → allgemeine Grammatik will eine Ordnung schaffen, in der jede sprachliche Ordnung berücksichtigt wäre. Das prinzipielle Problem besteht dabei zunächst in der Linearität der → Sprache, die die Gleichzeitigkeit von Denken und → Sprache in eine sukzessive Ordnung verwandelt. Das Tableau löst diese Linearität durch die direkte Gegenüberstellung auf.

Eine weitere Anwendung des Tableaus findet sich bei Cuvier. Das Tableau der Klassik stützt sich direkt auf der Ordnung der → Sprache, während bei Cuvier die → Sprache nurmehr eine abbildende Funktion hat. Seine Vision von einer Tableau-Sprache soll dann „eine ‚Kopie' der Natur" liefern, die jenen wissenschaftlichen Charakter bezeugt, den eine erkenntnistheoretisch geschwächte → Sprache nicht mehr zu erbringen vermag (OdD, S. 361).

(**GK**, S. 20, 22, 25f, 28, 33, 45, 67, 105, 109f, 126–128, 134, 142, 145, 147, 156, 182, 189; **OdD**, S. 19, 21, 23, 27, 101, 105, 107, 109, 111f, 123, 160, 172, 180, 188, 195f, 227, 234f, 239, 269–272, 280, 284, 287, 295, 299f, 302, 308, 313, 317, 321, 323, 325, 334, 337f, 361, 368, 374, 376, 396f, 408f; **Arch**, S. 16, 20, 217, 221; **MP**, S. 73–75, 450; **A**, S. 23; **ÜuS**, S. 127, 185, 189–191, 207, 216, 261, 381; **VdG**, S. 283; **GG I**, 118; **GG II**, S. 439; **SW II**, S. 52, 81; **SW III**, S. 17, 43, 107, 154)

[18] François Quesnay, *Ökonomische Schriften*, Bd.I, Berlin 1971, S. 337-448.

Technologien des Selbst / Selbsttechnologien

Die Technologien des Selbst gehören zu einer Reihe von Strategien, in denen sich das → Individuum seiner eigenen Souveränität versichert. Die Bezeichnung → Subjekt, wenn sie statt Individuum Verwendung findet, steht hier keinesfalls im Kontext der Subjektlosigkeit (vgl. → Subjekt), denn während Foucault im Kontext von → Diskurs und → Macht das → Individuum fast liquidiert, bemüht er sich in seinen späten Schriften gerade um die Konstitution des → Subjekts durch sich selbst. In der → Ethik des Selbst geht es um ein unabhängiges → Individuum, dem ein autonomes → Subjekt entsprechen könnte. Die uneinheitliche Verwendung von → Subjekt und → Individuum durch Foucault bleibt hier zu berücksichtigen (→ Subjekt, Subjekt versus Individuum).

Innerhalb des Werkes zeichnet sich mit dem Thema der Selbstsorge eine Umorientierung ab, die an die Stelle von Machtdispositiven im Rahmen der → Genealogie die Technologien des Selbst treten lässt und das autonome → Subjekt somit in das Zentrum der Untersuchung stellt. Erste Hinweise für diese Umorientierung finden sich in der Zusammenfassung einer Vorlesung des Jahres 1980, wobei es in erster Linie auf die Unterschiede zwischen der antiken Gewissensprüfung und der christlichen Seelenführung im 2. bis 5. Jahrhundert ankommt:

„Schematisch kann man sagen, dass in der klösterlichen Institution die Beziehung zum Lehrmeister die Form eines unbedingten und ständigen Gehorsams annimmt, der sich auf alle Aspekte des Lebens bezieht und dem Novizen keinerlei Spielraum für Eigeninitiative lässt; [...] Die Gewissensprüfung unterscheidet sich auch sehr von derjenigen [Selbstprüfung, M.R.], die in den philosophischen Schulen der Antike empfohlen wurde.“ (DeE IV, Nr. 289, „Von der Regierung der Lebenden“, S. 157)

1982 kann Foucault im Rahmen seines Projekts einer Geschichte der Subjektivität dann eine Abgrenzung unterschiedlicher Technologien vornehmen, die in einem Rückblick die Thematik der Sorge um sich selbst klarer hervortreten lässt. Die Technologien stellen den Hintergrund einer Geschichte der Humanwissenschaften (Ökonomie, Biologie, Psychiatrie, Medizin, Strafrecht) dar, in deren Verlauf die humane Selbstbestimmung ausgearbeitet wird. Zu unterscheiden sind vier Technologien: Erstens die Technologien der Produktion, die mit der Herstellung oder Bearbeitung materieller Güter einer Entwicklung unterliegen. Zweitens die Technologien von Zeichensystemen, die sinnhafte Verknüpfungen und Kommunikationen gewährleisten. Drittens die Technologien der → Macht (→ Pastoralmacht; → Panoptismus). Viertens die „Technologien des Selbst, die es dem Einzelnen ermöglichen, aus eigener Kraft oder mit Hilfe anderer eine Reihe von Operationen an seinem Körper oder seiner Seele, seinem Denken, seinem Verhalten und seiner Existenzweise vorzunehmen, mit dem Ziel, sich so zu verändern, dass er einen gewissen Zustand des Glücks, der Reinheit, der Weisheit, der Vollkommenheit oder der Unsterblichkeit erlangt.“ (DeE IV, Nr. 363, „Technologien des Selbst“, S. 968)

Die Technologien des Selbst, die dem → Individuum eine autonome Selbstsorge ermöglichen sollen, untersucht Foucault in der Antike. Im Wesentlichen war das → Subjekt der → Macht unterdrückt, oder durch die humanwissenschaftlichen Diskurse in der Neuzeit zwischen dem 16. und 19. Jahrhundert konstituiert worden. Der Einbezug der Technologien des Selbst erzwingt eine grundlegende Umorientierung, die dem erweiterten Projekt eine Geschichte der Subjektivität entspricht. Innerhalb dieses Gesamtprojekts gewinnt das → Subjekt als → Individuum eine neue Bedeutung. Es erweist sich nicht länger als automatisches Korrelat einer Machtfunktion, womit die → Macht in einem Interview des Jahres 1982 zu Gunsten der Geschichte der Subjektivität relativiert wird.

„Zunächst möchte ich sagen, welches Ziel ich in den letzten zwanzig Jahren in meiner Arbeit verfolgt habe. Es ging mir nicht darum, Machtphänomene zu analysieren oder die Grundlagen für solch eine Analyse zu schaffen. Vielmehr habe ich mich um eine Geschichte der verschiedenen Formen der Subjektivierung des Menschen in unserer Kultur bemüht." (DeE IV, Nr. 306, „Subjekt und Macht", S. 269)

Am Ende seiner Vorlesung über die *Hermeneutik des Subjekts* skizziert Foucault einen geschichtlichen Abriss der Technologien des Selbst im Abendland. Im Wesentlichen geht es um die Techniken der Reflexivität in der Form des Gedächtnisses im Platonismus, der Form der Meditation im Stoizismus und eine methodische Form der Selbstreflexion des Denkens, die ab dem 16. und 17. Jahrhundert mit Descartes ihre Wirkungen entfaltet.

In der platonischen Reflexivitätsform erfüllt sich das Erkenntnisideal der Wahrheit durch eine Erinnerung, die für das → Individuum zugleich eine Befreiung und eine Rückkehr zu einem ursprünglicheren Sein beinhaltet.

Im Stoizismus bedeutet die Meditation etwas ganz anderes, denn sie beinhaltet eine Prüfung des Denkens des → Individuums in dessen diesseitiger Welt, die regelmäßig auch Handlungen einbezieht. Denken und Handeln verbinden sich so zu einem ethischen Wahrheitssubjekt, das sich durch die Reflexionsform der Meditation selbst verändert und letztlich den Anlass zur Begründung einer → Ethik des Selbst gibt.

Die methodische Form der Reflexion des Denkens auf sich selbst, orientiert sich an dem Gewissheitsgrad, der sich für die → Wahrheit erreichen lässt. Am Ende steht bei Descartes die objektive Erkenntnis als Methode.

„Diese drei Formen (Gedächtnis, Meditation, Methode) sind es, wie ich meine, die im Abendland nacheinander die philosophische Praxis und Ausübung oder, wenn sie so wollen, die Ausübung des Lebens als Philosophie dominiert haben. Ganz allgemein könnte man vielleicht sagen, daß das gesamte antike Denken eine allmähliche Verschiebung von der Erinnerung zur Meditation mit Augustinus als Endpunkt war. [...]

Und vom Mittelalter bis zum Beginn der Neuzeit, d.h. im 16. und 17. Jahrhundert, so können wir sagen, wurde eine andere Strecke zurückgelegt: von der Meditation zur Methode – mit dem grundlegenden Text von Descartes, der in seinen *Meditationen* den Grundstein zu dem gelegt hat, was eine Methode ist.“ (HS, S. 561)

Die genannten Unterschiede betreffen nicht nur die Techniken oder Verfahrensweisen, sondern sie setzen ein jeweils gewandeltes → Subjekt voraus, da jede Form mit einer besonderen Reflexion arbeitet. Die Technologien des Selbst verbinden die alte Grundformel des „Erkenne dich selbst“ mit unterschiedlichsten Praktiken, die der Geschichte der Subjektivität eine höchst spannungsreiche Wandlungsfähigkeit bescheinigen.

Technologien des Selbst in der Antike

Foucault beginnt mit der Darlegung der Technologien des Selbst anhand des platonischen Dialogs *Alkibiades,* wobei der junge Protagonist, sein Interesse an einem politischen Amt in der *polis* bekundet. Leider hat Alkibiades bis zu diesem Zeitpunkt seine Bildung vernachlässigt, und genau dies macht ihm der in ihn verliebte Sokrates nun schonungslos klar. Die Empfehlung des Älteren an den Jüngeren lautet darauf, dass er in Zukunft besondere Sorgfalt auf sich verwenden solle. Er müsse sich um sich selbst kümmern, auf sich achten, Sorge für sich tragen, damit er dem von ihm angestrebten politischen Amt auch gewachsen sei.

Die von Sokrates so dringend empfohlene Sorge um sich selbst, die *epimeleia heautou,* wirft die Frage nach dem Selbst auf, um das sich Alkibiades kümmern soll. Dieses Selbst ist die Seele, die sich im Rahmen der Selbstsorge selbst erkennen soll. Sich selbst anzuschauen ist aber nur in einem gleichen Element möglich. Wenn Alkibiades also Wissen und Erkenntnis von sich selbst erhalten möchte, dann muss er sich bei diesem Akt der Selbsterkenntnis auf das Prinzip von Wissen und Erkennen stützen. Das fragliche Element, in dem sich diese Form der Selbsterkenntnis realisieren lässt, ist das göttliche Element. Die Hinwendung zu sich selbst, wie sie im Dialog Alkibiades vorgeführt wird, endet also mit dem Erinnerungsmodell der *epistrophe.* Die wiedergeborene Seele kann bei Platon durch einen Weltwechsel und durch eine Trennung vom Körper die schattenhafte Erkenntnis der diesseitigen Welt verlassen und zu den Höhen einer Erinnerung aufsteigen, die wirkliche Selbsterkenntnis beinhaltet.

Der Dialog *Alkibiades* dient Foucault zur Einführung in die antiken Technologien des Selbst, aber er erfüllt auch die Funktion, auf eine Differenz aufmerksam zu machen. Die eigentlichen Technologien des Selbst, die in den ersten beiden Jahrhunderten der christlichen Zeitrechnung praktiziert werden, weisen nämlich deutliche Unterschiede gegenüber der *epistrophe* auf. Foucault umschreibt eine Technologie der hellenistisch-römischen Zeit als Konversion und Hinwendung zu sich selbst. Diese wichtigste Technologie des Selbst unterscheidet sich in mehrfacher Hinsicht von der *epistrophe.* Sie macht keine Loslösung vom Leib erforderlich und bedingt auch keinen Weltwechsel. Sie umfasst Techniken, die das → Wissen verändern, und eine Praxis, die unter der Bezeichnung der *askēsis* erscheinen.

„Während aber die platonische *epistrophe* in der Bewegung bestand, die uns von dieser zur anderen Welt – von der Welt unten zur Welt oben – führen konnte, veranlaßt uns die Konversion, von der jetzt in der hellenistischen und römischen Selbstkultur die Rede ist, uns von dem, was nicht in unserer Macht steht, zu dem, was in unserer Macht steht, hinzubewegen. [...] Nicht in der Loslösung vom Leib, sondern eher in der Angleichung an sich selbst vollzieht sich die Konversion; das ist der zweite bedeutende Unterschied zur platonischen *epistrophe.* Der dritte bedeutende Unterschied besteht darin, daß die Erkenntnis zwar mit Sicherheit eine wichtige Rolle spielt, jedoch nicht eine so entscheidende und grundlegende wie in der platonischen *epistrophe*. In der platonischen *epistrophe* ist das Erkennen, das Erkennen in der Form der Wiedererinnerung, das wesentliche und grundlegende Element der Konversion. Jetzt hingegen, im [*se*] *convertere ad se* bilden die Übung, die Praxis, das Einüben, die *askēsis*, das wesentliche Element, und nicht die Erkenntnis." (HS, S. 265)

Die Konversion im Wissen

Die Stoa bringt neue Selbsttechniken hervor, wobei der größte Unterschied zur klassischen Epoche der Antike in der Verallgemeinerung der zugehörigen Ethik besteht. Die Ethik lässt sich in dieser Form auf alle sozialen Schichten anwenden. Der platonische *Alkibiades* zielt noch auf eine kleine Elite ab, während die Stoiker eine moralisch geregelte Verhaltensweise als Pflicht jedes Vernunftwesens darstellen.

Die neuen Selbsttechniken verschieben die Gewichtung von der „Sorge um sich selbst" auf das „Erkenne dich selbst", da nun verstärkt Wert auf eine Selbstreinigung gelegt wird, die sich auf den ersten Blick immer mehr von der Politik entfernt. Der Neuplatonismus und die Stoa trennen zwischen den sich im *Alkibiades* wechselseitig bedingenden Ansprüchen von Selbstsorge und politischem Amt. Wenn den jungen Alkibiades bei Platon noch die Sorge um die Gerechtigkeit bewegt, dann geht es sowohl um die Seele als auch um die *polis.* Nur wer sich um die Ordnung seiner Seele sorgt, der kann auch für die Ordnung in der *polis* Sorge tragen. Das Selbst Platons befindet sich in einem unauflösbaren Zusammenhang mit der *polis*, während in der Spätantike das Selbst als sein eigener Zweck an Bedeutung gewinnt und in dieser Tendenz eine *téchne tû bíu*, eine Lebenskunst entwickelt. Die primäre Fragestellung gilt hier der Verbindung von Ich und Wahrheit. In der Stoa mündet die Sorge um das Selbst zuletzt in die reine Beschäftigung mit sich selbst ein, denn das Ideal der Ataraxie drückt letztlich nur die völlige Gleichgültigkeit gegenüber allen äußeren Einflüssen aus und beschreibt die Beschäftigung mit dem Ich, die das Selbst von der *polis* trennt. Trotz dieser Individualisierung der Sorge um sich selbst handelt es sich nicht um selbstgrüblerische Alterserscheinungen in vermögenden Schichten. Vielmehr nimmt die Sorge um sich selbst die Form eines „Seelendienstes" (SW III, S. 74) an, der sich als soziales Tauschsystem etabliert und daher die Bezeichnung einer gesellschaftlich ausgeübten Praxis rechtfertigt.

Wie weit sich die hellenistisch-römische Konversion von den Maßnahmen eines christlichen Selbstverzichts entfernt, das belegen zwei Technologien des Selbst, wie sie von den Kynikern und den Epikureern propagiert werden (vgl. HS, S. 288ff).

Bei dem Kyniker Demetrius findet sich, zitiert durch Seneca, eine Passage in der die Frage nach dem nützlichen → Wissen gestellt wird. Das nützliche → Wissen zeichnet sich nach Demetrius vor allem durch seine Wirkung auf das *ethos* des → Individuums aus, wobei es dessen Seinsweise verändert.

Die *physiologia* Epikurs betrifft die Erkenntnis der Natur, insofern sie eine direkte Bedeutung für die Selbstpraxis besitzt. Ihre Aufgabe besteht in der Stabilisierung der Seele, die dadurch ihre Furcht vor den Göttern verliert und die Menschen zu *autarkeis* macht. Diese Menschen sind nur von sich selbst abhängig, und auf dem Weg zur *autarkeia* nützt ihnen die Kenntnis der *physis* viel. Der selbstbewusste Mensch des Epikur schließt sich also nicht gegen die Welt ab, sondern er gewinnt seine Selbstpraxis durch die Kenntnis der Natur (vgl. HS, S. 301).

Seneca und Marc Aurel bilden hinsichtlich der Technologie des Selbst eine Art Gegensatz, denn Seneca versteht unter der geistigen Übung der Selbstschau die Einnahme eines übergeordneten Standpunktes, von dem aus das → Individuum in einer Art Vogelperspektive seine eigene Lage in der Welt einzuordnen vermag (vgl. HS, S. 352). Marc Aurel lässt das → Individuum ebenfalls aus sich heraustreten, aber das Ziel besteht in der Gewinnung eines Standpunktes, der den wahren Kern der Dinge sichtbar macht. Das Verfahren relativiert zuletzt nicht nur die Dinge, sondern es lässt sich auf das ganze Leben übertragen. Es kommt in jedem Einzelfall entschieden auf die eingenommene Perspektive an, wie die folgenden Beispiele beweisen: Man kann den Geschlechtsakt als Nervenreiben mit Krämpfen interpretieren, oder eine pragmatische Sichtweise einnehmen, die das Purpurgewand als mit Muschelblut gefärbte Schafswolle erweist (vgl. HS, S. 375).

Obwohl beide Autoren unterschiedliche Standpunkte für das → Individuum vorschlagen, lassen sich diese Technologien des Selbst allgemein in vier Schritten darstellen. Der erste Schritt besteht in einer Art virtueller Ortsveränderung des → Individuums, das sich auf den Gipfel der Welt begibt (Seneca) oder zu dem Kern der Dinge durchdringt (Marc Aurel) und dabei aus sich heraustritt, um sich selbst in den Blick nehmen zu können. Der Blick auf sich selbst erfolgt jedoch niemals in direkter Form, sondern er nimmt den Umweg über den Gesamtzusammenhang des *kosmos* und der dort anzutreffenden Dinge.

Der ungewöhnliche Standpunkt erlaubt es dem → Individuum, die Dinge in ihrer Wertigkeit und in ihrem Rang in der Welt neu einzuordnen. Grundsätzliches Ziel ist dabei nicht die Erkenntnis der Dinge durch das → Subjekt, wie sie die neuzeitliche Wissenschaft entwickelt hat, sondern der Wert ergibt sich hier aus den Beziehungen der Dinge zu einem freien → Individuum.

Im dritten Schritt findet eine neue Selbstpositionierung statt, die die veränderte Wertigkeit für das → Individuum nutzt. Aus der Vogelperspektive Senecas oder durch die Wahrheit der Dinge bei Marc Aurel ergeben sich veränderte Verhältnisse und Relationen des → Individuums, die sich erst im Rahmen der vorausgesetzten → Freiheit wahrnehmen lassen. Ein unfreies → Individuum hätte nicht die Wahlmöglichkeit, und damit wäre das gesamte Unternehmen einer Vervollkommnung seiner selbst letztlich unmöglich geworden.

Im letzten Schritt stößt das → Individuum dann, was im Zusammenhang der Stoa wenig überrascht, auf die Vollkommenheit oder das Glück seiner Seinsweise. Die stoische Glücksfindung arbeitet mit einer Technologie, die eine besondere Art des → Wissens voraussetzt. Die Unterscheidung von geistigem → Wissen und Erkenntniswissen spielt also eine kaum zu überschätzende Rolle, zumal das geistige → Wissen nicht etwa durch kontemplative Einkehr zustande kommt, sondern im Gegenteil die Beziehungen des → Individuums zu seiner Welt fördert, und daher keinesfalls die Erkenntnis der Dinge behindert. Das geistige → Wissen benutzt seine Erkenntnisse nur in einer ganz anderen Form, denn an die Stelle der neuzeitlichen Anwendung setzt es die Wirkung der Dinge auf sich selbst. Die hellenistische Epoche stellt dabei niemals die Frage nach dem → Individuum als Ziel einer objektivierbaren Erkenntnis, sondern begnügt sich mit den Beziehungen dieses → Individuums zu den objektivierbaren Dingen.

„Schematisierend könnte man sagen: da wo wir Modernen die Frage hören: ‚Ist die Objektivierung des Subjekts in einem Wissensfeld möglich oder nicht?‘, da hörten die Alten der griechischen, hellenistischen und römischen Epoche: ‚Konstituierung eines Wissens von der Welt als geistige Subjekterfahrung‘. Und da wo wir Modernen hören: ‚Unterwerfung [*assujettissement*] des Subjekts unter eine Gesetzesordnung‘, da hörten die Griechen und Römer: ‚Konstituierung des Subjekts als dessen Ziel und Zweck durch und über die Einübung der Wahrheit.‘“ (HS, S. 391)

Anmerkung: In dem Zusammenhang der Selbstkonstitution innerhalb der → Ethik des Selbst wäre der Hinweis auf ein unabhängiges Subjekt oder ein autarkes Individuum angebracht gewesen, da die Begriffe des → Subjekts und des → Individuums bereits durch die Abhängigkeit von → Macht und → Wissen mit einer bestimmten Bedeutung belegt sind (→ Aussage, → Autor, → Subjekt, → Individuum). Foucault trifft diese notwendige Unterscheidung nur an einer einzigen Stelle, wenn er von zwei Bedeutungen des → Subjekts spricht (vgl. → Subjekt; Subjekt versus Individuum; Zitat: DeE IV, Nr. 306).

Die Konversion in der Praxis – *askēsis*

Die *askēsis* als Praxis der wichtigsten Technologie des Selbst im Abendland, der Konversion oder Umkehr, zielt auf die *paraskeue*. „Die *paraskeue* ist die Struktur, die die ständige Transformation der fest im Individuum verankerten wahren Reden in ethisch vertretbare Verhaltensgrundsätze gewährleistet. Oder auch, die *paraskeue* ist das Element, das die Transformation des *logos* in *ethos* bewirkt. Folglich kann die *askēsis* definiert werden als die Gesamtheit, die geregelte und berechnete Abfolge der Verfahren, mittels deren das Individuum diese *paraskeue* ausbilden, endgültig fixieren, periodisch aktivieren und, falls nötig, verstärken kann. Die *askēsis* gewährleistet ferner, dass Wahr-Sprechen – ans Subjekt gerichtetes Wahr-Sprechen, vom Subjekt auch an sich selbst gerichtetes Wahr-Sprechen – zu einer Seinsweise des Subjekts wird." (HS, S. 401)

Die *askēsis* als Selbstpraxis besteht zunächst in den Techniken des Zuhörens, des Lesens und Schreibens, des gesprochenen Wortes und in der Traumdeutung.

Die Technik des Zuhörens bedient sich nach Plutarch zwar des passivsten Sinnes, aber sie benutzt doch jene Sinnesleistung, die den *logos* am besten aufnehmen kann. Seneca begrüßt genau diese Passivität des Hörsinnes, denn die Philosophie kann nach seiner Ansicht auf diesem Weg wirken und die vorhandenen Keime der Seele (Tugendsamen) anregen. Für Epiktet stellt der Hörsinn auch eine Gefahr dar, weil die Passivität letztlich die wahre Rede bedrohen könnte. Der Erfolg des Zuhörens hängt also von einem angemessenen Sprechen ab, das die Schwächen des Zuhörens ausgleichen kann.

Die Hörpraxis bedient sich verschiedener Grundsätze. Die Ökonomie des Schweigens bezieht sich darauf, dass Gehörtes erst einer angemessenen geistigen Verarbeitung unterzogen werden soll. Der direkte Kommentar ist verpönt, und die völlige Regungslosigkeit während des Zuhörens demonstriert die wirkliche Konzentration. Das aktive Zuhören verarbeitet die Inhalte zuletzt philosophisch, indem es das Gehörte auf seine möglichen Beiträge zur *paraskeue* prüft.

Für die Technik des Lesens stellt die *meditatio* statt einer Textexegese das eigentliche Ziel dar. Es handelt sich nicht um die Aneignung der Werke eines Autors oder um die begründete Wiedergabe von dessen Meinung. „Bei der meditatio geht es darum, sich [einen Gedanken] so anzueignen, sich von ihm zutiefst überzeugen zu lassen, so daß man ihn zum einen für wahr hält und zum anderen ununterbrochen wiederholen kann, sobald es notwendig ist oder sich die Gelegenheit dazu bietet. Es geht folglich darum, diese Wahrheit so einzuprägen, daß man sich sobald man sie braucht, an sie erinnert, daß man sie [...] griffbereit hat und infolgedessen aus ihr unmittelbar einen Handlungsgrundsatz machen kann." (HS, S. 435) Das Lesen verfolgt also letztlich das Ziel, eine Art Netz an wahren Reden so aufzuspannen, dass es jederzeit in Handlungsanweisungen verwandelbar ist.

Die Lesetechnik lässt sich verschiedentlich durch das Schreiben ergänzen, das zunächst der Fixierung der wahren Rede dient, und darüber hinaus bei der notwendigen Verinnerlichung hilft. Diese *hypomnêmata,* die schriftlichen Gedächtnisstützen, können als Schriftstücke in einem Briefwechsel noch eine therapeutische Funktion erfüllen. Der Briefeschreiber übernimmt die Rolle des Seelenführers und trainiert damit zugleich seine Selbstkontrolle, denn die ständige Korrespondenz zwingt ihn zu einer ununterbrochenen → Übung seiner selbst. Neben dem Lesen und dem Schreiben verfügt die Palette der Selbsttechniken der *askēsis* auch über die Technik des Aussprechens, die als freimütige Rede, die sogenannte *parrhesia*, eine Sprachregelung im Verhältnis von Lehrer und Schüler vorsieht. Der Lehrer tritt dabei als Seelenführer auf und soll den Schüler zur eigenständigen freien Rede befähigen, die es ihm erlaubt, ein angemessenes Verhältnis zu sich selbst einzunehmen

Parrhesia

„Die *parrhesia* ist [...] jene wesentliche Form der Rede des Seelenführers: es ist das freie offene Wort, befreit von den rhetorischen Verfahren, das sich allerdings an die Situation, die Umstände und die Besonderheiten des Zuhörers anpassen muß; vor allem aber und grundsätzlich ist es eine Rede, die seitens des Sprechenden einem Engagement gleichkommt, einer Bindung, einer Art Pakt zwischen Aussagesubjekt und Verhaltenssubjekt. Das sprechende Subjekt verpflichtet sich. In dem Augenblick, wo es sagt ‚ich sage die Wahrheit', verpflichtet es sich zu tun, was es sagt, und Subjekt eines Verhaltens zu sein, das Punkt für Punkt der Wahrheit folgt, die es ausgesprochen hat." (HS, S. 495)

Die *parrhesia*, als freimütige Rede umschrieben, besteht aus Regeln, die der Lehrer bei der Unterweisung des Schülers beachten soll. Die Wortwahl dient der direkten Einwirkung auf die Seele. Dabei handelt es sich keinesfalls um eine Kunst oder Rhetorik, denn es darf als besonderes Kennzeichen der *parrhesia* gelten, dass hier auf jedes pathetische Element unbedingt zu verzichten ist. Das Ziel dieser Rede besteht nicht im Überzeugen des Schülers, sondern in der Erzeugung einer Fähigkeit. Die anzuwendenden Formulierungsregeln vermeiden jede Schmeichelei, die den angesprochenen Zögling in seiner Entwicklung durch die Vorspiegelung falscher Tatsachen irreführen und letztlich von dem Erreichen seiner eigenen Souveränität abhalten könnten (vgl. HS, S. 453f).

Seneca betont die Bedeutung der Auswahl des richtigen Momentes, des günstigen Zeitpunktes, an dem der Lehrer dem Schüler die Wahrheit in effektiver Form nahe bringen kann. Will man den Schüler in die Lage versetzen, ein angemessenes Verhältnis zu sich selbst zu entwickeln, so darf der Lehrer, wie Quintillian bemerkt, seinen Zögling weder durch Strenge unterdrücken, noch durch übertriebene Nachsicht verhätscheln. Alle Fragen sind grundsätzlich in freundlicher Form zu beantworten, und in jedem Fall erweist sich der weitsichtige Ratschlag einer nachträglichen Bestrafung als überlegen (vgl. HS, S. 469).

Im 25. Fragment des Philodemos findet Foucault eine wichtige Regel der *parrhesia*, welche die Förderung der Schüler betrifft. Demnach soll der Lehrer die Schüler durch die Art seiner Rede zu eigenen Stellungnahmen im Rahmen einer von ihnen selbst vertretenen und vorgetragenen freien Rede anregen. In epikureischen Kreisen war diese von den Schülern geforderte Autonomie keineswegs selten (vgl. HS, S. 475).

Im ausgehenden 2. Jahrhundert vertritt Galen eine Auffassung von *parrhesia*, die mit der Behandlung von Leidenschaften zusammenhängt. Die Selbstliebe jedes Menschen verhindert den illusionslosen Blick auf sich selbst, und er muss sich der Hilfe eines Anderen für die notwendigen Selbstkorrekturen versichern. Die Auswahl der betreffenden Person verlangt einige Sorgfalt, denn ein unterwürfiger Mensch oder eine herrschsüchtige Natur kann die geforderte Funktion unmöglich erfüllen. Ein wichtiges Argument für den zukünftigen Seelenführer besteht in dessen Distanz. Es darf kein Liebender und kein Freund sein, denn nur ein Außenstehender vermag die gebotene Neutralität und die unnachsichtige Härte aufzubringen, die bei der Seelenleitung gefordert ist (vgl. HS, S. 487).

Seneca formuliert für die *parrhesia* ein wichtiges Verhaltenskriterium, das der Seelenführer oder Lehrer erfüllen muss. Was er sagt, muss auch mit seinem Verhalten übereinstimmen, denn andernfalls wird die ausgesprochene Wahrheit durch das abweichende Beispiel des Lehrenden selbst außer Kraft gesetzt. Mehr noch: die gesamte Lebensführung des Seelenführers soll den vertretenen Wahrheiten entsprechen (vgl. HS, S. 494).

Traumdeutung

Die Technologie der Traumdeutung behandelt Foucault in *Die Sorge um sich* (SW III, S. 10ff), wobei er das Beispiel des Traumbuches von Artemidor aus dem 2. Jahrhundert n.Chr. wählt. Die Analyse des Traumes erfolgt aus Motiven der Lebenspraktik heraus, die sich mit den Sorgen des Alltags decken. Es geht um die Zukunft der Kinder, die Gesundheit, die Geschäfte, die Familie, das Vermögen und die Liebe. Artemidor unterscheidet zwei Traumtypen. Erstens die Träume, *enhypnia*, die bestimmten seelischen und körperlichen Zuständen entsprechen. Beispielsweise kann der Hunger im Traum zu der Vorstellung eines reich gedeckten Tisches Anlass geben. Im zweiten Traumtyp, den Traumgesichten oder *oneiroi*, offenbart ein sagendes Sein, was sich in nächster Zukunft ereignet.

Für die Praxis der Traumdeutung ergibt sich zunächst das Problem, dass ein Bild im Traum für die zwei genannten Traumtypen stehen kann. Der Traumdeuter muss für seine Entscheidung, ob es sich um einen Zustandstraum oder einen Ereignistraum handelt, auch den Träumer einbeziehen. Tugendhafte Seelen können nämlich ihr Begehren, ihre Furcht und ihre körperlichen Bedürfnisse derart beherrschen, dass es zu keinen Zustandsträumen (*enhypnia*) kommen kann. Der affektfreie Stoiker erlebt keine Zustandsträume. Tritt ein Zustandstraum auf, so kommt es wiederum darauf an, ob der Träumer Erfahrung in der Traumdeutung besitzt. Den erfahrenen Traumdeuter überlistet seine Seele, indem sie ihm nicht direkt das Objekt seines Begehrens vorführt, sondern ein indirektes Bild mit hinweisendem Charakter.

Die Traumgesichte lassen sich in die theorematischen und die allegorischen einteilen. Die theorematischen Ereignisträume machen keinerlei Schwierigkeiten in der Praxis, denn hier liegt eine so unmissverständliche Aussage zu der unmittelbar bevorstehenden Zukunft vor, dass die Überprüfung an der Wirklichkeit keine Probleme bereitet. Die allegorischen Träume stellen dagegen einige Anforderungen an die Traumdeutung und Traumkritik. Die Vorstellungsbilder verstecken etwas, und sie liefern nur indirekte oder höchst schematische Hinweise auf Ereignisse in der Zukunft. Die Technik der Traumkritik arbeitet in diesem Fall mit der Analogie.

„Die beiden großen Regeln der Traumkritik – nämlich dass das Traumgesicht ‚das Sein sagt' und dass es dies in Gestalt eines Gleichnisses tut – gelten hier in folgender Weise: der Traum sagt das Ereignis, sagt das gute oder mißliche Geschick, das Glück oder Unglück, das im Realen die Seinsweise des Subjekts kennzeichnen wird, und er sagt es durch eine Analogiebeziehung zur – guten oder schlechten, günstigen oder ungünstigen – Seinsweise des Subjekts als Handelnden auf der sexuellen Szene des Traums." (SW III, S. 26f)

Askese

Die *parrhesia* bildet mit ihren zahlreichen Spielarten den Kern der Technik des Aussprechens, die neben den Techniken des Lesens und Schreibens die *askēsis* bestimmt. Davon lässt sich die Askese der stoisch-kynischen Zeit unterscheiden, denn hier tritt eine Verschiebung der Erkenntnis seiner selbst ein. Die platonische Linie der Selbsterkenntnis als göttliches Element, die der *askēsis* eine verbindliche Richtung vorschreibt, verliert sich in einem ganz anderen Erkenntnistyp, der durch die Techniken der Enthaltsamkeitsübungen, der Meditation, der Meditation des Todes, der Meditation des zukünftigen Unheils oder der Gewissensprüfung gekennzeichnet ist (vgl. HS, S. 507). Alle diese philosophischen → Übungen unterliegen bei ihrer Durchführung keinem strengen Reglement. Die freie Wahl dient der Vervollkommnung des Lebens im Sinne der *téchne tû bíu*, der Lebenskunst, bei der sich nur ein freies → Individuum verwirklichen kann. Die → Übungen der Askese fallen unter das Regime eines Lebensstils, der in einem schönen Werk des eigenen Lebens gipfelt und dem jedes Exerzierreglement völlig zuwiderlaufen würde.

„Ich meine, daß man die philosophische Askese als eine bestimmte Weise verstehen muß, in der sich das Subjekt wahrer Erkenntnis als das Subjekt rechten Handelns konstituiert. Und indem man sich zugleich als Subjekt wahrer Erkenntnis und als Subjekt rechten Handelns konstituiert, siedelt man sich in einer Welt an und gibt man sich selbst eine Welt als Korrelat, die als Prüfung wahrgenommen, anerkannt und gehandhabt wird." (HS, S. 592)

Die Hauptmerkmale der Askese lassen sich durch zwei Technikfamilien erfassen: *meletan* und *gymnazein*. *Meletan* betrifft die Arbeit des Denkens an sich selbst und besteht in einer Überwachung der Vorstellungen bei der Prüfung der → Wahrheit durch Meditation. *Gymnazein* trainiert eine Art Befindlichkeit durch die eigene körperliche Wirklichkeit ein, bei der eine bestimmte Situation entweder künstlich herbeigeführt oder real vorgefunden wird.

Zu den Techniken des *gymnazein* zählen die Gymnastik und alle Enthaltsamkeitsübungen (HS, S. 516ff). Es geht um das Ertragen von Hitze, Schlafentzug, Hunger, Durst und Kälte. Seneca fordert, für einige Tage einfache Kleidung anzulegen und ein hartes Nachtlager zu wählen. Die Nähe zu den Selbstkasteiungen der Mönche im frühen Christentum drängt sich hier förmlich auf, aber sowohl Zielsetzung als auch Ausgangspunkt unterscheiden sich deutlich. Die Enthaltsamkeitsübungen im Rahmen der Lebenskunst zielen auf die innere → Freiheit von äußeren Umständen ab, indem dem Leben hier eine Gestalt verliehen wird, die letztlich die Einnahme eines korrigierenden Standpunktes erlaubt. Den Ausgangspunkt bildet dabei nicht ein Gesetz oder in eine zwingende Verpflichtung, von der das Seelenheil angesichts der drohenden Höllenfahrt abhängt, sondern die Enthaltsamkeitsübungen beruhen ganz auf Freiwilligkeit.

Als Techniken überschneiden sich die Selbstprüfungen mit den Enthaltsamkeitsübungen, aber sie tendieren mehr in die Richtung einer kritischen Selbstbefragung. Gemeint ist eine Art größerer Revision, die in kritischer Sicht Aufschluss über den gegenwärtigen eigenen Standort und über das bereits Erreichte gibt. Eine weitere Prüfungsform benutzt die Vorstellung möglicher Katastrophenszenarien, an denen sich der Grad der Selbstbeherrschung messen lässt. Weniger desaströs sind die Prüfungen durch Verlockungen, die aber eine ähnlich gefestigte innere Haltung erforderlich machen. So reicht das Spektrum möglicher Prüfungsszenarien von der Vorstellung vom Tod des eigenen Kindes bis zur Prüfung in der Gestalt eines hübschen Mädchens (HS, S. 523ff).

Die Prüfung im realen oder vorgestellten Einzelfall unterscheidet sich deutlich von einem zweiten Typ: dem Leben als Prüfung. Dabei erscheint das Leben als eine unausgesetzte Kette von Prüfungen, die aber, wie Epiktet ausführt, nicht nur negativ zu interpretieren sind. Tatsächlich gilt sogar das Gegenteil, denn das begegnende Übel verwandelt sich in ein ausgesprochenes Gut. Die Transformation vom Übel zum Gut gelingt durch das Leiden, welches das → Individuum als Prüfung erfährt.

Zu unterscheiden sind: die platonische *askēsis* mit der Selbsterkenntnis als göttliches Element, die Askese der stoisch-kynischen Zeit (s.o.) und die christliche Askese (s.u.).

Die Lebenskunst (*téchne tû bíu*) in der Sexualität – aphrodísia

Wenn Foucault das Thema → Sexualität im Zusammenhang mit seiner → Ethik des Selbst, nach *Der Wille zum Wissen* erneut aufgreift, so geschieht dies unter einem ganz anderen Blickwinkel, als ihn der erst gegen Ende des 19. Jahrhunderts aufgetauchte Begriff der → Sexualität nahe legt. Bei den *aphrodísia* handelt es sich auch um sexuelle Aktivitäten, „aber absolut nicht um eine dauerhaft im Individuum mit seinen Beziehungen und seinen Anforderungen wahrnehmbare Sexualität." (DeE IV, Nr. 349, „Interview mit Michel Foucault", S. 814) Der erweiterte Blick auf die → Sexualität beinhaltet drei Hauptachsen. Die Formation des Wissens, die Machtsysteme und jene „Formen, in denen sich die Individuen als Subjekte dieser Sexualität (an)erkennen können und müssen." (SW II, S. 10)

Die drei genannten Hauptachsen durchziehen das gesamte Werk Foucaults und machen damit auch deutlich, dass die → Sexualität in metatheoretischer Hinsicht ein bewegliches Element, ein Scharnier zwischen den einzelnen Hauptteilen bildet. Die Seite der Formation des Wissens betrifft die Arbeiten über die Medizin und die Psychiatrie (*Wahnsinn und Gesellschaft*, *Die Macht der Psychiatrie*, *Die Anormalen*). Die erste Scharnierfunktion der Sexualität zeigt sich in dem Zwang den sexuellen Körper als Konsequenz der Krise der Psychiatrie anzuerkennen (MP, S. 468). Auf der Basis der Begierde und der Lust des Körpers kann die Medizinisierung der Familie über die drohende Selbstbefriedigung der Kinder erfolgen (A, S. 300ff). Der Vorgang der Medizinisierung wiederholt sich auf der verallgemeinerten Ebene der Bevölkerung, unter erneuter Zentrierung auf die → Sexualität. Das Thema der → Sexualität und der → Macht verbindet sich in *Der Wille zum Wissen* zur → Bio-Macht (SW I, S. 167f). In der → Ethik des Selbst kann das Thema → Sexualität schließlich nur Behandlung finden, wenn ein neuer Kontext angegeben wird, der ihre Erwähnung in einer Geschichte der Subjektivität rechtfertigt. Gemäß der genealogischen Vorgehensweise muss in dem Projekt einer Geschichte der Subjektivität die → Sexualität als Variable in der Geschichte erscheinen und damit auch das Begehren und die Libido einer Veränderung unterliegen. Die Technologien des Selbst lassen sich in diesem Zusammenhang als Elemente der → Genealogie betrachten, die als Analyse der Praktiken zeigen, wie sich das abendländische Begehrenssubjekt entwickelt. Dies mündet in der Antike dann in die Untersuchung dreier Lebenskünste ein, die als Selbsttechniken mit dem sexuellen Verhalten in Verbindung stehen: Diätetik, Ökonomik und Erotik.

Für die detaillierte Darstellung der einzelnen Strategien und Technologien vergleiche: → Sexualität, besonders die Abschnitte: Sexualität und Ethik des Selbst bzw. die klassische Epoche der Antike, sowie Hellenismus und Kaiserzeit.

Die Transsubjektivierungstechnologien des Selbst im Christentum

Foucault entwirft keine differenzierte → Genealogie der Technologien des Selbst im Christentum. Innerhalb der Arbeiten zur → Ethik des Selbst dient ihm das Christentum vielmehr als Folie einer Geschichte, welche die Differenzen und die Veränderungen deutlich macht, die sich durch die Hinterfragung scheinbar selbstverständlicher christlicher Begriffe ergibt. Im Grunde verdecken Platonismus und Christentum, was die eigentliche → Ethik des Selbst charakterisiert. Es kommt im Verlauf der Untersuchungen zur → Ethik des Selbst also verstärkt darauf an, die Differenzen herauszuarbeiten.

Die Konversion zu sich selbst in der hellenistischen und römischen Kaiserzeit besaß ihre praktische Seite in der *askēsis*. Sie ist nicht mit der christlichen Askese zu verwechseln, wie sie sich unter der Bezeichnung der *metanoia* als monastische Praxis im 3. und 4. Jahrhundert entwickelt. Die *metanoia* schließt ähnlich wie die *epistrophe* einen fundamentalen Wechsel der Seinsweise ein (z.B. Leben/Tod,

Sterblichkeit/Unsterblichkeit, Macht/Licht, Dämonenreich/göttliches Reich) und verbindet dies mit einem → Ereignis, das nicht ohne fundamentale Wandlung im Subjekt selbst auftreten kann. Das Subjekt muss dafür Selbstverzicht (Mystik) und Selbstaufgabe leisten, da die Askese immer das Opfer verlangt. Wenn das Wahrsprechen der *askēsis* eine Seinsform des Subjekts bildet, dann setzt die Askese an dieser Stelle die Offenbarung und die heilige Schrift als Voraussetzungen ein (vgl. HS, S. 401). Im Christentum liegt eine Transsubjektivierung und keine Selbstsubjektivierung im engeren Sinne vor. Streng genommen bleibt die Bezeichnung der Technologien des Selbst also für die → Ethik des Selbst reserviert (vgl. HS, S. 316ff).

(Technologie(n) des Selbst, Selbsttechnologien, Selbsttechniken: **HS**, 70, 72–76, 93, 95f, 159, 216, 262f; **SW II**, S. 18f, 315;

Konversion: **HS**, S. 231, 256, 261–265, 267, 270f, 273, 404, 603;

Askese, *askēsis*, Asketik: **ÜuS**, S. 176, 179, 184, 209; **SW I**, S. 140, 147, 188; **VdG**, S. 20; **GG I**, S. 219, 278, 283, 296–302, 307, 311, 385; **HS**, S. 26, 28, 32f, 53, 123, 265f, 269, 311f, 320, 383, 387–390, 392–395, 397, 400f, 404–407, 413, 415, 429, 439, 447, 453, 502, 505–507, 509–514, 516, 518, 520f, 524, 532, 543, 555, 563, 571, 581, 590f, 600, 607; **SW II**, S. 16, 41–43, 51, 90, 96–99, 101–103, 121, 162, 272, 291, 308; **SW III**, S. 93f;

Parrhesia: **HS**, S. 178f, 203, 211, 216f, 288, 303, 433, 447–450, 453–455, 462f, 465–477, 482f, 486f, 489, 492–496, 505;

Aphrodisia: **A**, S. 248;**HS**, S. 16; **SW II**, S. 50–55, 57, 59f, 62–65, 67, 71, 73f, 76, 88, 90, 105, 121, 127, 131, 140, 143, 145, 148, 151f, 154, 162f, 175, 178, 273, 280, 289, 296, 304, 314, 316; **SW III**, S. 9, 41, 50, 55, 140, 142, 146f, 154, 162, 164, 167, 169, 172f, 176, 181–183, 188, 219, 222, 224f, 229, 233, 238, 240, 247, 254, 258, 263f, 268f, 272, 282, 291;

Lebenskunst (*téchne tû bíu*): **HS**, S. 164, 226f, 259, 322f, 359, 406, 515, 519, 532, 544–546, 591; **SW III**, S. 60, 62;

Traum: **WG**, S. 10, 14, 29, 37–39, 45, 49, 68f, 80, 94f, 162, 234, 240, 241, 243, 245f, 248f, 251, 267, 306, 323, 333, 355, 365, 440, 445, 447f, 453, 501, 515, 539, 544; **GK**, S. 8, 49, 51, 60, 66, 81, 129f; **PG**, S. 23, 33, 44, 79; **OdD**, S. 321, 361, 363, 390; **H**, S. 22, 31; **Arch**, S. 131, 151, 160; **MP**, S. 386, 409f; **A**, S. 68f, 140, 172, 206; **ÜuS**, S. 150, 218, 254f, 268, 288; **SW I**, S. 7, 30, 76, 164, 167, 172, 174, 177; **VdG**, S. 131, 141, 247, 251f; **GG I**, S. 376, 430, 489; **GG II**, S. 101, 347, 438; **HS**, S. 66, 72, 585; **SW II**, S. 10, 99, 164; **SW III**, S. 11–14, 16–22, 24–34, 36, 38–41, 43, 44–47, 49f, 179f)

Theorie:

Die Theorie Foucaults stellt kein geschlossenes Ganzes mit einer bestimmten Methodik und einem unerschütterlichen logischen Fundament dar, sondern sie muss als Werkzeugkiste betrachtet werden. Der Werkzeugcharakter der Theorie vermeidet die Systembildung und unterstreicht, dass ein Werkzeug immer an die spezifischen Gegebenheiten mit einer ebenso spezifischen Logik angepasst sein muss. Die Herausforderung für die regelmäßig neu anzupassende und adäquat zu entwickelnde Theorie zeigt sich darin, dass auf jede gegebene Situation einzugehen ist (vgl. DeE III, Nr. 218, „Mächte und Strategien", S. 550).

In einer Werkzeugkiste befinden sich spezielle Instrumente, die alle einem bestimmten Zweck dienen. Die Theorie als Sammlung von Werkzeugen verbindet also unterschiedliche Praxen, in denen diese Spezialwerkzeuge zur Anwendung kommen. Die Betonung liegt hier auf Anwendung und Funktion. Das unterscheidet den Werkzeugkasten deutlich von einem abstrakten System. Das → System hat gegenüber einer Sammlung von anwendbaren Werkzeugen eine erweiterte Eigendynamik, denn es entwickelt immer eine totalisierende Sichtweise des Ganzen. Unter diesem Gesichtspunkt verwandelt sich die Theorie als Werkzeugkasten sogar in das Gegenteil einer Theorie mit Systemcharakter, weil sie die Form der Praxis annimmt. Die werkzeughafte Theorie verbindet die Vielzahl anzuwendender Werkzeuge aus unterschiedlichen Praxen. Im Fall der Anwendung wird sie selbst zu einer Art lokaler oder regionaler Praxis, während ein System notgedrungen seine eigene Sichtweise entwickelt (DeE II, Nr. 106, „Die Intellektuellen und die Macht", S. 384).

Innerhalb der foucaultschen Philosophie zeichnet sich ein neues Theorie-Praxis Verhältnis ab. Die Theorie gibt nicht mehr vor, was die Praxis zu sein hat. Sie legt jeden Anspruch auf Universalität ab und beschränkt sich auf einen begrenzten Bereich. Der Universalgelehrte und der Intellektuelle verlieren den Vertretungsanspruch auf das Ganze, wobei die Theorie bei Foucault nurmehr für die Unrepräsentierbarkeit des Ganzen steht. Als leitende Instanz verbindet die Praxis die theoretischen Ansätze so, dass sie Werkzeuganwendungen mit lokaler Beschränkung darstellen.

Dem entspricht auch die foucaultsche Selbsteinschätzung als Experimentator, die sich letztlich mit der Vorstellung einer ständigen Weiterentwicklung verbindet: „Ich bin ein Experimentator und kein Theoretiker. Als Theoretiker bezeichne ich jemanden, der ein allgemeines System errichtet, sei es ein deduktives oder ein analytisches, und es immer in der gleichen Weise auf unterschiedliche Bereiche anwendet. Das ist nicht mein Fall. Ich bin ein Experimentator in dem Sinne, dass ich schreibe, um mich selbst zu verändern und nicht mehr dasselbe zu denken wie zuvor." (DeE IV, Nr.281, „Gespräch mit Ducio Trombadori", S. 52)

(**WG**, S. 49, 123, 167, 186, 196, 200, 210, 216, 255, 271, 295, 299, 308, 405f, 430, 470, 535, 548; **GK**, S. 9, 12, 17, 19f, 61, 64, 67–69, 71, 79, 94, 103f, 112, 119, 121f, 130, 134, 150f, 167, 190, 199, 206; **PD**, S. 52; **OdD**, S. 11–15, 22–26, 77, 84, 91, 98, 100f, 107, 112f, 122, 131, 141, 149, 151, 158f, 168, 178, 189,203, 209, 211–215, 231, 238f, 247, 253–255, 257, 281, 287, 312, 320, 335, 341, 359, 385–387, 390, 396, 404–408, 414, 450f; **Arch**, S. 12f, 22f, 28, 34, 40f, 56, 58, 70f, 90, 94, 97f, 101, 117, 155, 157, 166f, 193, 203, 218, 224, 226–231, 239, 245, 250, 255f, 258, 267, 270, 276f, 292, 294–296; **MP**, S. 30, 62, 85, 92f, 210, 224f, 239, 259f, 304, 318, 490; **A**, S. 17, 31, 70, 76, 90, 97f, 121, 123, 140f, 155, 189, 198f, 203, 205, 211, 244, 350,

357, 362, 369, 378f, 413, 415, 420, 427, 428; **ÜuS**, S. 14, 41, 51, 103, 113, 121, 124, 127, 130f, 156, 168, 174, 202, 249, 255, 267, 301, 320, 366, 373; **GG I**, S. 14f, 58, 117, 154, 261, 294, 394, 414, 418, 420, 425, 450, 501, 506; **SW I**, S. 35, 101f, 108, 110, 112, 123, 132, 142f, 154f, 157, 167, 184; **VdG**, S. 16, 19, 20, 23, 26, 30, 33, 36f, 40, 50–53, 56, 58–60, 67f, 79f, 118, 120, 123f, 131, 152, 208, 255, 279, 283f, 285, 297, 319; **GG II**, S. 22, 52, 55, 58, 114, 133, 139, 148, 171, 173, 185, 234, 236, 238f, 252, 309, 314, 351, 371, 373, 379, 392, 427, 441; **HS**, S. 70, 79, 103, 203, 229, 342, 468, 488, 542, 544; **SW II**, S. 11, 93, 123, 239, 299; **SW III**, S. 146, 250, 255, 259, 262, 264, 293)

Transformation:

Die Transformation stellt das Ergebnis der → Diskontinuität oder des → Bruches in der Geschichte dar. Wenn Foucault in *Die Ordnung der Dinge* für eine diskontinuierliche Geschichte plädiert, so will er das Auftauchen neuer oder stark gewandelter Objekte erfassen. Die → Diskontinuität und der radikalere → Bruch sind Verlaufsformen für einschneidende Veränderungen im → Wissen oder den Wissenschaften. Ihre Beschreibung folgt einer Methode, bei der die Transformation im Verlauf dieser Veränderung erfasst wird. Die notwendige Voraussetzung für dieses Vorgehen sieht Foucault in der reinen Beschreibung, womit er sich gegen einen bestimmten Umgang mit dem Thema Veränderung in der Geschichtsschreibung wendet. Er will unterschiedliche Transformationstypen einführen, was den Verzicht auf bestimmte Vorgehensweisen erfordert: Es gilt alle diffusen Varianten der Glättung von Veränderungen zu vermeiden, wie sie „Tradition, Einfluss, Denkgewohnheiten, große mentale Formen, Zwänge des menschlichen Geistes" darstellen, „und im Gegenteil hartnäckig die ganze Heftigkeit der Differenz hervortreten lassen: akkurat den Unterschied feststellen. Ferner alle psychologischen Erklärungen der Veränderung in Klammern setzen (das Genie der großen Erfinder, die Krisen des Bewußtseins, das Auftreten einer neuen Form des Geistes); und mit der allergrößten Sorgfalt die Transformationen zu definieren, die die Veränderung: ich sage nicht provoziert, sondern *konstituiert* haben. Mit einem Wort, das Thema des *Werdens* (allgemeine Form, abstraktes Element, erste Ursache und universeller Effekt, konfuse Vermischung des Identischen und des Neuen) durch die Analyse der Spezifität der *Transformationen* zu ersetzen." (DeE I, Nr.58, „Antwort auf eine Frage", S. 864)

Die Berücksichtigung von Transformationen bedeutet nicht, dass Foucault für eine Geschichte unaufgelöster Veränderungen plädieren würde. Die Feststellung einer Transformation schließt, unabhängig davon ob die Verlaufsform des → Bruches oder der → Diskontinuität vorliegt, immer den Versuch einer Klärung von plötzlichen Veränderungen ein. Die konsequente Berücksichtigung von Transformationen hebt vielmehr diejenigen Orte in der Geschichte hervor, die ein besonderes Interesse verdienen. Dies lässt sich an einem Beispiel demonstrieren, bei dem Foucault die epistemologische Schwelle in der Naturgeschichte und ihre Transformation durch Cuvier beschreibt (OdD, S. 322ff).

Die epistemologische Schwelle legt in der Naturgeschichte vor Cuvier fest, was als Gegenstand einer wissenschaftlichen Behauptung gelten kann. Die fragliche Schwelle liegt in der klassischen Taxinomie zwischen Einzelwesen und Art. Das Einzelwesen besitzt vor Cuvier keinerlei wissenschaftlichen Wert. Erst auf der nächsten Stufe, oberhalb des Einzelwesens, kann die Ordnung des → Wissens greifen. Dieser Umstand ist dadurch begründet, dass man ein Einzelwesen zwar empirisch erfassen kann, der Einzelfall aber kein allgemeingültiges Urteil zulässt. Das Einzelwesen ist das, was als Singularität keine gemeinsamen Merkmale als Kriterium einer Ordnung liefert. Die Art bildet dagegen eine Schnittmenge von übereinstimmenden Merkmalen. Mit der Art beginnt die wissenschaftliche Ordnung, die sich auf eine Konstruktion des Gemeinsamen stützt. Für die klassische Taxinomie ist es anschließend ein methodisches Problem, wie die weiteren Einheiten der Wissenschaft in der Naturgeschichte zu bilden sind: Stellt die Erfahrung gemeinsamer Merkmale ein methodisch gesichertes Verfahren für die Bildung der Gattung dar oder handelt es sich nur um eine künstliche Konstruktion?

Wenn bei Darwin die Erkenntnis bereits beim Einzelwesen und seinen individuellen Variationen beginnt, dann besteht das Transformationsproblem für den Historiker darin, die Überwindung der epistemologischen Schwelle zu erklären. Wie kann das Einzelwesen zu einem akkuraten wissenschaftlichen Gegenstand aufrücken?

Foucault weist nach, dass die fragliche Transformation bereits bei Cuvier stattfindet. Cuvier hat bekanntlich die vergleichende Anatomie am Ende des 18. Jahrhunderts eingeführt. Das Kriterium gemeinsamer Merkmale weicht also einer funktional-organischen Analyse des Vergleichs.

„Von nun an bedeutet die Zugehörigkeit zu einer Gattung, zu einer Ordnung, zu einer Klasse nicht mit anderen Arten bestimmte Merkmale gemeinsam zu haben, die zahlenmäßig geringer sind als die spezifischen Merkmale; sie bedeutet nicht, einen Gattungs- oder einen Klassencharakter zu besitzen, es bedeutet eine präzise Organisation zu besitzen, d.h. eine doppelte Lunge und ein doppeltes Herz oder einen Verdauungsapparat, der unterhalb oder oberhalb des Nervensystems angeordnet ist. Kurz die Zugehörigkeit zu einer Gattung, einer Klasse oder Ordnung, zu all dem, das oberhalb der Art angesiedelt ist, bedeutet, in seiner Anatomie, in seinen Funktionen, in seiner Physiologie, in seiner Existenzweise eine bestimmte vollständig analysierbare Struktur zu besitzen [...].“ (DeE II, Nr. 77, „Die Situation Cuviers in der Geschichte der Biologie“, S. 42)

Cuvier dreht die ganze Richtung der Vorgehensweise faktisch um, indem er das Kriterium der anatomischen Struktur aus dem Einzelwesen gewinnt. Es gehört jetzt zu einer biologischen Realität, die auch die Gattung und die Art einschließt. Sobald das Einzelwesen den funktionalen Bedingungen der Art unterworfen ist, rückt es nach Überwindung der epistemologischen Schwelle zu einem Gegenstand der Wissenschaft auf. Es besitzt nun ein Milieu, es hat eine Umwelt und es hat sich dem wissenschaftlichen Gegenstand der Art eingegliedert. Das ist die Voraussetzung für die Evolutionstheorie Darwins: Die Art kann aus einer Reihe von Individuen gebildet sein.

Die Geschichte der Transformationen vermeidet die großen Erklärungen wie die Appelle an den Geist eines Zeitalters, und sie beansprucht auch nicht, eine große übergeordnete Geschichte zu bilden. Die Geschichte der Transformationen beschränkt sich auf spezifische Diskurse und erhebt keinerlei übergreifenden Erklärungsanspruch. Foucault gebraucht den Begriff der Transformation letztlich auf unterschiedliche Weise. Die erste Verwendung drückt den theoretischen Anspruch zur Klärung bedeutender Veränderungen aus, wie sie sich durch → Brüche und → Diskontinuitäten einstellen können (s.o.). Die zweite Verwendung bedient sich der Bezeichnung Transformation für alle Veränderungen des Wissens, die sich in der Sprache, der Naturgeschichte, der Analyse der Reichtümer, im Strafsystem, dem Sexualitätsdispositiv und den Machtmechanismen nachweisen lassen (vgl. OdD, S. 196f; ÜuS, S. 24f, SW I, 163). Eine entsprechende Transformation zeigt sich beispielsweise in der Somatisierung des 18. Jahrhunderts: Das christliche Problem des Fleisches wandelt sich „zum Autoerotismus des Kindes und Halbwüchsigen" und mündet in die Problematik des kranken Körpers des Onanisten ein (A, S. 345).

(**WG**, S. 160, 259, 271, 283, 310, 328, 344, 423, 454, 465, 528; **PG**, S. 56; **GK**, S. 17, 77, 128; **Arch**, S. 11–13, 22, 25, 27, 33, 40, 44f, 51, 53, 57, 86, 92, 102, 104, 109, 119, 159, 170, 177, 188, 194, 198, 210, 221, 236, 243, 245f, 249–252, 266–267, 278, 285, 290, 292, 298f, 301; **OdD**, S. 13f, 79, 151, 167, 189, 196–198, 245f, 251, 257, 280, 291, 336, 339, 342, 348, 350, 355f, 369, 395, 442, 455; **MP**, S. 15, 50, 52, 55, 109, 346; **A**, S. 36, 45f, 72, 75, 106–108, 115, 144, 176f, 181, 246, 256, 317, 345, 351, 424; **ÜuS**, S. 14, 23f, 39, 97, 107, 123, 138, 159, 177, 187, 222, 263, 269, 312, 314, 318; **SW I**, S. 23, 27, 73, 81, 141, 148, 163, 176; **VdG**, S. 47, 64, 82, 100, 102, 103, 226, 248, 257, 284, 310, 314; **OD**, S. 39; **GG I**, S. 15, 24, 26, 78, 87, 100, 110, 115, 118, 179, 201, 294, 312–314, 331, 335, 372f, 395, 402; **HS**, S. 35, 49, 117, 242f, 303, 392, 401, 477, 602; **SW II**, S. 41, 55, 84, 291, 315, 318f; **SW III**, S. 92, 98–100, 110, 117, 254)

Übung

Die Übung stellt den Körpern eine Aufgabe in der Zeit; sie gehört zu den → Disziplinen und zeigt sich beispielsweise in den Praktiken des Militärs, der Religion und der Universität. Die entsprechenden Praktiken lauten auf: Exerzieren, Initiationsritual und Prüfung (ÜuS, S. 207f). Der Zeitbezug der Übung bemißt die Leistung oder der Effektivität des Körpers. Eine strenge Form der Übung findet sich ab dem 18. Jahrhundert im militärischen Drill, den die preußische Armee perfektioniert.

„Die Leibesübung ist eine Dressur des Körpers; Dressur der Gewandtheit, des Marsches, der Widerstandsfähigkeit, der elementaren Bewegungen, und zwar gemäß einer abgestuften Skala, die völlig verschieden ist von der zyklischen Wiederholung der Tjoste [Anm., M.R.[19]] und der Spiele." (MP, S. 79f)

[19] Tjost: mit stumpfen Speeren ausgetragener, ritterlicher Zweikampf im mittelalterlichen Turnier.

Davon zu unterscheiden sind die asketischen Übungen (HS, S. 115) der Selbstpraktiken der Antike (→ Ethik des Selbst), wobei die *askēsis* (→ Technologien des Selbst; Die Konversion in der Praxis – *askēsis*) mit dem Ziel der Selbstbeherrschung zur Ausführung kommt. Das Christentum setzt vor allem in den klösterlichen Gemeinschaften die Bußübung gegen die Völlerei und die Unzucht ein.

(**WG**, S. 93f, 105, 322f, 377, 409, 503, 507; **GK**, S. 94; **MP**, S. 69, 79f, 80, 104f, 229f; **ÜuS**, S. 156, 167, 170, 175, 192, 199, 204f, 207–209, 213, 215–217, 231f, 242, 282, 305, 379f; **VdG**, S. 285; **GG I**, S. 17, 298, 301; **HS**, S. 27f, 52, 73, 114f, 206–208, 254, 265, 278f, 337, 357, 360–366, 368–379, 383, 387–389, 393, 396, 399, 401, 406, 416, 433–441, 445, 454, 504, 506–522, 524f, 527, 532, 537, 546, 552f, 556, 559, 562, 564, 570–572, 576f, 581–583, 586, 591, 593, 611–615; **SW II**, S. 16, 42, 87, 96–99, 101–104, 131–133, 135, 137, 140, 142f, 145–147, 154, 158, 176, 251, 254, 266, 268, 271; **SW III**, S. 16, 67, 70–72, 74, 81–84, 86, 93, 122, 137f, 161, 169–174, 245, 305)

Veridiktion (→ Wahrheit)

Verknappungssysteme

Die → Ausschließungssysteme kontrollieren den → Diskurs von außen. Die Verknappungssysteme wirken intern und kontrollieren die Unregelmäßigkeiten des → Diskurses: → Ereignis und Zufall. Verknappungsprinzipien sind: Klassifikationsprinzipien, Anordnungsprinzipien und Verteilungsprinzipien. Verknappungssysteme sind: Kommentar, → Autor, Disziplinen (hier im Sinne von Fachrichtungen!) (OD, S. 16ff).

Nachdem der Kommentar etwas sagt, was bereits gesagt wurde, stellt sich die Frage nach dem Sinn einer derartigen Wiederholung. Der Kommentar sagt deutlicher was im Original nur angedeutet wurde. Der Text findet im Kommentar also eine Abrundung: Man kann jetzt präzisieren, was das Original noch an Unwägbarkeiten oder Unsicherheiten enthielt. In diesem Sinne erklärt der Kommentar einen Text, indem er dessen Neues durch die Wiederholung verständlich aufbereitet. Das Prinzip der Verknappung durch den Kommentar besteht in der Wiederholung.

Mit dem → Autor sagt ein Text, woher er kommt, was der Ursprung seiner Bedeutung ist. Der → Autor ist ein Garant und ein fester Bezugspunkt, der dem → Diskurs eine „Identität" und das „Ich" des Sprechers verleiht. Der Text und sein Inhalt lassen sich durch den → Autor verorten. Im Mittelalter hatte die Autorenschaft durch die bloße Nennung des Namens eine Wahrheitsfunktion. Die moderne Autor-Funktion verliert diese Autorität der Wahrheitsbezeugung. Für Foucault wird sie vollkommen bedeutungslos (→ Autor).

Das → Wissen bietet eine Kontrollmöglichkeit des → Diskurses, die sich von dem Kommentar und dem → Autor durch ihre Orientierung auf die Zukunft unterscheidet. Der Kommentar wiederholt einen bekannten Text, der → Autor bezeugt einen Text. Ein Wissensbereich steckt den anerkannten Spielraum für die Formulierung neuer Sätze ab und legt eine Art Wahrheitskorridor der „richtigen" Gegenstände, der anwendbaren Methoden, der grundlegenden Sätze, der Definitionen und → Regeln fest. Das → Wissen bewegt sich in der Nähe wissenschaftlicher Systematizität und logischer Verbindlichkeit, aber es ist damit nicht identisch. Auch die wissenschaftliche Methodik unterliegt einer Entwicklung, aber die → Wissen – daher auch der Plural – können sogar ihre Kriterien der → Wahrheit in der Geschichte ändern.

Jedes → Wissen legt also individuell fest, ob ein Satz zu einer aktuellen historischen Formation gehört. In diesem Sinne ist ein Satz dann wahr oder falsch. Ein wahrer Satz kann beispielsweise in der Botanik des 16. Jahrhunderts durch die Erfüllung und Benutzung symbolischer Bedeutungen entstehen. Im 17. Jahrhundert fixiert die Naturgeschichte den „botanischen" Satz dagegen auf die sichtbaren Strukturen, die Hydromechanik und die → Ähnlichkeiten.

Allgemein muss ein Satz bestimmte Bedingungen erfüllen, damit er einem → Wissen angehören kann. Die Bedingungen der Zugehörigkeit bilden in ihrer Umkehrung auch ein Prinzip des Ausschlusses. Das → Wissen zieht eine Grenze und legt einen Außenbereich fest. In diesem Außenbereich treiben die Außenseiter und Randgänger eines Faches ihr „Unwesen". Die Glücklicheren werden zumindest posthum als zu früh gekommene Genies gefeiert. Das → Wissen zeigt seinen Einfluss, indem es den theoretischen Horizont und die Methodik der Außenseiter im eigenen → Diskurs als unverständlich bezeichnet.

Eine dritte Möglichkeit der Verknappung besteht in der Regelung des Zugangs durch autorisierte Sprecher eines → Diskurses. Derartige Zugangsbedingungen können eine beiläufige Form annehmen und den betreffenden → Diskurs fast völlig offen halten. Umgekehrt gibt es höchst rigide Formen der Beschränkung, die nicht nur die direkten sprachlichen Bedingungen im Sinne eines Fachvokabulars festlegen, sondern auch Verhaltensanpassungen verlangen. Es sind die feinen Unterschiede im unmerklichen sozialen Ritual, die Gesten, die Nuancen, die adäquaten Augenblicke für bestimmte Handlungen, die letztlich über die Zulassung zum → Diskurs entscheiden (OD, S. 15ff).

(**OD**, S. 15f, 18f, 26, 36, 44, 48)

Wahnsinn

Foucault behandelt den Wahnsinn nicht als Gegenstand einer Geschichte der Psychiatrie, sondern erfasst ihn als gesellschaftliches Phänomen. „Der Wahnsinn existiert nur in einer Gesellschaft, er existiert nicht außerhalb der Formen der Empfindsamkeit, die ihn isolieren, und der Formen einer Zurückweisung, die ihn ausschließen oder gefangennehmen." (DeE I, Nr. 5, „Der Wahnsinn existiert nur in einer Gesellschaft", S. 236)

Das Thema Wahnsinn behandelt Foucault zum ersten Mal in *Maladie mentale et Personnalité* (1954). Die deutsche Übersetzung (1968) mit dem Titel *Psychologie und Geisteskrankheit*, greift in ihren Ergebnissen jedoch auf *Wahnsinn und Gesellschaft* zurück. Sie gibt die veränderte Fassung der unter dem Titel *Maladie mentale et Psychologie* (1962) erschienenen Neuauflage von *Maladie mentale et Personnalité* (1954) wieder, die vor allem im zweiten Teil (PG, S. 91ff) Ansätze über den Zusammenhang von Wahnsinn und Gesellschaft entwickelt. In der Fassung von 1954 finden sich hier noch Ausführungen zur Pawlowschen Reflexlehre (vgl. DeE I, Zeittafel, S. 25 / 33). Das abschließende Urteil lautet, gemäß der 1958 bei Georges Canguilhem eingereichten Dissertation über *Folie et Déraison*, auf die Unzulänglichkeit einer rein psychologischen Erklärung der Geisteskrankheit, die den Einbezug des kulturellen und gesellschaftlichen Umfeldes notwendig macht. *Wahnsinn und Gesellschaft* stellt eine gekürzte Fassung von *Folie et Déraison* dar.

Foucault insistiert in *Wahnsinn und Gesellschaft* auf einer fast paradox erscheinenden Feststellung: Der Wahnsinn unterliegt als Gegenstand einer ständigen Bestimmung durch gesellschaftliche Formationen. Was als Wahnsinn existiert, lässt sich an seiner Geschichte ablesen, die ihn weit von der modernen Definition der Geisteskrankheit entfernt.

Das Sein des Wahnsinns beginnt für das Mittelalter mit dem Ausschluss als einem sozialen Vorgang, der seinerseits auf die funktionslos gewordenen Leprosorien zurückgreifen kann. Im 12. Jahrhundert gibt es allein in England und Schottland noch 220 Leprosorien, die anderthalb Millionen Insassen beherbergen. Zweihundert Jahre später ist die Lepra bis auf wenige Einzelfälle verschwunden. Das Ende der Kreuzzüge lässt keine weiteren Infektionen zu und die Internierung der Kranken unterbindet die weitere Ausbreitung. Zwischenzeitlich halten dann die Geschlechtskranken in den ehemaligen Leprosorien ihren Einzug. Das wirkliche Erbe der Lepra tritt das Phänomen des Wahnsinns an, der zeitweise in einer allgemeinen Internierung – zwischen Armen und Straffälligen – fast zu verschwinden droht.

Der Ausschluss des Wahnsinns besitzt zunächst zwei Formen: Die Vertreibung aus der Stadt oder die Einweisung in das Gefängnis. Beide Reaktionen liefern aber keinerlei Aufschluss darüber, was der Wahnsinn ist. Im 15. Jahrhundert gibt es zwei Erfahrungsformen des Wahnsinns, die Foucault das tragische und das kritische Element nennt.

Das tragische Element zeigt sich in einem „mit rasenden Gesichtern beladenen Narrenschiff, das sich nach und nach in die Nacht der Welt eingräbt, in Landschaften, die von der fremden Alchimie des Wissens sprechen, von den stummen Drohungen der Bestialität und vom Ende der Welt." (WG, S. 47) Gemeint ist damit der ganze visionäre Bildraum eines Bosch, Bruegel oder Dürer mit seiner Fantastik, die den Traum zur Wirklichkeit werden lässt. Die unterschwellige Botschaft lautet, dass die Wirklichkeit nur eine dünne Hülle, eine notdürftige Illusion erzeugt, hinter der die ganze Tragik der Welt als Wahnsinn lauert.

Das kritische Element findet Foucault bei Erasmus von Rotterdam und bei Sebastian Brant. Der Humanismus macht aus dem Wahnsinn eine Erfahrung im Bereich der Sprache, in der sich auch die Vernunft artikuliert. Diese Nachbarschaft im Medium der Sprache zwingt die Vernunft langfristig zur Integration des Wahnsinns, was soviel wie eine geglückte Selbstversicherung bedeutet. Der Triumph einer vernünftigen Eingemeindung neutralisiert die immer bedrohliche Nähe der tragischen Seite, des dunkel Visionären des Wahnsinns, bis zum Wagnis einer Gastfreundschaft, die mit ihm als ironischer Markierung zwischen Wirklichkeit und Schimäre zu spielen beginnt.

Die Ironie der Renaissance steht an einer Weggabelung, die das Dunkel des Wahnsinns schwächt. Die Unvernunft des 16. Jahrhunderts war noch eine Gefahr, die des 17. Jahrhunderts scheint soweit gebannt zu sein, dass Descartes bereits den Zweifel an der Vernunft wagen kann. Die Einteilung ist vollzogen, die Grenze markiert und die sichere Ebene einer Gewissheit erreicht, an die der Wahnsinn nicht heranreicht.

Die Klassik reagiert auf die Grenze zwischen Vernunft und Unvernunft mit massiver Ausschließung. Das 17. Jahrhundert ist geprägt von systematischer Internierung, in deren Verlauf die Irren in den unterschiedlichsten Einrichtungen (Kerkern, Workhouses, Zuchthäusern) auftauchen. Das Hôpital général in Paris wird auf königlichen Erlass 1656 gegründet. Es besitzt vereinzelte Vorläufer und findet zahlreiche Nachahmungen. (vgl. WG, S. 71ff) Insgesamt lassen sich vor der Französischen Revolution 32 derartige Einrichtungen zählen, die über das ganze Land verteilt sind. Hinzu kommen kirchliche Einrichtungen und leer stehende Gebäude, die noch aus der Zeit der Leprosorien stammen. Die Aufgabe dieser Hospize bewegt sich zwischen einer Fürsorge für die Armen und einer Repression, die in den Einrichtungen ihren Ausdruck findet. Es gibt kein Hospiz ohne Kerker oder Zwangsapparaturen. Dieses Phänomen beschränkt sich im Übrigen nicht auf Frankreich, sondern lässt sich europaweit beobachten.

Im 17. Jahrhundert steigt durch eine ökonomische Krise die Zahl der Internierten sprunghaft an. Die Einsperrung dient in diesem Fall dem Schutz der Gesellschaft vor den Arbeitslosen, den Bettlern und den Vagabunden. Diese Erklärung versagt jedoch für die Phasen der wirtschaftlichen Konsolidierung. In Hochkonjunkturphasen macht sich die veränderte Haltung zur Arbeit in Form einer Verpflichtung zu stetiger Arbeit bemerkbar. Die repressive Funktion der Internierung wandelt sich in ein Projekt mit gesellschaftlicher Zielvorgabe. Die Ausgeschlossenen sollen sich an der gesellschaftlich nützlichen Arbeit beteiligen. In Paris will man die Arbeitshäuser zwischenzeitlich sogar in Manufakturen verwandeln. Bekanntlich findet dieses Projekt der Zwangsarbeit im 19. Jahrhundert ein unrühmliches Ende, denn das Heilmittel der Arbeit hatte sich für eine ganze Reihe sozialer Ausnahmeerscheinungen als untauglich herausgestellt (vgl. WG, S. 83f). Das Phänomen Wahnsinn verschwindet zwischenzeitlich durch die unterschiedslose Internierung der Armen, der Bettler und der Arbeitslosen in der Masse der Ausgeschlossenen. Diese Vorgehensweise erweist sich langfristig als keinesfalls neutral, sondern wirkt auf die Auffassung vom Wahnsinn zurück. Ein Vergleich zwischen dem Irren der Renaissance und der Klassik kann verdeutlichen, welche Wandlungen der Wahnsinn erfahren hat: dort die Fantastik und die Visionen einer dunklen Bilderwelt, hier ein angeblicher Müßiggang, der dem Wahnsinn den Status einer Ordnungswidrigkeit gegen die Arbeitspflicht der bürgerlichen Gesellschaft verleiht. Die Internierung als Phänomen der Klassik spiegelt dies als künstliche Ordnung wider, für die ein ebenso künstlicher → Raum des Ausschlusses geschaffen werden musste: eine Zone rigoroser Vorschriften und klarer Verbote. Die Vernunft reagiert auf die Unvernunft mit einer Überhöhung der Ordnung, die zugleich ihren Triumph über den Wahnsinn bedeutet. Es handelt sich um eine Ordnung, die keine Heilabsichten verfolgt, sondern durch Strafvorschriften Erziehungsarbeit leisten will. In dieser Praxis kann der Wahnsinn nur verschwinden oder als Unfähigkeit zur Arbeit und zur Ordnung erscheinen.

Daneben existiert immer die Vorstellung vom Wahnsinn als Krankheit, die zunächst zur Hospitalisierung führt. Das Verfahren weist dann Stufen auf, sofern der Kranke zunächst durch Aderlass, Purganz oder Bäder einer Behandlung unterzogen wird. Schlägt das Heilverfahren innerhalb einiger Wochen nicht an, so erfolgt die Internierung. Der Wahnsinn verschwindet wieder hinter der Bestrafung, der Erziehungsmaßnahme und der Zucht. Die Wahrnehmung des Wahnsinns als Krankheit existiert zwar im 17. Jahrhundert, aber die Behandlung bleibt weit hinter einer gesonderten Einschließung der Irren zurück, wie sie das Mittelalter vereinzelt mit seinen Narrentürmen und die ersten spanischen Asyle für Wahnsinnige praktiziert hatten. Der Wahnsinn der Klassik wird in der Masse der Libertins, der Homosexuellen, der Kriminellen, der Armen und der Arbeitsunfähigen entindividualisiert. Alles fällt unterschiedslos in der Wahrnehmung der Klassik einer einzigen Unvernunft zum Opfer. Foucault geht es hierbei nicht um einen Vergleich, der den Rückschritt im Umgang mit dem Wahnsinn in der Klassik gegenüber der Fortschrittlichkeit eines Nürnberger Narrhäusleins aus dem 15. Jahrhundert beweist. Die archäologische Beschreibung zieht ihre ganze Berechtigung vielmehr aus dem Nachweis, durch welche sozialen Einflüsse die Wahrnehmung des Wahnsinns verändert wird (vgl. WG, S. 116). Das soziale und gesellschaftliche Empfinden des Wahnsinns rückt durch die undifferenzierte Behandlung in die unmittelbare Nähe des Verbrechens, des skandalösen Betragens, der öffentlichen und absichtlichen Verweigerung der Ordnung. Von dieser Verletzung der guten Sitten bis zur Praxis der Einweisung führt dann der Weg nicht über einen ärztlichen Befund, sondern über den Richter. Nimmt man die seit 1692 mögliche Einweisung durch den *lettre de cachet* hinzu, so kann die Initiative für die Internierung auch von der Bevölkerung oder von der Familie ausgehen. In keinem Fall findet eine Konsultation eines Arztes statt.

Das Recht hat auf die spätere Entwicklung einer Medizin der Geisteskrankheiten einen kaum zu überschätzenden Einfluss. Wenn man die spontane soziale Wahrnehmung des Wahnsinns mit der Rechtssprechung vergleicht, dann lässt sich kaum übersehen, dass jede Einweisung eines Irren den Verlust seiner juristischen

Person voraussetzt. Der Wahnsinn erhält so den Status der fehlenden Verantwortungsfähigkeit. In diesem Moment verwandelt sich die Unvernunft in die Unfähigkeit zur Verantwortung, denn der Unvernunft lassen sich die bürgerlichen Rechte schwerlich absprechen. Ebenso wichtig ist es, den vorgetäuschten Wahnsinn vom echten Wahnsinn aus der Sicht des Rechts zu unterscheiden, denn die Verbrechen unter Einfluss des echten Wahnsinns müssen anders beurteilt werden. Die spontane soziale Wahrnehmung und die Internierung treffen diese Unterscheidung nicht einmal ansatzweise.

Im zweiten Teil von *Wahnsinn und Gesellschaft* untersucht Foucault die Formen der Kenntnis des Wahnsinns. Man hat den Wahnsinn abgesehen von der Internierung und den zugehörigen Formen der sozialen Wahrnehmung auch als Krankheit gekannt. Die Konturen dieser „Krankheit" sind freilich schwach, denn sie müssen sich vor dem Horizont der Unvernunft abzeichnen, die für eine vernunftzentrierte bürgerliche Gesellschaft ein latentes Risiko darstellt. Die Internierung der Wahnsinnigen sichert daher auch die Werte der Vernunft gegen die Unvernunft. Aber was ist die Unvernunft außer der Negation der Vernunft? Anders gefragt, wie erkennt man den Irren?

Der Irre lässt sich auf evidente Art und Weise sofort erkennen, ohne dass man den Wahnsinn definieren könnte. Die konkrete Erscheinung des Irren manifestiert sich im 18. Jahrhundert in dessen abweichendem Verhalten gegenüber einem vernünftigen Menschen. Das Erkennen des Irren ist also durch die Differenz von Vernunft und unvernünftigem Verhalten gesichert, während der Wahnsinn völlig unbestimmt und konfus bleibt. Descartes weiß sofort, dass er sich bester geistiger Gesundheit erfreut, wenn er jenen Wahnsinnigen gegenübersteht, die sich einbilden, Krüge zu sein oder Körper aus Glas zu besitzen. Das Maß des Wahnsinns besteht im vernünftigen Menschen selbst, der aber deshalb nicht sagen kann, was der Wahnsinn ist (vgl. WG, S. 176). Der Wahnsinn wird also relativ, bezogen auf die Vernunft immer ex negativo eingeführt: Er ist die Unvernunft ohne Inhalt. Der Wahnsinn ist eine Leerstelle, ein Nichts, das doch eine permanente Beziehung zu den anderen unterhält. Der Wahnsinn existiert für die Vernunft, die ihn in der Gestalt des Irren unmittelbar erkennt, wobei er aber nur vor dem Hintergrund ihrer eigenen Struktur sichtbar wird. Die Vernunft kann also nur sagen, dass der Wahnsinn etwas ist, das sie selbst unter dem Vorzeichen der Negation ist, denn die Manifestation besteht nur in einem Benehmen, einer Ausdrucksweise und in Gesten, die sich beim vernünftigen Menschen nicht finden. Jede detaillierte Beschreibung des Irren endet in einer genaueren Selbstbeschreibung des vernünftigen Menschen, was gleichzeitig ein Verschwinden der → Wahrheit des Wahnsinns bedeutet. Alle Einordnungsversuche der Krankheit Wahnsinn richten sich also konsequenterweise nach Ordnungsschemata, welche diejenigen der Vernunft selbst sind.

Der Wahnsinn als Krankheit unterliegt in der Folge einer Naturalisation, die letztlich nur der ganzen „Fülle der Vernunft" (WG, S. 186) entspricht. Die Klassifikationsbemühungen um den Wahnsinn bewegen sich in der Folge in einem →

Raum, der alle Krankheiten enthalten muss. In diesem → Raum erscheint der Wahnsinn jedoch wieder nur als leeres Gebiet, denn die Kriterien seiner Unterscheidung haben sich in diesem neuen Gebiet keinesfalls verändert. Es tauchen erneut moralische Instanzen auf, die ein abweichendes Verhalten geltend machen. Diebstahl, Bosheit, Eitelkeit, Geiz, Eifersucht und Enthusiasmus sind die Kriterien für den Wahnsinn, der durch die Naturalisation keine innere Bestimmung erfahren hat. „Man suchte die krankhaften Formen des Wahnsinns und fand nichts anderes als die Deformationen des moralischen Lebens.“ (WG, S. 193)

Für die Klassik bleibt der Wahnsinn also ein Nichts. Und dies bringt die Praxis der Ausschließung letztlich in einen Zusammenhang, der sie in einem neuen Licht erscheinen lässt. Wenn der Wahnsinn nichts ist und als Unvernunft in das Niemandsland negativer Vernunftdefinitionen gehört, dann erhält dieses Nicht-Sein einen angemessenen Status durch die Internierung. Die Internierung entspricht also keiner Unterdrückung eines sozial anstößigen Verhaltens, sondern sie ist die angemessene Antwort auf eine Negativität der Vernunft, die den Wahnsinn als Leere zum Ausdruck bringt.

Die weitere Geschichte des Wahnsinns gliedert sich in die Stationen einer positiv erfassten Negativität des Wahnsinns, die in die Nervenkrankheiten einmündet und bei der Geisteskrankheit endet. In den Gestalten des Wahnsinns, der Demenz, der Manie, der Melancholie, der Hysterie und der Hypochondrie bildet sich bis zum Ende des klassischen Zeitalters, zunächst nur in Schemen und Konturen, später massiver und zuletzt sogar mit dem Anspruch eines positiven Inhalts, was sich als Auflösung der Negativität der Unvernunft bezeichnen lässt.

Die Demenz mit den verwandten Wahnsinnsformen der Phrenesie, der Stupidität, der Imbezillität, der Idiotie und der Einfältigkeit bewegt sich noch ganz in der Struktur der negativen Vernunft. Das zeigt sich beispielsweise an einer geglückten Heilung: Bei drei jungen Mädchen, die im Winter bei großer Kälte in einem Wagen gefahren waren, bricht die Demenz aus. Ein Arzt gibt ihnen die Vernunft wieder, indem er ihren Kopf mit einem frisch abgezogenen Schafsfell einwickelt. Es geht hierbei nicht um das erstaunliche Mittel, sondern um die Rückerstattung der Vernunft als Ziel und Maß der Heilung (vgl. WG, S. 261).

Die Vorstellung von der Melancholie steht bis zum Beginn des klassischen Zeitalters in der Tradition der Säftelehre. Sie beruht auf dem verdorbenen melancholischen Saft im Gehirn und steht mit der schwarzen Galle in Verbindung. Später identifiziert man sie mit Fieber, das von Furcht begleitet wird. Tritt noch das Delirium hinzu, dann liegt dies an der ungeordneten Bewegung der Lebensgeister. Die Deutung verschwindet etwa siebzig Jahre später wieder. Die entscheidende Wende zu einer moderneren Sichtweise findet sich in einem Wörterbuch, das die erste Darstellung eines manisch-depressiven Zyklus liefert (WG, S. 284). Dabei wird die Forderung erhoben, Manie und Melancholie als ein und dieselbe Krankheit zu betrachten. Die Beschreibung des Zyklus beschränkt sich hier nicht mehr auf die Negativität der Vernunft, aber sie bildet noch keine begriffliche Systematik aus, die der Unvernunft einen wirklichen Inhalt verleihen könnte.

Erst die letzten großen Erscheinungen des Wahnsinns in der Klassik, die Hysterie und Hypochondrie, erreichen im Laufe der Zeit den Status der Geisteskrankheit. Der Weg führt von den hysterischen Spasmen der Mädchen, der beweglichen Gebärmutter der Frauen und der Unbezähmbarkeit der Lüste über die Sympathie zur Nervenkrankheit. Die Nervenkrankheit gilt als allgemeine Hypersensibilität des Nervensystems, die jedes Organ für die sympathischen Beziehungen zu anderen Organen empfindlich machen kann. Foucault wertet diesen Moment als positive Beschreibung der Unvernunft. Der Wahnsinn gewinnt an Sein, indem das alte Nicht-Sein der Unvernunft durch einen Inhalt aufgelöst wird. Für die wissenschaftliche Psychiatrie des 19. Jahrhunderts erfüllt sich damit eine wichtige Vorbedingung: die Krankheit Wahnsinn aus dem Nicht-Sein der Unvernunft herauszulösen, sodass sie als Geisteskrankheit zu sprechen beginnen kann.

In der Vorlesung über *Die Macht der Psychiatrie* (1973 / 74) verknüpft Foucault das → Dispositiv der → Macht mit dem Wahnsinn in der Absicht, die Geschichte der Psychiatrie seit Pinel und Tuke bis zur modernen Psychiatrie zu schreiben. Der aktuelle Anlass, das Thema des Wahnsinns erneut aufzugreifen, verbindet sich mit der in den Jahren nach 1960 verstärkt diskutierten Antipsychiatrie, die für Foucault Neuland bedeutete: „Als ich die *Histoire de la folie* schrieb, kannte ich das Werk von Laing und Cooper nicht. Und sie kannten meine Arbeit nicht. Mein Buch wurde 1960 in Frankreich veröffentlicht. Die ersten Bücher von Laing und Cooper dürften erst 1958, 1959 erschienen sein, und Cooper hat mein Buch ins Englische übersetzt." (DeE II, Nr. 160, „Irrenanstalten, Sexualität, Gefängnisse", S. 958) Foucault bezieht sich hier auf die prominentesten Leitfiguren der antipsychiatrischen Bewegung: Ronald Laing, David Cooper und Franco Basaglia (vgl. MP, S. 517). Die antipsychiatrische Bewegung betrachtete *Wahnsinn und Gesellschaft* letztlich als historische Rechtfertigung ihrer eigenen Forderungen (DeE II, Nr. 95, „Ein Problem interessiert mich seit langem: das Problem des Strafsystems", S. 255). Foucault beteiligte sich an dieser Diskussion, für die er auf praktischer Seite bereits Erfahrungen durch sein Engagement in der *G.I.P.* (*Groupe d'information sur les prisons*) gesammelt hatte: „Wir haben tatsächlich begonnen, in den psychiatrischen Anstalten zu intervenieren. Mit ähnlichen Methoden wie bei den Gefängnissen, also mit einer als Kampfinstrument verstandenen Untersuchung, die zumindest zum Teil von den Menschen durchgeführt wird, auf die sich die Untersuchung bezieht. Die repressive Funktion der psychiatrischen Anstalt ist bekannt: man sperrt die Menschen dort ein und unterzieht sie einer – chemischen und psychologischen – Therapie, auf die sie keinerlei Einfluss haben, oder auch einer Nichttherapie, deren Hauptinstrument die Zwangsjacke ist." (DeE II, Nr. 98, „Jenseits von Gut und Böse", S. 283) Die Antipsychiatrie wendet sich im Wesentlichen gegen die Macht, die eine Institution mit der Isolierung ihrer Patienten auszuüben vermag. Die Vorlesung über *Die Macht der Psychiatrie* setzt sich mit den Auswüchsen der → Macht der psychiatrischen Anstalt auseinander und benutzt zu diesem Zweck das Fundament der Machttheorie, das Foucault parallel in *Überwachen und Strafen* entwickelt.

Wahnsinn und Gesellschaft stellt den Wahnsinn als Unvernunft in den Kontext sozialer Praktiken, die ihn aus dem gesellschaftlichen Leben durch Ausschließung verbannten. Erst zu Beginn des 19. Jahrhunderts erreicht der Wahnsinn den Status der behandelbaren Geisteskrankheit, was jedoch noch weit von einer vorbehaltlosen Analyse der Krankheit durch die Psychiater entfernt bleibt. In der Anstalt bedingen letztlich die Behandlungsformen, die institutionelle Ordnung und die → Macht der Ärzte, was als Krankheit erscheint. Es gehört zu den vertrauteren Sätzen der Wissenschaftstheorie des 20. Jahrhunderts, dass kein Mittel den Beobachtungsgegenstand unverändert lässt. Die Beobachtung kann mit ihren Mitteln das Ergebnis unter Umständen sogar verfälschen. In der Psychiatrie des 19. Jahrhunderts geht es nicht nur um eine Beeinflussung, sondern es handelt sich um eine massive Entstellung. Die Anstalten entwickeln mit ihrem Instrumentarium eine eigene Realität, die, wie sich an den eingesetzten Mitteln unschwer ablesen lässt, nichts mit einer seriösen medizinischen Diagnose zu tun hat. Neben der Anstaltsordnung und der Isolierung der Patienten, stehen ab 1840 auch Drogen auf der Liste der Heilmittel. Opiate, Äther, Chloroform, Laudanum und Haschisch gehören neben diversen Zwangsmitteln zu den Bestandteilen einer „Therapie", die niemals zu etwas anderem als der Erzeugung einer anstaltsinternen Realität diente (MP, S. 338 / 403f).

Die angegebenen Heilverfahren erweisen sich nicht nur bei genauerer Betrachtung, sondern auch aus unmittelbarer Intuition heraus als völlig untauglich. Ihre Anwendung verfolgt, obwohl die Psychiater des 19. Jahrhunderts von der Wirkung ihrer Mittel überzeugt gewesen sein mögen, keinesfalls die Heilung. Es geht nie um die → Wahrheit der Krankheit. Alle Untersuchungen Foucaults konzentrieren sich daher auf die wirklichen Vorgänge, die, gestützt auf die genannten Heilverfahren, in den Anstalten ablaufen.

Die Wirklichkeit der Anstalten konstituiert sich auf vier Ebenen: Erstens soll der Kranke mit dem Willen des Arztes konfrontiert werden, der zu diesem Zweck eine charismatische Persönlichkeit besitzen muss. Zweitens ist der Kranke insofern zum Sprechen zu bringen, als er seine Identität erzählen muss. Es geht hier nicht um die Schilderung von Symptomen oder die Darstellung von Befindlichkeiten durch die Betroffenen, denn das Verfahren hat nicht das Geringste mit Wahrheitsfindung zu tun. Alles dreht sich um die Identität, das Aussprechen der eigenen Geschichte, die notfalls durch wiederholten Einsatz kalter Duschen aus Eimern und Rohren vom Patienten erzwungen wird. Die Anstaltsrealität erzeugt auf diese Weise eine Biographie der Kranken. Auf der dritten Realitätsebene geht es um die Einsicht des Patienten in seinen Wahnsinn. Das offizielle Geständnis der Krankheit bildet das primäre Ziel. Die vierte Form der Realität spannt den Kranken schließlich in ein Netz der anstaltsinternen Arbeiten ein, das Mängel und Bedürfnisse zu etablieren erlaubt. Man bezahlt beispielsweise die Arbeit mit Geld, das zunächst wertlos erscheint. Erst wenn dieses Geld zur Befriedigung künstlich geschaffener Bedürfnisse eingesetzt werden kann, gewinnen die Arbeit und der davon abhängige Verdienst als Realitätsprinzip an Bedeutung. Man verweigert zum Beispiel eine Mahlzeit und bietet ganz bewusst die Bestechung eines Wärters für die Beschaffung eines Ersatzes an. In diese bezahlte Mahlzeit mischt man Abführmittel, sodass sich der Patient einen zusätzlichen Toilettengang durch die gewollte Bestechung des Aufsichtspersonals erkaufen muss. Dieses Regime der Realitäten behandelt keine Krankheit, sondern setzt im Rahmen der Anstalt ein ganz bestimmtes Realitätsprinzip gegenüber der Krankheit durch. (MP, S. 253ff)

Die → Wahrheit der psychiatrischen Anstalt erweist sich als Folge eines Machtdispositivs, das den Wahnsinn niemals als Krankheit erfasst. Die eingesetzten Mittel dienen keiner Analyse, sondern schaffen eine Realität, die allerdings immer wieder mit der Fragwürdigkeit ihrer eigenen Ergebnisse konfrontiert wird. Ein bedeutender Einschnitt in der Reihe kleinerer Revisionen der psychiatrischen Anstalt erfolgt erst mit der Entdeckung des neurologischen Körpers durch Duchenne de Boulonge zwischen 1850 und 1860. Die neue Sichtweise geht von der klassisch organischen Auffassung zu einer funktionalen Definition des Körpers über, der nun spezifische Leistungen und Verhaltensweisen besitzt. Die enormen Erfolge der Differentialdiagnostik führen in der Psychiatrie zu dem Versuch, den Wahnsinn ebenfalls in eine allgemeine medizinische Symptomatologie einzubetten. Nach dem neurologischen Modell müsste ein Befund existieren, der den Wahnsinn als Krankheit mit regelmäßigen Symptomen ausweist.

Die Erwartung einer ausgeprägten Symptomatologie erfüllen die Hysteriker nur allzu bereitwillig, denn ihre Lust besteht in der Vorführung verlangter Phänomene. Eine der Patientinnen Charcots, die fünfunddreißig Jahre in der Salpêtrière verbrachte, erzeugte über fünfzehn Jahre zuverlässig das Symptom einer linksseitigen Hemianästhesie. (MP, S. 451)

Die Hysteriker liefern Symptome, aber sie produzieren sie auch in einer verdächtigen Fülle. Eine Patientin Charcots bekommt in dreizehn Tagen über 4500 Anfälle. Wer hier die Prämisse der genauen Beobachtung einhalten will, wie sie sich von der Neurologie her empfiehlt, muss faktisch scheitern. Die Kontrolle über die Krankheit droht in diesem Augenblick zu entgleiten. Erst unter Einsatz der Hypnose gelingt es, die Patienten in einen Zustand zu versetzen, in dem sie die betreffenden Phänomene auf Verlangen produzieren. Die Hypnose dient in dieser Funktion der Eingrenzung einer unkontrollierbaren Hysterie und besitzt den Vorteil der Erzeugung reproduzierbarer Phänomene. In dieser scheinbaren Bestätigung sind jedoch die Anhaltspunkte für einen Zweifel enthalten: Wenn der Psychiater die fraglichen Phänomene, wie beispielsweise Lähmungen, auf Befehl herbeiführen kann, dann ist es keinesfalls sicher, dass hier eine Krankheit vorliegt. Die Hypnose könnte im ungünstigsten Fall nur Wirkungen hervorrufen, die keinerlei Reaktionen auf eine Krankheit darstellen.

Unter den geschilderten Umständen kann eine zweite Personengruppe, die keiner Hypnose unterzogen wurde, eine Kontrollfunktion ausüben. Charcot findet diese Kontrollgruppe in den sogenannten Traumatisierten. Ihre Störungen bestehen in Paralysen, Anästhesien, Krämpfen, Schmerzen und Konvulsionen. Selbstverständlich ist in keinem Fall irgendein anatomischer Befund als Ursache dieser

Störungen auszumachen. Das Problem bei den Traumatisierten besteht in dem Verdacht der Simulation, der sich auf die damals gerade entstandenen Unfallversicherungen mit ihren Entschädigungen stützen kann (vgl. MP, S. 455).

Theoretisch ergibt sich aus dem Vergleich der beiden Personengruppen folgende Konstellation: Wenn die Traumatisierten Phänomene aufweisen, die denen der Hysteriker ähneln, dann müssen die Symptome der Hysteriker letztlich von natürlicher Art sein. Sie können nicht erzeugt sein, weil die Traumatisierten eben nicht unter Hypnose stehen. Umgekehrt erweisen sich die Traumatisierten dann als Simulanten, wenn sie nicht die gleichen Symptome wie die Hysteriker aufweisen. Das ganze Verfahren beweist natürlich nichts, denn die zu bestätigende Aussage diktiert ihre eigenen Voraussetzungen nach dem Schema: Es existiert eine Krankheit namens Hysterie, die bestimmte Phänomene aufzuweisen hat. Es gibt also die Krankheit, weil die Phämomene bekannt sind und es gibt diese Phänomene, weil die Krankheit existiert.

Ein Ausweg aus der beschriebenen Situation besteht im Nachweis eines pathologischen Befundes, der sich als problematisch herausstellt: Die fraglichen Personengruppen besitzen keine nachweisbare Schädigung, auf die sich die Symptome zurückführen lassen könnten. Charcot verfällt daraufhin auf die Idee des Traumas. Ein Trauma ist ein außergewöhnliches Ereignis, ein Unfall, ein Sturz oder eine panische Szene, die eine lokale Hypnose erzeugen soll. Sie kann sich über lange Zeit manifestieren und führt zu den vorliegenden Symptomen der Traumatisierten. Die Verwandtschaft zwischen Hypnose und Trauma zeigt sich darin, dass die Hypnose einem vorübergehenden Schock entsprechen soll, der sich durch den Willen des Arztes rückgängig machen lässt.

Wenn die Annahme des Traumas zutreffend wäre, dann müssten auch die Hysteriker über traumatische Erfahrungen verfügen. Es muss in ihrem Leben eine unsichtbare Schädigung geben, der man nun verstärkt in der Kindheitsgeschichte und im Lebensverlauf nachzufragen beginnt.

Der neurologisch orientierte Psychiater sucht also nach einem traumatisierten Körper. Eine eingehendere Sichtung der Beschreibungen der hysterischen Anfälle durch die Schüler Charcots zeigt nun, was wirklich stattgefunden hat. Die Anfälle enthalten unverhohlene sexuelle Anspielungen (vgl. MP, S. 463). Charcot war fast gezwungen, sie zu übersehen, denn der Zusammenhang mit der → Sexualität hätte letztlich das gesamte Gebäude der Hysterie als Krankheit zum Einsturz gebracht. Die Suche nach den traumatisierten Körpern brachte schließlich den sexuellen Körper zur Erscheinung, den der Schüler Charcots, Sigmund Freud, untersuchen wird. Die große Krise der Psychiatrie endet mit der Feststellung, dass die Hysterie keine Krankheit ist. *Die Macht der Psychiatrie* liefert ein glänzendes Beispiel für die → Macht eines → Wissens, das die angebliche → Wahrheit der Geisteskrankheit vertritt.

(**WG**, gesamter Text; **PG**, S. 13, 27, 35f, 45, 50, 89, 99, 101–107, 110–122, 128, 131f; **GK**, S. 28; **OdD**, S. 27, 81, 223, 262, 390, 449, 458; **Arch**, S. 28, 49–51, 61, 63, 65, 71, 95, 100, 254, 262f; **OD**, S. 8, 25, 42, 46; **MP**, S. 13f, 21–24, 29, 30, 39,

41f, 48, 50, 51, 53, 55, 58, 68, 70, 144, 147–150, 154–156, 161, 190f, 193–199, 201, 209, 212, 215, 222–224, 226–228, 230, 234, 236f, 240f, 250, 252, 254–256, 269f, 274, 276, 293–298, 304, 308f, 310f, 319–321, 337–339, 345, 357–359, 362–366, 386–389, 391f, 394f, 396, 398–400, 402f, 405–412, 416–418, 445,f, 450, 460, 492–495, 499, 501, 503f; **A**, S. 47f, 52, 64, 138, 143, 146f, 151, 154–162, 166, 171f, 174–176, 180, 183–185, 195f, 204–207, 209f, 214, 294, 313, 358, 360, 362, 368–370, 375, 388, 391, 398f, 401, 405f, 409f, 417; **ÜuS**, S. 29, 30–32, 62, 128, 327, 370f, 387; **SW I**, S. 54, 185; **VdG**, S. 46–48, 303, 305; **GG I**, S. 177, 180; **GG II**, S. 15f, 38f, 49 58, 61f, 114, 407; **HS**, S. 288, 570; **SW II**, 19, 61, 120, 134, 154, 242, 298)

Wahrheit

Auf der Ebene der → Archäologie und der → Genealogie stellt sich die Frage nach der Wahrheit in besonderer Form. Die Archäologie behandelt die Wahrheit nicht als die Gesamtheit wahrer Dinge oder → Aussagen, sondern sie bezieht sich auf die in der → Geschichte jeweils aktuellen → Regeln, nach denen → Aussagen gemacht werden. Gemäß bestimmter → Regeln lässt sich eine Unterscheidung zwischen wahr und falsch treffen. Darin steckt ein Selbstbezug, der die jeweils festgestellte Wahrheit zu einer vorläufigen Teillösung mit historisch bedingtem Verfallsdatum macht. Die Wahrheit lässt sich unter dieser Voraussetzung niemals im Hinblick auf die Gesamtheit, das Sein oder in anthropologischer Hinsicht feststellen.

Beispielsweise muss die Anthropologie an dem Anspruch scheitern, über den Menschen wahre Aussagen zu treffen. Bei jedem Versuch „ein Wesen des Menschen zu definieren, das sich selbst zum Ausdruck zu bringen vermag und zugleich die Grundlage aller möglichen Erkenntnis wie auch aller möglichen Grenzen der Erkenntnis sein soll, landet man mitten im Fehlschluss." (DeE I, Nr. 31, „Philosophie und Wahrheit", S. 589f)

Auch die → Genealogie weist der Wahrheit einen problematischen Status zu. Der Genealoge bringt die Wahrheit in Zusammenhang mit der → Macht. Jedes Denksystem besitzt die → Macht des Wahrsprechens in seiner Epoche. Die Wahrheit dient hier nicht der Kennzeichnung eines adäquat erfassten Erkenntniszusammenhanges, sondern sie erweitert die → Macht selbst. Für den Ausdruck Wahrsprechen verwendet Foucault auch die Bezeichnung Veridiktion (vgl. GG II, S. 62).

„Unter Wahrheit ist eine Gesamtheit von geregelten Verfahren für die Produktion, das Gesetz, die Verteilung, das Zirkulierenlassen und das Funktionieren von Aussagen zu verstehen." (DeE III, Nr. 193, „Vorlesung vom 7. Januar 1976", S. 212)

Die Wahrheit erweist sich als Produkt eines → Diskurses, dessen Ziel letztlich in der Rechtfertigung bestimmter Verhaltensweisen oder Verfahrensvorschriften besteht. Es kann sich darum handeln welchen Strafen ein Delinquent zu unterziehen ist, welche Maßnahmen der Arzt einzuleiten hat, wann der Wahnsinnige von seiner Umgebung zu isolieren ist und welche Vorschriften der Zögling in der Militärschule einzuhalten hat. Die genannten Beispiele verweisen darauf, dass Wahrheit immer nur relativ auf einen bestimmten Bereich festzustellen ist: „Mein Problem besteht darin herauszufinden, wie die Menschen sich, und zwar sich selbst und die anderen durch die Produktion von Wahrheit regieren. Unter Produktion von Wahrheit verstehe ich, wie ich nochmals wiederholen möchte, nicht die Produktion wahrer Aussagen, sondern die Einrichtung von Bereichen, in denen die Praktik von wahr und falsch zugleich reguliert und gültig sein kann.“ (DeE IV, Nr. 278 „Diskussion vom 20. Mai 1978“, S. 34)

Dieser Wahrheitsbegriff erhebt keinen erkenntnistheoretischen Anspruch, sondern er bezieht sich auf das Wahrsprechen unter ganz bestimmten Bedingungen. Statt von Wahrheit empfiehlt es sich von einem wahrheitsorientierten → Diskurs zu sprechen, der auf eine rekursive Methode zurückgreift. Damit will Foucault auf den Umstand hinweisen, „dass die sukzessiven Transformationen dieses wahrheitsorientierten Diskurses unablässig die Umarbeitung ihrer eigenen Geschichte hervorbringen; was lange Zeit Sackgasse war, wird eines Tages zum Ausweg; ein Versuch am Rande wird zum zentralen Problem, um das herum die anderen sich gruppieren; eine geringfügige Abweichung wird zum grundlegenden Bruch [...].“ (DeE IV, Nr. 361, „Das Leben: Die Erfahrung und die Wissenschaften“, S. 951f)

Der Begriff der Wahrheit kann in der Geschichte erheblich variieren, denn seine Bedeutung hängt auch vom Gegenstandsbereich ab. Foucault spricht daher auch von einer „Technologie der Wahrheit“, die ihre eigenen „Plätze“, „Kalender“ und „Rituale“ besitzt:

„Beispiele für diese Geographie sind etwa Delphi, wo zum Erstaunen der ersten griechischen Philosophen die Wahrheit sprach; oder die Orte der Zurückgezogenheit im alten Mönchstum; später dann der Sitz des Predigers oder Großmeisters und die Versammlung der Getreuen.“ (DeE II, Nr. 146, „Das Haus der Wahnsinnigen“, S. 852) Unter der Voraussetzung der Technologie der Wahrheit ergeben sich stark differierende Wahrheitsbegriffe. So kann beispielsweise die Wahrheit als → Ereignis stattfinden (Gottesurteil) oder durch den Beweis untermauert werden, der sich in seinen Bedingungen immer feiner ausdifferenziert (kompetentes Subjekt, Berufsqualifikationen, Spezialistentum, logischer und wissenschaftlicher Beweis) (A, S. 356).

Für die → Ethik des Selbst gewinnt die Wahrheit in mehrfacher Hinsicht eine Bedeutung, wobei der Begriff der Verdiktion anders als im Zusammenhang mit der → Macht (s.o.) gebraucht wird. Die Veridiktion hat nun die Bedeutung, die Wahrheit über sich selbst zu sagen (HS, S. 288). Unter den → Technologien des Selbst lassen sich Wahrheitsspiele diagnostizieren, zu deren Gegenstand das → Subjekt sich selbst macht. Der antike Wahrheitsanspruch beschränkt sich dabei oftmals auf die Forderung nach Übereinstimmung von → Wissen und Handeln. Zu einem strengen Wahrheitszwang kommt es erst in der Geständnispraxis der christlichen Selbsttechnologie, die letztlich von einer verborgenen Wahrheit ausgeht, die dem begehrenden → Subjekt in der Beichte abgerungen wird.

Die Geschichtsabhängigkeit des Wahrheitsbegriffes wirkt auch auf die Möglichkeiten der Geschichtsschreibung selbst zurück. Foucault fordert die Historiker in diesem Zusammenhang auf, eine Geschichte der „Wahrheit" zu schreiben. Dieses Projekt soll die Geschichte des Abendlandes ergänzen, und gleichzeitig der zentralen Funktion der Wahrheit in unserer modernen Gesellschaft entsprechen (DeE III, Nr. 200, „Nein zum König Sex", S. 338).

(**WG**, S. 7f, 8, 10f, 14f, 25, 29, 32f, 34, 39, 41, 43–49, 51–54, 56, 58, 60, 62–66, 68–70, 109, 117f, 133, 145f, 150–152, 157, 159, 161–165, 167, 174, 179, 182–185, 191–195, 203–205, 208, 233f, 236–238, 240–242, 244f, 247–253, 258–261, 265, 271, 276f, 279, 284f, 308, 323–326, 331f, 334–339, 341, 344, 351–355, 357, 365, 371, 373f, 378, 380f, 383, 385f, 389f, 398, 403, 412, 442, 447–461, 463, 468–470, 473–475, 479f, 482f, 490f, 494–496, 500–503, 505, 512, 515–519, 522f, 539, 541–551; **PG**, S. 44, 51, 72, 77, 103, 107, 113f, 126, 130f; **GK**, S. 11f, 14, 19, 22, 24, 26, 34, 51, 54–56, 58f, 65–69, 71f, 74–76, 79–81, 83–86, 94, 104–110, 113, 119, 121–124, 126, 128–130, 133–135, 138, 151, 154, 157, 159f, 167f, 172–174, 178f, 185f, 201, 210; **OdD**, S. 9, 65f, 68, 71, 73, 79f, 89, 105, 110, 116f, 122f, 134, 161f, 171, 180, 191, 241, 256, 260, 262, 270, 276, 295, 301, 319–321, 363, 376, 378f, 382, 386, 390, 394, 397, 399, 401, 405, 411f, 415, 449; **Arch**, S. 14, 49, 68, 77, 85, 90, 130, 144, 162f, 172, 180f, 183f, 196, 201f, 206, 214f, 221, 242, 258, 261, 268, 271, 276, 278, 288, 293; **A**, S. 13, 20, 22f, 26f, 114, 172, 179, 204, 206f, 273, 305, 323, 357, 359, 405; **ÜuS**, S. 11, 28f, 33, 47–54, 56–63, 73f, 86f, 90, 123–125, 130, 234, 238, 252, 254, 272, 284, 289, 291, 329, 332f, 334; **OD**, S. 6, 9, 11–15, 22, 24, 26, 32–35, 42, 53; **MP**, S. 20, 24, 26f, 30, 39, 48, 58–61, 67f, 130f, 141f, 153, 158f, 181, 191–202, 209, 219f, 228, 231f, 234f, 254, 267–269, 275, 295, 297, 337–349, 351, 354–360, 363, 386, 389, 397, 414, 441f, 458, 468, 489f, 492–501, 504; **SW I**, S. 11, 14, 16f, 22, 69–80, 83–93, 97, 99f, 141, 148, 154, 157, 186, 188, 190; **VdG**, S. 38f, 69–71, 73f, 76f, 91, 196f, 204, 206f, 213, 219–221, 248, 269, 275, 280f, 315, 317; **GG I**, S. 15f, 31, 239, 244, 258, 262, 264, 266–269, 296, 307f, 337, 342f, 369f, 377, 394, 398, 400f, 509, 511, 512; **GG II**, S. 13, 35–39, 43, 51–56, 59–62, 64f, 81, 136, 159, 231, 266, 391f, 427, 429, 440; **HS**, S. 15–17, 20, 22, 30–37, 47–52, 70–72, 107–109, 130, 155, 175, 182, 218, 224, 227, 229, 238–243, 264, 275, 292, 296f, 303, 305, 312, 315f, 318f, 324, 343, 380, 389, 391f, 394, 399f, 405, 407, 412f, 415, 424–426, 428, 435, 439f, 442–446, 450, 453, 463, 465–469, 472–474, 476f, 488f, 494–499, 506, 540, 554f, 559–561, 563f, 577, 584f, 589, 593f, 609f, 614; **SW II**, S. 12f, 15f, 19, 30f, 34f, 45, 50, 104, 114, 117f, 121, 123, 205, 241, 289–291, 297, 299f, 302–304, 306–310, 317–319; **SW III**, S. 22, 71, 93f, 186–188, 206, 208, 224, 247, 257, 260, 277, 284, 286, 289;Veridiktion: **HS**, S. 288, 433)

Wissen

Das Wissen stellt keine Wissenschaft dar. „Wissen ist keine Summe von Erkenntnissen – denn von diesen muss man stets sagen, ob sie wahr oder falsch, exakt oder ungenau, präzise oder bloße Annäherungen, widersprüchlich oder kohärent sind; keine dieser Unterscheidungen ist für die Beschreibung des Wissens gültig, das aus einer Gesamtheit von Elementen (Gegenständen, Formulierungstypen, Begriffen und theoretischen Entscheidungen) besteht, die aus ein und derselben Positivität heraus im Feld einer einheitlichen diskursiven Formation gebildet sind." (DeE I, Nr. 59, „Über die Archäologie der Wissenschaften. Antwort auf den *Cercle d'épistémologie*", S. 921) In dieser ersten Annäherung an das Wissen spricht Foucault als Archäologe im Sinne der *Archäologie des Wissens*. Ein Beispiel für das Wissen wäre die → politische Ökonomie der Klassik.

Das Wissen stellt eine unverzichtbare Vorbedingung von Wissenschaft dar, aber es ist keinesfalls mit ihr identisch. Das Wissen besteht aus den → Regeln einer diskursiven Praxis, die Elemente ausbildet und möglicherweise, durch Überwindung einer Schwelle, zu einem wissenschaftlichen Diskurs führt, der einen bestimmten Bereich absteckt. (Arch, S. 259) Der gemeinte Bereich kann unterschiedlichste Formen annehmen. Foucault nennt selbst mehrere Beispiele. In *Wahnsinn und Gesellschaft* analysiert er einen psychiatrischen → Diskurs ohne Anspruch auf → Wahrheit. Dieses Wissen konstituiert nur einen Bereich, in dem sich über Verhaltensweisen oder Abweichungen in einem → Diskurs sprechen lässt. In *Die Geburt der Klinik* zeigt sich dieser Bereich als → Raum der Klinik, in dem die Gegenstände (Krankheiten) teilweise erst im → Diskurs entstehen und letztlich eine bestimmte Wahrnehmungsform des ärztlichen Blicks voraussetzen oder herbeiführen.

Das → Wissen ist fast immer Voraussetzung von Wissenschaft, aber das Wissen bedarf umgekehrt keiner Wissenschaft. Es existiert jedoch kein Wissen ohne eine definierte diskursive → Praxis. Daher lässt sich eine Hierarchie ableiten: Diskursive Praxis – Wissen – Wissenschaft. Obwohl die Praxis das Wissen formiert, kann es umgekehrt auf die Praxis zurückwirken.

Foucault untersucht vor allem die Humanwissenschaften der Klassik auf das ihnen entsprechende Wissen. Fasst man im Sinne des Archäologen das Wissen als Vorstufe der Humanwissenschaften auf und untersucht die → Sprache, dann „stößt man nicht auf die Natur, das Wesen oder die Freiheit des Menschen. [...] Der Mensch hat die Geschichte seines Wissens nicht bewußt geschaffen, vielmehr gehorcht die Geschichte des Wissens und der Humanwissenschaften gewissen Determinanten, die sich unserer Verfügungsgewalt entziehen. Und in diesem Sinn verfügt der Mensch über gar nichts mehr: weder über seine Sprache noch über sein Bewusstsein und nicht einmal über sein Wissen." (DeE I, Nr. 54, „Interview mit Michel Foucault", S. 841)

Auf der beschriebenen Ebene bewegt sich Foucault in der Nähe des Strukturalismus. Die → Archäologie steht hier prinzipiell vor dem Problem, wie das

Wissen seinen unbewussten Grund erfassen kann. Auf der Ebene der → Genealogie ändert sich dies dahingehend, dass der Grund des Wissens keine Hauptrolle mehr spielen kann, denn nun gerät das Wissen, beziehungsweise die vorgelagerte diskursive Praxis, eindeutig unter den Einfluss des Ungesagten, der sozialen Bedingungen, der Institutionen und der → Macht.

Vor allem in *Überwachen und Strafen* beginnt sich die → Genealogie gegenüber der → Archäologie bei Foucault durchzusetzen. Das Wissen erhält damit einen ganz anderen Status, denn es entwickelt sich von da ab unter dem Einfluss der → Macht. Damit ist kein emanzipatorischer Wissenskomplex umrissen, sondern eine Vielzahl von → Körpertechnologien, die in einer → Mikrophysik der → Macht zu einer Disziplinargesellschaft der Moderne führen.

„Eher ist wohl anzunehmen, daß die Macht Wissen hervorbringt (und nicht bloß fördert, anwendet, ausnutzt); daß Macht und Wissen einander unmittelbar einschließen; daß es keine Machtbeziehung gibt, ohne daß sich ein entsprechendes Wissensfeld konstituiert, und kein Wissen, das nicht gleichzeitig Machtbeziehungen voraussetzt und konstituiert." (ÜuS, S. 39) Die → Macht ist zu einer neuen Quelle des Wissens geworden. Das Wissen muss nun nicht länger seinen eigenen Grund in sich selbst oder in den ihm vorgängigen unbewussten Strukturen der → Sprache suchen, sondern es gibt ein anderes erzeugendes Prinzip.

Die → Macht stellt gegenüber dem Wissen eine zweite Dimension dar, die dem Kritiker gesellschaftlicher Zustände die Kreuzpeilung auf den eigenen Standort ermöglicht. Grundsätzlich besteht immer das Risiko, dass das Wissen in den Humanwissenschaften durch die → Macht produziert wurde. Dafür stehen alle → Körpertechnologien und das → Dispositiv der → Sexualität. Umgekehrt kann sich das Wissen jedoch von der → Macht unterscheiden, weil es durch die historische Analyse dazu fähig ist, zu erkennen, wie die → Macht entstanden ist und welchen Einfluss sie ausübt. Die besagte Differenz erlaubt erst, jene kritische Position festzulegen, in der das Wissen fähig wird, sich von der → Macht loszusagen. In diesem Zusammenhang gewinnt eine Äußerung von Foucault besonderes Gewicht, die ausdrücklich betont, dass Wissen und → Macht nicht identisch sind. Wenn man die Behauptung „,Das Wissen ist die Macht', oder: ,Die Macht ist das Wissen', in welcher Reihenfolge auch immer [aufstellt], dann schütte ich mich aus vor Lachen, da es doch genau mein Problem ist, ihre Bezüge zu untersuchen; und wenn es zwei identische Dinge wären, hätte ich nicht ihre Bezüge zu untersuchen und würde mich viel weniger erschöpfen. Allein die Tatsche, dass ich die Frage nach ihren Bezügen stelle, beweist ja wohl, dass ich sie nicht gleichsetze." (DeE IV, Nr. 330, „Strukturalismus und Poststrukturalismus", S. 552)

Unter den Voraussetzungen der → Genealogie ergibt sich auch eine veränderte Position des erkennenden → Subjekts, denn Wissen und Erkenntnis sind nicht identisch:

„Ich verwende das Wort ,Wissen' in Abgrenzung von ,Erkenntnis'. Mit ,Wissen' ziele ich auf einen Prozess, der das Subjekt einer Veränderung unterwirft, gerade indem es erkennt oder vielmehr bei der Arbeit des Erkennens. Es ist dieser Prozess, der es gestattet, das Subjekt zu verändern und gleichzeitig das Objekt zu konstruieren. Erkenntnis ist die Arbeit, die es erlaubt, die erkennbaren Objekte zu vermehren, ihre Erkennbarkeit zu entwickeln, ihre Rationalität zu verstehen, bei der jedoch das forschende Subjekt fest und unveränderlich bleibt." (DeE IV, Nr. 281, „Gespräch mit Ducio Trombadori", S. 71)

Mit der letzten Definition von Wissen verbinden sich zwei mögliche Schlüsse. Einmal kann sich das → Subjekt in den Humanwissenschaften selbst als solches formieren und wandeln. Zweitens bietet sich, und dies führt auf den Begriff der unterworfenen Wissen (Plural), mit der Unterscheidung von Wissen und Erkenntnis auch eine Taktik des Widerstandes an. Konkret handelt es sich um jene „Blöcke historischer Wissen", die in großen machtzentrierten → Diskursen verborgen sind und durch deren Auftauchen letztlich die Kritik an der Psychiatrie und am Gefängnis ermöglicht wurde (VdG, S. 21). Durch die Berücksichtigung von unterworfenen Wissen gewinnt die → Genealogie dann die Funktion einer Anti-Wissenschaft, die Foucault in der Nähe des Denkens der Differenz von Gilles Deleuze sieht, dem er eine kleine „Revolution in der Philosophie" bescheinigt (DeE I, Nr. 64, „Ariadne hat sich erhängt", S. 978).

(**WG**, S. 14, 30, 37f, 40f, 43f, 47, 54–56, 70, 96, 131, 157, 161–163, 166, 168, 265, 377, 406f, 442, 480, 528, 532f; **PG**, S. 74, 131; **GK**, S. 8, 10–13, 16, 21f, 25f, 44–48, 52, 54f, 59, 62–71, 76–79, 82f, 85, 87, 89, 93, 95–97, 100, 103, 110, 112, 116, 128, 130, 135, 137–139, 150f, 159f, 160, 176, 179–181, 184f, 206, 208f; **Arch**, S. 11, 13, 21, 27, 53, 55, 63, 75, 80f, 103, 196, 228, 234, 253, 258–263, 266, 271f, 274, 276–279, 283, 286, 288f, 292, 294; **OdD**, S. 9–11, 14, 25, 27f, 46f, 52, 57, 61–64, 68, 71f, 74, 76, 82–85, 87, 89, 90, 91, 95, 97, 99, 103, 107–113, 122, 124–127, 142, 154, 163, 167f, 179, 188, 195, 203f, 207–210, 212–214, 219, 229, 256, 259–261, 269–274, 294, 296, 297, 299, 304–310, 320, 328, 336f, 341, 360f, 365, 367, 373, 379-385, 393f, 395, 399, 404, 412, 414–422, 425, 427f, 432, 434–439, 441f, 444, 447-450, 452, 453, 455f, 458f, 462; **OD**, S. 13, 23, 26f, 30f, 43, 45; **MP**, S. 15f, 18, 23, 27, 29, 31, 51, 81, 112, 119–121, 145, 155, 161, 168, 183, 187f, 195–198, 200–202, 210, 214, 241, 250, 258, 260f, 264, 266f, 269, 271–273, 275, 337, 340, 343-345, 348f, 354f, 361f, 390, 402, 414f, 418, 435, 444, 489, 492, 495–498, 503; **A**, S. 27, 36, 40, 43-46, 53–55, 57f, 60f, 70, 75, 81–84, 93, 97f, 113f, 119, 149, 152f, 155–157, 159–161, 174f, 176–178, 181, 190f, 211, 229f, 257, 290, 330, 339, 345, 350, 359, 380, 399, 403, 405–407, 427, 429; **ÜuS**, S. 27, 33f, 37, 39f, 42, 47f, 51, 94, 127, 162, 164, 168, 181, 188, 201, 208, 216f, 221, 239–241, 245f, 247, 253, 263, 265, 268, 278, 281, 283, 287, 289–291, 307, 319, 322f, 327, 329, 349, 380f, 383, 386, 393f, 397; **SW I**, S. 7f, 13, 21–23, 39, 42f, 45, 72–75, 79, 81, 84, 89–93, 97f, 100, 113, 118, 120, 122, 124, 126–128, 134f, 169, 170, 176, 184, 187f; **VdG**, S. 13, 17, 20–28, 49, 54, 56, 74, 76, 91f, 97f, 118, 136f, 139, 154f, 157–162, 164–168, 184–186, 196, 199, 201–207, 213–222, 224f, 229, 234, 246–248, 250, 253f, 266, 269, 288f, 298; **GG I**, S. 15, 27, 61, 70, 120, 154, 159, 165, 180, 222, 263, 289, 308, 372, 396–399, 441, 455, 501, 503f, 512, 520, 522; **GG II**, S. 36, 39, 41, 61, 187, 242f, 346, 349, 383, 391–393; **HS**, S. 37, 48–51, 58, 63, 70, 77, 85, 99f, 108, 126f, 155f, 160, 168, 170, 175, 219, 224,

Primärliteratur in chronologischer Ordnung

Michel Foucault: Wahnsinn und Gesellschaft, Frankfurt/Main, Suhrkamp, 1969. Übersetzung: (Ulrich Köppen) stellt eine – mit Einverständnis des Autors – geringfügig gekürzte Fassung der Originalausgabe dar.
[Michel Foucault, Folie et Déraison. Histoire de la folie à l'âge classique, Paris, Librairie Plon, 1961]

Michel Foucault: Psychologie und Geisteskrankheit, Frankfurt/Main, Suhrkamp, 1968. Die deutsche Übersetzung bezieht sich auf die stark veränderte Neuauflage des französischen Originals von 1962.
[Michel Foucault: Maladie mentale et Personnalité, Paris, Presses Universitaires des France, 1954. Grundlegend veränderte Neuauflage: [Michael Foucault: Maladie mentale et Psychologie, Paris, Presses Universitaires des Frances, 1962]

Michel Foucault: Die Geburt der Klinik: Eine Archäologie des ärztlichen Blicks, München, Hanser, 1973
[Michel Foucault, Naissance de la Clinique: une archéologie du regard médical, Presses Universitaires de France, 1963]

Michel Foucault: Die Ordnung der Dinge: Eine Archäologie der Humanwissenschaften, Frankfurt/Main, Suhrkamp, 1974
[Michael Foucault, Les mots et les choses. Une Archéologie des sciences humaines, Paris, Éditions Gallimard, 1966]

Michel Foucault: Die Heterotopien. Der utopische Körper, (mit CD) Frankfurt/Main, Suhrkamp, 2004
Die Französische Fassung der Radiovorträge wurde zunächst als CD veröffentlicht, INA, Paris, 2004
Die beiden Radiovorträge wurden am 7. und 16. Dezember 1966 auf France-Culture gehalten.

Michel Foucault: Archäologie des Wissens, Übersetzung: Ulrich Köppen, Frankfurt/Main 1981
[Michel Foucault, L'Archéologie du savoir, Paris, Éditions Gallimard, 1969]

Michel Foucault: Die Ordnung des Diskurses, Hanser, München 1974
[Michel Foucault: L'ordre du discours, Éditions Gallimard, Paris 1972]

Michel Foucault: Die Macht der Psychiatrie, Frankfurt/Main 2005
Anmerkung: Die Vorlesung Die Macht der Psychiatrie wurde 1973 / 1974 gehalten.
[Michel Foucault: Le pouvoir psychiatrique, Paris, Éditions Gallimard, 2003]

Michel Foucault, Die Anormalen, Frankfurt/Main, Suhrkamp, 2003
Anmerkung: Die Vorlesung „Die Anormalen" wurde 1975 gehalten.
[Michel Foucault, Les Anormaux, Paris, Éditions du Seuil et Éditions Gallimard, 1999]

Michel Foucault: Überwachen und Strafen, Frankfurt/Main, Suhrkamp, 1992
[Michel Foucault: Surveiller et punir. La naissance de la prison, Paris, Editions Gallimard, 1975]

Michel Foucault: Sexualität und Wahrheit 1. Der Wille zum Wissen, Frankfurt/Main 1983
[Michel Foucault: Histoire de la sexualité, 1:La volonté de savoir, Paris, Éditions Gallimard, 1976]

Michel Foucault, In Verteidigung der Gesellschaft, Frankfurt/Main 1999
Anmerkung: Die Vorlesung „In Verteidigung der Gesellschaft" wurde 1976 gehalten.
[Michel Foucault, Il faut défendre la société, Éditions Gallimard 1996]

Michel Foucault, Geschichte der Gouvernementalität 1. Sicherheit Territorium, Bevölkerung, Frankfurt/Main, Suhrkamp, 2004
Anmerkung: Die Vorlesung „Sicherheit Territorium, Bevölkerung" wurde 1978 gehalten.
[Michel Foucault, Sécurité, Territoire et Population, Paris, Éditions du Seuil et Éditions Gallimard, 2004]

Michel Foucault, Geschichte der Gouvernementalität 2, Die Geburt der Biopolitik, Frankfurt/Main, Suhrkamp 2004
Anmerkung: Die Vorlesung „Geburt der Biopolitik" wurde 1979 gehalten.
[Michel Foucault, Naissance de la biopolitique, Paris, Éditions du seuil et Éditions Gallimard, 2004]

Michel Foucault, Die Hermeneutik des Subjekts, Frankfurt/Main, Suhrkamp, 2004
Anmerkung: Die Vorlesung „Hermeneutik des Subjekts" wurde 1982 gehalten.
[Michel Foucault, L'herméneutique du sujet, Paris, Éditions du Seuil et Éditions Gallimard, 2001

Michel Foucault, Sexualität und Wahrheit 2. Der Gebrauch der Lüste, Frankfurt/Main 1989
[Michel Foucault, Histoiré de la sexualité 2, L'usage des plaisirs, Paris, Éditions Gallimard, 1984

Michel Foucault, Sexualität und Wahrheit 3. Die Sorge um sich, Frankfurt/Main, Suhrkamp, 1989
[Michel Foucault, Histoiré de la sexualité 3, Le souci de soi, Paris, Éditions Gallimard, 1984]

Die vier unter dem Titel Dits et Ecrits/Gespräche erschienen Bände umfassen jeweils unterschiedliche Beiträge, die einen Zeitraum von mehreren Jahren abdecken.

Michel Foucault, Dits et Ecrits. Schriften, Band I, 1954–1969, Frankfurt/Main, Suhrkamp, 2001
[Michel Foucault, Dits et écrits I, 1954–1969, Paris, Éditions Gallimard 1994]

Michel Foucault, Dits et Ecrits. Schriften, Band II, 1970–1975, Frankfurt/Main, Suhrkamp, 2002
[Michel Foucault, Dits et écrits II, 1970–1975, Paris, Éditions Gallimard 1994]

Michel Foucault, Dits et Ecrits. Schriften, Band III, 1976–1979, Frankfurt/Main, Suhrkamp, 2003
[Michel Foucault, Dits et écrits III, 1976–1979, Paris, Éditions Gallimard, 1994]

Michel Foucault, Dits et Ecrits. Schriften, Band IV, 1980–1988, Frankfurt/Main, Suhrkamp, 2005
[Michel Foucault, Dits et écrits IV, 1980–1988, Paris, Éditions Gallimard, 1994]